한국어 방언학 시론

– 'ᄀ시개(鋏)' 고찰 –

삼가 은사이신 小倉進平 선생께 바친다

한국어 방언학 시론

– 'ᄀᆞ시개(鋏)' 고찰 –

河野六郎 著

李珍昊 譯註

전남대학교출판부

저자의 말

본고는 일본 학술진흥회의 연구 보조를 받아서 「朝鮮語方言の採集及び整理(한국어 방언의 채집과 정리)」라는 제목으로 은사이신 小倉進平 선생의 지도 아래 1937년 10월부터 1940년 9월에 이르는 3년 동안 시도한 한국어 방언 조사의 결과 중 일부분이다.[1)]

한국어의 방언을 과학적으로 조사한 것은 小倉進平 선생이 최초이며, 방언을 한국어 연구에 활용하여 다수의 풍성한 성과를 얻은 것도 선생이 효시이다. 참으로 선생은 한국어 방언학의 창시자라 하겠다.

선생은 문헌에 남아 있는 적은 수의 한국어를 볼 때 방언이 특히 중요하다는 점을 일찍부터 간파하고서 서울에 있을 때는 물론이고 도쿄로 옮긴 후에도 강의를 위해 건너갈 때마다 약간 주어지는 여가를 할애하여 방언 조사를 나갔으며 그 동안 조사한 지방이 거의 한반도 전체에 이르고 있다. 그리고 수집한 막대한 자료로부터 수많은 중요 보고를 잇따라 발표했다. 그 중 주요한 것을 제시하면 다음과 같다.[2)]

---

1) [역자주] 여기서 알 수 있듯이 河野六郎의 방언 조사는 이 책에 실린 것보다 훨씬 광범위했다고 생각되는데 여기에는 일부만이 실려 있다. 『河野六郎著作集(1)』(平凡社, 1979년)에 실린 龜井孝의 서문에 따르면 나머지 자료는 아쉽게도 전쟁 중에 소실되었다고 한다.

2) [역자주] 좀 더 자세한 서지 사항은 小倉進平의 『朝鮮語方言の研究』(下) 제1장에 나온다. 이 책은 『한국어 방언 연구』(전남대출판부, 2009년)라는 제목으로 번역본이 나와 있다.

○ 濟州道方言(一・二・三),『朝鮮及滿洲』, 1913년 3・4・5월

○ 慶尙南道方言,『朝鮮彙報』, 1915년 4월

○ 慶尙南北道方言,『朝鮮彙報』, 1916년 5월

○ 忠淸南道の方言について,『朝鮮教育研究會雜誌』, 1918년 8월

○ 全羅南道方言(一・二・三),『朝鮮教育研究會雜誌』, 1919년 5・6・7월

○ 全羅北道及忠淸北道方言,『朝鮮教育』, 1922년 2월

○ 慶尙北道方言,『朝鮮教育』, 1923년 3월

○ 嶺東方言,『朝鮮』, 1923년 7월

○『南部朝鮮の方言』,[3] 1924년 3월, 서울 간행

○ 濟州道方言,『靑丘學叢』 제5호, 1931년 8월

○ 西部黃海道方言,『朝鮮教育會雜誌』, 1914년 4월

○ 京元咸鏡鐵道沿線方言,『朝鮮教育研究會雜誌』, 1917년 5월

○ 咸興地方の方言,『朝鮮教育研究會雜誌』, 1920년 11월

○ 咸鏡南北道方言,『朝鮮語』, 1927년 1・2・3・4월

○ 嶺西方言,『文教の朝鮮』, 1928년 3월

○『平安南北道の方言』, 京城帝國大學法文學部研究調査册子第一輯, 1929년 3월

○『咸鏡南道及び黃海道の方言』, 京城帝國大學法文學部研究調査册子第二輯, 1930년 4월

○ 六十年前の咸鏡方言,『中等朝鮮語講座』, 1931년 12월

---

3) 위의 각 학술지에 게재된 조사 보고를 집대성한 책이다. 여기에는 다음의 세 가지 참고 논문이 덧붙어 있다.
① 新羅語と慶尙北道方言, (舊)『亞細亞研究』, 1924년 6월
② 朝鮮語の歷史的研究上より見たる濟州道方言の價値, (舊)『朝鮮』, 1924년 2월
③ 對馬島方言と朝鮮語との交涉

이상은 각 지방의 조사 보고이다. 개별적인 언어상의 특징이나 단어에 대한 연구에는 다음과 같은 것이 있다.

- ○ 龍に對する朝鮮語, 『朝鮮及滿洲』, 1928년 1월
- ○ 蛇に對する朝鮮語, 『朝鮮語』, 1929년 1월
- ○ 馬に對する朝鮮語, 『文敎の朝鮮』, 1930년 1월
- ○ 狐を意味する朝鮮方言, 『靑丘學叢』 제1호, 1930년 8월
- ○ '鞦韆'の方言分布, 『文敎の朝鮮』, 1931년 9월
- ○ 北部朝鮮方言中活用語の語尾に存する둥及び메, 『文敎の朝鮮』, 1932년 9월
- ○ 方言分布上の斷層, 『ドルメン』, 1935년 1월
- ○ '在'の方言分布, 『靑丘學叢』 제19호, 1935년 2월
- ○ '燒酒'を表はす朝鮮方言の分布-アラキ考-, 『民族學硏究』, 1936년 7월
- ○ '甘藷'を表はす朝鮮方言の分布と其の由來, 『伊波普猷還曆記念 南島論叢』, 1937년 7월
- ○ 朝鮮語'蝸牛'名義考, 『言語硏究』 제2호, 1939년 4월
- ○ 朝鮮語の語の中間に現はれる[b], 『靑丘學叢』 제30호, 1939년 10월
- ○ 『朝鮮語に於ける謙讓法・尊敬法の助動詞』, 東洋文庫論叢 제26호, 1938년 11월
- ○ 朝鮮語の音節の中間にあらはれる[k]・[g], 『言語硏究』 제7・8호, 1941년 4월

이상은 각 지방의 조사 보고 및 단어와 개별 특징에 대한 小倉進平 선생의 연구들이다. 저자는 이 전체를 아우르는 종합적인 보고 또는 연구를 학수고대하는 바 간절한데, 작년에 선생은 이러한 저자의 숙원에 부응하여 東洋文庫에서 다음의 귀중한 논문을 발표했다.

The Outline of the Korean Dialects, 『Memoirs of the Research Department of the Toyo Bunko』 No. 12, Tokyo, The Toyo Bunko, 1940.

이 논문은 선생이 여러 해 동안 고심하여 채집한 한국 각 방언의 자료로부터 그 중요한 점을 추려서 한국어 방언의 윤곽을 명료하게 한 것이다. 이 논문을 손에 넣었을 때의 기쁨은 대단한 것이었다. 그러나 이 논문은 東洋文庫 Memoirs의 일부로 국내보다도 오히려 국외에 발표한 것이기 때문에 일반인들은 이 기쁨을 함께할 수 없는 점이 유감이다.

이 논문은 명칭이 지시하고 있듯이 하나의 윤곽이며, 수집된 자료의 극히 일부만을 싣고 있는 데 불과하다. 그래서 또 다시 욕심을 부린다면 선생이 모아 놓은 자료가 전부 공포되기를 바라 마지 않는데, 들리는 바에 따르면 이런 바람도 머지 않아 실현될 모양이다.[4] 선생의 건강이 허락하는 한 하루라도 빨리 출판이 이루어지길 희망하는 이는 저자 한 사람뿐만은 아닐 것이다.

저자가 3년 동안 小倉進平 선생의 지도를 받으며 학교를 벗어난 것은 1937년 봄이었다. 본격적으로 한국어학에 뜻을 품은 지 얼마 안 되는 저자에게는 한국어 그 자체의 지식도 적었고 언어학, 특히 방언학 방법론에도 매우 미숙했다. 게다가 당시에는 앞의 『The Outline of the Korean Dialects』도 아직 공개되지 않은 시절이라서 선생으로부터 한국어 방언 채집을 하는 것이 어떨지 이야기가 있었을 때는 주저하지 않을 수 없었다. 그러나 불언실행(不言實行)을 신념으로 하는 선생의 말씀 이면에는 방언 채집을 현지에서 하게 함으로써 저자의 학문적 역량을 조금이라도 높이고자 하는 참으로 감사한 마음이 담겨 있다고 헤아려서, 자신의 능력은 돌아보지 않

4) [역자주] 小倉進平의 『朝鮮語方言の研究』가 출판되는 과정에 있음을 가리킨다. 小倉進平의 책은 출판사 원고를 교정하는 데만 2년이 넘는 시간이 걸렸으므로 그 사이 河野六郎도 이 책이 준비되는 중이라는 소문을 들었을 것이다.

고 감히 그 제안을 받아들였던 것이다. 그 후 선생의 가르침을 따라서 3년 동안 방언 채집에 종사했던 것인데, 그 결과가 선생의 기대에 만분의 일도 부응하는 바가 없고 다만 형식적으로 예정된 조사를 끝마친 데 불과하다는 것은 참으로 부끄러움을 견딜 수가 없다.

그러나 저자 개인으로서는 이번 3년 동안의 채집이 여러 가지 의미에서 대단히 유익했었다. 이 점에서도 선생의 지대한 은혜에 다만 감읍할 따름이다. 본고는 매우 부족한 부분이 많아서 거의 하찮은 것이기는 하지만, 이를 통해 해산(海山)에도 비할 수 없는 선생의 큰 은혜에 조금이라도 보답함과 동시에 지금까지의 가르침에 대해 저자가 현재까지 얻은 보잘것없는 수확을 보고 드리는 바이다. 마침 스승의 회갑을 맞은 올해 이 작은 글을 바칠 수 있는 것은 저자의 더할 수 없는 행운이다.

본고의 기초가 되는 방언 조사는 앞에서도 서술했듯이 일본 학술진흥회의 호의로운 연구 보조에 의해 이루어질 수 있었다. 여기서 심심한 감사를 표한다. 또 이 조사의 수행에 있어서는 新村出 선생을 비롯하여 內義雄 선생, 石田幹之助 선생의 도움을 많이 받았다. 이번에 깊이 감사의 말씀을 올릴 기회를 얻게 된 점 기쁘게 생각한다. 조사에 임하여 큰 편의를 봐 준 경성제국대학 법학부 여러분, 그 중에서도 항상 한국의 각종 사정에 대해 친절한 가르침을 준 藤田亮策 선생에게 매우 감사 드리고자 한다. 또한 조사를 흔쾌히 허락해 준 각 도의 학무과, 아울러 실제 조사에서 온갖 편의를 아끼지 않았던 각 국민학교(구 보통학교) 교장 선생님들, 그리고 조사에 참석해 준 선생님들, 직접 제보자로서 장시간 저자의 질문에 유쾌하게 대답해 준 아동들에게 여기서 다시 한 번 감사의 뜻을 표하는 바이다. 이 외에 출신지 방언에 대해서는 친구인 이인영(李仁榮) 씨, 경성제국대학 학생인 김성칠(金聖七) 군, 오홍석(吳鴻錫) 군의 도움을 받은 것이 적지 않았다. 더불어 감사의 마음을 전한다.

본고는 경성제국대학의 文學會論纂으로 공개되는 영광을 누리게 되었는데 간행에 즈음하여 경성제국대학 교수인 鳥山喜一 선생, 역시 교수인 末松保和 선생의 도움을 입은 바가 많았다. 또한 본고에 수록된 분포도에 대해서는 은사이신 경성제국대학 조교수 保柳睦美 선생의 지시를 받았다. 각 선생들께 깊이 감사 드리고자 한다.

마지막으로 분포도, 한글, 표음 기호 등 기술적으로 어려움이 많음에도 불구하고 흔쾌히 출판을 맡아 준 三省堂書店에는 감사의 말 이외에는 달리 할 말이 없다. 특히 출판부의 阿部李三 씨, 能勢武 씨, 그리고 서울 출장소의 諸田良弘 씨, 西原久吉 씨에게 신세를 졌다. 깊이 감사하고자 한다.

1942년 7월 15일 서울에서

번역자의 말

이 책은 小倉進平의 『朝鮮語方言の研究』와 더불어 한국어 방언 연구에서 가장 널리 인용되는 대표적 성과 중의 하나이다. 방언 연구뿐만 아니라 국어사 연구에서도 이 책의 가치는 굳이 언급하지 않아도 될 만큼 모두가 인정하고 있다. 이 책이 간행된 지 이미 60년이 훨씬 넘었지만 한국어 연구의 여러 분야에서 여전히 그 영향력을 잃지 않았다. 국어학을 연구하고자 하는 사람이라면 꼭 읽어야 할 필독서라고 할 수 있다.

이 책의 존재는 학부와 대학원 시절 이병근 선생님의 수업을 통해 알게 되었다. 지금 기억에 선생님께서는 이 책에서 다루는 네 가지 음운사적 주제가 무엇인지를 간단히 소개해 주셨던 것 같다. 책을 직접 읽어 보지는 않았지만 그 네 가지 주제는 워낙 중요한 것이었기에 다른 선학들의 연구물을 통해 간접적으로는 접할 수 있었다. 그러나 그 전문을 직접 꼼꼼하게 읽지는 못했다. 그러다가 이번 번역 작업을 하면서 책의 구석구석을 전부 훑게 되었다. 그 동안 국어 음운론을 공부한답시고 이런저런 노력을 기울이기는 했지만 이제서야 이 명저를 통독하게 되었으니 얼마나 부끄러운 일인지 모르겠다.

이 번역서는 필자가 번역한 河野六郎 선생의 연구물 중 세 번째이다. 2년 전에 『朝鮮漢字音の研究』의 번역서를 냈고, 올해 초에 음운론과 관련된 소논문들을 묶어서 편역서(『河野六郎과 국어 음운론』)로 간행했다. 그리고 이번에 번역서를 냄으로써 적어도 필자가 생각하기에 河野六郎 선생이 남긴 한국어 음운론 관련 연구는 모두 번역을 마쳤다고 본다. 번역을 진행하면서 河野六郎 선생은 그 이전의 일본인 학자보다는 한 단계 이상 앞서 있으며, 이후의 일본인 학자 중에서도 선생을 넘어섰다고 평가할 수 있는 사람이 있을까 싶을 정도로 매우 훌륭한 연구자라는 사실을 알게 되었다. 학생 시절 은사님들의 보석 같은 논저들을 읽고 많은 가르침을 받았을 때와 비슷한 느낌을 그의 논저에서 얻을 수 있었다.

그래서 단순히 번역만 할 것이 아니라 그의 연구 성과에 대한 조망도 함께 덧붙이면 좋겠다는 생각을 했다. 그런 결심이 구체화된 것이 책의 뒤에 붙어 있는 해설 논문이다. 이 논문은 작년 12월에 간행된 『방언학』(한국방언학회 간행) 14호에 수록된 글이다. 재작년 지도교수이신 최명옥 선생님의 정년퇴임 기념논총 봉정식을 마치고 가진 술자리에서 서강대 곽충구 선생님으로부터 이런 성격의 글을 써 보면 어떻겠느냐는 말씀을 들었다. 당시에는 이 책의 번역을 아직 생각하지 않을 때라서 엄두를 내지 못했는데, 번역서를 준비하면서 곽충구 선생님의 말씀이 떠올라 논문으로 내기에 이르렀다.

필자는 평소에 국어 음운론 분야에서 좋은 선수 겸 해설자가 되고 싶다는 바람을 가지고 있다. 어느 분야든 두 가지 역할을 모두 잘 하기는 쉽지 않지만 필자는 능력도 없으면서 큰 욕심을 품은 셈이다. 좋은 선수로서 개인적인 연구 결과를 끊임 없이 발표하고 싶기도 하고 좋은 해설자로서 후속 세대들에게 친절한 안내자 역할을 하고 싶기도 하다. 이번 번역서는 해설자로서의 역할을 수행한 결과이다. 다음 번에는 선수로서의 의무를 다한 결과물을 가지고 독자들을 찾아가고자 한다.

2012년 9월 이진호

표음 기호에 대하여

본고에서 사용한 표음 기호는 대체로 국제음성학협회의 기호를 따랐지만 두세 가지 주의를 요하는 것도 있으므로 아래에서 간략히 서술하기로 한다.

(1) 자음

1 파열음

발음 위치로 크게 구별하면 'p, t, k'의 세 가지가 있다. 이 세 가지는 다시 성대의 상태에 따라 각각 다음의 네 부류를 지닌다.[1)]

○ 무기음(無氣音): p, t, k

이 음은 항상 어두(Anlaut), 그리고 어중에서는 무성 자음 뒤에 나타난다.[2)]

○ 유성음(有聲音): b, d, g

이 음은 항상 어중(Inlaut)에 놓이며, 그것도 유성음 사이에서만 올 수 있다. 'b, d, g'를 자세히 살피면 순수한 'b, d, g'인 경우와 또한 'b̥, d̥, g̥'인 경우 등이 있다.

---

1) [역자주] 아래에 실제로 제시되는 것은 다섯 가지 부류이다.

2) [역자주] 어중의 평파열음 뒤에서 실현되는 경음을 무성 무기음으로 표기하고 있다. 이와 관련된 내용은 부록의 해설 논문 4장을 참고할 수 있다.

○ 내파열음(內破裂音): $-^{p}$, $-^{t}$, $-^{k}$

이 음들은 완전한 내파열음(implosive)이며 성대의 폐쇄([ˀ])를 동반한다. 다만 지방에 따라, 가령 평안북도와 같은 경우 성대가 상당히 접근하면서도 폐쇄되지는 않는 경우가 있다. 이 때는 유성음적인 울림을 지닌다. 예를 들어 ‘[$\bar{t}$ɯ-$\bar{t}$ɯ:^{d}-^{h}a-da](暖), [mo:^{d}-^{h}ɛ-$\bar{t}$a](不能)’가 있다. 내파열음은 어말(Auslaut)에 국한된다. 음절 말음의 경우는 무성 자음 앞에 오는 경우에만 존재한다. 따라서 본고에서는 지장이 없는 한 ‘p, t, k’로 표기한다.

이상의 세 가지 종류는 위치에 따라 명백하게 규정되고 있다. 그러므로 각각 동일한 음운으로 인정할 수 있을 듯하다.[3] 한글은 이 음들에 대해 각각 하나의 문자를 할당하고 있다.

○ 유기음(有氣音): p^{h}, t^{h}, k^{h}

대체로 한국어의 유기음은 상당히 강하다. 이 음들은 어두에서든 어중에서든 나타난다. 어말에는 오지 못한다. 모음 사이에 놓이는 경우에는 약간 겹자음화(Gemination)를 일으킨다.[4]

○ 경음(濃音): $\bar{p}$, $\bar{t}$, $\bar{k}$

이 음들은 한국어 음성의 한 특징이다. 경음에 대한 기술은 小倉進平 선생의 「朝鮮語のTOIN-SIOT」(『岡倉先生記念論文集』, 1928년 12월)과 濱田邦雄 씨의 「朝鮮語の濃音に就て」(서울, 1934년)에서 자세하게 볼 수 있으므로 간략히 요점만 말하면, 요컨대 성대의 완전한 폐쇄 후에 파열을 일으키는 음이라고 할 수 있을 듯하다. 小倉進平 선생은 이것을 ‘[ˀb]’ 또는 ‘[ˀp]’로 표시하고 있다. 저자가 사용한 ‘$\bar{p}$, $\bar{t}$, $\bar{k}$’라는 기호는 아프리카어 연구자인 Meinhof의 기술에 따른 것으로서, 이 음의 단순성에 비추어 편의

---

3) [역자주] 무기음, 유성음, 내파열음은 위치에 따라 구분되는 한 음운의 변이음이라는 의미이다.

4) [역자주] ‘아프다’(痛)가 ‘압프다’로 발음되기도 하는 것을 가리키는 듯하다.

상 채택한 것이다.[5]

다만 이 음은 어두와 어중에서 나타나지만, 어중의 경우 특히 두 모음 사이에서는 小倉進平 선생이 표기한 '[ʔp]'가 실상에 부합하는 듯 생각되는 경우가 있다. 그러나 여기서는 이런 경우 역시 'p̄, t̄, k̄'로 한다.

② 비음: m, n, ñ, ŋ

'm, n'은 문제가 없다. 중악음(中顎音)의 비음 표기에는 'ñ'을 사용한다. 'ŋ'은 어말(음절말까지 포함)에서만 나타난다. 두 모음 사이에서도 'ŋ'은 앞 음절에 붙는다.

③ 유음: r, l

'r'은 모음 사이에서만 나타나는 것이 보통이다. 다만 함북의 회령 지방에서는 어두에서 나타나는 경우가 있다. 가령 '羅津'을 '[ra-ʤin]'으로 발음한다. 'r'은 일반적으로 일본어의 ラ-행과 마찬가지로 '[ɾ]'이지만 때로는 권설(卷舌)의 'r'이 들린다. 'l'은 어말에서 나타나며 또한 '-ll-'의 형태로도 실현된다. 가령 '칼날'은 '[k^{h}al-lal]'이다.

④ 마찰음: s, s̄, ʃ

's'는 일본어의 サ-행 음에 가깝다. 모음 '-ㅣ' 앞에서는 구개음화하여 '[ʃ]'와 같은 효과를 지닌다. 이 경우에는 특별히 'ʃ'로 표기하지 않는다. 다른 환경에서도 이 음이 나타나는 경우가 드물게 있다. 이런 경우에는 'ʃ'로 적는다. 's̄'는 's'의 경음이다.

---

5) Panconcelli-Calzia가 지은 『Die experimentelle Phonetik in ihrer Anwendung auf die Sprachwissenschaft』(Berlin, 1924년)의 SS. 50~52에 의거한다.

5 파열마찰음: ʧ(ʦ), ʧʰ(ʦʰ), t̄ʃ(t̄s), ʤ(dz)

괄호 안에 있는 것은 지방에 따라 산발적으로 보인다. 특히 황해도와 평안남북도에 많다. 이 음들은 혀끝(舌尖)이 윗니보다 약간 뒤에 닿는다. 'ʧ(ʦ)'는 무기음, 'ʧʰ(ʦʰ)'는 유기음, 't̄ʃ(t̄s)'는 경음, 'ʤ(dz)'는 유성음이다. 'ʤ(dz)'는 유성음 사이에 위치한다. 'ʤ(dz)'와 'ʧ(ʦ)'의 관계는 앞서 'b, d, g'와 'p, t, k'의 관계와 동일하다.

6 기음(氣音): h

7 반모음: y,[6] w

이 기호는 별로 적절하지 못하다. 小倉進平 선생과 같이 '[ⁱ], [ᵘ]'로 적는 편이 엄밀할지도 모른다. 왜냐하면 이 음들은 한국어에서는 마찰음이 아니라 모음적 성격을 지니고 있기 때문이다.

(2) 모음

1 전설모음: 開口[7] i, e, ɛ, 合口 ü, ö,[8] œ

많은 방언에서 'i, e, ɛ'의 구별은 특히 강세가 있는 음절의 경우에 명백하다. 그러나 경상도 방언과 전라도 방언에서는 'e : ɛ'의 대립이 음운론적

---

6) [역자주] 원문에는 'j'로 되어 있다. 그런데 현재 'y'가 더 일반화되어 있을 뿐만 아니라 河野六郎의 다른 논문에서는 'j'가 파찰음 표기로도 쓰이고 있어 혼동을 피하기 위해 'y'로 바꾸어 제시했다.

7) [역자주] 여기서의 '開口'는 입을 벌리는 개모음 또는 저모음을 가리키는 용어가 아니라 전통적인 성운학에서 입술 모양에 따라 開口(평순)와 合口(원순)를 나눌 때의 '開口'를 가리킨다.

8) [역자주] 원문에는 'ü, ö' 대신 'y, ø'로 되어 있으나 번역본에서는 'y'를 반모음 표기에 사용하기로 했으므로 혼동을 피하기 위해 전설의 원순모음 표기에 'ü, ö'을 이용한다.

으로는 존재하지 않는다. 따라서 'ㅐ[ɛ]'와 'ㅔ[e]'는 이 지방 사람들에게는 구분되지 않는다. 또한 종종 'ɛ'와 'e'의 중간 모음인 '[E]'가 들리는데 이것은 많은 경우 'ɛ'에 상당하는 경우이다. 아직 여기에 대해서는 상세한 조사와 연구가 필요하다.

2 중설모음: ɯ, ɐ, ə, a

중설모음의 구별이 한국어에서는 특히 필요하다.

- ○ [ɯ]: 이 기호는 일본어에서는 'ウ'를 표시하는 데 쓰이지만 원래는 'ɔ'에 대립하는 'ʌ', 'o'에 대립하는 'ɤ'와 평행하게 'u'에 대립하는 평순모음을 가리킨다. 일본어의 'ウ'는 약한 원순성을 지니고 있기 때문에 'ɯ'로 표기하는 것은 그다지 적절치 않다. 그런 점에서 한국어의 'ㅡ'는 거의 'ɯ'에 가까운 듯 생각된다. 그러나 자세히 관찰하면 후설모음보다도 약간 앞쪽에 있다.
- ○ [ɐ]: 'ɯ'보다도 더 낮으면서도 앞쪽에서 발음되는 모음으로 보통 장모음이다. 이 음이 'y'와 결합하는 경우에는 더 앞쪽으로 전진한다. 한글로는 '어'로 적지만 '[ɔ]'를 나타낼 때의 '어'와 구별하기 위해 ':어'로 적는 경우가 있다.
- ○ [ə]: '어'는 강세가 있는 경우에는 '[ɔ]'이지만 약음절에서는 종종 중설적인 음으로 발음된다. 경상도 방언과 전라도 방언에서의 '어'는 '[ə]'로 발음되는 것이 보통이며 또한 '어[ɔ]'와 ':어[ɐ]'의 구별은 발견되지 않는다.

3 후설모음: 合口 u, o, ω, ɔ

'u'는 강세가 있는 경우 명확하게 발음되지만 약음절에서는 오히려 '[o]'가 되어야 한다. 여기서 주의할 점은 제주도의 '·'이다. '·'는 'o'와 상당히 가까우면서도 차이가 나는 모음으로, 이러한 차이는 입술의 상태에 있는 듯 생각된다. 'o'나 'u'는 입술이 안쪽으로 오므려지지만, '·'는 바깥으로 열린다. 이를테면 開口의 'o'이지만 아울러 입술도 적극적으로 작용하는 모습이다. 적당한 기호가 없는데 잠시 'ω'로 적고자 한다. 小倉進平 선생은 '*o*'로 표기하고 있다.

4 이중모음

현대 한국어의 각 방언에는 이중모음이 드물게 나타난다.[9] 예를 들어 충청남도 논산, 부여, 기타 지역에서 '고기(肉)'를 '[ko^{i}g^{i}]'라고 한다. 따라서 본고에서는 특별히 '⌒'라는 부호를 사용하여 이중모음을 표시한다. '⌒'가 없는 것은 모두 모음 복합(hiatus)을 가리킨다.

(3) 악센트

한국어의 악센트에 대한 연구는 미개척의 영역이다. 이번 조사는 이런 점에서 완전히 실패로 끝났다. 저자가 관찰한 바로는, 한국어 악센트는 오히려 문장 악센트(Satzakzent)가 주된 것이고 단어 악센트(Wortakzent)는 중요하지 않은 듯하다. stress는 보통 첫 음절에 놓인다. 'musical accent'[10]에 대해서는 연구를 필요로 한다. 경상도 방언에서는 'stress'가 있는 첫 음절이 높고 다른 음절은 낮다. 그리고 고저의 대조가 매우 두드러진다. 중부 방언에서는 고저와 음절의 관계가 아직 불분명하다.

---

9) [역자주] 이 때의 이중모음은 'ㅘ, ㅝ, ㅑ, ㅕ' 등과 같이 반모음 'y, w'가 포함된 것이 아닌, 순수한 모음 연쇄로 이루어진 것을 가리킨다. 이 문제와 관련해서는 "이진호(2010), 국어 이중모음의 구성에 대한 연구사적 고찰, 『이중모음』, 태학사, 13~32"를 참고할 수 있다.

10) [역자주] 'musical accnet'는 고저 악센트를 가리킨다.

(4) 장단

대체로 개음절(開音節) 모음은 길고 폐음절(閉音節) 모음은 짧다. 그러나 폐음절의 경우에도 긴 모음이 있으며 모음의 장단이 음운론적 대립을 이루는 경우가 종종 있다. 가령 '足'은 '[pal]'이지만 이와 대조적으로 '簾'은 '[pa:l]'이다. '어[ɔ]'와 ':어[ʉ:]'의 관계 역시 질적인 차이와 더불어 양적인 차이도 있다. 본고에서는 특별히 필요한 경우에 장음 부호인 '[:]'를 덧붙이기로 한다.

목 차

1

서 론

한국어의 역사가 밝혀진 것은 지금으로부터 500년 동안의 기간이며, 그 이전 즉 훈민정음이 창제되기 이전은 그 수가 극히 적고 불완전한 자료로부터 그 일부만을 엿볼 수 있을 뿐이다. 훈민정음 창제 이전의 자료는 한자를 사용하여 그 모태인 중국어와는 상당히 다른 한국어를 복잡하게 표기하고 있기 때문에 그 해독에서 우선 막대한 어려움을 수반하는 형국이다. 그래서 한국어의 옛 모습을 밝히고자 시도하는 사람은 조선 초기 시대에 이르러 거의 답보 상태에 빠져 버리는데, 어떻게 해서든 그 이전 상태로 거슬러 올라가고자 할 때 그 단서 중 하나로 방언을 고려할 수 있다. 또한 설령 조선 초기 이전의 형태를 방언에서 찾는 것이 무리라고 하더라도, 최소한 조선 초기 이후의 형태가 어딘가에 잔존해 있을 가능성은 있는 것이다. 조선 초기 또는 그 이후의 시대 상황은 문헌에 의해 명확히 할 수 있지만, 오늘날 전혀 쓰이지 않는 음운과 어형은 문헌에 의지해서는 밝힐 수 없는 경우도 있다. 이럴 때 방언이 무엇인가 구체적인 지식을 줄 수 있을지도 모른다. 이와 같이 방언은 우선 문헌의 결함을 보충하는 존재로서 우리에게 다가온다.

저자는 주로 이런 의도를 가지고 한국어 방언 채집에 착수했다. 이 때 저자는 '방언'이라는 용어를 다음과 같이 해석한다. 즉 일반적으로 말하는 방언이란 표준이 되는 중앙어와 비교하여 그 지방의 특징[1]을 이르지만, 저자는 그것을 확대하여 각 지방의 모든 언어 현상을 전부 방언적인 것으로 해석하는 것이다. 예를 들어 경상북도 방언에서는 '여아(女兒)'를 '[kiːʤ iba:]'라고도 하고 '[kasinaː]'라고도 한다. 이 중 '[kasinaː]'는 원래 경상도의 토박이말(patois)이지만 '[kiːʤibaː]'는 중앙어에서 차용해 온 것이다.[2] 만약 토박이말만을 문제 삼는다면 경상북도 방언은 '[kasinaː]'라고 하는 것만으로도 충분하다. 그러나 이것은 분명히 불완전한 서술이다. 왜냐하면

1) 악센트의 차이일 수도 있고 어휘 또는 어법의 특색일 수도 있다.

2) 서울에서는 '[keːʤibɛː]' 또는 '[kiːʤibɛː]'이다.

'[ki:ʤiba:]'도 역시 경상북도 말일 뿐만 아니라 또한 '[kasina:]'가 '[ki:ʤiba:]'와 대립하는 것이야말로 '[kasina:]'의 공시론적 의미를 명확하게 해 주기 때문이다. 따라서 저자는 각 지역의 방언을 단순히 토박이말에 국한하지 않고, 가능한 한 각 지역의 실제 언어 현상으로 확대하여 채집에 노력을 쏟기로 했다.

그렇지만 이러한 채집 태도는 이상적인 것이고 실제로는 이런 이상형으로부터 상당히 동떨어진 것이 되고 말았다. 그 이유는 주로 채집자인 저자의 능력과 함께 경험의 부족에 따른 것이지만 한편으로는 실질적인 어려움도 있었다. 무엇보다도 저자는 개별 방언을 상세히 기술하기에 앞서 먼저 한국 각지의 방언에 대한 개관을 미리 알아 두고자 했다. 그러지 않으면 각 방언을 상세히 기술할 수 있다고 하더라도 그 방언이 한국의 전체 방언에서 볼 때 대체 어느 위치에 있는지를 전혀 알 수 없으며, 개별적인 기술 또한 완전할 수는 없다고 생각한다. 그래서 먼저 전망적 시각을 얻기 위해, 극히 개략적이라 하더라도 전체 상황을 파악하는 방법에서 출발한 것이다.

이리하여 1937년 10월부터 1940년 9월까지 3년 동안을 한국어 방언 채집의 제1기로 하고 주요 지점을 조사함으로써, 장래 보다 광범위하면서도 상세한 본격적인 조사의 기초가 되도록 하였다. 조사를 위해서는 무엇보다도 13개 도(道)에서 중요 지점을 몇 개 선택하지 않으면 안 되었다. 원래 계획은 각 도마다 적어도 한 개 군(君)에 하나의 조사 지점을 예정했으나, 조사를 진행하는 과정에서 여러 가지 사정으로 인해 결과적으로 각 도(道)마다 조사 지점의 조밀도에서 차이가 생기게 되었다. 아래에 저자가 조사한 지점을 제시한다.[3)]

---

3) 조사 지점의 지도는 이 책의 뒷부분 참조. [역자주] 아래의 지명 중 평북의 '龜城'과 황해도 '金川'은 방언연구회에서 편찬한 『방언학 사전』(태학사)의 '북한 행정구획도'에 따라 각각 '구성'과 '금천'으로 한다.

【경기도】

인천, 강화, 의정부, 가평, 양평, 광주, 수원, 여주, 이천, 평택, 장단, 개성 (총 12개 지점)

【황해도】

연안, 해주, 강령, 옹진, 태탄, 장연, 몽금포, 송화, 은율, 안악, 신천, 재령, 서흥, 황주, 수안, 곡산, 신계, 토산, 금천 (총 19개 지점)

【평안남도】

중화, 상원, 용강, 한천, 영유, 안주, 개천, 덕천, 영원, 맹산, 양덕, 순천, 성천, 강동 (총 14개 지점)

【평안북도】

용암포, 철산, 선천, 정주, 구성, 태천, 박천, 운산, 영변, 희천, 강계, 후창, 자성, 위원, 초산, 벽동, 창성, 의주 (총 18개 지점)

【충청남도】

천안, 조치원, 유성, 홍성, 청양, 서산, 태안, 당진, 예산, 아산, 보령, 남포, 서천, 홍산, 부여, 논산, 공주 (총 17개 지점)

【충청북도】

황간, 영동, 옥천, 보은, 청주, 진천, 음성, 괴산, 충주, 단양, 제천 (총 11개 지점)

【전라북도】

남원, 전주, 김제, 정읍 (총 4개 지점)

【전라남도】

곡성, 구례, 순천, 광양, 벌교, 고흥, 보성, 장흥, 강진, 영암, 해남, 완도, 진도, 광주, 영광 (총 15개 지점)

【제주도】

제주, 대정, 서귀포, 성산포 (총 4개 지점)

【경상남도】

합천, 거창, 함양, 진주, 함안, 거제, 김해, 양산, 밀양, 울산 (총 10개 지점)

【경상북도】

대구, 고령, 김천, 상주, 예천, 영주, 안동, 의성, 청송, 영양, 영덕, 흥해, 경주 (총 13개 지점)

【강원도】

이천, 철원 (총 2개 지점)

【함경남도】

단천, 북청, 영흥, 안변 (총 4개 지점)

【함경북도】

경성, 부거, 온성, 회령, 무산, 길주 (총 6개 지점)

이상 총 149개 지점이 3년 동안 조사했던 지방인데, 친구인 이인영(李仁榮) 씨로부터 평양 방언을, 본교 학생인 김성칠(金聖七) 군으로부터 경북 영천 방언을, 또한 같은 학생인 오홍석(吳鴻錫) 군으로부터 전남 장성 방언을 조금 들을 수 있었다. 이 밖에도 제1차 조사가 필요한 지방이 적지 않았는데 그 중 강원도와 함경남북도를 예정대로 조사할 수 없었던 것은 매우 유감스럽다. 그러나 다행히도 小倉進平 선생이 발표한 각종 보고를 통해 결함을 보완할 수 있어서 매우 고마운 일이다.[4] 또한 조선어학회의 월간지인 『한글』에 가끔씩 실리는 각 지역 방언의 보고에서 얻은 바도 적지 않다.

그리고 저자 자신의 조사와 각종 보고를 통해 불완전하게나마 각 지방

4) '저자의 말'에 제시된 논저 중 본고에서 이용한 것은 주로 다음과 같다: 『南部朝鮮の方言』, 「咸鏡南北道方言」, 「嶺西方言」, 『平安南北道の方言』, 『咸鏡南道及び黃海道の方言』, 「'狐'を意味する朝鮮方言」, 「朝鮮語の語の中間に現はれる[b]」, 「朝鮮語の音節の中間にあらはれる[k]・[g]」, 『The Outline of the Korean Dialect』.

의 상황을 살필 수 있는데 여기서 그 조사 방법에 대해 언급하지 않을 수 없다. 방언학은 무엇보다도 먼저 방언 기술(dialectography)의 확고한 기반에 기초하지 않으면 안 된다. 마치 고고학이 엄격한 과학적 발굴에 의하지 않으면 그 무엇도 말할 수 없는 것과 마찬가지로 방언학도 정밀한 과학적 조사의 결과가 아니면 확실한 주장을 할 수 없는 것이다. 고고학의 경우에는 적절한 사진과 실측(實測)을 통해 유물이나 유적을 구체적이면서도 영구히 보존할 수 있으나 그에 비해 방언학은 그 대상이 지극히 불안정하기 때문에 어려움이 더욱 크다.

우선 언어는 사물이 아니다. 고분이나 유적에서 유물을 채집하듯이 각 지역의 방언을 채집할 수는 없는 것이다. 언어는 발음하는 순간 사라지고 없어진다. 따라서 그 순간에 옮겨 적어야만 한다. 녹음기에 의지하면 어느 정도 보존할 수 있지만 여기에는 한계가 있기 때문에, 현재로서는 역시 음성을 어떤 기호로 적고 그것에 의지해 그 음성을 상기하는 방법을 취하지 않을 수 없는 이상, 상당히 잘 포착했다고 하더라도 원래의 음성을 그대로 살려내는 것은 불가능하다. 이런 점에서 사진이나 실측에 의한 고고학적 조사처럼 방언을 객관적으로 기록한다는 것은 기대하기 어렵다.

이러한 기술적 어려움은 어쩔 수 없다고 치고, 어느 정도까지 옮겨 적을 수 있다고 하더라도 그렇게 전사된 음성이 어떤 사람이 어느 순간에 말한 음성인지, 그리고 그 음성이 그 방언에서 보편적으로 나타나는 음성인지 아니면 매우 개성적인 음성인지를 알기 위해서는 상당히 많은 사람들에 대해 조사를 해야만 한다. 아울러 실제 조사를 시도하는 경우, 특히 그 조사가 단기간 내에 이루어져야 하는 경우에는-앞서 말한 바와 같이 최대한 빨리 한국의 전체 지역 상황을 알아내고자 하는 이번 조사는 더더욱 그러하지만-, 조사자의 귀에 들린 음성이 각 지역의 '보통 발음'과 어느 정도 동떨어진 듯 생각되면 그 때마다의 순간적인 청각적 인상을 기록하지 않을 수 없다. 즉 K. Jaberg가 말한 바와 같이 자기의 귀를 신뢰하여 그렇다고 믿은 바를 기록하는 데 만족하지 않으면 안 되는 것(il faut qu'on se contente d'enregistrer la réalité phonétique-ou ce que, sur la foi de son oreille, on croit être tel.)이다.[5)]

Jaberg는 이것을 비규범적 음성 전사(transcription phonétique non régularisée) 혹은 인상적 전사(transcription impressioniste)라고 명명하여 규범적 전사(transcription normalisante)와 대립시켰다.[6)] 규범적 전사는 명칭이 지시하는 바와 같이 한 방언의 규범적 발음을 나타낸다. 이상적으로 말한다면 방언 기술(dialectography)은 조사해야 하는 지방의 방언에 대해 모두 규범적인 전사를 하지 않으면 안 된다. 그러나 이것은 실제로 불가능할 뿐만 아니라 엄밀히 말해 규범적인 발음이란 존재하지 않는다. 각각의 음성은 모두 개성적인 것이며 '어느 쪽을 규범적이라고 할 것인가'라고 하는 그러한 표준은 없다. 따라서 장기간에 걸쳐, 그것도 각각의 계층에 속한 사람들에 대해 조사한 결과라고 하더라도 개성적인 음성의 축적에 지나지 않는다고 할 수 있다.

그렇다고 한다면 단기 체류든 장기 체류든 오십보 백보라는 관점이 있을 수 있는데 그러나 실제로 인간의 귀는 그와 같은 미묘한 개성을 그대로 포착하는 것은 아니다. 음성의 지각은 결코 개체적이지 않다. 우리가 음성을 지각하는 경우, 각각의 음성은 그 개체성을 통해 파악하는 것이 아니라 오로지 그 유형을 통해 파악하는 것이다. 장기간의 조사는 그 유형을 많이 발견하는 데 있어 확실히 유리하다. 유형의 다양성은 각각의 유형을 비교할 수 있게 해 준다. 규범적 전사는 이러한 비교의 결과이다.

앞서 말한 바와 같이 음성을 유형에 따라 모은다고 해도, 한 방언에 나타나는 음성을 음성으로서만 관찰하는 한, 무한대라고 말할 수는 없을지

---

5) Karl Jaberg가 쓴 「Aspects géographiques du langage」(Conférences faites au Collège de France[1922년 12월], Paris, 1936년)의 18쪽 참조.

6) Karl Jaberg의 앞선 글 17쪽 참조.

언정 상당한 시간을 필요로 한다. 또한 그러한 수집만으로는 방언에 대한 언어학적 고찰로서는 커다란 효과를 기대할 수 없다. 언어학의 대상이 되는 언어에 있어서는 구체적인 음성의 기술보다도 언어 형식을 구성하는 요소로서의 음성이 필요하다. 물론 개별 형태를 구성하는 음성의 구체적인 성질은 자세히 관찰해야 하지만 그 관찰은 항상 형태를 전제로 하지 않으면 안 된다. 따라서 형태 구성상 별다른 기능을 하지 못하는 음성적 차이는 무시해도 상관이 없다고 할 수 있을 것이다. 저자는 소위 음운이라고 하는 용어를, '이러한 형태 구성의 기능상 구별해야 하는 음성'이라는 의미로 이해하고자 한다. 방언의 고찰도 이러한 음운을 고찰해야 한다. 그러나 이런 음운론적 고찰도 사실상 많은 구체적 음성의 관찰에 기반하고 있어서 이 또한 단기간의 조사로는 기대할 수 없다.

요컨대 규범적 전사든 음운적 기술이든 단기간으로는 불가능하다. 두 가지 모두 구체적인 관찰에 바탕을 둔 추론의 결과라서, 사례가 많지 않으면 그 추론의 개연성도 낮아진다. 따라서 위에서 말한 바와 같이 단기간의 조사로는 자신의 귀에 의지해 극히 우연적인 청각 인상을 기록하는 것 외에 다른 것은 없다. 또한 그러는 편이 오히려 안전한 것이다.

이상은 음성 기록에 대한 어려움이다. 그러나 어려움은 이것으로 그치지 않는다. 원래 언어라고 하는 것은 단위 요소의 단순한 집합은 아니다. 소위 단어는 분석과 추상의 결과이며 구체적인 언어 단위는 문장인 것이다. 단어는 문장 안의 성분으로만 존재하고 형태는 문장 안의 기능에 따라 결정된다. 그것을 보여 주는 가장 두드러진 예가 조사이다. 조사는 그 자체로는 어떠한 의미도 지니지 않는다. 오직 다른 형태(체언)에 덧붙어서 문장 안에 놓여야 비로소 그 기능을 갖게 된다. 이러한 공의성(共義性)은 조사와 같은 문법적 형태에만 국한된 것이 아니라 모든 형태에 해당한다. 따라서 각 형태의 기능은 구체적 문장의 관찰에 의존하지 않을 수 없다.

방언 조사도 마찬가지이다. 그러나 우리가 언어를 다룰 때 작업상 단어를 가정해야만 하는 상황에서는 많든 적든 추상화시키는 작업을 하지 않을 수 없다. 특히 방언 조사는 처음부터 상당한 추상화 작업을 하면서 임해야만 한다. 이상적으로는 각 개별 방언의 기술이 그 지역에 오래 체류하면서 그 지방 사람들 사이에 자연스럽게 주고받는 대화를 기본 자료로 해야 하며 그 자료로부터 귀납화하지 않으면 안 된다. 그러나 이것은 한 방언의 기술만 하더라도 대단히 어렵다. 하물며 각 지역 방언을 종합적으로 관찰하려고 하는 우리의 목적에 있어서는 완전히 불가능한 일이다. 그래서 미리 준비한 자료에 대해 질문을 해 나가게 되는 것인데 이런 조사는 대개 구체성으로부터 상당히 멀어지게 된다. 그나마 사물의 명칭과 같은 것은 비교적 용이하다. 왜냐하면 한국어와 같은 언어의 경우 물건의 이름을 지시하는 명사는 소위 어근 내지 어간으로 보이는 것도 사실상 단독으로 쓰이기 때문이다. 그래서 이번 조사에서는 이런 식의 조사로 끝나 버렸지만, 명사라 하더라도 여러 가지 격을 나타내는 곡용은 전적으로 문장 안의 기능에 기반한 것이라서 그 구체적 용례를 명확히 파악하기란 어렵다. 더구나 동사나 형용사와 같은 용언은 더욱 더 깊이 관찰해야 한다.

이러한 어려움은 언어 기술에서 일반적으로 언급하는 바인데, 방언 조사는 여기에 또 하나의 어려움을 수반한다. 그것은 제보자의 문제이다. 제보자는 그 지방의 토박이여야만 한다. 이리저리 전전하며 거처를 옮기는 사람의 말에는 반드시 여러 방언이 뒤섞여 있다. 한 언어 집단에 새로 이주해 온 사람은 자기도 모르는 사이에 그 언어의 영향을 입게 되는 것이다. 저자 역시 서울에 온 지 5년이 채 되지 않았지만 이미 상당한 서울말이 섞였음을 인정하지 않을 수 없다. 따라서 한 방언을 조사하는 경우 공무(公務)를 맡은 사람은 우선 부적당하다. 학교는 좋은 의미에서 방언 왜곡의 최선봉에 있다. 또한 교육을 받은 사람은 언어 규범에 대한 의식이 강해서 방언 조사의 목적에는 오히려 방해가 된다. 지금과 같은 전환기에 있어서는 연령차가 언어상으로 큰 차이를 낳기도 한다. 따라서 그 방언의 옛 모습을 알고자 하면 제보자가 노인인 편이 더 낫다. 남성은 대체로 외부와의 접촉이 많으므로 보수적 측면에서는 여성이 좋을지도 모른다. 그렇지만 그 지역 사정에 밝지 않으면 아무리 토박이라도 하더라도 목적에 부합하지 않는다. 이런 식으로 제보자의 자격을 거론하기 시작하면 한도 끝도 없다. 또한 실제로 그런 이상적인 제보자를 꼭 만난다고 할 수도 없다. 이런 방면에서도 조사는 제한을 받을 수밖에 없다.

제보자가 이상형에 가깝다고 하더라도, 그 사람으로부터 말을 이끌어 내는 것은 쉽지 않은 일이다. 자기 고향에서 한가롭게 살면서 고향 사정에 밝고 다른 방언의 영향을 적게 받았으며 게다가 우리의 조사에 대해 진심으로 이해하면서 우리의 목적에 맞게끔 대답을 해 주는 사람은 아마 한 사람도 없을 것이다. 다소간이라도 이해를 해 주는 사람은 반드시 어느 정도의 교육을 받았고 다른 지방과 접촉한 경험이 있어서 그 말이 순수하지 못하다. 실제로 저자는 이런 경우를 두세 번 겪었다. 또한 우리의 요구 조건을 모두 만족시키는 사람은 대개 우리의 조사 목적을 전혀 이해하지 못하는 사람들이다. 그래서 이런 사람들에게 질문을 하는 것은 매우 고된 일임에 틀림없다. 사물의 이름이라면 실제 물건을 보여 주면 되므로 비교적 용이하다. 그러나 이 방법을 써도 만약 음성을 충실히 옮겨 적기 위해 질문을 반복하면 그 때마다 대답이 달라진다. 하물며 동사나 형용사의 활용형, 혹은 조사의 용법 등은 결코 명확한 답을 얻을 수 없다. 왜냐하면 언어란 원래 그 환경에 의지해 존재하는 것이므로, 용언이나 조사의 형태가 출현하는 적합한 환경 없이 단지 그 형태만을 따로 떼어서 질문을 하는 경우에는 제보자의 혼란이 아마 상상을 초월할 것이기 때문이다. 제보자의 생활 속에 파고 들어가 각각의 환경에서 그 때에만 명확히 나타나는 형태를 조사한다면 이것도 불가능하지는 않다. 그러나 그런 조사는 도저히 기대할 수가 없다. 우리는 어쨌든 정해 놓은 질문 사항에 대해 즉각적인 대답을 원하는 것이다.

여기서도 방언 조사라는 것이 원칙적으로 얼마나 제한된 것인지 알 수 있다. 그래서 저자는 小倉進平 선생을 본받아 하나의 편법을 취할 수밖에 없었다. 즉 각 지역의 국민학교(예전의 보통학교) 어린이를 이용한 것이다. 이 방법은 무엇보다도 시간이 경제적이다. 아이들은 언어적으로 완성되지 않은 상태이다. 따라서 아이들에게 질문하는 것은 엄밀한 방언 조사의 측면에서 말하면 커다란 결함이다. 물론 가능하면 상급 학년의, 그것도 토박이 아동을 선정하였지만 그 대답은 결코 각 방언의 실정에는 부합하지 않음에 틀림없다.

그러나 설령 이런 결함을 인정한다고 하더라도, 그런 반면 아이들은 언어적으로 미완성이기 때문에 오히려 규범적 의식이 약할 뿐만 아니라 다른 방언에 대한 지식도 없다. 더구나 준비된 조사 자료는 어린이의 언어생활 범위 안에 있는 것이라서 성인을 조사하는 경우보다 못한 것은 아니다. 또한 국민학교의 상급 학년 어린이라면 어느 정도의 추상적 대상도 이해할 수 있으며, 이미 조사된 자료에 기초해 질문을 시도함으로써 좀처럼 기억하지 못하는 형태도 생각해 낸 것이 적지 않았다. 다만 이미 아이들의 언어 생활에는 남아 있지 않은 고형은 찾아낼 수가 없었다. 노인의 언어 자료가 한 세대 전의 언어 자료를 반영하는 것이라면 아이들의 언어 자료는 그 지역의 새로운 언어 모습을 나타낸다고도 해석할 수 있을 듯하다.

이렇게 해서 이번 조사는, 음성 기술의 경우 인상적 전사에 의한 것이고 기술의 대상은 단어의 표준에 기반하며 조사 대상은 국민학교 어린이가 되는 셈이다. 따라서 조사의 불완전함은 조사자인 저자 자신이 가장 분명히 알고 있는 바이다. 그러나 되풀이해서 말하지만 이번은 기초적인 준비조사이며 주된 목적이 전체 방언을 개관하는 데 있기 때문에 그 결과가 매우 불완전해도 어느 정도 목적을 달성했다고 할 수 있다. 만약 정확을 기해야만 하는 부분이 있었다면 더욱 더 상세한 조사가 필요하다는 점은 말할 것도 없다.

이상으로 방언 조사에 대해 저자의 개인적인 생각을 피력하였고 이제는 이 조사 결과를 어떻게 처리할 것인지에 대해 언급하고자 한다.

방언학은 최근 언어 지리학의 모습을 띠면서 언어학의 중요 분야가 되었다. 언어 지리학의 창시자인 Gilliéron의 저서 『L'Atlas linguistique de la France』(Paris, Champion, 1900~1912)를 읽은 사람이라면 전문가가 아니더라도 이 분야의 밝은 장래성을 느끼지 않을 수 없을 것이다. 언어 지리학은 분명 새로운 자료와 참신한 방법론을 언어학에 주입하고 있다. 여기서 저자가 이 새로운 학문에 대해 논의할 수는 없으며 아직 그럴 자격도 지니지 못했다. 다만 언어 지리학이 언어사라는 학문의 중요 부문이라는 점은 말할 수 있다고 생각한다. 물론 언어 지리학의 영역을 반드시 역사적 측면에만 한정해야 하는 것은 아닐지도 모른다. de Saussure의 소위 공시태와 통시태에 따르면, 방언의 공시적 연구도 역시 필요할 것이다. 그러나 이미 말한 바와 같이 저자의 목적은 방언을 하나의 역사적 자료로서 다루는 데 있기 때문에 본고에서는 통시적 고찰을 하는 데 머무르고자 한다.

책의 첫머리에서 저자는 문헌의 결함을 보완하는 존재로서 방언의 가치를 고찰했다. 이 경우 우선 방언 중 어딘가에 고형이 남아 있지는 않을까 하는 상상을 하게 되는데, 그렇다면 '고형'이란 도대체 무엇이며 어떻게 그것을 발견할 수 있는지에 대해 생각하지 않을 수 없다. 물론 예전 시대의 어떤 형태가 그대로 보존되어 있는 경우는 극히 드물다. 이와 같이 이전 시기의 형태가 그대로 남아 있다는 사실은 옛 문헌이 뒷받침해 주어야만 한다. 그렇다면 문헌의 뒷받침이 없는 경우, 가령 조선시대 이전의 형태와 같은 것은 판단할 수 없는 셈이 된다. 그렇지만 우리는 문헌의 증언이 반드시 없다고 해도 방언형 중에서 '고형'을 찾을 수 있다고 생각한다. 즉 어형의 구조상으로 보아 방언형과 문헌형을 비교했을 경우, 문헌의 형태가 설령 500년 전의 것이라고 해도 그것이 방언형보다 반드시 오래되었다고 말할 수는 없는 경우가 존재하는 것이다.

예를 들어 '마름(菱仁)'과 같은 것이 그러한 사실을 잘 보여 준다. '마름'은 조선 초기 문헌에서 '말밤'으로 나온다.[7] 중기에는 '말왐[8]'이 되었고 다시 '말암[9]>마람[10]'이 되어 오늘날의 '마름'에 이른 것이다.

그런데 현재의 방언 중 경상남북도 방언에는 '[mal-bam]'이라는 형태가 있다. 이 방언형은 조선 초기의 '말밤'보다 더 오래된 것이다. 그 이유는 다음과 같다. 이미 小倉進平 선생도 말한 것처럼 『採取月令』이라는 책에 '芰實鄕名末栗'이라고 되어 있듯이 이 말은 '말+밤(栗)'의 합성어였으며 그 어원은 '말(水藻)'에 열리는 '밤(栗)'이라는 의미였다.[11] 따라서 이 단어의 둘째 음절은 '밤'이 기원적인 형태이다. 또한 '말밤>말왐>…'의 변화와 '[mal-bam]'을 비교하면 음성학적으로도 '[mal-bam]>말밤'을 상정할 수 있다. 왜냐하면 'ㅸ(β)'은 'ㅂ(b)'이 약화되어 'w'로 바뀐 후 마지막에 탈락

7) 小倉進平 선생의 「朝鮮語の語の中間に現はれる[b]」(『青丘學叢』 30)의 25, 26쪽 참조. 여기에 의하면 『月印釋譜』 권21에 "鋲鑗는 말바미라"가 나온다. 다만 이것은 "菱=말밤"을 말해 주는 직접적인 자료는 아니다. '鋲鑗'라는 것이 도대체 무엇인지 알 수 없다. 『集韻』(『康熙字典』에 수록)에 따르면 '鐵檛'라고 되어 있는데 '檛'는 '채찍(箠)'이다. 또한 이 도구가 '마름(菱)'과 어떤 관계에 있는지도 분명하지 않지만 잠시 한자 측면을 통해 보건대 '鋲鑗'는 '蒺藜(납가새)'와 한자음이 같다. 이로부터 '鋲鑗'라는 도구가 '蒺藜(납가새)'의 열매와 어느 정도 유사하기 때문에 이러한 명칭을 붙였으리라 생각된다. '蒺藜(납가새)'는 일본의 식물명인 'ハマビシ'가 지시하듯이 그 열매가 '菱仁'과 비슷하다고 할 수 있다. '鋲鑗'를 한국어로 '말밤'이라 부르게 된 것도 이것이 '菱仁(말밤)'과 비슷하기 때문이라고 생각된다. 이러한 추측이 옳다면 이 시기에 '菱仁'을 '말밤'이라 불렀다고 볼 수 있다.

8) 小倉進平의 위 논문 참조. 『訓蒙字會』에서 '芰, 菱'의 훈은 '말왐'이, 『杜詩諺解』에는 '말왐'과 '말암'의 두 형태가 나온다. 또한 『類合』(萬曆版)에도 '말왐'으로 되어 있다.

9) 小倉進平의 위 논문 참조. '말암'은 『杜詩諺解』에 나온다.

10) 小倉進平의 위 논문 참조. '마람'은 『譯語類解』에 나온다.

11) 小倉進平의 위 논문 57~58쪽 참조. 이 '말밤'은 원래 'ᄆᆞᆯ밤'이었을지도 모른다. 'ᄆᆞᆯ'은 '水藻, 海藻'를 의미한다. 전남 방언에서 '몰밤, 몰밥'이라는 것을 보아도 이 생각은 확실한 듯하다. 小倉進平 선생의 논문 25쪽 주석 1)에서는 전남 방언의 형태를 우연한 변화라고 하였으나 역시 이것은 'ᄆᆞᆯ밤'에서 '말밤'으로 변했다고 보는 편이 낫지 않을까 한다. 'ᄆᆞ'가 '모'로 바뀌는 것에 대해서는 첫 번째 주제('ㆍ'에 대하여)를 참고하기 바란다.

하는 과정에 있어서 하나의 과도기를 나타낸다고 생각할 수 있기 때문이다.

이 한 예만으로도 분명하지만 마찬가지로 'ㅂ'을 포함한 또 다른 단어를 통해 'ㅂ(b)>ㅸ(β)>w'라는 음운 변화를 좀 더 확실히 하고자 한다. 그것은 '돌절구(石臼)'를 의미하는 '확'이라는 단어이다.[12] 이 단어는 『杜詩諺解』와 『訓蒙字會』에 '호왁'으로 나오며 『譯語類解』에는 '방핫확'[13]으로 되어 있다. 즉 조선 중기에 '호왁'에서 '확'으로 변화했음을 알 수 있다. 이 단어의 방언형을 찾아보면 경상도에서는 '[ho-bak]', 함경도에서는 '[ho-bak]' 또는 '[ho-bɛ-gi]'라고 부른다.

이 '[ho-bak]'이 조선 초기의 '호왁'과 어떤 관계에 있는지 보자면 '[ho-bak]>호왁'의 변화를 생각하는 것 외에 다른 것은 없다.[14] 그 이유는 대략 다음과 같다. Karl Jaberg는 언어 지리학에 있어서 사물과 그 명칭에 대한 연구가 필요하다고 주장하였다.[15] 이 단어는 정확히 그러한 주장을 확인하게 하는 중요한 자료이다. 왜냐하면 '확'이라는 돌절구의 모양이 그 명칭의 기원이 되기 때문이다. '확'이라는 돌절구는 '방아(舂)'의 일부를 이루는 것으로 아래 그림과 같은 모양을 하고 있다.

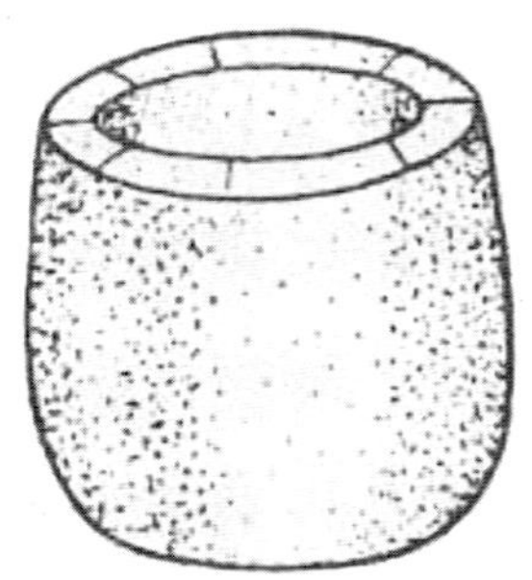

12) 小倉進平의 위 논문 41~42쪽 참조.

13) '방하'는 '방아(碓)'이다.

14) 그 중간에 '*호박'의 단계를 거친 것으로 보인다.

15) K. Jaberg의 앞서 책 23쪽 이하 참조.

이 모양은 남과(南瓜)를 연상시킨다. 남과(南瓜)는 오늘날 중앙에서도 '호박'이라고 부른다. 이 단어의 구조는 '호+박'으로 분석된다. '호'는 '胡'의 한자음이고 '박'은 '호과(瓠瓜)'를 가리킨다. 소위 '바가지'는 '박'으로 만드는 것이며 '바가지'라는 명칭은 '박'에 '-아지'라는 축소 접미사를 붙인 것이다. '확'이라고 불리는 돌절구의 명칭이 호박(南瓜)에서 유래한 것이라면 경상도와 함경도의 방언형 '[ho-bak]'이 기원적인 형태임을 알 수 있다. '호왁' 또는 '확'은 그 어원이 잊혀지면서 생겨난 형태이다. 여기서도 현재의 방언형이 조선 초기 문헌에 나타나는 형태보다 더 오래된 것임을 알 수 있다.

이상의 두 예를 통해 방언에는 의외로 고형이 잔존해 있다는 사실을 확인할 수 있다. 그러나 두 예는 모두 그 어원이 매우 분명한 경우이다. 만약 어원이 분명하지 않다면 방언은 이제 아무 것도 말해 주지 않을까? 이 경우 앞서 예로 든 '말밤>말ᄫᅡᆷ>말왐>…' 또는 '호박>호ᄫᅡᆨ>호왁'에서의 'ㅂ-약화'라는 음운 변화로부터 추론할 수 있는 것도 있다. 앞서 말한 바와 같이 '말밤'과 '말ᄫᅡᆷ>말왐>…'을 비교할 경우 그 어원이 명확하지 않더라도 '말밤>말ᄫᅡᆷ'이 '말ᄫᅡᆷ>말밤'보다도 확실한 듯 생각된다. '호박'과 '호왁'의 상황도 마찬가지이다. 이 경우 유성음 사이의 자음 약화라고 하는 일반적 경향이 이러한 추론의 배경을 이룬다. 그러나 음운 변화라고 하는 것은 단순히 그것만 추려낸 경우에는 소위 가역적(可逆的)이라서 어느 쪽 방향으로도 진행될 수 있다. '말밤'이 '말ᄫᅡᆷ'으로 변화하는 것이 가능하다면 '말ᄫᅡᆷ'이 '말밤'으로 절대 바뀌지 않는다고는 말할 수가 없다. 그러므로 단순한 음운 비교만으로는 신형과 구형의 구별을 확언할 수 없다.

그런데 여기서도 방언은 하나의 근거를 제공한다. 언어 지리학의 강력한 무기인 분포 상황이 바로 그것이다. 이미 말한 바와 같이 한 언어 집단 내의 언어 상황은 결코 균질적이지 않다. 그것은 마치 세포 조직과 같은 구조를 이루고 있다. 그리고 중심 도시의 언어 변화는 점차 지방으로 확산

되어 간다. 가장 이상적인 경우를 고려한다면 정확히 나무의 나이테와도 비교할 수 있을 것이다. 또한 연못의 수면에 생긴 물결(波紋)과 같다고도 할 수 있다. 만약 우리가 중심으로부터 주변을 향해 서서히 나아간다면 이른바 역사를 역행해 가는 것이 가능할 듯하다. 한 단어의 언어 지도는 그 단어가 지닌 역사의 공간적 투영이라고 말할 수 있다. 물론 이것은 가장 이상적인 경우이며 언어의 변화는 각 단어에 따라 매우 복잡한 전개를 보일 것이다. 지리적 조건에 따라서는 반드시 동심원을 이룬다고 한정할 수가 없다. 또한 각 지역의 역사적 배경은 원심적으로 확장해 가는 언어 양상에 다양한 변형을 줄 것임에 틀림없다.

그러나 그러한 여러 가지 장애에도 불구하고 앞의 파동 전파 원리는 여전히 옳다고 할 수 있다. 전술한 것은 매우 조잡하고 소략한 이론이지만 실제로 확증할 수 있다. 이제 그 확언을 위해 앞서 제시한 두 예에 대해 서술하기로 한다. 이 두 단어는 앞서 말한 바와 같이 그 역사가 명백하다. 따라서 방언 분포 이론을 증명하는 데 유력한 자료라고 하겠다.

우선 '확'부터 시작한다. 이 단어의 방언 분포는 다음과 같다.[16)]

【ho-bak】

[경남] 부산, 하동, 진주, 합천, 거창, 창녕, 밀양, 양산, 김해, 울산, 함안

[경북] 고령, 예천, 영주, 안동, 청송, 의성, 대구, 김천, 영덕, 포항, 영천, 상주, 영양, 흥해, 경주

[강원] 삼척, 울진, 평해

[함남] 북청, 혜산, 이원, 홍원, 함흥, 오로, 신흥, 정평, 고원, 단천, 영흥

[함북] 나남, 부령, 무산, 회령, 종성, 경흥, 성진, 부거, 명천, 경성, 온성, 길주

---

16) 이 자료는 앞서 제시한 小倉進平 선생의 논문으로부터 가져온 것이다. 또한 저자 자신의 조사에 의거해 약간 보충한 것이 있다.

【ho-bɛ-gi】

[경남] 동래

[함남] 풍산, 갑산, 단천

[함북] 경성, 길주, 부거

【ho-wak】

[경남] 함양

[충북] 황간

【ho-ak】

[경북] 상주

【hwak】

[전남] 광주, 순천, 강진, 영암, 목포, 나주, 옥과, 곡성, 구례, 광양, 돌산, 벌교, 보성, 해남, 함평

[전북] 임실, 무주, 금산, 남원

[충남] 천안, 보령, 공주, 조치원, 유성, 홍성, 청양

[충북] 단양, 황간, 영동, 보은, 진천, 음성, 괴산, 충주, 제천

[경기] 개성, 평택

[강원] 양양, 강릉, 철원

[황해] 곡산, 신계, 해주, 옹진, 태탄, 장연, 은율, 안악, 재령, 서흥, 금천, 수안, 강령

[함남] 영흥, 문천, 덕원, 안변, 신고산, 고원

[평남] 평양, 순천

[평북] 자성, 후창, 강계, 희천, 영변, 박천, 구성, 위원, 초산

【hwa-ak】

[전남] 순천, 광양

【hwak-tok】

[전남] 담양, 장성, 구례, 순천, 보성, 장흥

[전북] 남원, 순창, 정읍, 김제

【hwak-tol】

[전남] 순천, 광양, 벌교, 고흥

【hwak-ʧɔl-gu】

[충남] 홍성, 서산, 예산, 아산

【hwak-ku】

[충남] 당진

【hak】

[충남] 감포

【hak-tok】

[전북] 전주, 김제, 정읍

[전남] 영암, 광주, 영광

[충남] 강경, 홍산, 서천, 부여, 논산

【hak-to-gi】

[충남] 서천

이 분포를 지도로 그리면 〈제1도〉와 같다.

여기서 한눈에 알 수 있듯이 '[ho-bak]' 계열의 형태는 한반도의 동남부(경상남북도)와 동북부(함경남북도)에 편재되어 있다. 그리고 이 층에 인접하여 경남 하동은 전남 광양・곡성・구례 및 전북 남원에서, 경남 거창 및 경북 김천은 전북 금산・무주에서, 경북 영주・예천은 충북 단양에서, 강원 울진은 약간 거리가 있지만 양양・강릉에서, 함남 고원은 문천에서,[17] 함남 서부 경계는 평북 자성・후창・강계・희천에서 '확'이라는 단

第一圖 확 (石臼)

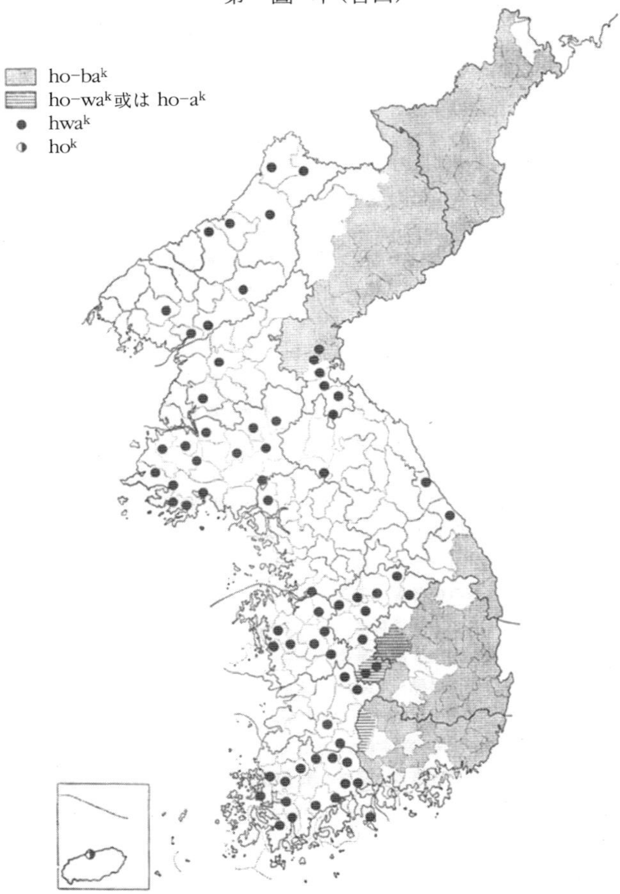

〈제1도 확〉

어의 층과 맞닿아 있다. 그 중 흥미로운 것은 경북 김천에 인접한 충북 황간, 경남 거창・하동과 인접한 함양에서 '[ho-wak]'이 나타나며 또한 경북 김천・의성・예천에 인접한 상주에서 '[ho-ak]'이라는 형태가 발견된다는 사실이다.[18] 이것은 말할 것도 없이 조선 초기 '호왁'의 흔적이다. 즉

17) 영흥과 고원에서는 '호박'과 '확'의 두 형태가 뒤섞여 있다.

18) 상주에서는 '호박'도 나타난다.

서울(혹은 개성)을 중심으로 하여 '[ho-bak]'의 층이 그 외곽을 이루고 '[ho-wak]' 및 '[hwak]' 층이 그에 인접하여 안쪽에 있으며, 이러한 분포 상황은 정확히 앞의 파동 전파설에 대한 실례가 되는 것이다. 다만 뒤에서 서술하듯이 함경도 방언에는 특수한 역사적 사정이 있으므로 이와 같이 간단히 말할 수 없는데, 남부 지방만을 다루어도 층을 이루면서 신형과 구형의 언어 상황이 투영되어 있다는 사실이 참으로 흥미진진하다고 말하지 않을 수 없다.

'마름'의 예는 더욱 흥미롭다. 이 단어의 분포 상황은 아래와 같다.[19)]

【mal-bam】

[경남] 동래, 마산, 합천, 거창, 창녕, 밀양, 양산, 울산

[경북] 고령, 예천, 안동, 청송, 의성, 대구, 김천, 영덕, 포항, 영천

[충북] 보은

[강원] 울진, 평해

【mol-bam】[20)]

[경남] 하동, 김해

【mol-bap】[21)]

[전남] 순천

【mal-bɛŋ-i】

[함남] 함흥, 안변

[함북] 나남, 경성, 회령, 부거

19) 小倉進平 선생의 앞 논문에서 가져온 것이다.

20) 앞의 각주 11) 참조. 뒤의 '[mo-ram]'도 동일하다.

21) 小倉進平 선생의 앞 논문 25쪽 주석 2)에 설명이 나온다. '밥'은 '飯'으로부터의 연상에 의해 만들어진 말인 듯하다.

【mal-bɛ】

[함남] 이원, 홍원

【mal-baŋ-su】[22]

[경북] 영주

【mal-mɛŋ-i】

[강원] 강릉

[제주] 성산포

【mal-gɛ-mi】

[평북] 구성, 정주, 선천, 의주, 용암포

【ma-ram】

[전남] 강진

[전북] 전주, 정읍, 김제

[충북] 충주

[평북] 강계

【ma-rɛ-mi】

[함남] 신고산

[평북] 후창

【mo-ram】

[전남] 영암, 목포, 나주, 담양, 장성

[전북] 남원, 순창

【ma-rɯm】

[제주] 제주

---

22) '[mal-baŋ-su]'의 'su'는 정체 불명이다. 'mal-baŋ'은 말할 것도 없이 'mal-bɛŋ-i'의 원형 'mal-baŋ-i'에 들어 있는 'mal-baŋ'이다.

[경남] 부산
[충남] 천안, 홍성, 서천, 강경
[충북] 청주
[경기] 서울, 장단
[황해] 곡산, 신계, 연안, 옹진, 태탄, 장연, 은율, 안악, 재령, 서흥, 금천, 수안
[함남] 풍산
[평남] 평양, 숙천, 안주, 순천, 중화
[평북] 영변, 박천

【ma-rum】
[충남] 공주

이것을 지도로 옮기면 〈제2도〉와 같이 된다.

우선 '-b-'를 보존하고 있는 지방은 남쪽의 경우 경상남북도를 중심으로 하여 인접한 강원도, 충청북도, 전라남도에도 약간 존재한다. 북쪽의 경우 함경북도의 일부와 함경남도의 세 개 지역에서 볼 수 있다. 이러한 분포 상황은 '확'의 경우보다는 조금 좁지만 대략 비슷한 지역에서 'b' 층이 발견된다.

여기서 주목해야 할 것은 '[mal-mɛŋ-i]'와 '[mal-gɛ-mi]'이다. 이에 대해 논하기에 앞서 함경남북도의 '[mal-bɛŋ-i]'와 그 변화형인 '[mal-bɛ]'를 고찰해 볼 필요가 있다. '[mal-bɛŋ-i]'는 기원형인 '말밤'으로부터 어떻게 생겨난 것일까? 이것은 분명 '말밤+이'에서 바뀐 '[*mal-bɛ-mi]'가 'm-b-m'이라는 세 개의 양순음 중출(重出)을 꺼려 이화 작용을 일으켜서 마지막의 'm'을 'ŋ'으로 변화시킨 결과이다. 이 변화는 어원이 이미 망각되었음을 전제로 한다.

第二圖 마름 (菱仁)

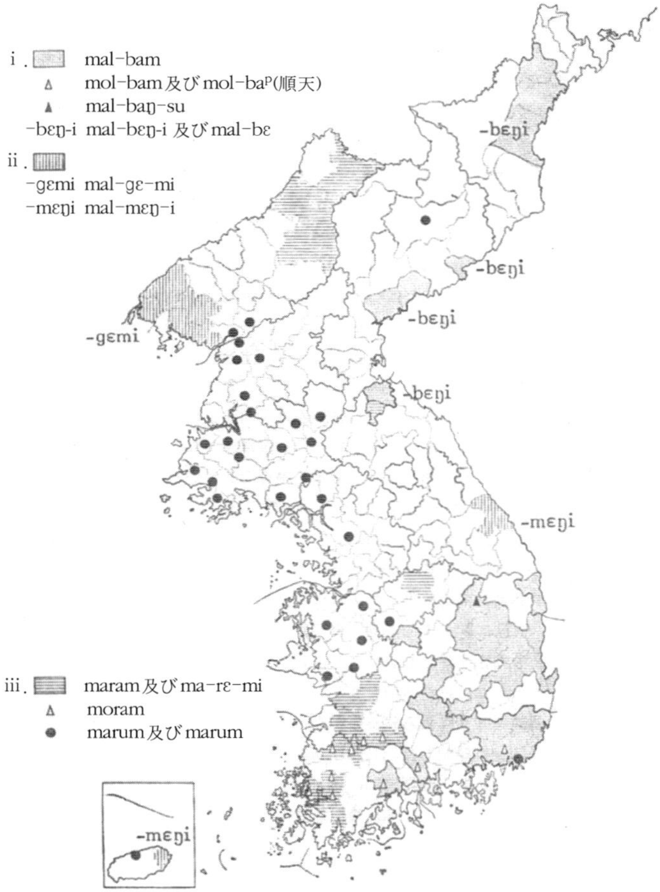

〈제2도 마름〉

'[mal-mɛŋ-i]'와 '[mal-gɛ-mi]' 역시 마찬가지이다. '[mal-mɛŋ-i]'는 아마도 함경도 방언형인 '[mal-bɛŋ-i]'의 'b'가 그 앞에 오는 'm'에 동화된 것으로 보인다. '[mal-mɛŋ-i]'가 강원도 강릉과 제주도 성산포라는 동서로 멀리 떨어진 두 지역에서 보인다는 것은 흥미로운 일이다. 평북의 '[mal-gɛ-mi]'는 'm-b-m' 중 중간의 'b'를 'g'로 이화시킨 것이다. 이렇게 생각하면

'[mal-mɛŋ-i]'와 '[mal-gɛ-mi]' 역시 'b' 층의 한 변형이라고 추측할 수 있다. 그렇다고 할 때 한반도의 중앙부를 중심으로 해서 'b' 층이 각 지방, 그것도 변경에 잔존해 있음을 알 수 있다.

중앙에서는 '말밤'이 '말ᄫᅡᆷ'으로 되었다가 '말왐'을 거쳐 '마람'으로 변화하였다. '말ᄫᅡᆷ'이나 '말왐'과 같이 변화 과정에서의 과도적 형태는 방언에 나타나지 않지만 '[ma-ram]'과 '[ma-ram]'에서 파생된 형태들은 여러 지방에서 발견된다. 남부의 경우 'b' 층인 경남 하동에 인접한 전북 남원으로부터 전라북도 및 전라남도 서부에서 나타나고 중부의 경우 경상북도와 가까운 충북 충주에 존재한다. 북부에서는 'b' 층인 함남 안변에 인접한 함남 신고산, 그리고 함경남도에 맞닿아 있는 평북 후창, 강계에 남아 있다. 이 '[ma-ram]' 층의 분포는 정확히 'b' 층과 중앙부 '[ma-rɯm]' 층의 중간에 위치한다. 즉 외곽에서 중앙을 향해 '[mal-bam]' 층, '[ma-ram]' 층, '[ma-rɯm]' 층으로 되어 있으며, 이 세 층의 관계는 중앙부에서의 시간적 변화인 '말밤>(말ᄫᅡᆷ>말왐>)마람>마름'을 그대로 공간에 투영한 것이라고 하겠다. 따라서 위에서 말한 파동 전파설은 단순히 이론적으로 고찰할 수 있는 것이 아니고 사실을 통해 실증할 수 있는 것이다.

앞의 두 예는 매우 좋은 조건을 갖춘 경우이다. 다른 많은 예들은 항상 이와 같이 좋은 조건에 있다고는 할 수 없다. 그러나 한편으로 어원을 생각하고 또 한편으로 어형을 구성하는 음운을 비교하여 그것으로부터 음운 변화의 경로를 살피고 다른 지역 방언형의 분포 상황을 고려해 나간다면, 문헌 이전의 형태를 복원하는 것도 결코 불가능한 것만은 아니다. 다만 소위 고형(古形)이라고 부르는 것 역시 항상 '말밤'이나 '호박'과 같이 고형 그대로 남아 있는 것은 아니고 고형의 일부 특징만을 유지하는 경우도 있다. 본론에서 상술하겠지만 '가위(鋏)'를 뜻하는 경상도 방언형 '[ka-si-gɛ]'의 경우 첫 음절과 셋째 음절 모음은 이미 변화를 겪었지만 3음절이라는 구조는 상당히 예전 시기의 모습을 남기고 있다. 이러한 어형의 일부분에 대해서도 전술한 사실이 잘 들어맞는다는 것은 논할 필요가 없다.

본고에서는 '가위(鋏)'를 의미하는 단어를 예로 하여 그와 관련된 네 개의 주제에 대해 고찰하였다. 이 네 주제가 본론을 구성하며 이와 별도로 흥미로운 몇몇 사항을 부록으로 추가하였다. 이로써 한국어 방언에서 보이는 중요한 현상을 전체적으로 살피는 셈이 된다.

본고는 거의 음운론으로 일관하였다. 이것은 물론 방언학 중에서도 음운론이 비교적 분명하고 또한 용이하기 때문이다. 형태론에 대해서라면 앞서 말한 바와 같이 상당한 어려움이 따르며 음운론만큼 다채롭지는 않아서 흥미가 떨어지므로 본고에서는 오로지 세 번째 주제에 있어 'ㄱ-곡용'이 존재한 사실을 서술하는 데서 그친다. 이것은 아직 한층 더 연구를 필요로 한다.

2

본 론

– ‘ᄀ시개(鋏)’ 고찰 –

2.1. 도입

이번 한국어 방언 조사에서 얻은 수확은 매우 많으나 가장 명확하면서도 흥미로운 것은 '가위(鋏)'를 의미하는 단어이다. 이 단어는 문헌의 역사가 짧은 한국어에 있어 고려 시대까지 소급할 수 있을 뿐만 아니라 멀리는 원시 한국어에서 연원(淵源)하는 것임이 분명한데, 각 지역 방언을 통해 현대에 이르기까지 겪은 여러 변화를 만족스럽게 설명할 수 있다는 점에서 달리 유례를 찾을 수 없다. 또한 이 단어의 변화는 한국어 음운사에 있어 중요한 음운 변화를 포함하고 있기 때문에 이 단어의 역사적 해명은 단순히 이 단어 하나에만 그치지 않고 최소한 네 개의 중대한 주제를 명확히 밝히는 셈이다. 그러므로 여기서는 문헌에 근거하여 이 단어의 변천 과정을 개괄하고, 각 지역의 다양한 방언형을 살피면서 그 네 가지 문제를 제시하고자 한다.

이 단어가 문헌에 나타나는 가장 오래된 시기는 고려 시대이다. 즉 송(宋)의 孫穆이 지은 『鷄林類事』에 "剪刀曰割子蓋"라고 되어 있는 것이다. 이 '割子蓋'[1]가 어떤 형태를 표기한 것인지는 뒤에서 서술하는 바와 같은데, 여기서는 일찍이 이 단어가 3음절의 단어였다는 사실을 지적하는 데 그치고자 한다.

이후 조선 시대에 이르면 이 단어는 'ᄀᆞᅀᆡ'로 표기된다.[2] 그리고 후대에

---

1) 前間恭作 선생은 "분명치 않다. 오자(誤字)가 있는 것으로 생각된다."라고 말하고 있다. 「鷄林類事麗言攷」의 109쪽 참조.

2) 『訓蒙字會』(中：14b) 참조. 중간본 『杜詩諺解』(10：33b)에서는 "寒衣處處催刀尺"를 "치운젯오ᄉᆞᆯ곳마다ᄀᆞ애와자콰지오믈뵈아ᄂᆞ니"로 번역하였다. 이 중간본에서는 'ㅿ'과 'ㅇ'이 완전히 혼동되고 있는데 초간본에서는 아직 'ㅿ'을 보존하고 있었던 듯하다. 현재 초간본임이 확실한 책은 나오지 않았으나 초간본으로 생각되는 활자본이 몇 종 있다. 친구인 이인영(李仁榮) 씨가 소장하고 있는 권19는 이런 책 중 하나인데 여기에 의하면 'ㅿ'과 'ㅇ'의 구별이 엄격히 지켜지고 있다. 'ᄀᆞ애'도 'ᄀᆞᅀᆡ'였다는 것은 의심의 여지가 없다. 왜냐하면 1527년(중종 22)에 완성된 『訓蒙字會』에 'ᄀᆞᅀᆡ'

는 '가익'가 되었다.[3] 현재 서울에서는 '가위'라고 한다. 즉 이 단어가 고려 시대로부터 현재에 이르기까지의 변천은 다음과 같은 것이다.

割子蓋 > ᄀᆞ새 > 가익 > 가위

이제 이 단어의 방언형은 대략 17개 종류를 제시할 수가 있다.

① [ka-wi]

경기도, 황해도, 충청남북도를 중심으로 한다.

② [ka-we]

황해도가 중심이며 평남 중화·상원·평양과 충북 진천·옥천에 나타난다.

③ [ka-wɛ]

경상북도 및 강원도 강릉에 나타난다.

④ [ka-e]

충북 청주, 평북 강계에 나타난다.

⑤ [ka-ɛ]

평남 덕청, 경남 울산에 나타난다.

⑥ [ka-u]

경기 양평·광주·장단·개성, 황해도 연안·수안·곡성, 평남 중화·평양·강동, 강원도 이천, 평북 의주, 충북 청주·충주·옥천과 여러 곳에 산재한다.

라고 되어 있기 때문이다. 『杜詩諺解』는 1481년(성종 12)에 완성되었고 중간본이 나온 것은 그보다 151년 후인 1632년(인조 10)이다. 이 연대는 1527년(중종 22)으로부터 105년 후이다. 중간본 『杜詩諺解』에서 'ㅿ'과 'ㅇ'을 혼동하는 것은 이 100여 년 사이에 'ㅿ'이라는 음운이 소실되었음을 말해 주고 있다.

3) 『譯語類解』 참조. 『譯語類解』는 1690년(숙종 16)에 완성된 중국어 어휘집이다.

⑦ [ka-o]

충남 공주·논산, 전남 영광에 나타난다.

⑧ [kaŋ-we]

평남 한천에 나타난다.

⑨ [kaŋ-e]

평남 영유에 나타난다.

⑩ [kaŋ-ɛ]

평안북도에 나타난다.

⑪ [kaŋ-a]

평안북도, 주로 압록강 연안 지방에 나타난다.

⑫ [kaŋ-u]

평안남도에 나타난다.

⑬ [ka-sɛ]

경기도, 충청남북도, 강원도, 전라남북도, 경상남북도, 함경남북도 일대에 분포하며, 평남 양덕과 평북 후창에도 이르고 있다. 양덕과 후창은 함경남도의 연장이다.

⑭ [ka-si-gɛ]

경상남북도를 중심으로 하여 서쪽으로는 전라남도 남부와 전북 남원·운봉, 북쪽으로는 충북 영동·황간, 동쪽으로는 강원도 울진·평해에 이르고 있다.

⑮ [ka-sɛ-gi]

경남 김해에 나타난다.

⑯ [ka-si]

경남 울산에 나타난다.

⑰ [kɷ-sɛ]

제주도에 나타난다.

第三圖 가위 (鋏)(其一)

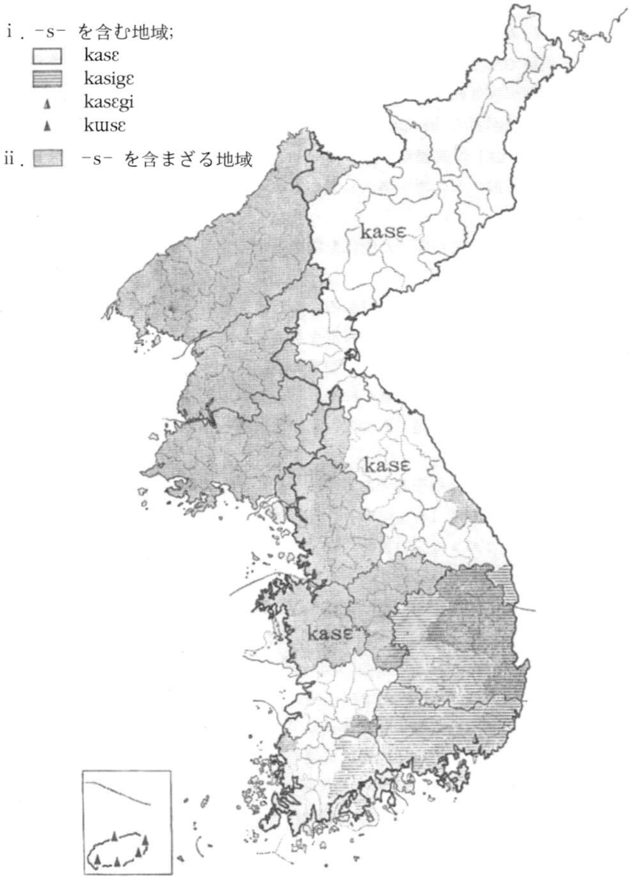

〈제3도 가위[1]〉

이 17개의 방언형을 문헌에서 확인한 변화와 비교하면 여러 가지 결과를 얻을 수 있다.

우선 ⑭의 '[ka-si-gɛ]'를 보면, 이 형태가 존재함으로써 『鷄林類事』의 '割子蓋'가 오자(誤筆)가 아니고 고형을 잘 표기한 것임이 드러남과 동시에, 경상남북도에 의외로 고형이 남아 있음을 알 수 있다.

이리하여 '割子蓋'가 예전에는 '[ka-si-gɛ]'와 비슷한 3음절 단어였다는 사실이 명백해진다. 그러나 ⑭의 '[ka-si-gɛ]'가 그대로 '割子蓋'에 대응하는 것은 아니다. 우리는 고려 시대의 고형을 재구하기에 앞서 이 단어를 구성하고 있는 몇몇 음운에 대해 연구를 진행해 나가지 않으면 안 된다.

第四圖 가위 (其二)

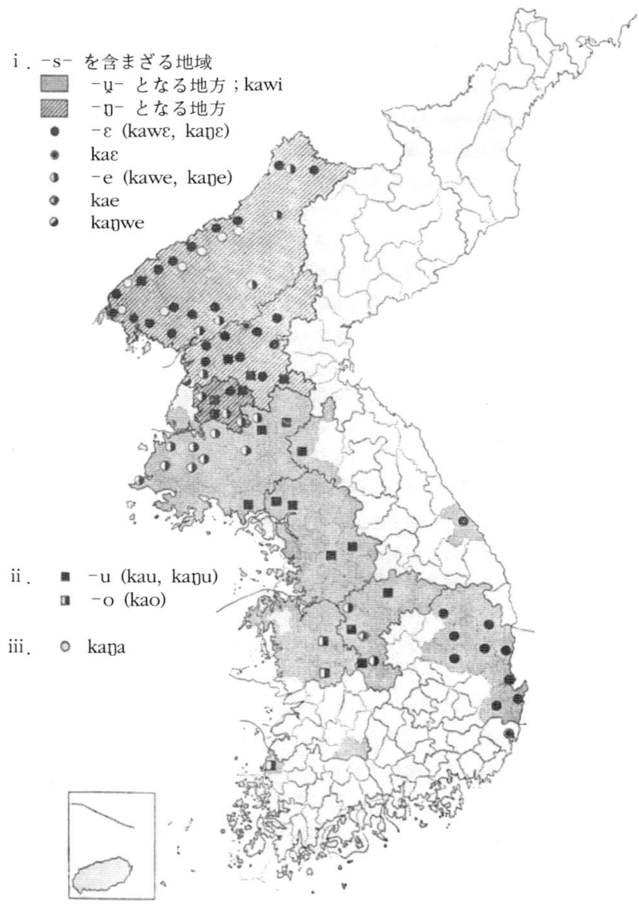

〈제4도 가위[2]〉

지금 '割子蓋'가 겪은 변화를 문제 삼을 경우 대략 다음의 네 가지 주제가 나온다.

첫째, 첫 음절의 모음이 문제이다. 문헌에 따르면 이 음절은 조선 초기(또는 중기)에 'ᄀᆞ'로 표기되어 있다. 방언형을 보면 ①~⑯까지 모두 '[a]'이지만 ⑰ 즉 제주도의 경우에만 '[ɷ]'로 되어 있다. 이러한 사정을 고려하면 이 모음은 단순히 '[a]'가 아님을 알 수 있다. 이 문제는 일반적으로 조선 초기 'ᄋᆞ'의 음가와 관련된 것으로 저자는 아래에서 이것을 첫 번째 주제로 다룰 것이다.

둘째, 두 번째 음절의 자음이 문제이다. '割子蓋'의 '子'가 실제로 어떤 음운을 나타냈는지를 보면 아마도 ⑭의 '[ka-si-gɛ]'가 보여 주듯이 '[si]'를 표기한 것으로 생각된다. '[si]'의 '[s]'는 방언형 ⑬~⑰에서 볼 수 있다. 그러나 조선 초기에는 'ㅿ'으로 나타난다. 'ㅿ' 역시 'ㆍ'와 마찬가지로 오늘날 완전히 소실된 음운이다. 방언에서는 이 자음의 위치에 전술한 '[s]' 이외에 ④~⑦과 같이 모음으로 나타나는 것, ①~③과 같이 '[w]'로 나타나는 것, ⑧~⑫와 같이 '[ŋ]'으로 나타나는 것이 있다. 'ㅿ'의 문제가 두 번째 주제를 이룬다.

셋째, '割子蓋' 또는 '가시개'가 'ᄀᆞᅀᆡ'로 변화하는 과정 중에서 세 번째 음절의 자음 '[g]'가 소실되는 것을 볼 수 있다. 이 자음을 유지하고 있는 방언형은 ⑭뿐이다.[4] 이처럼 '[g]'가 탈락하는 것은 다른 예에서도 찾을 수 있는 것인가? 이것이 세 번째 주제이다.

넷째, 마지막 음절의 모음은 조선 초기에 'ㅐ'였다. 'ㅐ'는 오늘날 '[ɛ]'로 발음되며 방언형에서는 ①, ⑥, ⑦을 제외하면 대체로 '[ɛ]' 또는 '[e]'로 되어 있다. 그러나 '割子蓋'의 '蓋'는 중국어에서는 'kai'이다. 게다가 'ㅐ'의 구조 역시 'ㅏ[a]'와 'ㅣ[i]'의 결합이다. 이것은 'ai>ɛ'의 변화를 거친 것이 아닐까 한다. 이 복합모음의 문제가 네 번째 주제이다.

4) ⑮의 '[ka-sɛ-gi]'에 대해서는 후술할 3.1.의 내용 참조.

이 네 가지 문제가 밝혀지지 않으면 '割子蓋'의 역사는 알 수 없다. 따라서 이 네 가지 주제에 대한 고찰을 시도한 후, 다시 '割子蓋'의 문제로 되돌아오기로 한다.

2.2. 첫 번째 주제: '·'에 대하여

오늘날 '·'는 서울과 많은 지방에서 거의 대부분 'ㅏ'와 혼동되고 있다. 즉 '[a]'로 바뀐 것인데 한글 창제 당시에는 다른 모음과 상당한 차이가 있었음에 틀림없다. '·'가 어떤 음이었는지에 대해 가장 유력한 자료를 제공하는 것은 방언이다. 이제 '·'로 표기되었던 다음 몇몇 단어들에 대해 방언 상황을 검토해 보고자 한다.

(가) ᄀᆞᄉᆡ(鋏), ᄀᆞᄉᆞᆯ(秋), ᄀᆞᇫ(傍), ᄃᆞᆰ(鷄), ᄃᆞᆯ(月), ᄉᆞ내(男), ᄐᆞᆨ(顎), ᄒᆞᆰ(土)[5]
(나) ᄇᆞᆰ다(明), ᄆᆞᆰ다(淸), ᄆᆞᄉᆞᆯ(村), ᄑᆞᆺ(小豆), ᄑᆞ리(蠅)[6]

위에서 (가), (나)를 구분한 것은 방언을 다루는 데 있어 '·'의 앞에 양순음이 오는지 안 오는지에 따라 차이가 있기 때문이다.

【1】 먼저 (가)에서 보면, 'ᄀᆞᄉᆡ, ᄀᆞᄉᆞᆯ, ᄀᆞᇫ, ᄃᆞᆰ, ᄃᆞᆯ'은 육지[7]에서 모두 '[a]'이다. 그러나 나머지 세 단어는 상당한 변화를 볼 수 있다.

'ᄉᆞ내'에 대해 말하자면[8] 이 단어는 충청남북도를 포함하여 중부, 서북,

5) 부록의 〈방언 어휘〉 중 [1]~[7]과 [50] 참조.
6) 부록의 〈방언 어휘〉 중 [5]와 [8]~[11] 참조.
7) 제주도와 대비하여 말한 것이며 아래에서도 마찬가지이다.
8) 이번 조사에서는 'ᄉᆞ내아이(男兒)'를 채집하였으므로 이에 대해 서술하기로 한다.

동북 지역에서 쓰이고 있으며, 남부 지역에서는 다른 계통, 즉 '*머슴' 계통의 단어가 사용된다. 〈방언 어휘〉 ㊿에서 볼 수 있듯이 많은 형태를 조사할 수 있었는데, 여기서 'ᄉᆞ내(男)' 부분을 살펴보면 대체로 '1) sana-, 2) sena-, 3) sina-, 4) sɔna-, 5) sɯna-, 6) sɷna-'의 여섯 가지를 얻을 수 있다. 즉 'ㆍ'음이 이 단어에서는 '[a], [e], [i], [ɔ], [ɯ], [ɷ]'의 여섯 음으로 대표되는 것이다.

그 분포 상황을 보면 1)은 충청남도 북부에서 경기도 및 황해도의 경의선 서부 일대를 차지하며 북쪽으로는 평양·용강까지 이른다. 또한 제주도의 제주와 대정에 '[sanai]'라는 형태가 있음은 주목해야만 한다.

2)는 평남 용강과 황해도 황주, 3)은 평남 중화·상원, 황해도 황주·수안·곡산·신계에서 발견되어 대체로 평남 남부와 황해도 북부에서 보이며, 평양을 넘어 한천에서는 'sinai[ʃinai], sinan-mi'라는 형태가 나타난다.

4)는 대략 평남과 평북 일대에 폭넓게 분포하고 5)는 평남 중화에서 '[sɯnanai]', 평북 정주, 함북 경성·길주, 함남 함흥에서 '[sɯnaː]'로 나타난다. 평북과 함북, 함남에서는 '[sɔnsɯna]'라는 형태가 쓰이고 있는데, 이 단어는 'sɔn-sɯn-a'로 분석할 수 있으므로 4), 5)의 양쪽에 걸쳐 있는 형태라고 하겠다.

6)은 제주도 서귀포·성산포에서 발견되는데 이 때의 '[ɷ]'에 대해서는 뒤에서 자세히 설명하기로 한다.

이상의 6가지 형태 중 2)와 3)은 음성적인 측면('[e]'와 '[i]')에서나 지리적인 측면에서 모두 가깝기 때문에 발생 시점에 있어 관계가 있다는 점은 분명하다. 이것은 4)와 5)에 있어서도 마찬가지이다. 다만 '[ɯ]'와 '[ɔ]'의 관계에 대해서는 뒤에서 다시 논의할 기회가 있으므로 여기서는 깊이 파고들지 않기로 한다.

【2】 다음으로는 'ᄐᆞᆨ(顎)'이다. 이 단어는 보통 '-어리, -아리, -주가리,

-수가리, -냉이, -나가리'와 같은 접미사와 결합되어 나타난다. 〈방언 어휘〉 [6] 참조. 그 어간[9]만 분리해서 보면 '1) t^hak, 2) t^hɛk, 3) t^hɔk, 4) t^hωk'의 네 가지 형태가 있다. 충주와 경주에서는 '[t^hök]'이라는 형태를 들을 수 있는데 이 형태는 '[t^hɔk]'의 한 변이형(variation)인 듯하다. 결국 '·'는 '1) [a], 2) [ɛ], 3) [ɔ], 4) [ω]'의 네 가지로 나타나고 있는 셈이다.

분포 상황을 보면 'ᄉᆞ내'나 그 밖의 단어와는 달리 1)의 '[t^hak]'은 평안남북도에 국한되어 쓰이고 있고, 제주도 서귀포에서는 '[agult^hak]', 성산포에서는 '[agut^hak]'과 같이 'agul-, agu-'가 't^hak'과 결합되어 나타난다.[10]

2)는 충북과 남부 지역(경북, 경남, 전북, 전남), 함경남북도에서 쓰이며, 함남 영흥·안변에서는 '[t^hɛksugari]', 함북 부거·명천·길주에서는 '[t^hɛksuŋi]' 또는 '[t^hɛkʃüŋi]'가 발견된다. 덧붙이자면 남부 지역 대부분에서는 '[ɛ]'가 '[e]'와 '[ɛ]'의 중간음인 '[E]'이다.

3)은 'ᄉᆞ내'와는 정반대로 중부 지방(경기, 충북, 충남, 황해)에서 쓰이며, 평남 중화·상원에까지 이르지만 서북 지역에서는 보이지 않는다.

4)는 제주도의 제주·대정·서귀포에서 '[t^hωgari]'로 나타나서 제주도의 특징을 보여 준다.

【3】 'ᄒᆞᆰ(土)'은 겹받침인 'ㄺ' 중 'ㄹ'을 유지하는 것, 'ㄱ'을 유지하는 것, '-ㅣ(i)'가 덧붙어 'ㄹ'과 'ㄱ'을 모두 유지하는 것 등이 있는데, '·'에 대해 본다면 '1) [a], 2) [ɔ], 3) [ɯ], 4) [ω]'의 네 가지 형태를 얻는다. 〈방언 어휘〉 [7] 참조.

1)은 '· >[a]'라는 일반적인 변화 방향과 어긋나서, 평남 용강·한천·영유·양덕과 함북 회령·온성에서만 볼 수 있다.

2)는 경북과 경남 일대에서 쓰이며 그 외에 충북 황간, 황해 송화·은율

---

9) 물론 어간만으로 나타날 수도 있다.

10) 이러한 제주도 방언형이 일본어의 'アギ, アゴ'와 유사하다는 것은 흥미롭다.

・신천・재령・서흥・황천, 평남 중화・영유・안주・개천에서 '[hɔk]', 평북 용암포에서 '[hɔl]'이 나타난다. 다만 경상남북도의 'ɔ'는 오히려 '[ə]'이다.11)

3)의 '[hɯl]'은 평안북도와 경상북도에서 나타나며, '[hɯk]'이라는 형태는 이상의 각 지역을 제외한 광범위한 곳에 분포하고 있다. 오늘날은 이 형태([hɯk])가 표준형이다. '[hɯlgi]'는 부거・무산・단천에서 나타난다.

4) '[hɷk]'은 제주도의 대정・서귀포・성산포에서 들을 수 있었다.

【4】 그 밖에 '놀개(翼)'의 경우 충남 당진・예산・보령・홍산에서는 '[nɔlgɛ]'라고 하며 제주도 서귀포에서는 '[nɷlgɛgi], [nɷlgɛ]', 성산포에서는 '[nɷlgɛ]'라고 말한다. 또한 'ᄂᆞ라간다(飛行)'는 전북 김제・정읍에서 '[nəlləganda]', 제주도 대정・서귀포・성산포에서는 '[nɷraganda]'라고 한다. 즉 여기서는 '1) [a], 2) [ɔ]([ə]), 3) [ɷ]'가 되는 것이다. '他人'은 중앙어에서는 '[nam]'이라고 하는데 전북 전주・금산・무주・장수・운봉・남원, 전남 구례・순천・여수, 경남 거창・함양・하동・남해에서는 '[nɔm]'이라고 말한다.12)

【5】 그러나 'ᄀᆞ새, ᄀᆞ슬, ᄀᆞᆽ, ᄃᆞᆰ, ᄃᆞᆯ' 등은 육지에서는 모두 '[a]'이고 제주도에서만 '[ɷ]'로 되어 있다.

◦ ᄀᆞ새(鋏)

[kɷsɛ] 제주, 서귀포, 성산포

◦ ᄀᆞ슬(秋)

[kɷɯl] 제주, 대정, 서귀포

11) [역자주] 'ㅓ'의 음성 실현이 지역에 따라 다르다는 것은 앞서 '표음 기호에 대하여' 단원에서 언급한 것을 참고할 수 있다.

12) 小倉進平 선생의 『The Outline of the Korean Dialects』(Memoirs of the Research Department of the Toyo Bunko 12)의 82쪽과 92쪽 참조.

[kωsɯl] 서귀포, 성산표

[kωʃil] 서귀포

◦ ᄀᆞᄉᆡ(境에)

[kωttʰi] 서귀포, 성산포

◦ ᄃᆞᆰ(雞)

[tωk] 제주, 대정, 서귀포, 성산포

◦ ᄃᆞᆯ(月)

[tωl] 서귀포, 성산포

이러한 '[ω]'에 대해서는 이미 小倉進平 선생의 연구가 있으며,[13] 선생은 '[*o*]'라는 기호를 사용하고 있다. 저자의 관찰에 의하면 이 모음은 혀의 높이와 모양이 대략 '[o]'와 비슷하지만 입술의 상태가 '[o]'와는 약간 다르다. '[o]'는 입술을 안쪽으로 오므리지만 '[ω]'는 입술을 바깥쪽으로 여는 것이다. 그러나 입술의 원순성은 분명하다. 여기서는 일단 '[ω]'라는 기호로 표시해 두고자 한다.

【6】 이제 (나)에 속하는 것을 보면 우선 '붉다(明)'는 '1) [a], 2) [ɛ], 3) [o], 4) [ω]'의 네 종류가 있다. 〈방언 어휘〉 5 참조.

1)은 거의 모든 육지 방언에서 쓰이고 있다.

2)는 김해에서 '[pɛlgɯn dal](明月)'이라고 하는데, 이 때의 '[ɛ]'는 오히려 '[E]'이다.

3)은 전남 대부분 지역과 경남 진주・함안・김해・밀양・울산에서 쓰이며, 멀리 건너뛰어서 함북 회령・온성에도 존재한다는 것은 주목할 만하다.

4)는 제주도 서귀포・성산포에서 들을 수 있다.

13) 小倉進平 선생의 「朝鮮語母音の記號表記法に就いて」(『音聲の研究』 제6집) 146쪽 참조.

【7】 ‘ᄆᆞᆰ다(淸)’는 ‘1) [a], 2) [ya], 3) [ɛ], 4) [o]’의 네 유형이 있다.

1)은 육지의 많은 방언에서 볼 수 있는 형태인데, ‘[makta], [malt̄a], [mal gɯda], [malgahada], [malsu^{g}hada]’ 등의 형태로 나타난다.

2)는 충남 서산에서 ‘[myalgan mul]’이라는 형태로 쓰이는 것이 전부이다.

3)은 전남 영광에서만 ‘[mɛlgəhəda], [mɛlgɯnmul]’ 등으로 말할 뿐이다. 이 때의 ‘[ɛ]’는 ‘[E]’이다.

4)의 ‘[mokta]’는 전남 동부와 경남 서부에서 쓰이며 또한 함북 회령・온성에서도 찾아볼 수 있다. ‘[molt̄a]’는 경남 김해에서 쓰이고 있다.

제주도에서는 ‘[kopta]’라고 하며 ‘ᄆᆞᆰ다’ 계통의 단어는 사용하지 않는다. ‘곱다’는 경북 영덕・흥해・경주 주변에서도 쓰이고 있다.[14)]

【8】 ‘ᄆᆞᅀᆞᆯ(村)’은 중앙에서는 ‘[maɯl]’로 바뀌었는데, 오늘날은 아어(雅語)로만 존재하고 보통은 ‘[toŋnɛ]’ 등의 형태가 사용된다. 그러나 지방에 따라서는 ‘[maɯl]’ 등의 형태를 사용하는 곳도 있다. 모음 ‘・’와 관련하여 보면 ‘1) [a], 2) [o], 3) [ɷ]’로 되어 있다. 〈방언 어휘〉 9 참조.

1)의 형태는 가장 널리 쓰이는 것으로 특별히 언급할 필요가 없다.

2)를 사용하는 지역은 황해 몽금포, 평북 철산・선천・정주・구성・태천・박천・운산・희천・위원・창성・의주, 함남 풍산・갑산(이상은 ‘[mo:l]’), 함북 회령・종성(‘[moul]’), 전남 곡성・구례・순천・광양・광주, 경남 양산(이상 ‘[mosil]’)이다. 또한 ‘이웃 마을에 놀러가다’(혹은 ‘이웃에 놀러가다’)라고 하는 의미로 ‘[maɯlganda]’라고 하는 관용어가 있는데, 여기에 2) 계열의 형태를 사용하는 경우는 ‘마을’의 경우보다도 좀 더 광범위하게 나타나고 있다. 즉 ‘[mo:lganda]’라는 형태는 황해도 각지, 평남 상원・평양, 평북 용암포・철산・선천・구성・박천・영변・창성・의주에서 나타나며, ‘[mosilganda]’(혹은 그와 비슷한 형태)는 전북 김제・정읍・남원, 전남 대

---

14) 이상은 〈방언 어휘〉 8 참조.

부분 지역, 경남 함양・진주・함안・거제・김해・양산 등에서 보인다. 즉 평북과 황해에서 '[mo:l]', 전라남북과 경남 남부에서는 '[mosil]'이라는 형태가 존재하는 것이다.

3)은 제주도 서귀포・성산포에서 볼 수 있다.

【9】 '퐃(小豆)'도 대략 비슷해서 '1) [a], 2) [ɛ], 3) [o], 4) [ɷ]'의 네 가지 형태가 있다. 〈방언 어휘〉 ⑩ 참조. 1)을 제외한 나머지 셋을 고찰해 보기로 한다.

2)는 '[pʰɛk̄i]'라는 형태로 함북 경성・길주・부거・회령・무산, 함남 단천・북청・영흥・함흥에서 볼 수 있는데, 이 때의 '[ɛ]'는 두 번째 음절 'ㅣ(i)'의 영향으로 전설모음화(umlauten)가 일어난 것인 듯하다.

3) '[o]'로 바뀐 지역은 전북 김제・정읍・남원・운봉, 전남 각지 및 경남 대부분(이상 '[pʰot]'), 함북 회령・온성・종성・경원(이상 '[pʰoʧʰi]')이다.

4) '[ɷ]'가 제주도(대정, 서귀포, 성산포)에서 나타난다는 점은 다른 단어와 동일하다.

【10】 '푸리(蠅)'는 '1) [a], 2) [ɔ], 3) [o], 4) [ɷ]'의 네 가지가 있다. 〈방언 어휘〉의 ⑪ 참조.

2)의 '[ɔ]'로 나타나는 지역은 충남 감포・서천・홍산, 전북 김제・장수, 전남 벌교・고흥・강진・영암・완도, 경남 함양・양산이며, 함양과 양산의 경우에는 '[ɔ]'라기보다는 오히려 '[ə]'이다. 또한 양산에서는 '[pʰəri]'라고도 하고 '[pʰərEŋi]'라고도 한다.

3)은 전북과 전남의 대부분 지역, 경남 대부분 지역 및 함북 회령・온성・종성・경원, 함남 풍산・갑산・혜산・장진에서 쓰이고 있다.

4)는 제주도 제주・대정・서귀포・성산포에서 쓰인다.

第五圖 파리 (蠅)

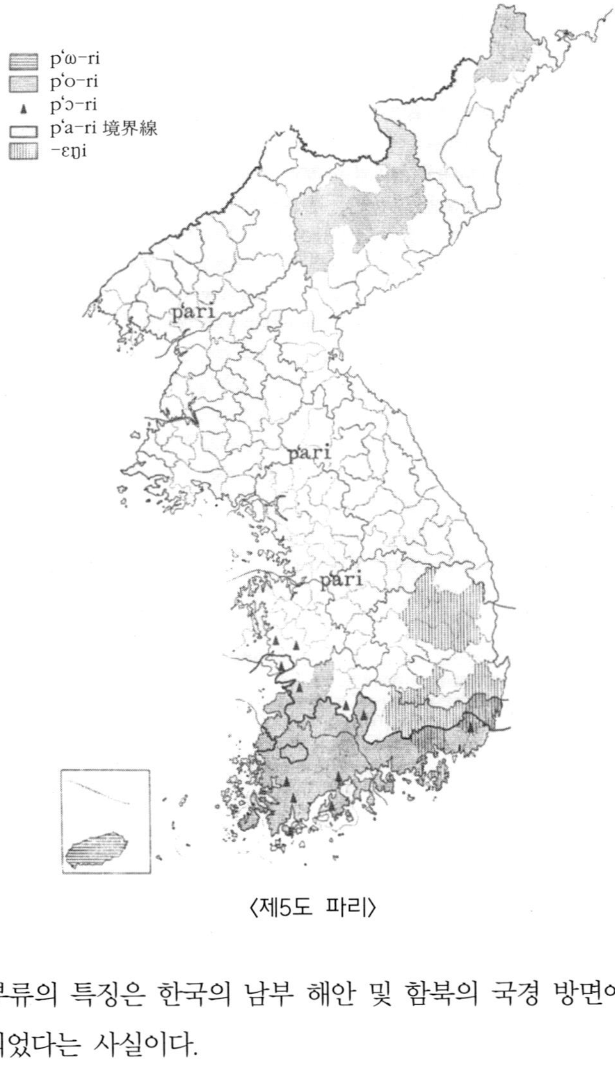

〈제5도 파리〉

(나) 부류의 특징은 한국의 남부 해안 및 함북의 국경 방면에서 '·'가 '[o]'로 되었다는 사실이다.

이상 주로 첫 음절에 있어 '·'의 방언별 상황을 서술했는데, 둘째 음절 이하에서는 대부분 '[ɯ]'로 되어 있다.15) 이것은 첫 음절을 명료하게 발음

15) 또한 '가ᄅᆞ>가루'와 같이 'ㅜ[u]'로 변화한 예도 존재한다. 이것은 아마도 'ᄀᆞᄅᆞ>

하기 때문에 둘째 음절 이하의 모음이 무시되어 매우 불분명한 발음에 이른 결과이며[16] 여기에는 악센트의 변화를 고려할 수 있음직하다. 예를 들어 'ᄀᆞᅀᆞᆯ(秋)'은 '*kʌʒʌl>kaɯl'로 된 것인데,[17] 조선 초기에는 첫 음절과 둘째 음절에서 동일한 모음을 지니고 있다가 이러한 양적, 질적인 변화를 겪은 것은 조선 초기 이후에 강약 악센트(stress accent)가 생겼기 때문이라고 생각된다. 따라서 문제는 역시 첫 번째 음절에 있는 것이다.

이상의 내용을 요약하면 'ㆍ'가 방언에 나타나는 형태는 '[a], [ya], [ɛ], [e], [i], [o], [ɔ], [ɯ], [ɷ]'의 아홉 가지이다. 이 중 남부 지역에서는 '[ɛ]'가 '[E]'에 가깝고 '[ɔ]'는 '[ə]'에 가깝다. 이러한 모음들을 혀의 최고점 위치에 따라 분류해 보면 후설모음인 '[o], [ɷ], [ɔ]', 중설모음인 '[ɯ], [ə], [a]', 전설모음인 '[ɛ], [E], [e], [i]'의 세 부류로 나눌 수 있다. 그리고 'ㆍ'의 원음이 이 중에서 어떤 것이었는지를 고찰하기 위해 우선 조선 초기 문헌으로 거슬러 올라가지 않으면 안 된다.

'ㆍ'를 문헌에 의지해 역사적으로 다루는 것은 그 자체로도 커다란 문제이므로 여기서는 상론할 수 없지만[18] 그 음가와 직접적인 관계를 맺는 것을 제시함으로써 간략히 서술하기로 한다. 가장 중요한 자료로는 한글 창제에 막대한 공을 세운 신숙주(申叔舟)의 『洪武正韻譯訓』에 수록된 범례[19]에서 당시 중국어의 모음과 조선어의 모음을 비교한 것이다.

가르>가루'의 과정을 거친 것으로 보인다.(서르>서루 참고) 여기에는 이화 작용이 일어났음에 틀림없다. 이숭녕 씨의 「조선어이화작용에 대하여」(『진단학보』 10) 참조.

16) 여기에 대해서는 이숭녕 씨의 상세한 연구가 있다. 「'ㆍ'음고」(『진단학보』 12)에서 특히 50쪽 이하를 참조하였다.

17) 이후의 서술에서 드러나겠지만 예전의 'ㆍ' 음가는 '[ʌ]'였던 것으로 보인다.

18) 'ㆍ'에 대한 여러 학설은 이숭녕 씨의 논문인 「'ㆍ'음고」(『진단학보』 12)에서 찾을 수 있다.

19) 지금은 『四聲通解』 안에 '四聲通攷凡例'로 실려 있다 자세한 것은 졸고인 「東國正韻及び洪武正韻譯訓に就いて」(『東洋學報』 27권 4호) 참조.

"一, 大抵本國之音輕而淺, 中國之音重而深. 今訓民正音出於本國之音. 若用於漢音則必變而通之, 乃得無礙. 如中聲ㅏㅑㅓㅕ張口之字則初聲所發之口不變. ㅗㅛㅜㅠ縮口之字則初聲所發之舌不變. 故中聲爲ㅏ之字則讀如ㅏ・之間, 爲ㅑ之字則讀如ㅑ・之間, ㅓ則ㅓㅡ之間, ㅕ則ㅕㅡ之間, ㅗ則ㅗ・之間, ㅛ則ㅛ・之間, ㅜ則ㅜㅡ之間, ㅠ則ㅠㅡ之間, ・則・ㅡ之間, ㅡ則ㅡ・之間, ㅣ則ㅣㅡ之間. 然後庶合中國之音矣. (下略)"

문제의 '・'에 관한 부분은 '爲ㅏ之字則讀如ㅏ・之閒 (ㅑ同様) ㅗ則ㅗ・之閒 (ㅛ同様) ・則・ㅡ之閒 ㅡ則ㅡ・之閒'인데, 이로부터 '・'는 'ㅏ(혹은 ㅑ), ㅗ(혹은 ㅛ)' 및 'ㅡ'와 가까운 소리였음을 대략 추측할 수 있다. 그리고 'ㅏ, ㅗ, ㅡ'가 오늘날과 동일하다고 한다면 'ㅏ'는 '[a]', 'ㅗ'는 '[o]', 'ㅡ'는 '[ɯ]'이므로 '・'가 후설모음이나 중설모음 중 하나였다는 점은 의심의 여지가 없다. 따라서 '・'가 전설모음으로 나타나는 방언형은 '・'의 원음을 재구하는 데에 있어 일단 제외할 수 있다. 또한 이러한 전설모음 형태들은 산발적이라서 일반성이 결여되어 있다.

'・'가 후설모음 또는 중설모음이라고 한다면 '[o], [ω], [ɔ], [ɯ], [ə], [a]' 중의 하나이든지 또는 그와 유사한 소리였을 터인데 이 중 'ㅓ'는 아마도 '[ə]'였을 것으로 추측되므로,[20] '[ɔ]'를 제외하면 '[o], [ω], [ɯ], [ə], [a]'의 다섯 모음이 문제가 된다. 또한 '・'를 다른 모음과 구별하고 있는 것은 제

20) 'ㅓ'는 현재 중앙어에서는 '[ɔ]'로 발음되지만, 남부 방언에서는 '[ə]'에 가까운 중설모음으로 발음된다. 남부 방언이 여러 가지 면에서 고형을 유지한다는 사실을 고려할 때 'ㅓ'는 예전에 '[ə]'였을 것으로 생각된다. 또한 현대 중앙어에서는 이 'ㅓ'를 장음으로 발음할 때 '[ɔ:]'로 하지 않고 '[ʉ:]'로 발음한다. '[ɔ]'와 '[ʉ]'처럼 명확히 구별할 수 있는 두 모음을 단지 한 글자로 나타낸다는 것은 이상하다. 아마도 한글 창제 당시에는 이러한 구별이 존재하지 않았다고 생각된다. 즉 그 당시에는 여전히 'ㅓ'가 '[ə]'의 음가를 유지하였음에 틀림없을 것이다. 그리고 중앙어에서는 단모음 '[ə]'가 '[ɔ]'로 변화하였고 장모음 '[ə:]'는 '[ʉ:]'로 변화한 듯하다.

주도 방언의 '[ω]'밖에 없으며 다른 방언에서는 구별이 되지 않는다.

그러므로 '[ω]'가 '・'의 원음에 비정(比定)된다는 가설을 곧바로 생각할 수도 있지만 여기에는 여전히 비판을 필요로 한다. '[ω]'는 '[o]'로부터 입의 오므림(蹙)을 제거한 것이라고 할 수 있다. 따라서 그 음성적 효과는 '[o]'와 상당히 가깝다. 만약 '[ω]'를 '・'의 원음이라고 가정한다면 'ᄇᆞᆰ다'와 같은 (나) 부류의 단어가 '[o]'로 변화한 것은 쉽게 이해할 수 있다. 왜냐하면 'ㅂ, ㅍ, ㅁ'의 순음적 요소와 '[ω]'가 결합하면 '[o]'로 바뀌는 것이 명확하기 때문이다.

또한 이 문제와 관련하여 흥미로운 사실이 조선 초기 문헌에서 보인다. 그것은 초기 문헌에서 'ㅸ'[21]과 '・'가 결합한 'ᄫᆞ'가 이후에 'ㅗ[o]'로 바뀐다는 점이다. 예를 들어 『龍飛御天歌』에서 보이는 'ᄃᆞᄫᆡ'는 후대 문헌에서는 'ᄃᆞ외'로 되어 있다.[22] 또한 겸양의 조동사 'ᄉᆞᆸ'이 모음 앞에 올 때에는 'ᄉᆞᇦ'으로 되며,[23] 이것은 이후 'ᄋᆞ와'로 변화한다.[24] 이와 같은 예는 다른 데에서도 발견할 수 있는데 'ᄫᆞ > 오'의 변화 역시 'ᄇᆞ > 보'와 마찬가지로 순음적 요소의 영향 때문에 '・'가 'ㅗ'로 바뀐 것이다.

그렇지만 어째서 다른 경우에는 '[a]'로 변화한 것이 압도적으로 많은지는 알기가 약간 어렵다. '[ω]'는 혀의 상태가 전적으로 '[o]'와 동일하고 '[a]'와는 상당한 차이가 있다. 그런데도 '・'가 예전부터 '[a]'에 가까웠으리라는 것은 향가에서 'ᄀᆞᅀᆞᆯ(秋)'을 '秋察'로 표기했다거나[25] 혹은 『二中暦』[26]

21) 'ㅸ'은 중국음 非母와 敷母인 [f]([F])를 나타내는 데 쓰이며 드물게는 고유어에도 사용되었다. 고유어에 쓰일 때에는 무성 자음이 모음 사이에서 유성음화(濁音化)한다는 일반적인 경향에 따라 'ㅸ[F]'을 '[β]'로 전용한 것이라고 생각된다. 이숭녕 씨의 「'・'음고」 55쪽 각주 참조.

22) 이것이 다시 오늘날의 '되[tö]'로 바뀌었다.

23) 예를 들어 부사형 어미와 결합하면 'ᄉᆞᄫᅡ'가 된다.

24) 예를 들어 'ᄒᆞᄉᆞᄫᅡ>ᄒᆞᄉᆞ와>ᄒᆞᄋᆞ와>ᄒᆞ와'.

25) 小倉進平 선생의 『郷歌及び吏讀の硏究』 116쪽 참조.

26) 新村出 선생의 『東方言語史叢考』 26쪽 참조.

에서 'ᄒᆞ나(一)'를 'カタナ'로 전사했다거나,[27] 또한 『鷄林類事』에서 동일한 '一'에 대해 '河屯'이라고 표기했다거나, 『華夷譯語』에서 '一'을 '哈那'로 기록했다는 사실을 통해서도 알 수 있다.

그러나 '[o], [ɯ], [ə], [a]'가 'ㆍ'의 원음이었다고 할 수 없는 이상,[28] 이 모음들과 유사한 다른 모음에서 그 음가를 찾지 않을 수 없다. 전체적으로 볼 때 '[a]'에 가장 가깝고 아울러 모음조화의 대응에서 '[ɯ]'에 대립한다는 점 등으로부터, 저자는 'ㆍ'의 원음으로 '[ʌ]'를 비정코자 한다. 즉 '[ʌ]'는 후설모음이지만, 혀의 모양이 '[a]'의 상태와 같다. '[ʌ]'가 '[ω]'로 변하기 위해서는 단지 혀를 '[o]'의 상태로 바꾸기만 하면 되며, 거기에 원순성을 더해주면 '[o]'가 된다. 혀를 좀 더 아래로 내리면 '[a]'가 되고 앞으로 움직이면 '[ə]'에 가까워진다. 또한 위쪽으로 올리면 '[ɯ]'에 근접한다.

이러한 추정은 최근에 발견된 『訓民正音』의 신자료에 의해서도 뒷받침된다.[29] 즉 『訓民正音』(解例本)의 '제자해(制字解)'에는 모음자에 대한 설명이 있는데, 그 중 주요 모음 'ㆍ, ㅡ, ㅣ, ㅗ, ㅏ, ㅜ, ㅓ'에 대해서 보면 다음과 같다.

---

27) '一'이 고대에서 'ᄒᆞᄃᆞ나'였으며(명사 앞에서는 'ᄒᆞᄃᆞᆫ'이라고 했었던 듯하다. 'ᄒᆞᄃᆞ나'의 경우 『二中暦』의 'カタナ'가 나타내고, 'ᄒᆞᄃᆞᆫ'은 『鷄林類事』의 '河屯' 외에 향가에서 '一等'으로 되어 있는 것으로도 알 수 있다. 여기에 대해서는 前間恭作 선생의 「麗言攷」 9쪽 참조), 이 'ᄒᆞᄃᆞ나'가 후대의 'ᄒᆞ나'로 변화하는 과정은 아마도 다음과 같았을 것이다: 'ᄒᆞᄃᆞ나>*ᄒᆞᆮ나>*ᄒᆞᆫ나>ᄒᆞ나'. 그리고 전라남도(벌교・고흥・보성・장흥・강진・영암・광주・영광・해남・완도・진도), 전라북도(전주)에서 보이는 '[hanna]'는 '*ᄒᆞᆫ나'의 흔적이 남은 것으로 보인다. 'ᄒᆞᄃᆞᆫ>ᄒᆞᆫ'은 음운 변화의 결과라기보다는, 'ᄒᆞᄃᆞ나>ᄒᆞ나'의 변화가 일어나서 'ᄒᆞᄃᆞ나 : ᄒᆞᄃᆞᆫ'의 대립이 'ᄒᆞ나 : ᄒᆞᆫ'의 대립이라고 유추됨으로써 생겨난 듯하다.

28) 이 네 소리는 'ㅗ, ㅡ, ㅓ, ㅏ'로 표기되어 있다.

29) 『正音』 35호(1940년 10월)에 수록되어 있다.

・舌縮而聲深

ㅡ舌小縮而聲不深不淺

ㅣ舌不縮而聲淺

ㅗ與・同而口蹙

ㅏ與・同而口張

ㅜ與ㅡ同而口蹙

ㅓ與ㅡ同而口張

이 설명은 매우 간명하면서도 요령이 있다고 말할 수 있다. 우선, '・, ㅡ, ㅣ'의 세 모음은 혀의 움츠림(縮)과 소리의 깊이(深淺)가 분류 기준이 되어 있으며 뒤에 나오는 네 모음은 이 두 기준 외에 입의 모양(蹙張)이 추가되었다. 여기서 첫째로 소리의 깊이란 'ㅡ, ㅣ'가 현재의 음가와 대략 같다고 할 때 조음 위치의 전후를 가리키는 것으로 판단된다. 즉 전설모음 'ㅣ'가 소리가 얕고(聲淺), 중설모음 'ㅡ'는 소리가 얕지도 깊지도 않기 때문에(不深不淺),[30] 소리가 깊은(聲深) 모음인 '・'는 후설모음이 되는 것이 명백하다. 여기서 상정한 '・'의 음가 '[ʌ]'는 말할 것도 없이 후설모음이다.

다음으로 혀의 움츠림(縮)인데 이것은 말 그대로 혀의 수축(收縮)일 것이다. 'ㅣ, ㅡ, ・'의 세 모음 중에서 'ㅣ'는 혀의 수축이 전혀 일어나지 않고, 'ㅡ'는 조금 일어남에 비해 '・'는 혀의 수축이 가장 많이 일어나고 있어, 참으로 적절한 관찰이라고 하겠다.

더욱이 '・'와 'ㅗ, ㅏ, ㅜ, ㅓ', 특히 '・'와 'ㅗ, ㅏ'의 관계는 앞에서 제시한 '四聲通攷凡例'의 내용보다도 더 구체적으로 제시되어 있다. 즉 이 네 모음(ㅗ, ㅏ, ㅜ, ㅓ)에 있어서 입의 모양(蹙張)은 분명히 입술의 오므림 유무이며, 'ㅗ'가 '・'와 동일하지만 입을 오므린다(口蹙)고 한 것은 'ㅗ'가

30) 'ㅡ'는 엄밀하게 말하면 중설 중에서도 뒷부분에 위치한 것이지만 '聲不深不淺'이라는 설명과 어긋나지는 않는다.

'·'와 동일한 혀의 높이와 모양을 지니되 '입술의 오므림'을 더 가지고 있음을 말하는 것이라서 '·'와 'ㅗ'의 관계가 한층 더 분명해지는 것이다. 그리고 '·'가 이러한 'ㅗ'에 가까우면서도 다르게 인식할 수 있는 것은 '·'가 '[a]'와 가깝기 때문이며 이 점에서도 '·=[ʌ]'라는 가설은 상당한 확실성을 지니고 있다.[31)]

다음으로 '·'음이 '[ʌ]'였다고 한다면 어떻게 해서 '[ʌ]'가 현재의 여러 방언에서 전술한 바와 같이 변화했는지를 고찰하지 않을 수 없다.

1. [ʌ]>[ɷ]: 이 변화가 제주도에서만 발견된다는 것은 이미 서술한 바와 같다. 다른 모음과 혼동되지 않으며 그 음가 역시 가장 비슷하다는 점에서 제주도 방언이 고형에 가장 충실하다.
2. [ʌ]>[a]: 이 변화는 육지 방언에서의 일반적인 경향이다.
3. [ʌ]>[o]: 이 변화는 양순음 뒤에 '·'가 올 때로 한정된다. 이 변화가 나타나는 지방은 주로 전북과 전남의 대부분, 경남 남부 및 함북 회령·온성·종성·경원, 함남 갑산·풍산·혜산·장진이며, 'ᄆᆞ슬'의 경우는 황해도와 평안북도에서도 이러한 변화형이 남아 있다. 또한 'ᄫᆞ[βʌ]'의 경우에는 중앙어에서도 예전부터 '[o]'로 변화하고 있다.

이상은 분포 지역이 대개 일정한 경우이며, 이러한 분포 지역으로부터 보건대 제주도와 같이 육지와 동떨어져 있는 섬에 고형에 가까운 형태가 남아 있다는 것은 언어 지리학에 있어서 하나의 정설이라 하겠다. 변화 3([ʌ]>[o]) 역시 한반도의 남단과 북단에서 발견된다는 점에서 미루어 보

31) 小倉進平 선생은 '·'에 대해 '[*o*]' 또는 '[o]'와 유사한 음이며 '[a]'와도 가까운 음이라고 하고서(『The Outline of the Korean Dialects』의 21쪽 및 『南部朝鮮の方言』의 1쪽), '[ɐ]'로 표시하고 있다. 이숭녕 씨는 상세한 고증의 결과 'ㅏ, ㅓ, ㅗ'의 중간음이라고 하고(「'·'음고」 96쪽), 우연히도 小倉進平 선생의 연구와 일치한다고 말했다. 그렇지만 구체적인 음가를 표시하지 않은 점은 유감이다.

면 변화 2([ʌ]>[a])보다 오래 되었다고 추측되는데, '양순음+[ʌ]>[o]'라는 변화 그 자체만으로도 '[ʌ]>[a]'보다 오래 되었다고 할 수 있다. 왜냐하면 '[ʌ]'가 이미 '[a]'로 변화했다면 변화 3은 '[o]'로 변하는 것이 아니고 '[wa]'로 변할 것이기 때문이다. 함북 회령·온성의 '[o]'가 이러한 오래 된 변화의 흔적인지 아니면 남부 방언의 영향인지는 아직 연구를 필요로 한다.

이 밖의 변화는 소위 산발적이기 때문에 위와 같은 음운 법칙에 대비되어 예외라고 할 수 있다. 그러나 이러한 예외도 설명하지 않으면 안 된다. 우선 '튝'을 보면 변화 2, 즉 '[tʰʌk]>[tʰak]'이 주로 평안남북도에서 일어났으며, 중앙어에서는 '[tʰɔk]'으로 되어 있고, 남부 방언과 함남, 함북에서는 '[tʰɛk]' 또는 '[tʰEk]'으로 되어 있다. '[tʰɛk]'은 아마도 '[tʰak]'에서 변화한 듯하지만 변화 과정은 명확하지 않다. 김해의 '[pɛlgɯn dal]', 영광의 '[mɛlgɯn mul]', 혹은 서산의 '[myalgan mul]'과 같은 산발적인 예 역시 동일하다고 보아도 무방하다. 또한 중앙어에서 볼 수 있는 특이한 예는 다음과 같이 생각할 수 있다. 즉 '튝'의 '·'는 여러 가지 다른 음으로 바뀔 가능성이 있는데 대부분 '[a]'로 바뀌는 경향을 보였다.[32] 그러나 '[a]' 외에 '[ə]'로 바뀌는 경향도 있었음에 틀림없다. 그래서 중앙어에서는 '[tʰək]>[tʰɔk]'이라는 변화를 거친 것 같다.

이상에서 살핀 한 음운의 분열이라는 가설은 '흙'에 대해서도 말할 수 있다. '흙'이 변화 2([hʌlk]>[halk])를 겪은 지역은 평남 일부와 함북 일부에 불과하고 다른 지역에서는 모두 '[hɯk]' 또는 '[hɯl]'로 변화하였다. 또한 경상남북도에서는 '[ə]'가 있으며 황해도와 평안남도에서는 '[ɔ]'가 나타난다. '흙'의 경우에는 '[ʌ]'가 '[a]'나 '[ɯ]' 또는 '[ə]'[33]로 변화했는데, 하나의 음운이 같은 조건 아래에서도 반드시 동일한 변화를 겪지는 않는다는 사실이 이들 사례를 통해 명확해진다.

---

32) 평남, 평북의 '[tʰak]'이 바로 그것이다.

33) 이것은 다시 '[ɔ]'로 바뀌었다.

'[ʌ]>[ə], [ɔ]'와 같은 변화는 이 밖에 '[pʰəri]'(충남 서해안, 전남, 경남의 남해안), '[nɔlgɛ]>[nəlgɛ]'(충남 서부), '[nəlləganda]'(전북 서부), '[nɔm]' (<[nʌm], 전북, 전남, 경남) 등에서도 발견된다.

'특'이나 '흙', 그 외에 규칙적으로 변화하는 단어들을 통해 알 수 있듯이 평안도 방언은 '[ʌ]>[a]'라는 변화를 고수하고 있는 것으로 보인다.[34] 그러나 'ᄉᆞ내'라는 한 예는 전혀 다른 모습이라서, 중부 지역의 '[a]'에 대하여 평안도 방언은 '[ɔ]' 또는 '[ɯ]'를 보인다. 그뿐만 아니라 평남 남부에서 황해 북부에 걸쳐 '[e], [i]'라는 형태마저 볼 수 있다. 아마도 이 경우는 '[ʌ]'로부터 직접 변화했다고 할 수는 없지 않은가 한다. 즉 이런 경우는 '[ɔ], [ɯ]'가 더 오래된 형태(가령 '[e]')로부터 변화해 온 것이며 중앙어의 '[ʌ]' 역시 이 고형에서부터 출발했다고 볼 수도 있지만 확언하기에는 아직 시기상조이다.

요컨대 'ㆍ'는 원래 '[ʌ]'였다. 또한 다른 모음과 분명히 구별되었다. 이런 상태가 중앙어에서는 조선 중기 무렵까지 지속된 듯하다.[35] 제주도에서는 '[ʌ]'가 '[ɷ]'로 변화하였는데, 여전히 다른 모음과의 구별은 남아 있다. 그 후 중앙어에서는 'ᄫᆞ'가 '[o]'로 바뀌었고, 'ᄇᆞ, ᄑᆞ, ᄆᆞ'도 남부 지역 대부분과 동북 지역 일부에서 '보, 포, 모'로 변화한 채 남아 있다. 뒤 이어 '[ʌ]'는 음성적으로 가까운 '[a], [ə], [ɯ]'로 바뀌면서 그 독자성을 잃어버렸다. 사실 '[ʌ]'는 '[a]'로 변화하는 경향이 가장 현저했지만, '[ɯ], [ə]'로 변화한 단어도 여전히 발견된다. 그리고 '[a]'로부터 다시 '[ɛ]([E]), [ya]'와 같은 형태가 나타났으며, '[ə]'는 중부 이북에서는 '[ɔ]'로 변화하였다.

34) 다만 '흙'은 평남 용강・한천・영유・양덕에서만 이 변화를 볼 수 있으나 한편으로 함북 온성・회령에서도 발견된다는 점에서 보자면, 예전에는 평안남도로부터 동북 지역에 이르는 북부 국경 일대에서 이러한 형태가 쓰였으리라고 생각된다. 덧붙여 말하면 함북의 '[halgi]'는 남부 지역의 영향과는 전혀 무관하다.

35) 'ㆍ'의 소실 시기를 결정하는 것은 아직 연구의 여지가 있다고 생각된다. 이숭녕 씨는 소실 시기를 17세기 무렵으로 보았는데 대체로 정확한 듯하다.

2.3. 두 번째 주제: 'ㅿ'에 대하여

『訓民正音』 공포 당시의 한글 중에는 오늘날 쓰이지 않기 때문에 그 음가를 알 수 없는 것이 두세 개 있다. 여기서 논의하고자 하는 'ㅿ'은 그 중 대표적인 것이다. 이 글자의 음가에 대해서는 이미 小倉進平 선생의 연구가 있으며 선생은 옛 문헌과 함께 여러 방언의 고찰을 통해 'ㅿ'이 '[z]'와 비슷한 음이라고 했다.[36] 이러한 학설은 거의 움직일 수 없는 것으로 신뢰할 수 있지만, 저자는 여기서 어떤 종류의 '[z]'인지 고찰하여 감히 사족을 달고자 한다.

小倉進平 선생이 제시한 바와 같이 'ㅿ'의 경우 역시 방언이 중요한 지식을 제공해 준다. 우리는 여기서 다음 여러 단어를 선택하여 방언형과 분포 상태를 살피면서 고찰해 보고자 한다.

【1】 가을(秋). 예전에는 'ᄀᆞᅀᆞᆯ'이었다. 〈방언 어휘〉 [2] 참조. 이 단어의 방언형은 다음의 9가지 종류를 헤아릴 수 있다.

① [kaɯl]

일반적인 형태이다.

② [ka:l]

앞의 '가을'을 건성으로 발음한 결과 생겨난 것으로 널리 전역에서 들을

---

36) 小倉進平 선생의 『The Outline of the Korean Dialects』 32쪽 참조. 또한 「'狐'を意味する朝鮮方言」(『靑丘學叢』 1, 1930년)에서 상세한 연구가 이루어졌다. 이 논문에서는 'ㅿ'을 '[y]'라고 보았는데 『The Outline of the Korean Dialects』에서 "a sound somewhat like [z]"라고 정정하고 있다. [역자주] 이 각주의 내용은 다소 정확성이 떨어진다. 小倉進平은 이미 1923년에 펴 낸 『國語及朝鮮語 發音概說』에서 'ㅿ'의 음가를 '[y]' 또는 '[z]'라고 보았으며 오히려 「'狐'を意味する朝鮮方言」에서는 여러 가지 근거에 입각하여 'ㅿ'의 음가를 '[y]'가 아닌 '[z]'로 보아야 한다고 입장을 바꾸었다.

수 있다.

③ [kaul]

경기도 북부에서 황해도 전역에 걸치며 평안남도 남부까지 이르는 지역에서 들을 수 있다.

④ [kaol]

황해도 서부에 나타난다.

⑤ [kωɯl]

제주도 제주, 대정, 서귀포에 나타난다.

⑥ [kasil]

정확하게 말하면 '[kaʃil]'이다. 전라남북도와 경상남도 그리고 경상북도 동부 일대에 펴져 있으며 더욱이 충청북도까지 미치고 있다. 강원도의 강릉, 주문진에서도 발견된다.

⑦ [kasɯl]

주로 함경남북도에 분포하는 것으로, 그 일부가 평안북도 후창에 이르고 있는 점은 주목해야만 한다.[37] 그러나 '가슬'은 남부 지방에서도 보이는데, 전남 남부에서 다소 연속적으로 발견되는 것 외에는 전남 구례, 전북 전주, 경북 흥해, 강원 평창으로 분산되어 있다.

⑧ [kωsil]

제주도 서귀포에 나타난다.

⑨ [kωsɯl]

제주도 서귀포, 성산포에 나타난다.

37) 다만 저자 개인의 조사에서는 들을 수가 없었다. 어쩌면 이 지방에서는 이미 '[kasɯl]'이 점차 소멸해 버린 상태이지 않을까 한다.

第六圖 가을 (秋)

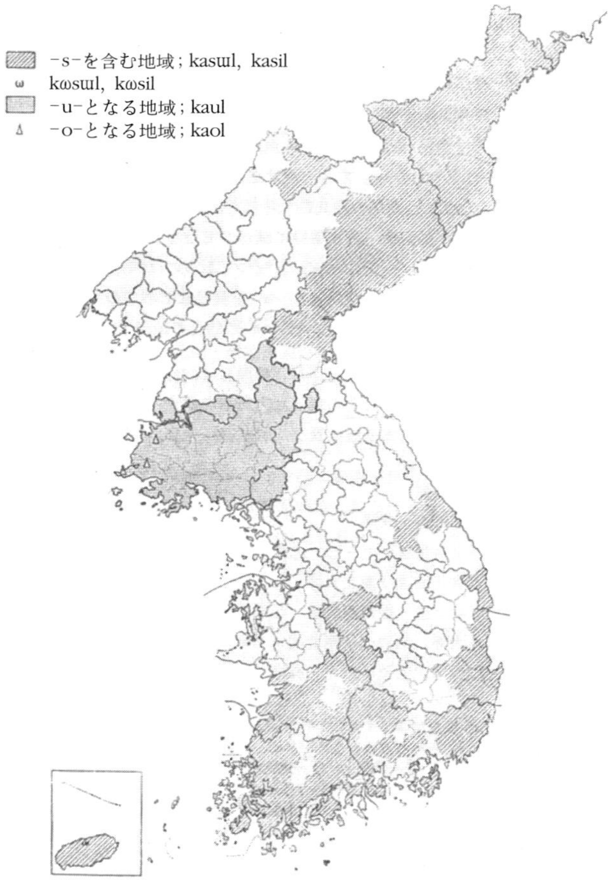

〈제6도 가을〉

우선 대체로 남부와 동북부 그리고 제주도에서 '-s-'가 나타남에 비해, 중부와 서북부에서는 '-s-'가 보이지 않는다. 다만 충청북도에 남부 지역의 세력이 이르고 있고, 평북 후창에서도 's' 계열이 보이고 있다. 남부의 경북 서부 대부분은 오히려 '-s-'를 볼 수 없는데, 대략적으로 보면 's' 계열이 남부와 동북부에 퍼져 있다고 말할 수 있다. 특히 황해도를 중심으로

'[ɯ]'가 '[u]'(또는 '[o]')로 되어 있는 것이 흥미롭다. 이것은 이후에 서술할 여러 예시에서 볼 수 있듯이 'ㅿ'의 탈락 후 '-w-'가 발달하고 이것이 '[ɯ]'와 결합하여 '[u]'가 되었다고 생각된다.[38)]

【2】 겨울(冬). 예전에는 '겨슬'이었다. 〈방언 어휘〉 ⑫ 참조. 이 단어의 중앙어 형태는 '겨울'인데 '가을'과 같은 방식으로 여러 가지 방언형을 보이면 다음과 같다.

① [kyɔɯl]

중부에서 남부에 이르며 함북 부거·온성과 제주도의 제주에서도 발견된다.

② [keɯl][39)]

전남 동부에 나타난다.

③ [ki^{ə}l]

경남 거창·함양에 나타난다.

④ [kyɔ:l]

경상남북도를 중심으로 하며 충청남북도와 함경북도에도 존재한다.

⑤ [kyʉ:l]

충청북도와 경북 대구에 나타난다.

---

38) '[o]'는 'w'와 'ʌ'가 결합한 결과인 듯하다.

39) '[keɯl]'(②)과 '[keul]'(⑬)의 첫 음절 '[ke]-'는 일반적으로 'ㅕ'(현재는 '[yɔ]')의 옛 음가를 암시하는 듯 생각된다. 특히 전남 광양의 '[kyeɯl]'은 '겨'의 고형을 잘 보존한 것이라고 할 수 있을 것 같다. 명나라 초기에 완성된 『華夷譯語』의 『朝鮮館譯語』에서 '冬'을 '解自'라고 적고 있는데 이 때의 '解'는 '[kiɛi]'로 발음된 듯하기 때문에(『四聲通解』에서는 상성의 '걔') 조선 초기의 '겨'는 '[kye]'로 발음되었다고 생각된다.('解自'는 '[kye-zɯl]'일까?) 경남 거창과 함양의 '[ki^{ə}l]'(더 정확히는 '[kɪ^{ə}l]', ③)은 'kye>kɪ'의 변화 결과로 생각된다. 거창과 함양은 광양에서 가까우므로 지리적으로도 서로 근접한다.

⑥ [ʧɔɯl]

충청북도, 경상남북도, 강원도 동부를 중심으로 하며, 함북 부거, 제주도 대정, 그 밖에 전라남북도에서도 산발적으로 보인다.

⑦ [ʧɔ:l]

경상남북도와 충북, 함남 북청, 함북 나진에 나타난다.

⑧ [ʧʉ:l]

충청북도에 나타난다.

⑨ [ʧʉ:k]

충청남도와 충청북도에 나타난다.

⑩ [ʧʉ:lgi]

충청남도 남부에 존재한다.

⑪ [ʧɔlgi]

전라북도 북부에 나타난다.[40]

⑫ [kyɔul]

경기도와 황해도를 중심으로 하며, 서북 지역에서도 보이고 동북부의 함북 길주, 함남 단천・영흥・안변에도 존재한다.

⑬ [keul]

평안남북도에 나타난다.

⑭ [ʧɔul]

강원도 춘천・원주와 충남 천안에 나타난다.

⑮ [kyɔsil]

경상남북도 동부에 나타난다.

40) 小倉進平 선생의 『南部朝鮮の方言』에 의거한다. 전북 북부의 '[ʧɔlgi]'는 어쩌면 '[ʧʉ:lgi]'일지도 모른다. 한글로 '절기'라고 표기하고 있어서 어느 쪽인지 판명할 수 없다. 전북 북부는 저자가 조사하지 않은 지방이다.

⑯ [ʧɔsil]

전라남도, 경상북도 동부, 강원도 평해, 제주도 정의, 전북 남원에 나타난다.

⑰ [ʧɔsilgi]

전북 김제・정읍에 나타난다.

⑱ [kyɔsɯl]

함북 회령・길주와 경북 영천에 나타난다.

⑲ [ʧɔsɯl]

전라남북도, 제주도, 강원도 울진, 함북 부거에 나타난다.

이 방언형들을 보면 우선 ⑮~⑲가 '-s-'를 지님에 대해 ①~⑭는 '-s-'가 나타나지 않는 것을 알게 된다. 그리고 '-s-'를 지니는 형태는 전라남북도, 제주도, 경상남도, 경상북도의 동부, 강원도 동남부, 함북 회령・부거・길주에서 보인다. 이러한 분포 상황은 '가을'의 경우보다 좀 더 범위가 좁지만, 아무튼 's' 계통이 한반도 남부를 중심으로 제주도와 동북부에서 보인다는 점은 동일하다.

①~⑭의 형태는 다시 ①~⑪과 ⑫~⑭로 나눌 수 있다. 후자는 'w'를 포함한 형태이며 중부와 서북 지방을 중심으로 나타난다. 이것은 '가을'의 경우보다도 훨씬 광범위한 지역에 걸치고 있다. 이러한 'w'를 포함한 형태가 동북부와 그 밖의 지방에서도 보인다는 것은 이 형태가 중앙에서 채용된 결과이며, 분포 상황의 넓이도 전적으로 이런 사정에 의한 것이다. 이러한 중앙에서의 부정합(不整合)한 채용에는 서울에서의 어떤 역사적 사건을 생각하게 하지만 명확히 할 수가 없다. ③~⑤, ⑦~⑪는 '-ɔɯ-'의 모음 연쇄(hiatus)가 단모음화한 것이며 장모음은 보상적 장음화(Ersatzdehnung)을 가리키는 듯하다.

【3】 마을(村).[41] 예전에는 'ᄆᆞᄉᆞᆯ'이었다. 〈방언 어휘〉 [9] 참조.

① [mauɯl]

충청남북도, 전라남북도, 경상북도에 나타난다.

② [ma:l]

경기도, 황해도 동부, 평안남북도를 중심으로 하며 함남 단천과 북청, 충남 감포, 충북 괴산과 충주에도 나타난다.

③ [mɷuɯl]

제주도 서귀포에 나타난다.

④ [maul]

함경북도를 중심으로 하며 함경남도 단천·북청·홍원에도 나타난다.

⑤ [moul]

함북 회령·종성에 나타난다.

⑥ [mo:l]

황해도 서부, 평남 평양·상원, 평북 서부, 그 외에 함남 풍산·갑산에 나타난다.

⑦ [masil]

충청남북도와 경상남북도를 중심으로 한다.

⑧ [masɯl]

충남 태안, 충북 청주·영동, 전북 전주·남원, 경북 의성·흥해에서 산견된다.

⑨ [mosil]

전라남도, 경상남도를 중심으로 하여 전북 정읍·김제·남원까지 이른다.

⑩ [mosɯl]

전남 영암·강진에 나타난다.

41) '마을'은 원래 의미인 '村'으로 쓰이는 경우는 물론이고 '마을 간다'라는 관용어도 포함하여 적기로 한다.

⑪ [mɷsil]

제주도 제주와 서귀포에 나타난다.

⑫ [mɷsɯl]

제주도 성산포에 나타난다.

이 경우도 우선 ⑦~⑫의 '-s-'를 유지하는 형태와 ①~⑥의 '-s-'를 가지지 않는 형태 사이에 대립이 보인다. 이 단어의 경우 's' 계열이 충청남북도까지 퍼져 있음에 반해 동북부에서는 보이지 않는다는 점이 앞서 서술한 두 단어와는 약간 성격을 달리한다.

'-s-'를 가지지 않은 형태는 다시 ①~③과 ④~⑥의 두 부류로 나뉜다. 후자는 '-w-'를 지니고 있다고 생각된다. ④의 '[maul]'은 문제가 없다. ⑤의 '[moul]'은 첫 음절의 'ㆍ'를 논의할 때 다루었듯이, 함북 회령·종성은 'ᄆᆞᆯ'[42]과 'ᄑᆞ리'(〈방언 어휘〉 11)가 보여 주는 것처럼 양순음 뒤에서는 'ㆍ[ʌ]'가 '[o]'로 변화하는 지역이므로 '[moul]'의 '[mo]'는 바로 '[mʌ]'로부터 변화한 것이다.

⑥의 '[mo:l]'은 함남 풍산·갑산도 함북 회령·종성과 동일하게 'ㆍ[ʌ]'를 양순음 뒤에서 '[o]'로 변화시키는 지방이므로[43] 이 지방의 '[mo:l]'은 ⑤의 '[moul]'이 단모음화한 것이라고 생각된다. 그런데 황해도 남부와 평안북도 서부는 이러한 특징[44]을 지니지 않는다. 이것은 어떻게 설명해야만 할까? 이 지방들은 'ᄀᆞᆯ, 겨ᅀᅳᆯ'의 두 예가 보여 주듯이 'w'가 발달한 곳이다. 따라서 'ᄆᆞᅀᆞᆯ[mʌzʌl]'은 '[mʌwɯl]'로 변화하고, 모음 '[ʌ]'가 앞의 '[m]'과 뒤의 '[w]' 양쪽의 순음에 끼어서 '[o]'로 바뀐 듯하다. 즉 '[*mʌwɯl] >[*mowɯl](또는 [*moul]) >[mo:l]'과 같이 변화한 것이다.

---

42) 小倉進平 선생의 『The Outline of the Korean Dialects』 지도(Ⅱ) 'ᄆᆞᆯ' 참조.

43) 'ᄑᆞ리' 항목 참조.

44) [역자주] 'ㆍ'가 양순음 뒤에서 'ㅗ'로 바뀌는 현상을 일컫는다.

【4】 아우(弟). 예전에는 '아ᅀᆞ'였다. 〈방언 어휘〉 13 참조.

① [ai]

평안북도 북반부에 나타난다.

② [ɛi]

평남 맹산·양덕에 나타난다.

③ [au]

중부와 서북 지방을 중심으로 한다.

④ [ao]

중부 지방에서 산견된다. 황해도 장연군에서 이 형태를 보게 되는 것은 '[kaol]'의 경우와 동일하다. 이 지방의 특징으로 생각된다.

⑤ [asi]

제주도와 전북 남원에 나타난다.

⑥ [asɯ]

함경북도에 나타난다.

⑦ [ak̄i]

함경북도에 나타난다.

⑧ [ɛk̄i]

함경남북도에 나타난다.

이 단어는 남부 지방에서는 거의 'toŋ-sɛŋ'(同生)이라는 한자어 계통의 말로 대치되고 있어서 앞서 살핀 단어들처럼 명확하지는 않지만, 그래도 's' 계통의 단어가 남부 지방에서 쓰이고 있었다는 사실은 제주도와 전북 남원이 확실히 말해 주고 있다. 小倉進平 선생의 설명[45]에 의하면 『和漢三才圖繪』의 '阿之'는 남부 방언의 '[asi]'를 적은 것임을 알 수 있기 때문에

45) 小倉進平 선생의 『The Outline of the Korean Dialects』 32쪽 주석 2) 참조.

당시에는 지금보다도 더 광범위하게 '[asi]'의 형태가 발견되었으리라 생각한다. 이를 통해 앞서 's' 계통이 남부와 제주도 및 동북 지역에 분포한다는 사실은 여기서도 적용된다고 본다.

①~④는 '-s-'가 없는 형태이며 그 분포는 서북과 중부 지역을 중심으로 한다. 그리고 ③의 '[au]', ⑤의 '[ao]'가 'w'를 포함한 형태로서 이것이 중부 지역을 중심으로 한다는 점은 전술한 여러 단어와 궤를 같이한다. '[ɛi]'는 '[ai]'에 이-역행동화(Umlaut)가 적용된 변화형으로, 이 '[ai]'와 '[ɛi]'가 평안도 산간(山間) 지역에 보인다는 것은 주의해야 한다. 또한 이 단어의 방언형에서 주목해야 할 것은 함경남북도의 '[ak̄i]'와 '[ɛk̄i]'이다. 여기에 대해서는 뒤에서 상술한다.

【5】 무(蘿蔔). 예전에는 '무수'였다. 〈방언 어휘〉 ⑭ 참조.

① [mui]

황해도와 평안남도를 중심으로 하며 멀리 강원도 강릉・주문진에서 발견된다.

② [mu:]

경기도, 강원도, 평안남북도, 함경남도 남부에 나타난다.

③ [muyu]

경기도 개성・장단, 황해도 금천・신계, 강원도 이천 일대와 황해도 해주・옹진・재령・신천・안악 일대에 나타난다.

④ [miu]

황해도에 나타난다.

⑤ [myu:]

황해도 신천・재령에 나타난다.

⑥ [mü:]

황해도 서부에 나타난다.

⑦ [mi:]

황해도 해주에 나타난다.

⑧ [musi]

남부 지역을 중심으로 하며 충남 예산, 충북 영동・황간에도 존재한다.

⑨ [musu]

충청남북도를 중심으로 하고, 그 주변 지역, 특히 강원도 중앙부, 전북 북부, 전남 서부에 나타나며 그 외에 함남 정평 등에서도 산견된다.

⑩ [mu$\bar{k}$i]

함경남북도에 나타난다.

⑪ [mu$\bar{k}$u]

경상북도가 중심이며, 그 외에는 충북 단양, 강원 횡성・평창・영월・강릉・주문진・울진, 함남 안변, 좀 더 멀리는 평북 후창에서도 발견된다.

'[musi], [musu]'가 보여 주는 것처럼, 's' 계통이 충청남북도, 강원도 이남에서 발견되는 것은 앞선 여러 단어들보다도 좀 더 범위가 넓다. 또한 '[musu]'가 함남 정평에서 보이는 것은 전술한 바와 일치하는 것처럼 생각할 수도 있지만, 여기에는 남부 지방으로부터의 이식(移植)이 아닌가 하는 의문이 있다. 이에 대해서는 뒤에서 다룬다.

'아ᅀᆞ'의 경우와 마찬가지로 이 단어(무)에도 '[mu$\bar{k}$i]'와 같이 '$\bar{k}$i'를 덧붙인 형태가 함경남북도에서 발견된다. 더욱이 여기에 머무르지 않고 경상북도를 중심으로 한 지방에 '[mu$\bar{k}$u]'라는 형태가 존재한다. 이것이 멀리 안변으로부터 후창에까지 퍼져 있는 것도 설명을 필요로 하는 바이다.

'-s-'를 포함하지 않은 형태는 ① '[mui]', ② '[mu:]', ③~⑦ '[muyu]' 계통의 세 종류로 나누는 것이 가능하다. ④~⑦이 '[muyu]' 계열이라는 점은 음운적 측면에서도 생각할 수 있지만, 이들이 모두 황해도에서 보인다고 하는 지리적 상황으로부터 미루어 고찰할 수도 있다. ①의 '[mui]'가 '-i'로 끝나는 것은 이전('아우'의 경우)의 '[ai]'와 마찬가지로 이 단어의 역사를 아는 데 귀중한데 이 문제는 뒤에서 일괄적으로 서술할 기회가 있으리라 본다. ②의 '[mu:]'는 아마도 'muzu＞muwu'의 변화에 의한 것인 듯하다. 이러한 'w' 첨가형은 앞서 서술한 여러 단어의 경우와 동일하게, 중부와 서북부가 그 세력의 범위권에 있다. 다만 황해도 일대가 ③ 이하의 '[muyu]' 계통에 점유되어 있기 때문에 '[mu:]'가 보이지 않는 것은 주의해야 한다. 이 '[muyu]' 및 그와 비슷한 방언형들은 ②에서 'w'를 첨가하는 것과 달리, 'y'를 첨가함으로써 다른 단어들에서는 볼 수 없는 특징을 드러내고 있다. 즉 'muzu＞muyu'와 같은 변화를 거친 것이다.

【6】 냉이(薺). 예전에는 '나ᅀᅵ'였다. 〈방언 어휘〉 ⑮ 참조.

① [nai]

경북 영양에서 나타난다.

② [naŋi]

평안북도에서 나타난다.

③ [naŋnaŋi]

평북 철산에서 나타난다.

④ [nɛŋnɛŋi]

평북 차련관에서 나타난다.

⑤ [nɛŋi]

경기도를 중심으로 한 중부 지방(단 강원도는 제외), 평안남북도에서 나타난다.

⑥ [nɛi]

황해도 재령·황주, 평남 중화에서 나타난다.

⑦ [yɛŋi]

황해도 곡산에서 나타난다.

⑧ [yɛi]

황해도 일대에서 나타난다.

⑨ [nasi]

함경남북도 전반, 그 밖에는 충남 태안, 전남 강진·해남, 경북 김천·상주·안동·의성·청송·영덕, 강원도 울진·평해에서 나타난다.

⑩ [nasiŋi]

충남 조치원, 경북 영천에서 나타난다.

⑪ [nasaŋi]

충북 진천·괴산·충주에서 나타난다.

⑫ [nasɛŋi]

경상북도와 강원도를 중심으로 하며, 경기도 남부, 충청남북도 북부, 경남 김해·진주·남해, 전남 영암·고흥·벌교·보성에서 나타난다.

⑬ [nasɛi]

충북 제천·단양, 경남 함안에서 나타난다.

⑭ [nase]

전남 진도에서 나타난다.

⑮ [nasiŋgɛ]

충청남북도, 전북 북부, 전남 완도·돌산에서 나타난다.

⑯ [nasɯŋgɛ]

충청남도, 전라남북도에서 나타난다.

⑰ [nasiŋɛŋi]

충남 천안, 충북 진천에서 나타난다.

⑱ [nasɯŋgɛŋi]

충남 북부에서 나타난다.

⑲ [nasuŋgɛ]

충남 남부, 전라남북도에서 나타난다.

⑳ [nasaŋgu]

전남 보성・장흥・광양에서 나타난다.

㉑ [nasirɛŋi]

경남 합천・거창・함안・양산・밀양에서 나타난다.

㉒ [nasurɛŋi]

경남 거창에서 나타난다.

㉓ [naswɛŋi]

경남 울산에서 나타난다.

㉔ [nansi]

제주도 서귀포에서 나타난다.

㉕ [nansɛŋi]

경상남북도 동부 및 제주도 성산포에서 나타난다.

㉖ [nanswɛŋi]

경남 울산에서 나타난다.

㉗ [nalsɛŋi]

경북 흥해・경주에서 나타난다.

㉘ [nassɛŋi]

경북 안동에서 나타난다.

㉙ [nanʤi]

제주도 서귀포에서 나타난다.

㉚ [nanʤeŋi]

제주도 서귀포・대정에서 나타난다.

이상과 같이 '냉이'의 방언형은 그 종류가 각양각색이지만 이 중 상당수는 우선 ①~⑧의 '-s-'를 포함하지 않은 형태(甲類), ⑨~㉓의 '-s-'를 포함한 형태(乙類), 그리고 ㉔~㉚의 'ns' 또는 그와 유사한 형태(丙類)로 구분할 수가 있다. 먼저 乙類부터 보면 '-ŋi, -aŋi(ɛŋi), -ŋgɛ, -ŋgɛŋi, -aŋgu, -rɛŋi' 등의 접미사를 취한 것이 많지만 모두가 ⑨의 '[nasi]'를 기본형으로 한다는 데는 틀림이 없을 듯하다. 그리고 이러한 '[nasi]'와 그 파생어, 즉 '-s-'를 포함한 형태의 분포 상황은 앞서 서술한 몇몇 단어 중 그 무엇보다도 광범위하여 남부와 동북 이외에 충청남북도 및 강원도 일대에까지 퍼져 있지만, 근본적으로는 이전 단어들의 분포 상황과 서로 일치한다.

제주도와 경상남북도 동해안 지방에서 보이는 '[nansi], [nansɛŋi]' 등의 丙類 형태가 乙類와 밀접한 관계가 있다는 것은 음운적으로나 지리적으로나 살필 수가 있다. 특히 경상도 동해안 지방의 '[nansɛŋi]' 등은 乙類 형태인 '[nasɛŋi]'의 세력권 안에도 있으며 그 주변 역시 乙類 형태([nasɛŋi], [nasi], [nasiŋi], [nasirɛŋi] 등)로 둘러싸여 있는 것을 볼 때, 'nansi->nasi-'의 변화를 방불케 한다. ㉗의 '[nalsɛŋi]', ㉘ '[nassɛŋi]'[46]는 모두 '[nansɛŋi]'로부터의 변화형인 듯하다. 제주도에서 '[nandʒi], [nandʒeŋi]'가 '[nansi], [nansɛŋi]'와 공존하는 것은 흥미롭지만, 어느 것이 더 고형인지는 분명치 않다. 또한 울산의 '[nanswɛŋi]'와 함께 '[naswɛŋi]'의 '-w-'도 더 예전 형태의 흔적일지 모른다.

甲類의 형태들은 앞서 살핀 여러 단어와는 약간 성격을 달리 한다. 우선 ①의 '[nai]'는 경북 영양에서만 보이며 게다가 이 지방은 乙類 형태의 범위 안이라서 영양에서도 '[nasɛŋi]'라는 형태가 쓰이고 있다. 특히 이 지방의 주변에서 '[nasi]'가 발견되는 것은 주의해야만 한다. 이러한 상황에서 미루어 보건대 '[nasi]>[nai]'라는 변화를 생각할 수 있다. 그러나 '[nai]'가

46) 아마도 '[nalsɛŋi]'에서 변화한 듯하다.

조선 초기의 '나ᅀᅵ[nazi]'와 직접적인 관계가 있는지 여부는 불분명하다. 그 주변이 's' 계열의 범위라는 점에서 보면 오히려 '나ᅀᅵ'와 상관 없이 이 지방에서 생겨난 것이라고 생각된다.

이러한 '나ᅀᅵ'는 만약 그대로 발달했다면 'ᄀᆞᅀᆞᆯ>가을' 등의 예에서 볼 때 역시 '[nai]'가 되리라 생각되지만 중앙에서는 이 형태가 사라졌다. 그러나 '[nai]'와 관계 있는 것으로 ②의 '[naŋi]'가 있다. 이 형태의 분포 지역은 평안북도이며 이 지방에서는 모음 연쇄를 꺼려 '-ŋ-'을 첨가하는 경향이 발견된다. 뒤에서[47] 복합모음의 단모음화에 대해 서술할 때 상세히 논의할 작정이지만, 가령 평북 벽동·창성에서는 '게(蟹)'를 '[kɔi]' 이외에 '[kɔŋi]'라고도 부르며 또한 용암포·철산·구성 등에서는 '매(鷹)'를 '[mai]'라고도 하고 '[maŋi]'라고도 한다. 그러나 이것은 하나의 경향일 뿐 일반적으로 발견되지는 않는데, 이 '[naŋi]' 역시 '[nai]'의 모음 연쇄를 꺼리기 때문에 생겨난 형태가 아닐까 한다. ③의 '[naŋnaŋi]'는 '[naŋi]'가 중첩된 형태이며, 이것은 평안북도의 특이한 현상인 듯하다.[48] ④의 '[nɛŋnɛŋi]'는 바로 다음에 서술할 '[nɛŋi]'의 중첩형이다.

이제 ⑤의 '[nɛŋi]'가 있는데 이 형태는 중앙부 및 서북부에 퍼져 있다. 중앙부의 '[nɛŋi]'가 예전의 '나ᅀᅵ'와 어떤 관계에 있는가 하면 아마도 다음과 같지 않았을까 한다. '[nɛŋi]'는 '나ᅀᅵ'의 직접적인 후대형은 아니며, 남부 지방에서 기본형 '[nasi]'와 함께 그 축소형 '[nasaŋi]' 또는 '[nasɛŋi](nasi+-aŋi?)'가 존재하듯이 중앙부에서도 그 이전에 '나ᅀᅵ'와 함께 '*나ᅀᆞᆼ이[nazaŋi]'가 존재했던 것은 아닐까 한다. 'ᅀ'의 음가 추정 자료로서 앞서 서술하던 중 '무ᅀᅮ'가 '[muwu]' 또는 '[muyu]'로 변화했던 것을 지적한 바 있

47) [역자주] 이 책의 2.5. 참조.

48) 철산뿐만 아니라 널리 평안북도에 걸쳐 '男兒'를 '[sɔnsɯna]'라고 한다. 이것은 분명 중첩에 의한 형태이다. 이런 현상은 평북에 한정되지 않고 함경남북도에도 미치고 있다.

는데, 만약 'ㅿ'에 'y'로 바뀌는 어떤 요소를 인정할 수 있다면 '[nazaŋi]' 역시 '[nayaŋi]'로 변할 수 있다. 오늘날 중앙에서 '하얏소[hayasso]'를 실제로는 '[hɛsso]'로 발음하듯이 '[nayaŋi]'가 '[nɛŋi]'로 변화해도 그것은 매우 자연스러운 듯하다. ⑥의 '[nɛi]'가 '[nɛŋi]'로부터 나왔다는 것은 분명하다. 황해도에서는 일반적으로 '-ŋ-'을 탈락시키는 경향이 있다. 가령 '괭이(鍬)'를 '[kwɛi]'라고 말하는 것이 그 중 한 예이다.

⑦의 '[yɛŋi]' 및 그로부터 생겨난 ⑧의 '[yɛi]'는 이러한 '[nɛŋi]'와 어떤 관계가 있는 것일까? '[yɛŋi]'와 '[yɛi]'는 황해도의 독특한 방언형들로서, 이 형태들로 인해 전술한 '[nɛŋi]'가 남북으로 양단되어 있는 것을 보아도 '[nɛŋi]'가 어떤 조건 아래에서 '[yɛŋi]'로 변화한 것임을 알 수 있다. 그런데 황해도, 특히 서남부에서는 다음과 같은 경향이 강하다. 즉 '하얏습닛가'[49]를 '[hyasswik̄a]'(강령) 또는 '[hyassik̄a]'(태탄, 몽금포, 송화, 신천, 재령)로, '내일(明日)'[50]을 '[ndial]'(강령, 몽금포, 송화, 은율, 안악, 신천, 재령, 서흥)로, '샘(泉)'[51]을 '[siam]'(강령, 옹진, 태탄, 장연, 몽금포, 송화, 은율, 안악, 신천, 재령)으로, '뱀(蛇)'[52]을 '[piam]'(연안, 해주, 강령, 옹진, 태탄, 장연, 몽금포, 송화, 은율, 안악, 신천, 재령, 서흥)으로 말하는 것처럼 '[ɛ]' 또는 '[ɛ:]'를 '[ya]' 또는 '[ia]'로 발음하는 경향이 발견되는 것이다.[53] 이러한 조건 아래에서 '[nɛŋi]'를 살펴보면 '[nɛŋi]'는 '[nyaŋi]'로 변화한다. 그런데 어두의 'ny-'라는 결합은 서북부와 동북부를 제외하면 허용되지 않으며 그 결과 'ny-'는 예외 없이 'y-'로 바뀐다. '[nyaŋi]'는 황해도에서는 '[yaŋi]'로 되지 않을 수 없다. 이러한 '[yaŋi]'가 다시 어말 '-i'에 의한 이-역행동화

49) 서울에서는 '[hɛssɯmnik̄a]'이다.

50) 보통은 '[nɛil]' 또는 '[nɛ:l]'이다.

51) 발음형은 '[sɛ:m]'이다.

52) 발음형은 '[pɛ:m]'이다.

53) 이 예들을 통해 '[ɛ:]'가 '[ia]', '[ɛ]'가 '[ya]'로 되는 것은 양적인 관계에 의한 것인 듯하다.

(Umlaut)를 통해 '[yɛŋi]'로 변화한 것이다.[54]

요컨대 '[nɛŋi]'는 황해도의 지역색(local color)을 띤 '[yɛŋi]'를 포함하여 중앙부로부터 서북 일대에 이르고 있다. 그러나 평북의 '[nɛŋi]'는 그것이 과연 중앙의 '[nɛŋi]'를 그대로 받아들인 것인지 또는 이 지방의 특징인 '[naŋi]'에 이-역행동화가 적용된 변화형인지 명확하지 않다. 후자의 가정을 채택한다고 해도, 중앙의 '[nɛŋi]'와 우연히 동일한 형태를 지녔기 때문에 보존력이 강했다고 할 수도 있을 듯하다.

【7】 부엌(厨). 예전에는 '브섭'였다. 〈방언 어휘〉 16 참조.

이 단어는 『訓蒙字會』에서 '庖, 厨'의 훈이면서 동시에 '竈'의 훈이기도 하다. 현대 방언의 경우 대개 중부와 서북부에서는 '취사장'(즉 '庖, 厨')을 의미하고, 남부에서는 '竈口'를 의미함으로써 의미적 차이를 발견하게 된다.[55] 중부와 서북부에서는 '竈口'에 대해 '아궁이' 계열의 단어로써 나타내는데, '아궁이' 계통과 '브섭' 계통의 혼혈아도 상당히 발견된다. 그 중에서도 주목해야 하는 것은 평남 영유의 '[pegagari]'와 경북 고령, 경남 합천·거창의 '[pusɔgagari]'이다. 이들은 'pek' 또는 'pusɔk'과 'agari'의 결합으로 되어 있으며 'agari'는 '입(口)'에 대응하는 비속어이다. 이 단어들의 경우 'pek' 내지 'pusɔk'은 분명히 '竈'를 가리킨다.[56] '아궁이' 계열의 여러 단어들도 어쩌면 'agari'와 관련이 있으리라 생각되지만 아직 연구를 필요로 한다.

이러한 여러 가지 의미론적 양상에 대해서는 여전히 연구와 자료가 필요하지만, 원래 '브섭'은 '竈'를 의미하는 것이었던 듯하다. 그것이 확장되어 '竈가 있던 장소', 즉 '庖厨'를 가리키는 데 쓰이게 되었던 것이다. 『訓蒙

54) '광이'는 예전에는 '[kwaŋi]'였었는데 이-역행동화에 의해 '[kwɛŋi]'로 변했다.

55) 동북부에서는 '[pɔ:k̄ɛ], [pusuk̄ɛ]' 등과 같이 'kɛ'를 덧붙인 형태를 사용하여 '竈口'를 나타낸다. 이것은 전남 영광에서도 볼 수 있다. 영광은 '[pusɔk̄ɛ]'이다.

56) '竈'는 많은 경우 'put̄umak' 계열의 단어가 쓰이고 있다.

字會』는 그 과도기를 보이는 것 같다. 이 두 가지 의미의 병존(竝存) 상황은 당연히 깨뜨리지 않으면 안 된다. 그래서 중앙부와 서북부에서는 '브섭'을 '庖廚'의 의미로 전용하고, 원래의 '竈'에는 '부뚜막' 계열을, 또한 '竈口'에는 '아궁이' 계열을 사용했다. 그리고 '아궁이'는 원래 단순히 '口'를 가리키던 'agari'에서 생겨난 것이라고 생각되며, 당초에는 'puɔk+agari'의 결합형을 썼다고 생각된다. 남부 지역에서는 '브섭'을 '竈口'에 사용하고 '庖廚'에는 '정지' 계열의 단어를 사용하고 있는데, 아마도 이 지역에서는 '브섭'이 이 의미로 발달하지는 않았던 것 같다.

이상은 이 단어의 의미 측면에 대한 것인데, 여기서 문제가 되는 것은 이 단어의 음형이다. 따라서 '庖廚'의 의미로 쓰이는 것이든 '竈口'의 의미로 쓰이는 것이든 모두 한 단어의 변화상으로 다룬다. 또한 접미사는 일단 제외하고 고찰하기로 한다. 이 단어에서 가장 주목해야 하는 형태는 조선 초기에 '브섭'이라고 부르던 것으로서,[57] 이처럼 'ㅂ'으로 끝나는 형태는 후술하는 바와 같이 전남 서남부에서 겨우 유지되고 있다. 이것은 어두의 'ㅂ'에 의한 이화 작용의 결과 '브석'이 된 것이며 오늘날 여러 방언 역시 동일한 이화 작용을 입었다.

① [pɔːk]

경기도에서도 산견되지만 경상북도 북부와 충청북도 일대, 그 밖에 함남 안변·단천·북청 등지에서도 보인다.

② [puɔk]

중부 지방, 경북, 전북에서 산견된다.

③ [piɔk]

경기도 개성, 황해도에서 평안남북도 및 함남 영흥까지 이른다.

---

57) 前間恭作 선생의 「鷄林類事麗言攷」 112쪽 참조. 또한 『訓民正音』(『正音』 35호, 1940년 10월)의 용자례에 "如브섭爲竈"라고 되어 있다.

④ [pe:k]

평안남북도를 중심으로 한다. 또한 함남 영흥에서도 보이는 것은 평안남도의 연장선상인 듯하다.

⑤ [pusɔk]

남부 지방 일대에서 나타난다.

⑥ [pusuk]

동북부 및 경남 합천・함양에서 나타난다.

⑦ [pusak]

전남 남부에서 나타난다.

⑧ [pusɔp]

전남 서남부에서 나타난다.

⑨ [pusap]

전남 서남부에서 나타난다.

⑩ [puʤɔk]

경남 양산・울산에서 나타난다.

⑪ [puʤik]

경북 경주・흥해에서 나타난다.

'부엌'은 우선 ①~④의 '-s-'를 포함하지 않은 형태(甲類), ⑤~⑨의 '-s-'를 포함한 형태(乙類), ⑩~⑪의 '-ʤ-'를 포함한 형태(丙類)의 세 가지로 나눌 수가 있다.

乙類 형태가 남부와 동북부에 분포하는 것은 앞서 살핀 여러 단어와 동일하다. ⑧ '[pusɔp]'과 ⑨ '[pusap]'은 전술했듯이 예전의 '-p'를 보존하는 형태이다.

丙類의 ⑩ '[puʤɔk]'과 ⑪ '[puʤik]'은 경상도 동해안 지방에서 보이는 것으로서, 아마도 乙類 형태보다도 오래된 고형을 암시하고 있다. 즉

'[pudʒɔk]>[*puʃɔk]>[pusɔk]'과 같은 변화인 것이다.

甲類의 형태 중 ②의 '[puɔk]'은 앞서 서술한 '-w-' 첨가의 결과로 생각된다. 즉 '브쉭[pɯzɔk]>[pɯwɔk]>[puɔk]'인 것이다. 분포 또한 중부 지역을 중심으로 하고 있다. 이에 반해 ③의 '[piɔk]'은 'y'의 첨가 결과인 듯하다. 변화는 '브쉭[pɯzɔk]>[pɯyɔk]>[piyɔk]>[piɔk]'과 같다. 함남 영흥의 '[piyɔk]'은 특히 시사하는 바가 풍부하다. 분포도 황해도를 중심으로 하는 있는 점이 흥미롭다. 만약 '브쉭'의 'ㅿ'이 'w'나 'y'라는 요소를 남기지 않고 소멸해 버렸다면 그것은 '[pɯzɔk]>[pɯɔk]'이 되며 다시 '[pɔ:k]', 즉 ①의 형태로 변화한다는 것은 쉽게 생각할 수 있다.

④의 '[pe:k]'은 아마도 ③의 한 종류인 듯하다. 즉 영흥의 방언형 '[piyɔk]'으로부터 '[pyɔ:k]'이라는 형태가 쉽게 나오는 것이다. 그런데 평안도에서는 중앙어의 '[yɔ]'를 '[e]'로 발음하는 경향이 강하다. 가령 '별(星), 뼈(骨), 벼(稻)' 등은 대체로 '[pel], [p͞e], [pe]'라고 하는 것이다. 이러한 경향에 따르면 '[pyɔ:k]'은 '[pe:k]'으로 대치된다.

이상 7개의 단어에 대한 고찰을 통해 알 수 있는 바는 이들 단어들이 조선 초기에는 모두 'ㅿ'을 지니고 있었다는 점이다. 현재 방언에서는 'ㅿ'과 관련된 현상으로 다음과 같은 몇 가지 사실이 주목된다.

Ⅰ. 남부와 동북부 및 제주도에서는 '[s]'로 나타난다.
Ⅱ. 이에 반해 중부와 서북부에서는 '[s]'가 보이지 않고 대신 아래의 세 가지 종류가 있다.
㉠ 어떠한 흔적도 남기지 않은 것. 분포 지역은 명확하지 않다. 그러나 남부, 특히 경상북도에서 '[s]'가 없는 경우 이런 현상이 보인다.
㉡ '-w-'를 발달시킨 것. 이것은 중부와 서북부에 걸쳐 꽤 넓게 보인다.
㉢ '-y-'를 발달시킨 것. 이것은 ㉡만큼 일반적이지는 않다. 이 형태에서

주목해야 할 점은 그 분포가 황해도를 중심으로 경기도 북부까지 미친다는 사실이다.

Ⅲ. 남부와 동북부, 특히 동북부에서는 '-k̄i, -k̄u'와 같은 형태가 발생하고 있다.

이러한 결과를 'ᄀᆞ새(鋏)'와 대조해 보면, 'ᄀᆞ새'의 경우에는 '[kasigɛ], [kasɛgi]'를 포함하여 '[s]' 계열의 형태가 남부와 동북부에 분포하고 있다는 점이 앞서 여러 단어들과 동일하다. 그렇지만 '[kasɛ]'라는 형태가 중부 일대에도 분포하고 있다는 점은 약간 성격을 달리 한다. 이런 광범위한 분포는 '[kasɛ]'가 서울에서도 쓰이고 있다는 점에 기인한 것으로, 서울에서 '[s]' 형태가 발견되는 것은 아마도 남부 방언을 채용했기 때문으로 생각된다.[58]

Ⅱ-㉠에 대응하는 것으로서는 평남 덕천과 경남 울산의 '[kaɛ]', 충북 청주와 평북 강계의 '[kae]'가 있다. 『譯語類解』에 '가ᄋᆡ'로 표기되어 있는 것에서 예전의 중앙에도 존재했던 듯하다. 그러나 지금은 매우 희박하다.

이와 관련하여 생각해야 할 것은 평안북도의 '[kaŋɛ], [kaŋe]'이다. 이 때의 '-ŋ-' 첨가는 '냉이(薺)'에서 다룬 바와 같이 평안도에서 두드러진, 모음 접촉(hiatus)을 회피하는 수단이다.

Ⅱ-㉡과 관련해서는 '[kawɛ], [kawe]'가 있다. 이 형태들은 중부를 중심으로 하고 있다.

Ⅱ-㉢과 Ⅲ에 해당하는 것은 전혀 발견되지 않는다.

이제 어떠한 문헌사적 지식도 동원하지 않고 오직 분포 상황만으로 고찰할 때는 누구라도 Ⅰ의 '[s]'를 지닌 형태가 Ⅱ의 형태보다 오래 되었다고 생각할 것이다. 왜냐하면 서울을 중심으로 하든 개성을 중심으로 하든

58) [역자주] 이 부분에 대한 저자의 생각은 이후 약간 달라진다. 자세한 것은 결론인 3.1.의 해당 부분 '역자주'를 참고하기 바란다.

남부와 동북부는 중부나 서북부보다 멀리 떨어진 지역이며 따라서 보다 예전의 언어상이 발견됨직하기 때문이다. 그렇다고 한다면 '-s-'는 중앙에서 어떤 이유로 인해 소실되었다고 말할 수 있을 것이다.

그런데 조선 초기에 이 단어들은 'ㅿ[z]'을 보이고 있었다. 그렇다면 이 'ㅿ'과 남부 및 동북부의 '[s]', 그리고 중부와 서북부의 방언형들은 어떤 관계에 있는 것일까? 말할 것도 없이 조선 초기의 문헌이 나타내는 형태는 조선 초기의 중앙, 즉 서울의 언어 상태이다. 이 중앙의 고형이 현재 여러 방언형의 시조(始祖)라고 간주하는 것도 분명 하나의 방법이 된다. 그러나 이것이 과연 올바른 해석일까? 만약 이러한 사고에 따른다면 한편으로 남북과 동북부에서는 '[z]'이 '[s]'로 바뀌었지만 다른 지방, 즉 중부나 서북부에서는 '[z]'가 소실했다고 말하는 셈이 된다. 물론 이것도 가능하기는 하다. 그렇지만 한국어의 변천에 있어서, 특히 중앙어의 변천에 있어서 두 모음 사이 또는 유성음 사이의 자음이 종종 약화되어 탈락한다는 점은 분명 현저한 사실이다. 뒤(2.4.)에서 서술할 '-g-'의 소실도 그러한 예 중 하나에 불과하며 또한 小倉進平 선생의 연구[59]를 통해 명확해진 '-b-'도 그러한 예에 다름 아니다.[60]

앞서 서술했듯이 분포 상황만으로 미루어 보자면 '-s->ø'의 가설을 생각할 수 있는데, 이러한 변화 과정 역시 앞의 일반적 현상 중 하나는 아닐까 생각된다. 그리고 '-s->ø'의 변화 도중에 '-z-'라는 중간 단계를 생각할 수 있다. 즉 조선 초기의 'ㅿ'은 이러한 '-s->ø'의 과도기적 상태에 있는 것이라고 판단되는 것이다. 이러한 고찰은 엉뚱해 보일지 모르지만 '-b-'도 조선 초기에는 결코 그대로는 아니었으며 이미 'ㅸ[β]'의 단계에 이르고 있었다. 가령 '마름(菱仁)'은 『月印釋譜』에서 '말밤', 『杜詩諺解』 등에서 '말왐'으로 되어 있는데, 경상남북도를 중심으로 하는 '[malbam]'은 이러한

59) 小倉進平 선생의 「朝鮮語の語の中間に現れる[b]」(『青丘學叢』 30) 참조.
60) '-g->-h->ø'와 '-b->-β->ø' 참조.

조선 초기의 형태보다도 더 오래 되었다.[61] 왜냐하면『採取月令』에 '芰實鄕名末栗'이라고 되어 있듯이 이 단어의 후행 요소는 '栗(밤)'과 동일한 단어인 듯하기 때문이다.

이러한 '-s->-z-(ㅿ)>ø'의 가설은 역사적으로도 명확한 증거가 있다. 조선 초기의 겸양 조동사 '-ᅀᆸ-'은 小倉進平 선생의 상세한 연구에 의하면,[62] 동사 'ᄉᆞᆲ-(白)'에서 변화한 것이며 'ᅀᆸ'은 모음으로 끝나는 어간에 연결될 경우에만 나타나고 자음으로 끝나는 어간 뒤에서는 원형에 가까운 'ᄉᆸ' 또는 'ᄌᆸ'[63]으로 나온다. 즉 'ᅀᆸ'의 'ㅿ'은 'ㅅ'이 모음 사이에 놓였기 때문에 약화됨으로써 생겨난 것이고, 이것이 후대에 다시 탈락하여 'ᅌᆸ, 읍' 등으로 된 것이다.

또한 강세 조사 'ᅀᅡ[za]'는 이두에서 '沙'로 적히며 예전에 '[sa]' 또는 '[ʃa]'라고 했던 것이다. 그런데 이것이 용언의 부사형에 결합하기 때문에 'ᅀᆸ'과 마찬가지로 앞뒤의 모음 영향에 의해 약화되어 'ᅀᅡ'가 되고 이것이 다시 '야'로 변화했다. 지금도 전라남도에서는 '[ya]'라고 하지 않고 '[sa]'라는 고형을 유지한다.

이러한 두 예를 통해 '-s->-z->ø'의 가설은 역사적으로도 뒷받침되었는데, 이로부터 남부와 동북부는 'ㅿ'에 관한 한 조선 초기의 중앙어보다도 예전 모습을 보이고 있다고 말할 수 있다. 이와 같이 방언에는 문헌에서도 볼 수 없는 고형이 남아 있음이 명확해졌다. 게다가 이 '-s-'를 포함한 형태 중에는 냉이(薺)와 부엌(庖廚)의 경우에 볼 수 있듯이 더욱 더 예전 형태가 보존되어 있는 모습이다. 즉 냉이(薺)에 대해서 보자면, 경상도 동부와 제주도에서 '[nansi]' 또는 '[nandʒi]'라는 형태가 보이는데 이들은 지리적 상황상 '[nasi]'보다도 고형인 듯하다. 또한 부엌(庖廚)의 경우는 마찬가지

61) 여기에 대해서는 1장의 '마름' 부분을 참조할 수 있다.

62) 小倉進平 선생의『朝鮮語に於ける謙譲法・尊敬法の助動詞』참조.

63) 'ㄷ, ㅈ'과 같은 자음 뒤에서 나타난다.

로 경상도 동부 지방에 '[puʤɔk], [puʤik]'과 같은 형태가 존재한다. '[puʤɔk], [puʤik]'은 얼핏 보아 'ㅿ'을 대략 충실하게 전하고 있는 듯 생각되지만, 만약 그렇다면 어째서 이 단어에서만, 그것도 경상도 동부 지방과 같은 변경에서만 눈에 띄는지 전혀 설명이 곤란하다. 결국 이것은 '-s-'보다도 예전 시대의 흔적이라고 보는 것이 타당할 것이다.

이처럼 'ㅿ[z]'은 남부와 동북부에서 보이는 '-s-'가 약화된 것임을 알 수 있었다. 그러나 이러한 '-s-'가 원래 순수한 '[s]'였는지, 또는 '[ʃ]'였는지 아직 결정할 수 없다는 문제가 남아 있다. 따라서 이런 측면으로부터 문제의 'ㅿ'가 어떤 종류의 '[z]'인지를 추측할 수는 없다. 명나라 초기에 완성된 『華夷譯語』에서 '아ᅀᆞ(弟)'를 '阿自', 'ᄀᆞᅀᆞᆯ(秋)'을 '格自', '겨ᅀᅳᆯ(冬)'을 '解自', 'ᄀᆞᅀᅢ(邊, 界)'를 '格自'로 적고 있는 것을 보면 'ㅿ'은 치두음이었던 듯하다. 즉 순수한 '[z]'였던 것으로 생각되는 것이다.[64] 그러나 이러한 예만으로는 결정할 수가 없다. 왜냐하면 'ᄀᆞᅀᅢ(鋏)'는 분명히 'kʌ-si-gai＞kʌ-si-ai＞kʌ-ʃai'의 과정을 밟은 것이라서 이 경우는 'ʃ＞ʒ'로 생각되기 때문이다.[65] 적어도 소실 직전의 'ㅿ'은 그 음성적 특징이 약간 달랐던 것 같다.[66]

앞의 Ⅱ에서 서술했던 세 가지 사항은 모두 'ㅿ'이 소실된 후에 남겨진

64) 『鷄林類事』에서는 '弟'를 '丫兒'로 표기하고 있다. '兒'가 송대(宋代)에 어떻게 발음되었는지는 불분명하지만 여전히 '[ʒi]'와 가까운 음이었으리라 생각된다. 그렇다면 '丫兒'는 '[a-ʒi]'가 되며 고려 시대에 이미 유성음화의 조짐을 엿볼 수 있다. 그러나 같은 책에는 '剪刀'를 '割子蓋'로 적으며 이것은 '[kʌsigai]'를 나타내는 것이기 때문에 이 단어에 있어서는 아직 'ㅿ'에 이르지 않았다. 『鷄林類事』에는 후대의 'ㅿ'을 포함하는 단어가 그다지 많지 않아서 이 점을 명확히 할 수가 없다. '[aʒi]'의 '[ʒ]'는 'z'가 모음 '[i]'의 영향을 받아서 변화한 것인 듯하다. 『鷄林類事』에서는 '-i'와 '-y' 앞의 's'에는 정치음을, 그 이외의 환경에 있는 's'에는 치두음을 할당하고 있는 모습이므로 이러한 '[aʒi]' 역시 '-i'의 영향을 입은 'z'로 보아도 지장이 없으리라 본다. 즉 음운의 차원에서는 'azi'였다고 할 수 있는 것이다.

65) 이것은 결론 부분 참조.

66) [역자주] 뒤에서 언급하듯이 저자는 일단 'ㅿ'이 원래는 '[z]' 계열의 음이었지만 소실되기 전에는 '[z], [ʒ], [ʒɥ]'으로의 동요가 있었다고 보고 있다.

특징인데 ㉠의 현상이 일반적이라면 '[z]'이라도 해도 지장이 없다. 가령 'ᄀᆞᅀᆞᆯ'이 '[kauɯl]'이 되고 다시 '[ka:l]'이 되는 것과 같은 예를 보면 곧바로 'kʌzʌl>kaɯl'이라고 생각하고 싶어지는 것이다. 그러나 ㉡, 즉 '-w-' 요소가 꽤 강한 것을 보면 단순히 '[z]'라고 생각하기도 어렵다. 또한 'ᅀᅡ>야'의 과정이나 ㉢, 즉 '-y-' 요소의 출현으로 볼 때도 '[z]'라고 하기 어렵다. ㉢의 변화 조건을 충족시키는 것으로는 '[ʒ]'가 타당한 모습이다. 그래서 ㉡의 조건까지 포함하여 예컨대 '[ʒɥ]'와 같은 음을 비정(比定)코자 한다. 이것은 활음(glide) 'ɥ'를 동반하는 '[ʒ]'이다.[67] 그러나 이것으로는 ㉠의 경우를 반드시 충분하게 설명할 수가 없다.

이러한 여러 조건들을 함께 고려할 때, 'ㅿ'에는 상당한 정도의 동요가 존재했던 것이 아닐까 한다.[68] 아마도 'ㅿ'이 어떤 것은 '[z]'를, 어떤 것은 '[ʒ]'를, 어떤 것은 '[ʒɥ]'를 나타냈던 듯하다. 『譯語類解』에서 '가ᅀᅵ'로 되어 있고 '가왜'라든가 '가위'로 되지 않은 것에서도, 'ㅿ'의 소실 후에 있었던 동요의 흔적을 엿볼 수 있다. 또한 ㉢의 조건이 특히 황해도와 경기도 북부에서 나타나는 것은 이 지방[69]에서 'ㅿ'이 두드러지게 '[ʒ]'(>[y])로 발음되었기 때문인 듯하다.

이상 'ㅿ'의 성질에 대해 주로 방언에서 보이는 여러 현상들로부터 추측을 해 보았다. 그 결과 'ㅿ'은 원래 모음 사이에서 '-s-'가 약화된 것으로서, 'z'와 같은 종류의 음이었다. 'ㅿ'이 처음에는 '[z]'였던 듯하지만 소실되기

---

67) [역자주] 여기서 말하는 활음은 반모음과는 구분되는 개념이다. 어떤 음을 발음할 때 그 앞이나 뒤에 놓이는 전이적 성격의 음을 활음이라고 부르고 있다. 이러한 구분은 이 책에서 계속 유지된다.

68) 현재 서울에서 'ㅈ, ㅊ'은 보통 '[ʧ], [ʧʰ]'이지만 '[ʦ], [ʦʰ]'로 발음하는 것도 들을 수가 있다. 이것은 특히 여자들에게서 많은 듯 생각된다. 'ㅈ, ㅊ'이 '[ʧ], [ʧʰ]'임에 반해 'ㅅ'이 주로 '[s]'를 나타내는 부정합(不整合) 역시 요컨대 그 당시 음운 'ㅈ, ㅊ, ㅅ'의 실현이 '[ʦ], …'와 '[ʧ], …' 사이에서 동요를 보인 결과에 다름 아니다.

69) 그 중심은 개성이었던 듯 생각된다. 이러한 개성의 색채가 북쪽으로 퍼진 것은 남쪽의 서울로부터 압박이 있었기 때문은 아닐까 한다.

직전에는 '[z]' 또는 '[ʒ]' 또는 '[ʒɰ]'로 상당한 동요를 보였던 것처럼, 소실 후에도 그 결과 여러 가지 복잡한 변화를 드러내기에 이르렀다. 즉, 'ㅿ' 소실의 흔적이 전혀 발견되지 않는 경우,[70] 또는 '[ʒ]'에서 '-y-'가 발달하는 경우, 또는 '[ʒɰ]'의 활음(glide) '-ɰ-'로부터 '-w-'가 발달하는 경우 등을 볼 수 있는 것이다. 이것이 'ㅿ'에 대한 고찰의 대강이다. 그런데 'ㅿ'을 포함한 다음 두 단어, 즉 '구유(秣槽)'와 '여우(狐)'를 특히 상세하게 연구함으로써 'ㅿ'에 대해 한층 더 명확하게 알 수 있을 듯하다. 또한 주로 동북부에서 보이는 '-k̄i, -k̄u'에 대해서는 '여우'를 논의할 때 서술하기로 한다.

附(Ⅰ). '구유'에 대한 고찰

'구유'와 다음의 '여우'를 특히 상술하고자 하는 것은 이 두 단어가 그 종류에 있어 복잡다기한 모습을 보이기 때문이다. 만약 이 단어들의 이러한 복잡한 상황을 완전하게 설명할 수 있다면 그것은 단지 이 두 단어의 역사와 분포를 밝힐 수 있는 것만이 아니라, 두 단어가 원래 지니던 각 요소의 음운사적 연구에 크나큰 기여를 함과 동시에 그러한 역사에서 겪었던 변화에 의해 초래된 각종 현상들도 아울러 명확히 할 수 있다고 믿는 바이다. 물론 저자가 현 단계에서 하는 논의는 결코 최종적인 것은 아니다. 오히려 이렇게 글을 쓰고 있으면서도 항상 더 좋은 설명이 나타나서 저자의 논의를 일소(一掃)해 버릴 여지는 충분하다고 생각한다. 아무튼 저자는 현재까지 얻은 바를 여기서 피력함으로써 후일의 보충 내지 정정의 토대가 되었으면 한다.

우선 '구유'부터 서술하기로 한다. 이 단어의 현재 분포 상황은 〈제7도〉가 보여 주는 바와 같다.[71]

---

70) 지방에 따라서 '-ŋ-'의 첨가를 발견하는 경우가 있다.
71) 상세한 것은 〈방언 어휘〉 ⑱을 참조하기 바란다.

第七圖 구융 (馬槽)

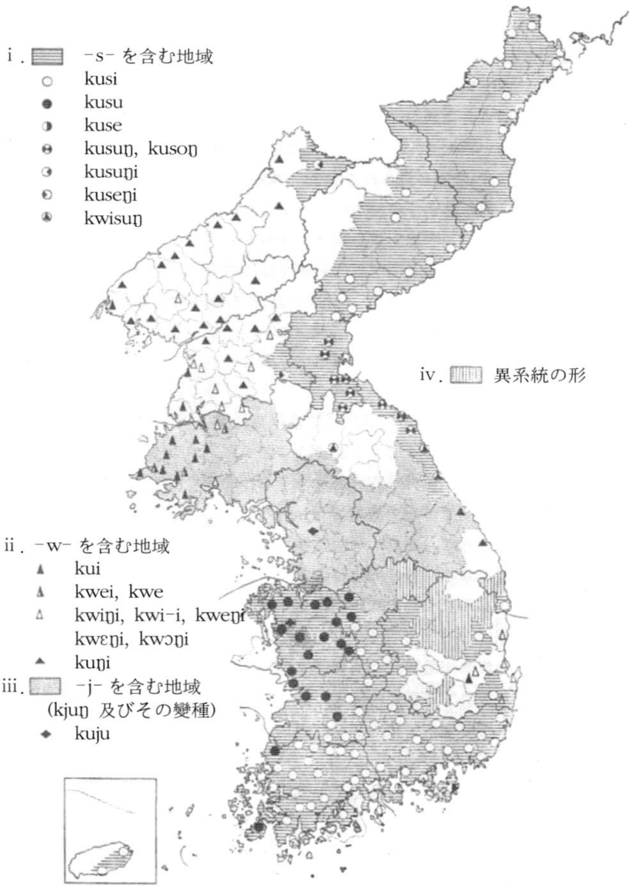

〈제7도 구융〉

이 단어는 옛 문헌에서 '구ᅀᅵ' 또는 '구ᅀᅲ'로 표기되어 있으며 그 중 가장 주목해야 하는 것은 둘째 음절의 자음 'ᅀ'이다. 'ᅀ'에 주안점을 두어 방언형들을 분류해 보면 '-s-'를 포함한 형태(甲類)와 그렇지 않은 형태(乙類)의 두 가지로 크게 나뉜다. 이제 甲類부터 서술하기로 한다.

[1] 甲類. '-s-'를 포함한 형태

① [kusi]

분포도를 통해 알 수 있듯이 남북의 양 극단에 상당히 넓게 분포하고 있으며, 남부에서는 대체로 경상남도와 전라남도를 중심으로 충청북도까지 미치고 있다. 또한 제주도에서도 볼 수 있다. 동북부에서는 정평・영흥의 경계를 남쪽 하한선으로 하여 이북의 함경도 일대에 퍼져 있다.

이러한 분포는 분명히 이 형태가 가장 오래된 것임을 가리킨다. 경상북도에서 의외로 희박한 것은 이 지방에서 '구ᅀᅵ'와는 전혀 다른 계통의 '죽통(粥桶)' 계열이 점유하고 있기 때문이다. 그러나 청송과 평해에서 섬을 이루고 있는 것을 보아도[72] 예전 '죽통' 계열이 생기기 이전의 경상북도 지방 역시 '[kusi]'가 퍼져 있었음을 알 수 있다. 이 형태는 고유어로서 가장 오래된 듯하다. 따라서 만주어의 'huju'와 비교해야 하는 것은 '[kusi]'이며, 후술하는 바와 같이 '구슈'는 외견상 매우 비슷하지만 이것을 직접 비교 자료로 삼는 것은 허용할 수 없는 것이다.[73]

경남의 '[kuse]'는 '[kusi]'에서 변화한 형태인 듯하다.

---

72) [역자주] 청송과 평해에서 보이는 '구ᅀᅵ' 계통의 방언형이 그 주변의 '죽통' 계열 속에 고립되어 하나의 섬을 이루는 것을 가리킨다.

73) [역자주] 여기에 대해서 저자는 「滿洲國黑河地方に於ける滿洲語の一特色−朝鮮語及び滿洲語の比較研究の一報告−」(『學叢』 3, 1944년 10월)에서 다음과 같이 말한 바 있다. "저자는 일찍이 한국어의 방언으로부터 귀납하여, 만주어의 'xuju'(馬槽)에 대응하는 한국어는 조선 초기의 형태 '구ᅀᅵ' 또는 '구슈'로는 불충분하며 오히려 남부 방언인 '구시' 또는 '구수'와 비교해야만 한다고 서술했다. 그러나 만주어 'xuju'도 어쩌면 'xushu'에 유성음화가 적용된 형태일지 모른다. 『女眞館譯語』에서는 이 단어를 '忽日'[石田]로 기록하였는데 '日'이 日母에 속하는 데서 보자면 여진어에서는 'xuju'가 아닌 'xuzhu'였는지도 알 수 없다. 그리고 이 'xuzhu'를 유성음화의 결과로 간주하면 'xushu'라는 형태가 당연히 떠오른다."

② [kusu]

이 형태는 충청남도를 중심으로 하며 남부 지역에서 볼 수 있다. 이 형태와 ① '[kusi]'의 관계는 다음 장에서 볼 '여ᅀᅳ'의 '[yɔsu] : [yɔsi]' 및 '무수'의 '[musu] : [musi]'와 완전히 같으며, 범위의 차이가 있을 뿐 '-si' 형태가 남부 지역의 남쪽을 중심으로 하여 북쪽으로 퍼져 있음에 비해 '-su' 형태는 충청남도를 중심으로 하여 남쪽으로 향하고 있는 분포 상황은 대략 동일하다.

이러한 세 단어의 비슷한 분포 상황은 어떻게 설명해야만 할까? 앞서 서술한 것처럼 시대적으로 '[kusi]'가 더 이전 형태라고 생각되는데, 이 '-si' 형태가 어떤 경로를 거쳐 '-su' 형태로 변한 것일까? 이것의 변화 과정에 대한 고찰은 하나의 복잡한 가설로 이끈다.

조선 초기의 문헌에 따르면 명사의 곡용에서 약간 특이하다고 생각되는 일련의 예들이 존재한다. 이 명사들은 모음 곡용과 자음 곡용의 혼합을 보이는 것이다.[74] 예컨대 '獐'은 오늘날은 '노루'이지만 조선 초기에는 '노ᄅᆞ'라고 했다.[75] 그러나 이것은 단독으로 쓰일 때의 형태이고, 이 단어가 곡용을 하는 경우에는 자음 곡용을 한다. 즉 다음과 같은 것이다.

격	형태	출전
주격	놀이 [nor-i]	『龍飛御天歌』 43장
대격	놀ᄋᆞᆯ [nor-ʌl]	『龍飛御天歌』 65장

74) [역자주] 모음 곡용은 명사의 형태가 모음으로 끝나는 것, 자음 곡용은 명사의 형태가 자음으로 끝나는 것을 가리킨다. '노ᄅᆞ'와 같은 특수 곡용을 하는 명사들은 후행하는 조사에 따라 명사의 형태가 모음으로 끝나기도 하고 자음으로 끝나기도 하여 두 가지 형태가 모두 나타나는데 이것을 '모음 곡용과 자음 곡용의 혼합'이라고 표현했다.

75) '노ᄅᆞ'가 '노루'로 바뀌었다.

이러한 예는 이것만 있는 것이 아니다. '弟'를 가리키는 단어 '아우'도 동일한 모습이었다.

격	형태	출전
단독형	아ᅀᆞ [azʌ]	『訓蒙字會』
주 격	ᄋᆞᇫ이 [az-i]	『龍飛御天歌』 103장
절대격	아ᇫᄋᆞᆫ [az-ʌn]	『龍飛御天歌』 24장

또한 『杜詩諺解』에서는 절대격이 '아ᄋᆞᆫ', 대격이 '아ᄋᆞᆯ', 속격이 '아ᄋᆡ'로 되어 있으며 또한 주격은 '앙이'로 되어 있다.[76] 마지막 예는 前間恭作 선생이 말한 바와 같이 '아ᇫ이'를 적은 것이다. 아마도 '아ᄋᆞᆫ, 아ᄋᆞᆯ' 등도 초간본에는 '아ᅀᆞᆫ, 아ᅀᆞᆯ'로 되어 있는데 'ㅿ'이 사용되지 않던 시대에 완성된 중간본에서 'ㅿ'을 모두 'ㅇ'으로 석어 버린 듯하다. 『杜詩諺解』에서는 이러한 자음 곡용 이외에 다음과 같은 모음 곡용의 예도 존재한다.

아ᄋᆞ와누위ᄅᆞᆯᄉᆞ랑ᄒᆞ야 (권19 10장)

'여우(狐)' 역시 동일하다.

격	형태	출전
단독형	여ᅀᅳ	이병기 씨 소장 『訓蒙字會』와 고판본 『類合』
	여ᅀᆞ	『內訓』[77]과 『四聲通解』
절대격	여ᄋᆞᆫ	중간본 『杜詩諺解』
처 격	여ᇫ의	『訓民正音』의 終聲解[78]

76) 前間恭作 선생의 『龍歌故語箋』 69쪽에 의거한다.

77) 小倉進平 선생의 「'狐'を意味する朝鮮方言」 32쪽 참조.

그 밖에 『楞嚴經諺解』에는 "狐ㄴ여ㅿ이라"라는 예가 있다. 이것은 '엿+이라'로 해석해야 할 듯하다.

이러한 예들 중 『訓民正音』이나 『龍飛御天歌』와 같은 옛 문헌에서는 곡용의 경우 어근과 곡용 조사를 구별함으로써, 다른 경우에는 대체로 발음적인 표기를 보이는 것과 현저한 대조를 이루고 있다.[79] 그러나 이것은 발음상 어떤 특징이 있었기 때문은 아닌 듯하다. 그것은 『楞嚴經諺解』에서 '여ㅿ이라'라고 하고 '엿이라'라고 하지 않는 것을 보아도 알 수 있다.

이와 같이 한 명사가 때로는 모음으로 끝나고 때로는 자음으로 끝나는

---

78) 『訓民正音』에는 종래 두 가지 종류가 있는데, 하나는 한문본(『世宗實錄』 28년 가을 조항)이고 다른 하나는 한글을 섞은 한글 주해본(여기에는 『月印釋譜』의 권두 수록본, 金澤庄三郎 박사 소장본과 박승빈 씨 소장본, 宮內省 소장본으로 사본(寫本)과 판본(板本)을 합쳐 네 가지 종류가 있음)이었다. 이 중 어느 것이 원본에 가까운지는 판명할 수 없었다. 또한 이들은 모두 본문(本文)뿐이며 실록에는 정인지의 서문이 덧붙어 있다. 이 서문에 따르면 "遂命詳加解釋以喩諸人"이라고 되어 있고 또한 "謹作諸解及例以敍其梗槩"라고 되어 있어서 '解'라든지 '例'라고 하는 것을 지니고 있었음을 엿볼 수 있다. 그러나 완전히 소실되어 그 내용은 추측의 영역 밖에 있었다. 그런데 1년 전 경상북도의 모 고가(古家)에서 한 책이 나타나 현재 서울의 아무개 씨 손에 들어간 것이 있으며 이 책을 모사(模寫)한 것이 학술지 『正音』의 35호(1940년 10월)에 게재됨으로써 『訓民正音』의 전모가 밝혀졌다. 이것에 따르면 『訓民正音』 원본은 역시 한문만으로 된 것이며 한글을 섞은 것은 그 언해임을 알게 된다. 또한 중요한 점은 새로 나온 자료는 본문과 정인지 서문 이외에 '訓民正音解例'라는 것이 붙어 있다는 것이다. 이 해례(解例)는 제자해(制字解), 초성해(初聲解), 중성해(中聲解), 종성해(終聲解), 합자해(合字解), 용자례(用字例)의 여섯 부분으로 나뉘어 있다. 제자해는 그 명칭이 말해 주듯 한글의 기원과 용법을 기록한 부분으로 지금까지 불분명한 채로 수많은 설을 낳았던 한글의 기원론은 제자해를 통해 완전히 명확해졌으며 한글이 완전히 상징에 기반해 만들어졌다는 사실이 공식화되었다. 또한 우리들로 하여금 무한한 흥미를 일깨우는 것은 제자해 이하의 내용으로서, 그것은 당시의 음운 체계를 알게 해 주는 열쇠가 된다. 그리고 용자례나 그 밖에 있어서의 구체적인 예시들은 한국 고어의 모습을 아는 데 중요한 자료라고 말하지 않을 수 없다.

79) [역자주] 다른 일반 명사의 곡용에서는 발음 나는 대로 연철 표기를 하지만 특수한 곡용을 하는 명사는 (저자 생각에 따르면) 분철을 하고 있어 차이가 남을 지적하고 있다.

것은 어떠한 사정에 기인한 것일까? 이러한 불균형(不釣合)은 후대에 점차 모음 곡용을 취함으로써 청산되었는데,80) 아마도 이런 불균형적 상황은 자음 곡용에서 모음 곡용으로의 과도기를 나타내며 이러한 변화의 계기를 마련한 것이 단독형이라고 본다. 이런 종류의 단어(가령 '아ᅀᆞ'를 예로 들면)를 단독으로 말하는 경우 또는 '-와'와 같은 조사를 동반하는 경우, 예전에는 단순히 'ᅌᅡᇫ'이라고 했을지 모르지만 절대격 '앗ᄋᆞᆫ', 대격 '앗ᄋᆞᆯ', 속격과 여격 '앗ᄋᆡ'로부터 유추에 의해 단독형 '앗ᄋᆞ'라는 형태를 만들어내기에 이르렀던 것이다.

이제 원래 논의 내용으로 되돌아와서 '[kusi] : [kusu]' 등의 문제에 대해 고찰하면, 현재의 방언 중에는 '獐'이든 '狐'이든 '弟'이든 위와 같이 자음 곡용을 하는 경우는 없는 듯하다. 그러나 여기서 주의해야 할 것은 함경도 방언이다. 이미 서술했듯이 이 방언에서는 '小豆'를 '[pʰɛk̄i]'라고 하는데, 주격 역시 동일하게 '[pʰɛk̄i]'라고 한다. '[pʰɛk̄i]'는 'pʰat+ki'이며 ㄱ-곡용의 주격형이고,81) 이것을 단독형에도 끌어다 쓴 것이다. 그렇다면 '蘿蔔'의 '[muk̄i]', '弟'의 '[ak̄i]', '狐'의 '[yɔk̄i]'도 이러한 '-ki'의 첨가형이라고 간주해야 하며, 그러므로 이들은 각각 'mus+ki, as+ki, yɔs+ki'라고 생각할 수가 있다.82) 즉 이러한 첨가형이 생겨났을 때 이 단어들이 자음 어근을 지녔다는 사실을 알게 되는 것이다.

'-ki'로 끝나는 형태에서 주격형을 단독형으로 끌어다 사용한 것과 같이, 남부 방언에서 보이는 '[musi], [asi]' 등도 원래 주격형이었던 듯하다. 지금은 이 단어들의 주격형에 대해 절대격형 '[musɯn], [asɯm], …'이나 대격형 '[musɯl], [asɯl], …'과 같은 곡용형을 발견할 수 없다. 이는 주격형의

80) [역자주] 가령 '노ᄅᆞ'의 경우 모음으로 끝나는 '노ᄅᆞ' 쪽으로 형태가 통일되었음을 의미한다.

81) ㄱ-곡용에 대해서는 세 번째 주제의 해당 부분(2.4.4.)을 참고하기 바란다.

82) [역자주] 이러한 첨가설은 저자의 스승인 小倉進平의 학설에서 비롯된 것으로 현재 국어학계에서 일반화된 설명 방식과는 상당히 동떨어져 있다.

음형이 매우 안정적이라서 결국 이것을 어간으로 하는 모음 곡용을 채택하기에 다다른 결과이다. '[kusi]'도 그러한 예의 하나로 원래는 '√kus-'의 주격형이었던 듯하다.

이처럼 '[kusi], [musi], [asi]' 등은 자음 곡용을 하던 시대의 유물이다. 이들은 주격형이 확장된 것이다. 그런데 전술한 '아ᄉᆞ'의 경우와 마찬가지로 가령 '[asi]'의 자음 곡용 형태는 다음과 같았으리라고 생각된다.

asi-				
주격	절대격	대격	속격・여격	조격
as-i	as-ɯn	as-ɯl	as-ɯi	as-ɯro

즉 'asɯ-'라는 형태가 압도적이었기 때문에 이로부터 '[asɯ]'라는 단독형을 만들어 내기에 이르렀던 것이다. '[asɯ]'는 오늘날도 함경도에서 여전히 발견된다. '[musi], [yɔsi], [kusi]'의 경우도 동일했으리라 생각되지만 '[musɯ], [yɔsɯ], [kusɯ]' 등의 형태는 오늘날 실제로는 존재하지 않고, 충청남도를 중심으로 하여 '[musu], [yɔsu], [kusu]'로 변화했다. 마침 '[nasɯŋgɛ]'가 전라도에 들어가서 '[nasuŋgɛ]'로 바뀐 것과 대략 일치한다는 점도 흥미롭다. 이상의 설명을 통해 '[kusu]'가 '[kusi]'의 주변으로 전개되고 있는 사정을 대략 짐작할 수 있었다고 생각한다.

③ [kusuŋ]

이 형태는 함남 영흥군에서 강원도 동북부까지 미친다. 그 구성은, 'kus+uŋ'으로 어근에 직접 '-uŋ'(아마도 축소 접미사)을 덧붙인 것인지, 아니면 앞 항목 '[kusu]'(또는 [kusɯ]?)에 '-uŋ'을 덧붙인 것인지 갑작스레 결정하기는 어렵다. 그러나 이 형태의 외곽에 '[kusi]'가 존재하는 것에서 보아도, 'kusi-*kusɯ-kusu'와 같은 층(輪層)을 고려하여 후자, 즉 'kusu+uŋ'

(또는 kusu+ŋ)이라고 해야 하지 않을까 한다. 덕원의 '[kusoŋ]'은 물론 '[kusuŋ]'의 한 변이 형태이다. 또한 뒤에서 서술하는 바와 같이 '-uŋ' 형태는 황해도 동부와 강원도 서북부의 '[kuŋ]', 중앙부의 '[kuyuŋ]' 및 이들의 다양한 파생형과 비교하여 음형과 분포에서 일맥상통하며, 남부와 동북부에서는 보이지 않는다.

④ [kusuŋi]

평북 후창에서만 발견되는 형태이다. 이 지역은 소위 서북 지방에 속하는 곳임에도 불구하고 '秋'를 '[kasɯl]', '鋏'을 '[kasɛ]'라고 하여 '-s-' 계통의 형태를 자주 보이고 있다. 함경남도 서부의 산간 지대에 대한 조사가 불충분한 현실에서 함부로 억측하는 것은 허용되지 않지만, 아마도 함경남도 방언이 후창에서 돌출한 것이라고 보아야 할 듯하다.

이 '[kusuŋi]'는 ③의 '[kusuŋ]'에 '-i'가 덧붙은 형태라고 말하면 그뿐이지만, 이 형태의 발생에는 보다 미묘한 것이 있는 듯 느껴진다. 즉 분포도가 가리키듯이 후창은 평북의 형태인 '[kuŋi]'의 세력권 안에 있는 것이다. 이 점은 '[kusuŋi]'의 기원과 결코 무관할 수 없다. '[kusuŋi]'는 '[kuŋi]'와 '[kusu]'(②) 또는 '[kusuŋ]'(③)의 감염(contamination)[83]에 의한 혼혈아라고 하겠다.

⑤ [kuseŋi]

이것은 평남 양덕에서만 눈에 띈다. 양덕도 후창과 마찬가지로 종종 '-s-' 계통을 보이는 지방인데, 이것 역시 함남 방언의 영향을 입은 듯하다.

이 형태는 'kus+eŋi'로 분석된다. '-eŋi'는 물론 축소 접미사이다. '[nasɛŋi]'가 '[nasi]'에 '-aŋi' 또는 '-ɛŋi'를 덧붙인 형태라는 점과 완전히 동일하게 '[kuseŋi]' 역시 'kusi+eŋi'로 이해하는 것이 타당할 듯하다. 이 형태에서 주

83) [역자주] 이 책에서 사용한 감염은 일반적으로 혼효(blending)라 불리는 현상에 가깝다.

목해야 할 점은 ③의 '[kusuŋ]'과 마찬가지로, 인접한 맹산·성천 및 평남의 여러 곳에서 보이는 '[kweŋi]'(>kuweŋi)와 맞닿아 있다는 사실이다.

⑥ [kwisuŋ], ⑦ [kisuŋ]

'[kisuŋ]'은 '[kwisuŋ]'이 단순화된 형태이다.[84] 이 형태는 강원도 간성과 양양 및 평강에서 발견된다. 이 형태에서 특히 흥미로운 것은 이것이 ③ '[kusuŋ]'과 후술할 중앙부 '[kuyuŋ]' 계통의 중간에 위치하고 있다는 점이다. 이러한 특수한 형태의 뒷부분은 분명히 '[kusuŋ]' 계통으로 판단되는데, 이 형태도 '[kusuŋi]'에서 살핀 감염(contamination)의 좋은 예 중 하나이다. 왜냐하면 간성·양양 및 그 인접 지역에서 '[kwiyuŋ]'이라는 형태가 있으며 또한 철원에 '[küuŋ]'이라는 형태가 보이기 때문이다. 즉 다음과 같은 것이다.

kwi-yuŋ + ku-suŋ → kwi-suŋ

[2] 乙類. '-s-'를 포함하지 않은 형태

⑧ [kui]

이 형태는 황해도 서반부 및 평남 서부에서 보이며, 멀리 평북 용암포, 그리고 다시 건너 뛰어 경북의 영천에서 나타난다. 남북으로 서로 동떨어진 지역에서 같은 형태를 발견하는 것은 흥미로운 일이다. 특히 영천은 경주에서 '[kusi]'이고 또한 청송에서 '[kusi]'인데 그 중간에서 '[kui]'로 되어 있어서, 이러한 분포 상황으로부터 미루어 보건대 'kusi>kui'의 변화는 의심할 바가 없는 듯하다. 북부 황해도와 그 이외의 지역에 나타나는 '[kui]'도 마찬가지인데, 이 지역들의 경우 '[twɛʤibak̄ui]'[85]라든가, '[sogui]',[86]

84) [역자주] '[kwisuŋ]'의 'w'가 탈락한 것을 가리킨다.

85) 'twɛʤi'(豚)+'pap'(飯)+'kui'(槽).

'[malgui]'[87]와 같이 합성어의 일부분에 '[kui]'가 남아 있는 것은 주목해야만 한다.

'ㅿ'에 대한 고찰의 결론에서 보자면, 이러한 'kusi>kui'의 중간 단계에 'kuzi', 즉 '구ㅿㅣ'가 끼어든다. 이 '구ㅿㅣ'는 『南明禪師繼頌』[88]이나 이병기 씨 소장 『訓蒙字會』에서 보이는 형태로서 조선 중기 이전의 중앙어 형태이다. 황해도 서부와 그 밖의 한반도 서북부 형태는 이 시기의 자취인 듯하다. 다만 뒤에서 서술하는 바와 같이 황해도의 '[kui]'는 'kuzi>kuwi>kui'의 결과이다.[89] 영천의 '[kui]'는 전술한 것과 같은 특수한 분포 때문에 자발적인 변화로 볼 수도 있지만, 안동을 중심으로 하는 경상북도 양반 계급이 중앙의 고형을 전했던 것이 그 기원일지도 모른다.[90]

⑨ [küi]

이것도 황해도 서부에 분포하며 '[sogüi]', '[sögüi]' 또는 '[sögüitʰoŋ]'[91]과 같이 쓰이고 있다. 이 형태는 ⑧의 '[kui]'가 변화한 것이다.

⑩ [kuŋi]

이 형태는 평안남북도를 중심으로 하는데, 멀리 강원도 강릉·삼척에서도

86) 'so'(牛)+'kui'(槽).

87) 'mal'(馬)+'kui'(槽).

88) 小倉進平 선생의 『The Outline of the Korean Dialects』 28쪽 참조.

89) 'yɔzi>yɔwi'(여우) 참조.

90) 경성제국대학 학생인 김성칠 군(경북 영천군 출신)의 말에 따르면 경상도에서는 양반과 민중 사이에 어휘의 차이가 있으며, 양반 계급에 의해 중앙의 언어가 옮겨졌음에 비해 경상도에서 예전부터 내려온 방언형은 비속한 말씨로 멸시되고 있는 사정이 있다. 이러한 사회적 대립은 경상도 방언의 원래 모습을 훼손하는 바가 적지 않았다고 생각된다. 그 이유는 양반의 말이 좀 더 선호되는 것이라면, 그것의 모방은 당연히 순수 방언의 망각을 촉진할 것이기 때문이다. 경상북도 북부에서 '[ʧuktʰoŋ]'의 형태가 '[kusi]'를 압도하는 것도 안동을 중심으로 하는 양반들이 사용한 '粥桶'이라는 한자어가 하층으로 스며들어간 결과이다.

91) 모두 '牛槽'를 가리킨다.

발견되는 점은 충분히 주의를 필요로 한다. 이처럼 '-ŋ-'을 첨가한 형태는 어떻게 발생한 것일까? 이미 '냉이(薺)'에 대해 논의할 때 평안북도의 '[naŋi]'가 '[maŋi](鷹)', '[kwɔŋi](蟹)'와 동일하게 'nai'의 모음 연쇄를 기피했기 때문에 '-ŋ-'을 첨가하기에 이르렀다고 서술한 바 있는데, '[kuŋi]'도 역시 앞의 '[kui]'에서 생겨난 것으로 보인다. '[nai]'가 '[naŋi]'로 바뀌는 변화 역시 동일한 지방이기 때문에 이러한 추측은 확실하다. 또한 역으로 이 '[kuŋi]' 지역에 속하는 용암포에서 '[kui]'가 나타나는 것도 마찬가지 모습이다.

평안북도의 '[kuŋi]'는 이렇게 생각할 수 있는데, 강원도 강릉·삼척의 '[kuŋi]'도 역시 동일한 것일까? 물론 그렇다. '[nai]>[naŋi]'이든 '[kui]>[kuŋi]'이든 말할 것도 없이 모음 연쇄를 꺼려서 직접적으로 '-ŋ-'이 발생했다고 볼 수도 있지만, 특히 '-ŋ-'의 발생을 유리하게 만든 것은 이 모음 연쇄가 원래 'z'의 탈락에 의해 생겨났다는 데 있다고 본다. 즉 'z'의 소실은 이후 그 음절의 칸막이(隔壁)으로서 어떤 유성음적 흔적을 남긴 듯하다. 그렇지 않으면 모음 연쇄가 되어 버려서 자칫 단음절화하여 그 음형이 빈약해지거나 일종의 동음 충돌(la collision homonymique)을 불러일으키게 된다. 예를 들어 '[kui]', '[küi]'와 같은 형태도 이것만으로는 의미상 친연(親緣) 관계에 있는 다른 유음어(類音語)와 직접 동음 충돌을 일으킬 위험이 없는데도, 빈약한 음형은 도저히 존립하기 어려우며 그래서 전술했다시피 '[twɛʤibak̄ui]'나 '[sogui]', 또는 '[sögüi]'나 '[malgui]'와 같이 합성어를 이루어 소멸을 방지하고 있는 것이다. '[kuŋi]'는 일차적으로 이러한 위험을 미연에 막은 'z'의 흔적을 '-ŋ-'으로 발달시킨 결과이다.

강릉과 삼척의 '[kuŋi]' 역시 이와 동일한 상황에서 비롯되었다. 다음 단원에서 서술하는 '여우(狐)' 역시 '[yɔŋu]'는 평안남북도뿐만 아니라 함남 남부에서 강원도 간성, 양양에서 강릉에 이르기까지 발견되는 데서 보아도, 강릉 지방에 '[kuŋi]'가 눈의 띄는 것은 결코 우연한 일이 아닌 것이다. 또한 '-ŋ-'의 발생은 'ㅿ[z]'의 경우만이 아니고 다른 유성 자음의 탈락에 즈음해서도 나타난다. 가령 '-b-'의 탈락에 대해서도 말할 수 있다. 小倉進平 선생의 연구에 의하면[92] '새우(蝦)'와 '누에(蠶)'는 모두 '-b-'를 포함한 단어들이었는데 후에 '-b-'는 탈락하였다. 이 단어들이 평안도와 강원도 강릉 부근에서 어떻게 나타나는지는 다음과 같다.

○ 새우(蝦)

【sɛŋo】 [강원] 강릉・삼척・청진・평해

【sɛŋu】 [평남] 평양・중화

【sɛŋu-dʒi】 [평남] 순천, [평북] 용암포・의주

※ 참고

【sɛbi】 [전남], [경남], [경북] 동부, [강원] 통천・장전・고성・간성, [함남], [함북]

【sɛbuŋgɛ】 [전북] 무주・금산 기타

○ 누에(蠶)

【nuŋe】 [강원] 양양・강릉・삼척・울진・통천・장전・고성・간성, [함남] 문천・덕원・안변・신고산・원산, [평북] 자성・영변・박천・구성

※ 참고

【nube】 [경북] 청송・영덕・포항, [함남], [함북]

즉, 강원도 강릉 지방에서는 평안도와 마찬가지로 '-ŋ-'의 발생이 보이며 이런 점에서 볼 때도 '[kui]>[kuŋi]' 또는 '[kuzi]>[kuŋi]'는 수긍할 수 있다고 본다. 다만 이처럼 서로 멀리 떨어진 두 지방에서 동일한 현상을 보이고 있는데, 이것을 중심지에서 있었던 어떤 현상이 퍼진 흔적이라고

92) 小倉進平 선생의 「朝鮮語の語の中間に現はれる[b]」(『青丘學叢』 제30호) 참조.

생각할 필요는 없다. 왜냐하면 서울에서 '[kuzi]>[kuŋi]'의 변화가 일어났으리라는 것은 아마도 생각할 수 없기 때문이다.

⑪ [küŋi]

이것은 평북 압록강 하류 지방에서 보이는 형태로, 앞의 '[kuŋi]'에 이-역행동화(Umlaut)가 일어난 결과이다.

⑫ [kwiŋi], ⑬ [kwi-i]

'[kwiŋi]'는 평남 상원과 경북 흥해·경주에서, '[kwi-i]'는 경북 영천·경주·포항·흥해·영덕에서 나타난다. 다만 후자는 小倉進平 선생의 『The Outline of the Korean Dialects』에 의한 것으로, 아마도 저자가 조사한 ⑫ '[kwiŋi]'을 가리키는 듯하다. 그렇다면 이 형태는 경북 동부와 평남 상원에서 발견된다고 할 수 있다. 그러나 이 두 지역에서 동일한 형태를 보이고 있다고 말할 수는 있어도, 그것이 같은 기원이라고 간주하기는 곤란하다. 앞서 영천의 '[kui]'에서 서술했듯이 경북 동부의 형태는 평해(북쪽)·청송(서쪽)·경주(남쪽)로 '[kusi]'에 의해 둘러싸여 있으며, 또한 영천의 '[kui]'가 보여 주듯이 'kusi>kuzi>kui'라는 변화가 예상된다. 다만 '[kwiŋi]'는 '[kui]'에 '-ŋi'라는 축소 접미사가 첨가되었다는 점에서 차이가 있다. 이에 반해 평남 상원의 '[kwiŋi]'는 지리적 상황을 볼 때 아래 ⑭의 '[kweŋi]'로부터의 변이형임이 분명하다.

⑭ [kweŋi], ⑮ [kwɛŋi]

이 형태는 평안남도를 주로 하며 평북 구성에서도 나타난다. 이 형태는 ⑤의 양덕 방언형인 '[kuseŋi]'와 동일한 구성을 지니며, 아마도 '[kuseŋi]'의 '-s-'가 약화되어 결국 탈락한 결과인 듯하다. 즉 '[kuseŋi]>[kuzeŋi]>[kuweŋi]'로 생각되는 것이다. 이미 'ㅿ'에 대해 고찰할 때 다룬 것처럼, 'ㅿ'은 소실되기 전에 '[ʒɰ]'와 같은 음이었다고 생각할 수도 있기 때문에

'[kuzeŋi]'는 정확히는 '[kuʒɥeŋi]'라고 해야만 한다. '[kweŋi]'는 황주에서는 '[kwei]'로 변하고 있다.

⑯ [kwɔŋi]

황해도에서만 보인다. 이것 역시 앞선 형태의 일종인데, 이 경우는 다음의 '[kwɔŋ], [kweŋ]'과 관련을 맺고 있다.

⑰ [kwɔŋ], ⑱ [kweŋ]

'[kwɔŋ]'은 해주에, '[kweŋ]'은 황해도 연안, 경기도 광주・연천에 존재한다. 이러한 분포는 매우 산만하지만 아래의 여러 형태들을 보면 대체로 관련이 있음을 파악할 수 있다. 또한 황해도 태탄・장연에서는 ⑲ '[kwe]'라는 형태가 있다. 이것은 '[kweŋ]'으로부터 변화한 형태이다.

⑳ [küyɔŋ], ㉑ [kwiyɔŋ], ㉒ [küeŋ]

⑳은 연안・신계에서, ㉑은 금천・서흥・재령에서, ㉒는 금천・수안 및 경기도 의정부・광주에서 발견된다. 이 형태들은 모두 'kuz-ɔŋ'에서 파생되었으며, 좀 더 정확히 말하자면 ⑰~⑲는 '[kuʒɥɔŋ]'에서, ⑳~㉒는 '[kuʒɔŋ]'에서 파생되었다고 생각한다. 그리고 이 'kuz-ɔŋ' 형태는 황해도와 경기도에 걸쳐 분포하고 있으며 ⑤, ⑭, ⑮와 인접하여 하나의 세력권을 이루고 있다.

'kuz-ɔŋ' 계통이 나타나는 지대에는 다음 '[kwiŋ]' 계통의 방언형(㉓~㉖)도 보인다.

㉓ [kwiŋ]

황해도 신계에 나타난다.

㉔ [kwi-iŋ]

경기도 연천에 나타난다.

㉕ [küiŋ]

황해도 금천・서흥・황주, 경기도 양평・가평에 나타난다. 또한 가평에는 ㉖ '[kuŋ]'이라는 형태가 존재한다.

㉓~㉕는 앞에서 본 '[kweŋ], [küeŋ]'의 변이형이다. 평남 상원의 '[kwiŋi]'가 '[kweŋi]'의 변이형인 것과 정확히 일치한다.

이러한 'kuz-ɔŋ' 계열과 중복하여 'kuz-uŋ' 계열이 중앙부에 퍼져 있다.

㉖ [kuŋ]

이것은 경기도 가평과 황해도 동부 지방에서 발견된다. 주목해야 할 점은 ③의 '[kusuŋ]'과 맞닿아 있다는 것이며 이러한 분포로부터 'kusuŋ>*kuzuŋ>*kuuŋ>kuŋ' 또는 '*kuzuŋ>*kuʒu̯uŋ>*kuwuŋ>kuŋ'과 같은 변화를 생각할 수 있다.

이러한 '[kuŋ]'이 '*kuʒu̯uŋ'으로부터 변화한 것이라고 한다면 이와 대비되어 '*kuʒuŋ'으로부터의 변화형으로 다음의 '[kuyuŋ]'을 고려할 수 있다.

㉗ [kuyuŋ]

이것은 경기도를 중심으로 하는 현재의 중앙어 형태로서. 황해도와 충청남북도에도 영향을 미치고 있다. 더욱이 이 형태로부터 아래의 여러 형태들이 생겨나고 있다.

㉘ [küyuŋ]

경기도 장단에 나타난다.

㉙ [kwiyuŋ]

장단과 황해도 해주 및 강원도 중부에 나타난다.

㉚ [küuŋ]

강원도 철원에 나타난다.

㉛ [küoŋ]

황해도 서흥에 나타난다.

㉜ [kyoŋ]

황해도 황주에 나타난다.

이 중 ㉙ '[kwiyuŋ]'과 ③ '[kusuŋ]'의 중간 지대에 '[kwisuŋ]' 또는 '[kisuŋ]'과 같은 혼효형이 나타나는 것에 대해서는 이미 서술한 바와 같다. 경기도 광주에서 ㉝ '[keuŋ]'이라는 형태가 발견되며 이 계통에 속한다고 생각할 수도 있지만, '[keuŋ]'은 같은 지역(광주)에서 보이는 ⑱의 '[kweŋ]'과도 관련이 있어 보인다.

서울에서는 ㉗의 '[kuyuŋ]' 이외에 ㉞ '[kuyu]'라는 형태가 존재한다. 이것은 충남 홍성 이외에는 다른 지방에서 보이지 않는다. 그러나 경성제국대학에 소장된 『訓蒙字會』에 '물구유'(馬槽)로 되어 있고 『譯語類解』에는 '물구유'(馬槽)라고 되어 있어서 그 유래가 오래 되었음을 알 수 있다. 그렇지만 앞에서 다룬 바와 같이 이병기 씨 소장 『訓蒙字會』에는 '구ᅀᅵ'로 나와 있으며 '구유'라는 형태는 조선 중기에 모습을 드러내는 것이다.

그렇다면 이 '구ᅀᅵ'와 '구유'의 관계는 어떤 것일까? '구ᅀᅵ'가 갑작스레 '구유'로 변화했다고 말할 수 없는 이상, 어떤 설명을 필요로 한다. 생각건대 '구유'는 '구ᅀᅵ'와의 사이에 직접적인 인과 관계는 존재하지 않는다. 그리고 '구ᅀᅵ'가 남부와 동북부 방언 '[kusi]'의 후대형이라고 한다면 '구유'([kuzi̯u] 내지 [kuʒi̯u])는 남부 방언 '[kusu]'의 변화형이 아닐까 한다. 즉 '[kuʒi̯u]'의 'i̯'는 '[ʒ]'의 활음(glide)이며 '구유'는 '[kuʒu]'를 나타낸다고 보이는 것이다. 또한 경성제국대학 소장의 『訓蒙字會』는 그다지 선본(善本)이 아니고, 특히 'ᅀ'에 관해서는 의심스러운 점이 없지 않다. 이병기 씨 소장본과의 대조를 통해 경성제대 소장본이 분명 정정(訂正)을 가한 것임을 알 수 있기에, 이 '구슈' 역시 '구유'의 오기라고 생각할 수도 있다.

아무튼 만약 앞서 서술한 대로라면, '[kusu]'의 변화형인 '구슈'나 '구유'는 어떻게 해서 이전의 '구ᅀᅵ'를 대신하게 되었던 것일까? 불행히도 이 기간의 상황을 암시하는 자료를 아직 잘 알지 못하지만, '[kuyu]'가 현재 충남 홍성에서 보이며 또한 이미 언급했듯이 충청남도가 '[kusu]'의 본고장이라는 점을 고려할 때, '[kuyu]'의 원형인 '[kuʒu]'는 원래 충청남도와 가까운 지점에서 생겨났으며 이것이 서울에서의 언어 혼란에 따라 서울로 유입되어 마침내 이전의 '[kuzi]'를 밀어냈다고 생각된다. 이러한 서울에서의 언어 혼란은 사람들의 대이동을 암시하는데, 그러한 역사적 사건이 과연 임진왜란인지 아닌지는 물론 단언할 수가 없다. 그러나 초간본으로 보이는 이병기 씨 소장『訓蒙字會』와 경성제대 소장『訓蒙字會』의 사이에 임진왜란을 고려하는 것도 결코 망상은 아니라는 데 주의해야 할 것이다.

그럼에도 불구하고 이 '[kuʒu]' 내지 '[kuyu]'가 현재의 방언에서 거의 별다른 세력을 지니지 못하는 것은 얼핏 보아 이해하기 어렵다. 그런데 이것은 앞의 'kuz-uŋ' 형태가 새로이 중앙부에서 세력을 얻었기 때문이다. '[kuʒu]'와 '[kuyu]'는 토박이말(patois)로서의 생명을 마치고 아어(訝語)로서 겨우 문자상으로만 그 명맥을 유지하고 있는 듯하다.

이상으로 30여 종류의 방언형을 고찰하고 그 분포와 발생 상황에 대해 연구하였다. 이제 그 결과를 다시 돌이켜서 이 단어의 역사를 훑어보면 다음과 같다. 원래 '秣槽'를 가리키는 고유어는 'kus-'을 어근으로 하는 자음 곡용을 이루고 있었으며, 주격형인 'kus-i'가 어간으로 바뀌어 오늘날 남부와 동북 지방에 분포하고 있다. 이 'kus-'이 곡용을 하는 경우 주격을 제외한 다른 격의 형태는 'kus-ɯ-'가 되었기 때문에 이것(kusɯ)을 하나의 어간으로 인식하고 또한 단독형에서 사용되기에 이르렀다. 이러한 'kusɯ'는 'kusu'로 변화하고 이 'kusu'가 마침내 모음 곡용을 하게 되었으며, 예전의 자음 곡용은 사라지고 말았다. 'kusu'는 현재 충청남도를 중심으로 하여 'kusi'의 바깥층을 이루고 있다. 또한 동북 지방에서는 'kusi'에 축소 접미사 '-eŋi'를 덧붙인 'kus-ɔŋ-i'(또는 'kus-ɔŋ')라는 형태가 존재하며, 이 외에 남부에서 'kusi'의 바깥층에 'kusu'가 보이듯이, 'kusi'와 인접한 지방에 이 'kusu' 계열의 지대가 나타난다. 'kusu-ŋ' 또는 'kusu-ŋi'가 바로 그것이다. 다만 'kusu-ŋi'는 'kusu'(또는 'kusuŋ')와 평안북도 방언형 'kuŋi'의 감염(contamination)에 의한 결과이다.

이상은 아직 '-s-'를 잃어버리지 않은 형태의 경우인데, 모음 사이의 '-s-'는 중앙부와 서북부의 경우 약화되어 '-z-'가 되고 이것이 다시 '-w-'와 '-y-' 등의 흔적을 남긴 채 소멸해 버렸다. 이런 변화의 과도기에 해당하는 '-z(ㅿ)-'는 조선 초기의 문헌을 통해 우리들에게 보여지는 것으로서, 그에 따르면 조선 초기의 중앙부에서는 'kuzi(구ㅿㅣ)'라고 불렀다. 이것은 말할 것도 없이 경남과 동북 방언 형태인 '[kusi]'로부터의 변화형이다. 중앙어 형태인 'kuzi'는 현재 황해도 서부, 평남 서남부, 평북 용암포, 경북 영천에서 '[kui]'로 바뀌어 남아 있으며, 경북 동부에서는 '-ŋi'를 덧붙인 '[kwiŋi]'가 남아 있다. 또한 평안남북도와 강원도 강릉 지방에서는 'ku-i'의 모음 연쇄를 꺼려서 '[kuŋi]'라는 형태로 잔존하고 있다. 'kusu' 역시 '-s-'의 약화를 입어 'kuzu'가 되고 다시 '[kuʒu]'로 변화했다. 이 형태는 서울로 진입하여 'kuzi'를 몰아내고 후에 다시 '[kuyu]'로 바뀌었다. 그러나 이것 역시 'kuzuŋ'이라는 형태 때문에 현재 그 생명력이 매우 약하다.

앞서 서술한 것처럼 북부 지방에서는 'kus-eŋi'(또는 'kus-ɔŋ')와 'kusu-ŋ'이라는 형태가 나타났다. 이 중 'kus-eŋi'는 평안남도와 황해도를 그 권역으로 하며 'kusɔŋ'은 황해도부터 경기도로 퍼져 있고 'kusu-ŋ'은 그 동부와 남부를 권역으로 한다. 그리고 이 형태들도 중부와 서북 지역에서 '-s-'의 약화를 입어 'kuzeŋi, kuzɔŋ, kuzuŋ'으로 되고 이들이 다시 '-z-'의 탈락을 통해 'kuweŋi' 또는 'kuyeŋi', 'kuwɔŋ' 또는 'kuyɔŋ', 'kuwuŋ' 또는 'kuyuŋ'이라는 형태를 낳았으며, 이들로부터 오늘날 경기도, 황해도, 강원도에서 보이는 복잡한 여러 가지 양상들이 전개되어 온 것이다. 또한 'kusuŋ'과 'kuyuŋ'이라는 두 계통이 존재하는 중간의 북부 지역에서 '[kwisuŋ], [kisuŋ]'과 같은 혼효형을 만들어 낸 것은 흥미로운 일이다.

이와 같이 이 단어는 가장 오랜 형태로는 'kus-'으로 소급할 수 있는데, 이 단어가 만주어 'huju[xuʤu]'와 관계가 있다는 것은 小倉進平 선생이 이미 지적한 바이다. 이러한 비교는 오류가 없는 것이기는 하지만, 그러나 'huju'와 비교를 해야 하는 형태는 가장 오래된 'kus-'이어야만 한다. 후대의 '구슈[kuʒɨu]'는 얼핏 보아 당연히 이러한 비교에 유효한 듯 생각할 수 있지만 여기에는 커다란 주의를 필요로 한다. 만주어 'huju' 역시 독자적인 입장에서 'kus-' 또는 'kʰus-'으로부터 변화한 결과일지 모른다.

附(Ⅱ). '여우'에 대한 고찰

이 단어에 대해서는 은사인 小倉進平 박사의 유명한 연구 「'狐'を意味する朝鮮方言」(『靑丘學叢』 제1호)이 있으며 관련 사항 전반에 걸쳐 빠짐없이 고찰하고 있어서, 저자가 여기서 다시 논의할 필요까지도 없다. 그렇지만 저자 스스로 한국어 방언학에 대해 얻어 낸 변변치 않은 성과를 발표함으로써 선생의 질정을 바라는 것도 전혀 무익하다고는 생각지 않아서 감히 짧은 생각을 공개하는 바이다.

방언에서 보이는 여러 가지 형태들은 반드시 그 전체를 명확하게 설명할 수 있는 것은 아니다. 오히려 불분명한 채로 놓아 둘 수밖에 없는 경우가 많은 것이다. '여우(狐)'는 그런 예 중의 하나이지만, 그 종류가 다양함에도 불구하고 계보를 꽤 명확히 할 수 있는 단어이다. 아래에서 이 단어의 각 형태에 대해 약간의 설명을 시도하기로 한다.[93]

대다수의 방언형은 대체로 다음의 세 가지로 나눌 수 있다. 甲類는 'yɔhi' 및 그와 유사한 형태, 乙類는 '-s-'를 포함하는 형태, 丙類는 '-s-'가 사라진 형태이다.

第八圖 여호 '狐' (其一)

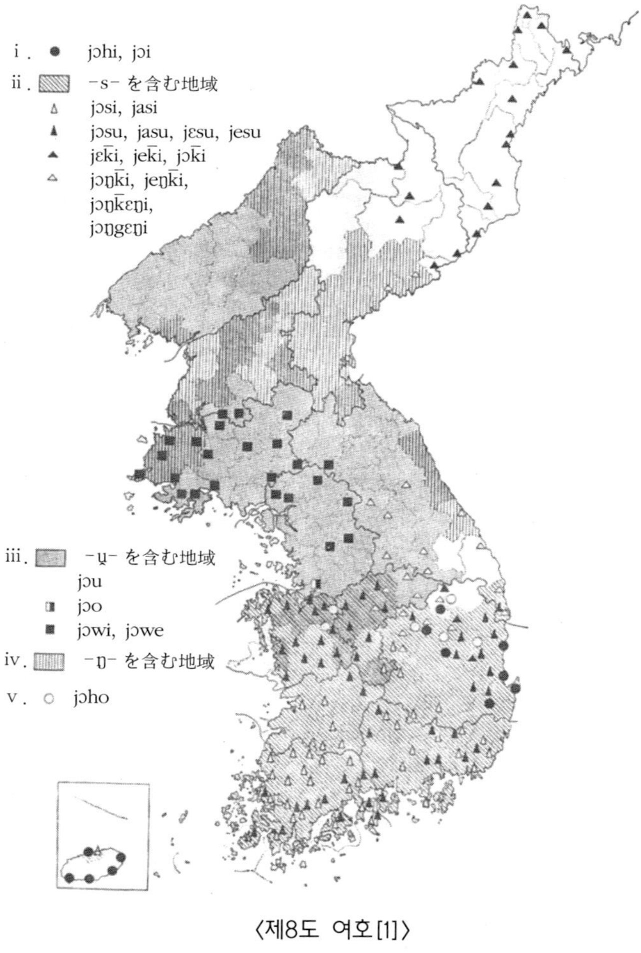

〈제8도 여호[1]〉

---

93) 분포도 제8도와 제9도, 그리고 〈방언 어휘〉 ⑲ 참조.

第九圖 여호 (狐) (其二)

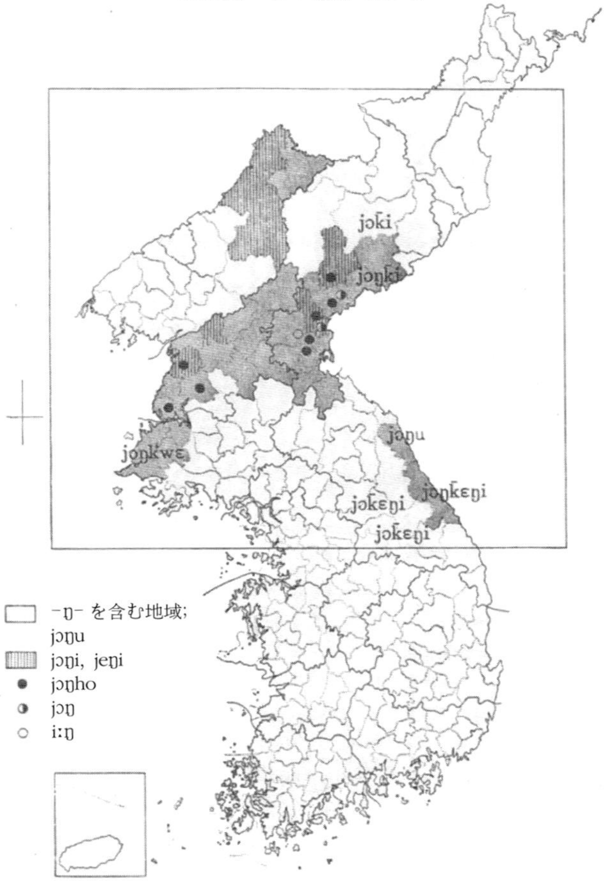

〈제9도 여호[2]〉

[1] 甲類. 'yɔhi' 및 그와 유사한 형태

① [yɔhi]

제주도, 경상북도 동부와 더불어 의성, 예천, 영주에서 보이는 형태로, 이러한 분포 상황은 이 형태가 가장 오래된 형태임을 쉽게 알 수 있게 해준다.

② [yɔhɯi]

제주도 정의에서만 존재하는 형태이며 이것이 ①과 유연(類緣) 관계가 있음은 말할 필요가 없다.

③ [yɔi]

이것 역시 제주도 제주와 서귀포에서 보인다. 이것은 ① '[yɔhi]'의 변화형이다.

이러한 '[yɔhi]' 계열이 'yɔh-'이라는 자음 명사의 주격형으로부터 온 것인지의 여부는 판명할 수 없다.

[2] 乙類. '-s-'를 포함하는 형태

④ [yɔsi]

전라남도, 경상남도를 중심으로 하며 전북과 경북에도 미치고 있고 충북 황간에서도 보이고 있다. 이 형태가 '[yɔhi]'로부터 생긴 것이라는 점은 그 지리적 관계로부터 추측할 수 있다. 이 형태([yɔsi])가 자음 곡용의 주격형이라는 점은 앞 단원에서 서술한 대로인데, 이 형태와 '[yɔhi]'와의 관계는 다음 두 가지로 생각할 수 있다.

1. 첫째는 원래 'yɔh-'이라는 자음 명사였는데 'yɔs-'으로 변화하고 현재는 모두 그 주격형만 남아 있다고 보는 사고 방식

2. 또는 원래는 'yɔhi'라는 모음 명사이며 이것이 'yɔsi'로 변했는데, 이 형태가 주격형과 비슷하기 때문에 역으로 'yɔs-i'로 분석되어 'yɔs-'이라는 자음 명사를 낳게 되었다는 사고 방식

현재로서는 이 중 어느 것을 채택해야 할지 전혀 결정할 수가 없다. 다만 이 중 어느 것이 되었든, 'yɔsi'라는 형태가 주격형이며 또한 'yɔs-'이라는 자음 곡용이 있었다는 점은 거의 확실한 듯 보인다.

⑤ [yasi]

이것은 경상남북도의 특이한 형태이다. 경남 진주・거제・김해에서는 '여듧시(八時)'를 '[yadalʃi]'라고 하고, 또한 거제・김해・양산에서는 '여섯(六)'을 '[yasət]'이라고 한다.

⑥ [kɛyɔsi], [kɛyɔ], [kɛːsi]

이 세 형태는 모두 거제에서만 보이는 것으로 'kɛ(犬)'와 'yɔsi(狐)'의 결합이다.

⑦ [yɔsu]

충청남북도를 중심으로 하며 전북 북부까지 이르는 것이 주류이다. '[yɔsi]'의 외곽에 있다는 점은 '구유'의 경우와 동일하지만, 전라남도 남부와 경상남도 서부에도 분포하고 있는 점은 전남 남부 연안 지방이 충청도와 해상 교류가 있었기 때문은 아닐까 한다. 이 형태의 발생 조건에 대해서는 앞 단원에서 상술했으므로 생략한다.[94)]

⑧ [yasu]

이것은 경북 안동・청송・문경과 강원도 평해에서 산견된다. 'yɔ'가 'ya'로 된 것은 앞서 서술한 경상도의 특징인 듯하다.

⑨ [yɛsu], ⑩ [yesu][95)]

이것은 ⑧의 변종인 것 같다. ⑧의 '[yasu]'는 안동・청송에서는 정확히 말하면 '[^{e}yasu]'로 발음한다. 영덕의 '[yɛsu]'도 정확히는 '[^{e}yæsu]'이고 흥해

94) '[yɔsɯ]>[yɔsu]'의 변화를 거쳤다.

95) 경상북도는 일반적으로 'ɛ : e'의 구별을 명확히 식별하지 않는다. 저자가 관찰한 바로는 이 지방의 'ɛ'는 'e'와의 중간이다. 즉 '[E]'이되, 다만 narrow-front이다. 小倉進平 선생의 '[yesu]'는 저자의 '[yɛsu]'에 해당하며 '[yEsu]'를 가리키는 듯하다. 분포 지역 역시 거의 동일하다.

에서는 '[^{e}yɛsu]', 의성에서는 '[^{i}yɛsu]'이다. 즉, '[^{e}yasu]>[^{e}yæsu]>[^{e}yɛsu]>[^{i}yɛsu]>[yɛsu]'인 것이다.

⑧~⑩ 모두 'yɔsi'의 외곽층을 이루고 있다. 이것의 발생은 ⑦의 '[yɔsu]'와 동일하다.

⑪ [yɔk̄i]

함경북도와 그에 인접한 함경남도 동부에 나타난다. 이것이 'yɔs+ki'이며, 이 지역의 독특한 곡용 어미(주격)를 덧붙인 형태라는 점, 그리고 'yɔs-'이라는 자음 어간을 암시한다는 점은 앞 단원에서 서술한 바이다.

⑫ [yek̄i]

함경북도 서남부와 함경남도 단천에서 보인다. 이것은 ⑪에 이-역행동화가 적용된 것이라고 생각할 수 있을 듯하다.

⑬ [yɛk̄i]

경북 예천·안동·청송에서 나타난다. 이 형태의 존재를 통해 함경도 'yɔski'는 반드시 함경도의 독자적인 형태는 아닌 듯 보이기도 하지만, 경북의 '[yɛk̄i]'는 함경도의 'yɔs-ki'와는 발생이 다르며 아래 ⑭의 변형이라고 생각된다.

⑭ [yɔk̄üi]

경북 안동에서만 존재하는 형태로 정확히는 '[^{e}yək̄üi]' 또는 '[^{e}yɐk̄üi]'이다. 이 형태가 어떠한 기원을 지니는지 보면, 'yɔs-(狐)'과 'küi(<koi, 猫)'의 결합이라고 생각된다. 안동에서는 '猫'를 '[küi]'라고 하지는 않지만 영양에서 '[kwi]'라는 형태가 보이기 때문에 안동에서도 '[küi]'라고 하던 시기가 있었을 듯하다.[96] 그러나 이러한 구성의 내부 형식이 잊혀져 'yɔs-ki' 또는

96) 참고로 '귓가(耳邊)'를 안동에서는 '[küt^{h}ɛgi]'라고 한다.

'yɛs-ki'라는 형태가 생겨난 것이다. 또한 이와 같은 구성 방식은 다음 항의 형태에서도 보인다.

⑮ [yɔk̄wɛŋi], ⑯ [yak̄wɛŋi], ⑰ [yak̄waŋi]

이 세 가지는 모두 유연(類緣) 관계의 형태들로, 안동·예천·영주 지방에서 보인다. 이들도 앞서와 마찬가지로 'yɔs-(狐)+kwaŋi, kwɛŋi(<koyaŋi, 猫)'로 이해해야 한다. 안동에서는 '猫'를 '[koaŋi]'라고도 하며, 또한 의성에서는 '[aŋ-gwɛŋi]'[97]라고 한다. 또한 김천에서는 '[kwɛŋi]'라고 한다.

⑱ [yɔk̄ɛŋi]

이것은 충북과 강원도를 중심으로 하며 경북 예천에서도 발견된다. 앞의 ⑮에서 나온 것이라고 생각된다.[98] 또한 경상남도에서는 '猫'를 '[kɛŋi]'라고 한다.

⑲ [yak̄ɛŋi]

경북 상주·함창·문경에서 보인다. 이것은 ⑯에서 생긴 형태이다.

[3] 丙類. '-s-'가 사라진 형태

이 부류에 속하는 형태들은 앞 단원의 경우와 마찬가지로 '-z-(ㅿ)'의 단계를 거친 것이다. 앞 단원에서 언급했듯이 조선 초기는 이러한 '-z-(ㅿ)'의 단계에 있었으며 게다가 아직도 자음 곡용을 보이고 있었다. 그러나 단독형은 '여ᅀᅳ[yɔzɯ]' 또는 '여ᅀᆞ[yɔzʌ]'였으며 이 형태의 발생에 대해서는 이미 서술했기 때문에 여기서는 생략한다. 이러한 '[yɔzɯ]' 또는 '[yɔzʌ]'는

97) 'aŋ-'은 의성어이다.
98) 예천에 두 가지 형태가 존재한다.

'[yɔsɯ]' 내지 '[yɔsʌ]'의 변화형인데,[99] 이에 대해 ④의 '[yɔsi]'에 대응하는 '[yɔzi]'라는 형태도 고려할 수 있다. 이 추정형으로부터 나왔다고 생각되는 형태에는 다음의 ⑳~㉒가 있다.

⑳ [yɔŋi], ㉑ [yeŋi]

관견(管見)에 따르면 '[yɔi]'라는 형태는 눈에 띄지 않지만,[100] 'kuzi'가 '[kuŋi]'로 되었듯이 '[yɔŋi]'라는 형태가 함남 오로리 · 신흥 · 정평에서 보인다. 더욱이 ㉑ '[yeŋi]'[101]라는 형태가 평남 숙천 · 개천과 평북 강계 · 자성에서 산발적으로 보인다. '[yɔŋi]'와 '[yeŋi]'의 분포 상황, 특히 오로리 · 신흥, 또는 강계 · 자성과 같이 이른바 내몰린[102] 지역에서 이 형태를 발견하는 것은 丙類의 형태들도 대단히 오래되었다고 생각게 하기에 충분하다.

㉒ [yɔwi]

이 형태는 황해도를 중심으로 한다. '[mui]'(황해도 동반부),[103] '[kui]'(황해도 서부)[104]와 분포 지역이나 형태를 같이하고 있다. 이 '[yɔwi]'라는 형태는 이미 서술한 것처럼 '[yɔʒɥi]'에서 변화한 것이며, 이를 통해 '[mui]', '[kui]'가 단순히 'muzi>mui', 'kuzi>kui'의 결과가 아니라 오히려 'muzi>muʒɥi>muwi>mui', 'kuzi>kuʒɥi>kuwi>kui'의 결과임이 밝혀진 것은

99) 'yɔsɯ'에서 'yɔzɯ'로 바뀌었다.

100) 제주도의 '[yɔi]'는 전술한 것처럼 '[yɔhi]'에서 생겨나서, 이것과는 관계가 없다.

101) '[yeŋi]'라는 형태는 일단 '[yɔŋi]'에 이-역행동화가 일어난 것으로 생각할 수도 있지만, '여'라는 형태는 원래부터 '[yɔ]'는 아니고 오히려 '[ye]' 또는 '[e]'였다고 볼 수도 있다. '별(星)'을 '[pel]', '벼(稻)'를 '[pe]'라고 부르는 것은 'pyɔ>pe'라고 하기보다는 역으로 'pe>pyɔ'로 보아야 하는 것은 아닐까 한다. 이 문제에 관해서는 후일의 기회로 미루고자 한다.

102) [역자주] 조선 시대에 이 지역으로 백성들을 강제 이주 시킨 것을 '내몰린'으로 표현한 것인지 분명치는 않다.

103) [역자주] '무(蘿菖)'의 방언형이다.

104) [역자주] '구유(槽)'의 방언형이다.

매우 흥미롭다.

조선 초기의 '여스' 또는 '여ᅀᆞ'는 그 후 변화하여 마침내 자음 곡용이 소멸하기에 이르렀는데, 이 형태로부터 나온 방언형에는 다음의 두 가지(㉓, ㉔)가 있다.

㉓ [yɔu]

이것은 대체로 중부와 서북부에 걸쳐 널리 쓰이는 형태이다. 이 형태는 '여스'가 'ᅀ'을 탈락시켜 '[yɔɯ]'가 되고 이것이 다시 변화하여 생겨난 것인데, 이 때 '-ɯ'가 '-u'로 바뀌는 것은 이 자체로도 매우 자연스럽지만, '[yɔzɯ]>[yɔu]'의 변화에서 'z'가 '[ʒɰ]'였다는 점도 다분히 관여하고 있다고 생각된다.

㉔ [yɔŋu]

이것은 평안남도를 중심으로 하여 평북 후창·강계와 정주에서 보이며, 그 일부가 함남 문천·덕원·안변에서 강원도 간성·양양을 거쳐 강릉에 이르고 있다는 점은 주목해야만 한다. 강릉 지방에서 '-ŋ-'이 보이는 것에 대해서는 앞 단원에서 이미 다루었으며, 이 '-ŋ-'이 유성 자음의 탈락에 의한 모음 연쇄 회피를 위해 생겨났다는 것 역시 앞에서 서술한 대로이다.

여기까지의 여러 형태들은 이미 서술한 사항들을 지지해 주는 유력한 증거를 제공한다. 그런데 이 외에 '여우'와 관련해서는 다음과 같은 흥미로운 형태가 존재한다.

㉕ [yɔŋ]

이것은 함남 정평·함흥에서만 보이는 형태이며 小倉進平 선생은 '[yɔŋu]'와 '[yɔŋi]'에서 뒷부분이 생략된 형태라고 보고 있다.[105] 그렇다면 이러한

105) 「'狐'を意味する朝鮮方言」 34쪽 참조.

생략형은 어떻게 생겨난 것일까? 뒤에서 '구멍'의 함경북도 방언형 '[kuŋ]'을 설명할 때 이 '[kuŋ]'이 주격 '[kuŋgi]'와 대격 '[kuŋgɯl]', 여격 '[kuŋge]' 등의 곡용형으로부터 역으로 '[kuŋ]'을 어간으로 분리한 결과라고 논의하는 것과 마찬가지로, '[yɔŋ]'이라는 형태는 원래 ⑳의 '[yɔŋi]'에서 나왔으며 '[yɔŋi]'를 주격형으로 생각하고서 역으로 '[yɔŋ]'이라는 형태를 낳게 된 것이다. 특히 '[yɔŋ]'이 '[yɔŋi]'의 지역 안이나 그 근처에서 보인다는 점을 통해 이러한 가설은 한층 더 확실하다고 생각한다.

그런데 더 주의해야 하는 것은 함경도 방언이 주격 조사 '-i'를 모음 어간에도 덧붙이는 예전의 문법을 유지하고 있다는 사실이다. 뒤에서 서술하겠지만 함북이나 함남 단천・북청에서는 '山'을 '[mo:]'라고 부르는데 이것은 'moi'가 'mo-i'라고 인식되었기 때문이며, 이 현상은 모음 명사에도 조사 '-i'를 붙인다는 사실이 병존하지 않는다면 결코 생길 수 없다고 본다. 즉 이 '[yɔŋ]'은 부정 회귀(la fausse régression)의 한 예인 것이다.

㉖ [i:ŋ]

이것은 영흥에서만 발견되는데, 이 또한 ㉕와 마찬가지로 부정 회귀의 예로서 '[yɔŋi]'가 나타나는 정평의 인근에 존재한다는 점을 통해서도 명확하다. 다만 이 형태는 '[yɔŋi]'보다도 오히려 '[yeŋi]'에서 생겨난 '[yeŋ]'이 다시 바뀐 것이라고 생각해야 할 듯하다.

㉗ [yɔŋk̅i̅], ㉘ [yeŋk̅i̅]

㉗은 함남 북청, ㉘은 함남 홍원에 존재한다. 이 형태는 더 흥미롭다. 왜냐하면 이 형태가 나타나는 지역은 그 동쪽과 북쪽으로 '[yɔk̅i̅]'가 있고 서쪽으로 '[yɔŋ]'과 '[yɔŋi]'가 있기 때문이다.[106] 즉 이러한 '[yɔŋk̅i̅], [yeŋk̅i̅]'는 '[yɔk̅i̅]'와 '[yɔŋ]'의 감염(contamination)에 의한 것이다.

106) 분포도 제9도 참조.

㉙ [yɔŋk̄ɛŋi], ㉚ [yɔŋgɛŋi][107)]

㉙는 강원도 강릉, ㉚은 강릉과 주문진에 나타난다. 이들도 앞서와 마찬가지로 감염에 의한 형태로서, 간성・양양・강릉의 '[yɔŋu]'와 강원도 중부에서 남쪽으로 퍼져 있는 '[yɔk̄ɛŋi]'의 접촉 지점에서 발견된다는 점이 흥미롭다.[108)]

이러한 'yɔŋ-'은 더욱 흥미로운 형태를 발생시키고 있다.

㉛ [yɔŋho]

이 형태는 평안남도 용강・평양・숙천・영유와 함경남도 영흥・고원・정평・함흥・신흥에서 발견된다. 이 중 평양・영유에는 '[yɔŋu]'가 존재하고 함남의 해당 지역들은 앞서 서술했듯이 '[yɔŋi], [yɔŋ]'이 나타나고 있으며 또한 이들 지방의 서쪽 경계와 남쪽 경계에는 '[yɔŋu]'가 분포하고 있다. 그 중에서도 주목해야 할 것은 영유의 '[yɔŋu]' 또는 '[yɔŋo]'라는 형태이다. 이러한 '-o' 또는 '-u'는 소위 민간 어원(Volksetymologie)에 의해 한자 '狐(호)'가 변화한 것이라고 느끼고서, 결국 '[yɔŋo]' 내지 '[yɔŋu]'는 'yɔŋho'의 전와(轉訛)라고 생각하기에 이르렀다. 이 때 함흥과 정평의 '[yɔŋ]', 영흥의 '[iːŋ]'(>[yeŋ])과 같은 형태가 이러한 분석을 좀 더 쉽게 만들어 주었으리라 본다.

㉜ [yɔŋkʰwɛ] 또는 [yɔŋkʰwɛi]

이 형태는 황해도 서부에서 보인다. 이것은 ⑮~⑱의 'yɔs-(狐)+kwaŋi 또는 kwɛŋi(猫)'와 동일하게, 'yɔŋ-(狐)+kʰwɛ 또는 kʰwɛi(猫)'의 결합을 통해 생겨났다고 보인다. 이러한 지방에서는 '猫'를 '[kwɛi]' 또는 '[kwei]'라고

107) '영갱이'는 『The Outline of the Korean Dialects』에는 보이지 않는다. 어쩌면 '[yɔŋk̄ɛŋi]'로 이해해야 할지 모르겠다.

108) 분포도 제9도 참조.

부른다. 다만 '[k^{h}wɛ]' 또는 '[k^{h}wɛi]'와 같이 초성이 유기음화한 것은 어떤 이유에서일까? 지리적 상황에서 보자면 이런 형태가 나타나는 지역의 북방에서 평양을 중심으로 ㉛의 '[yɔŋho]'가 보이기 때문에, '[yɔŋk^{h}wɛ]'나 '[yɔŋk^{h}wɛi]'는 오히려 'yɔŋho(狐)+kwe 또는 kwɛi(猫)'의 결합 결과일지도 모른다.

㉝ [yɔho], ㉞ [yɔhu]

㉝은 중앙부에서 문헌에 채용되어 있는 형태로서, 이것이 도처에서 보이는 것은 아마도 중앙의 영향이라고 생각해야 할 듯하다. ㉞는 둘째 음절이 일반적인 경향[109]에 따라 '[yɔhu]'로 바뀐 것이다. 이 형태는 오늘날 중앙어 형태로 인정할 수 있지만 이 중앙형은 그다지 오래되지는 않은 것 같다. 왜냐하면 1883년(光緖 9) 완성된 『華音啓蒙』과 동시대로 보이는 『華音類抄』[110]의 신판(新版)에는 '여후'로 되어 있지만 구판(舊版)에는 '여ᄋᆞ'로 되어 있으며, 또한 1881년(明治 14)에 간행된 『善隣通語』에 '여ᄋᆡ'로 되어 있음에 비해 1883년(明治 16)에 간행된 『交隣須知』에는 '여후'로 되어 있는 등,[111] 문헌상으로는 明治 연간에 나타났다고 생각되기 때문이다. 오늘날 방언으로서 지방에 그다지 세력을 펼치지 못한 것도 이렇듯 새로운 시대의 소산인 까닭이다. 이 형태의 기원 역시 전술한 '[yɔŋho]'와 동일하게, '[yɔu]' 또는 '[yɔo]'라는 형태의 '-u, -o'가 '호(狐)'의 전와(轉訛)로 인식했기 때문인 듯하다. 이렇게 한자어가 민간 어원의 작용에 관여하는 것도 서울과 같이 문화적 중심지에서만 가능하며, '[yɔŋho]'가 평양이나 함흥에 존재한다는 점 역시 결코 우연은 아니다.

109) 첫 음절 이외의 '-o'는 자주 '-u'로 변화한다.

110) 小倉進平 선생의 『增訂朝鮮語學史』 554쪽 참조.

111) 「'狐'を意味する朝鮮方言」 32쪽 참조.

이상 '구유'와 '여우'를 특별히 선택하여 논의함으로써 'ㅿ'의 역사를 분명히 할 수 있었다고 믿는다. 요컨대 'ㄱ새'의 경우를 제외하고, 경기도로부터 황해도를 거쳐 평안남북도에 이르는 지방에서는 '-s->-z->ø'라는 변화가 보이지만 충청남북도에서 남부에 이르는 지역 및 함경도에서는 '-s-'가 보존되어 있다고 하는 지역적 대립은 주의를 요하는 대목인 듯하다.

2.4. 세 번째 주제: 어중 '-g-'의 소실

'ㄱ새'가 'ㄱ새'로부터의 변화이고 이 'ㄱ새'가 다시 'ㄱ시개'로부터의 변화라고 하는 것은 문헌상으로도 그러하고 지리적 상황으로 보아도 그러하다. 그러므로 이번에는 'ㄱ시개'가 어떻게 'ㄱ새'로 바뀌었는지 하는 문제가 생기게 된다. 'ㄱ시개[kʌsigai]'에서 'ㄱ새[kʌsai]'로의 변화는 어중 '-g-'의 소실에 의한 것이며, 이러한 '-g-'의 소실을 다른 예에서도 명확히 보일 수 있다면 'ㄱ시개>ㄱ새'의 변천은 음운사적으로도 뒷받침되는 셈이다. 따라서 이 장에서는 어중의 '-g-' 소실이라는 것에 대해 그 윤곽을 살펴보기로 한다.

한국어에서는 '[g]'가 일반적으로 유성음 사이에서만 나타난다. 즉 모음 사이 및 '[l], [m], [n], [ŋ]'과 같은 유음, 비음과 모음 사이에서 출현하는 것이다. 그런데 이러한 위치에 있는 '[g]'가 점차 약화되어 끝내는 소실되기에 이른 예가 상당히 존재한다는 점을 현재 각지의 방언을 통해 추측할 수 있다. '[n], [ŋ]'[112]의 경우는 아직 불분명하기 때문에 여기서는 모음 사이의 '-g-', 'l'과 모음 사이의 '-g-', 'm'과 모음 사이의 '-g-'에 국한하여 논의하고자 한다.

---

112) 2.4.의 각주 184) 참조.

2.4.1. 모음 사이의 '-g-'

모음 사이에 놓인 '[g]'의 소실은 '-i+g-'의 경우를 제외하면 일반적으로는 인정할 수 없지만, 그래도 어떤 지방에 흔적으로 남아 있는 형태를 통해 일찍이 '-i+g-' 이외의 환경에서도 이 현상이 일어났던 것이 아닐까 하는 추측이 생긴다. 즉 다음과 같은 예들이 있는 것이다.

【1】 아ᄒᆡ(兒)

'아ᄒᆡ' 또는 '아희'(兒)를 '[agɯ]'라고 말하는 지역이 있다. 전남 벌교・고흥・보성・장흥・강진・영암・해남・완도・진도・광주・영광과 전북 정읍이 그러하다. 이 '[agɯ]'는 아마도 '아ᄒᆡ' 또는 '아희'의 전신(前身)을 암시하는 것으로 예전에는 '[agʌi]' 또는 '[agɯi]'라고 불렀던 듯하다.113) 제주도의 '[agi]', 그 외 여러 지역에서 산발적으로 보이는 '[agi], [ɛgi]'(嬰兒)도 원래는 하나였다고 생각된다. 이렇게 생각하게 되면 '[agʌi]~[agɯi]>[ahʌi]~[ahɯi]'라는 변화는 모음 사이에서 '[g]'가 약화된 것으로, 아마 변화의 중간에 '[aɣʌi], [aɣɯi]'와 같은 단계를 거쳐 '[h]'에 이르렀던 듯하다. 오늘날은 이 '[h]'도 자주 들을 수가 없게 되었다. 앞에 제시한 여러 지역에서는 '애기[ɛgi]'가 '[agɯ]'와 공존하고 있으며 의미상으로도 차이를 보이고 있는

113) 최치원의 「聖住寺朗慧和尙白月葆光塔碑」(『朝鮮金石總攬』(上) 75쪽)에서 '誕大師阿孩注云方言謂兒與華无異'라고 되어 있는 것을 통해 '아ᄒᆡ'는 원래 중국어 '阿孩(â-ɣâi)'였다고 생각할 수도 있다. 즉 'âɣâi>aɣʌi>ahʌi'와 같은 것이다. 한편으로는 'aɣʌi>agɯi>agɯ'도 가능하다. 전자와 같다면 '-ɣ->-h-'가 되어 '-g->-h-'는 성립하지 않는다. 그러나 '[agi], [ɛgi]' 등의 형태로부터 보면 역시 'agʌi'라는 순수한 고유어라고 생각해야 하지 않을까 한다. 덧붙여 이 단어를 'a-gʌ-i'로 분석할 수 있다고 하고 'a-'를 인륜을 나타내는 어휘에 붙는 접두사, 가령 'a-bi'(父), 'a-ga-ssi'(孃)의 'a-'라고 한다면 그 어근 '-gʌ-'는 일본어의 'コ'에 가까워진다. 이와 평행하는 예로서는 'ᄒᆡ[hʌi]'가 있다. 만약 이것이 'hʌ-i'라면 이 때의 'hʌ-'는 일본어 'ko-yomi'(暦)의 'ko'(또는 'カカナベテ'의 'カ'나 'イツカ・フツカ'의 'カ')와 결부된다. '-i-'는 접미사이다.

데,[114] '[ɛgi]' 내지 '[agi]'는 원래 '[agɯi]'에서 발생한 것이라고 생각된다. 제주도의 경우 서귀포에서는 '아희'를 '[aɯ]'라고 하며 성산포에서는 '[ai]'라고 하는 것을 보아도 '[agɯ], [agi]'가 원래 동일한 형태 '[agɯi]'로부터 나온 것임을 알 수 있을 듯하다. 따라서 원래는 똑같이 '兒'를 의미하는 것이었는데 이러한 형태상의 분기를 이용하여 의미 분화를 꾀한 결과, '[agi]'는 일반적으로 영아(嬰兒)에 국한되기에 이른 것이 아닐까 한다.

【2】 아홉(九)

'아ᄒᆡ'와 평행하게 전남 고흥・장흥・강진・영암・해남・완도・진도에서는 '아홉(九)'을 '[agop]'이라고 한다. 분포 지역은 '아ᄒᆡ'에 비해 그 범위가 다소 좁아졌지만 대체로 전남 남해안 지방이라는 점에는 변함이 없다. '七'을 예전에 '닐굽[nilgup]' 또는 '닐곱[nilgop]'이라고 불렀는데 이런 '七'이라는 수사에 보이는 '-gup, -gop'은 분명히 'agop'의 '-gop'과 관련이 있다. 그렇다면 '[agop]>[ahop]'은 '아ᄒᆡ'의 경우보다도 명확하다. 또한 이 중간 단계로 '[aɣop]'을 생각할 수 있다.

【3】 바위(岩)

'바위(岩)'는 예전에 '바회'(『訓蒙字會』)라고 표기되었다. 이 단어는 오늘날 '[pawi], [pawe], [pau], [pai]' 등으로 불리우는데, '[g], [ŋ], [ŋg]' 등을 동반하여 나타나는 경우가 있다.[115] 즉 다음과 같은 것이다.

① [pagu]

전남 순천・광양・벌교・고흥・보성・강진・해남・완도・진도, 경남 진주・함안

114) '[ɛgi]'는 영아(嬰兒)를 가리킨다.
115) 〈방언 어휘〉 20 참조.

② [paŋgu]

황해도 연안・신계, 평남 대부분, 평북 박천, 충남 천안・조치원・유성・아산, 충북 대부분, 경북 대부분, 경남 거창・김해・양산・밀양・울산

③ [paŋu]

평남 한천・순천・성천・강동, 경북 대부분, 경남 합천・거창・함양・거제・울산

④ [paŋgwi]

평남 상원

⑤ [paŋkʰwi]

황해도 대부분, 평남 중화

⑥ [pʰaŋgu]

평북 일대

이상의 여섯 가지 형태 중 ① '[pagu]'가 '아히, 아홉'의 경우와 마찬가지로, 전남 남부 해안 지방에 분포하고 있다는 점은 간과할 수 없는 사실이다. 중앙의 고형 '바회[pahoi]'도 더 예전의 '[pagoi]'라는 형태로부터 생겨났다고 생각된다.[116] ②의 '[paŋgu]'는 경기도를 기준 삼을 때, 북으로는 황해・평남・평북, 남으로는 충남・충북・경북・경남으로 갈라진다. 이러한 분포 상황에서 보건대 마치 일찍부터 중앙부 일대에 이 형태가 퍼져 있었던 듯 보인다. 과연 그럴지 여부는 지금 결정하기 어렵다. 그러나 '바회[pahoi]'에서 현재의 '[pawi]'로 변화하는 과정에서 이러한 '[paŋgu]' 내지 '[*paŋgwi]'를 고려하는 것은 다소 타당성이 떨어진다고 보인다. 아무튼 이 '[paŋgu]'라는 형태가 '[pagu]'와 비슷한 점을 감안하면, '[pagu]'의 '[g]'를 조음할 때 연구개의 비강 폐쇄가 불완전하게 이루어진 데서 비롯된 형태라고 생각된다.

116) 즉 'pagoi>paɣoi>pahoi'와 같은 것이다.

③의 '[paŋu]'가 대체로 ② '[paŋgu]'와 착종(錯綜)되어 있다는 점은 음성적 유사성을 통해 설명이 된다. ⑤의 '[paŋkʰwi]'는 ④ '[paŋgwi]'([pagui]?)가 황해도 서부에서 독특하게 변화한 형태인 듯하다. 황해도 서부에서는 '狐'를 'yɔŋkʰwɛ'라고 하는데 이것은 이미 서술한 대로 'yɔŋ(~yɔŋho)+kwɛ'의 결합이다. 어쩌면 '-ŋg-'의 결합은 이 지방에서 어떤 사정 아래에서 '-ŋkʰ-'로 변화했을지도 모른다. ⑥ '[pʰaŋgu]'의 '[pʰ-]'는 어떻게 생긴 것일까? 『三國史記』「地理志」의 고구려 지명에서 보이는 '波衣,[117] 波兮'가 만약 현재의 한국 한자음으로 읽는 것이 가능하다면, '[pʰaŋgu]'의 '[pʰ-]'는 아마도 이 고구려어의 흔적을 그 안에 전하고 있다고 생각할 수 있을 것이다.[118]

【4】 올챙이(蝌蚪)

앞의 세 단어는 대체로 동일한 지방에서 고형 '-g-'를 보존하고 있는데, 지역 자체는 달라도 이러한 세 단어와 동일한 경로를 거쳤다고 생각되는 것에 '올챙이(蝌蚪)'가 있다. '올챙이[olʧʰɛŋi]'는 각지에서 널리 쓰이지만 경북 대구·고령, 경남 밀양에서는 '[ogolʧʰɛŋi]'가 있고, 경남 거제에는 '[olguʧʰɛŋi]'가 있으며, 또한 경북 안동·의성·청송·영양·영덕에서는 '[holʧʰɛŋi]'라고 부른다. '[ogolʧʰɛŋi]'가 가장 오래된 형태라는 점은 대체로 인정할 수 있으리라 본다. 거제도의 '[olguʧʰɛŋi]'는 '[ogulʧʰɛŋi]'의 도치에 의한 변화이며 경북 북부의 '[holʧʰɛŋi]'는 아마도 '[oholʧʰɛŋi]'의 변화형인 것 같다. 즉 이 단어는 '[ogolʧʰɛŋi]>[oɣolʧʰɛŋi]>[oholʧʰɛŋi]>[olʧʰɛŋi]'의

117) '波衣'는 아마도 '波兮'를 잘못 쓴 듯하다. 만약 지명의 '波衣'가 '바회' 등과 어떤 관계를 지닌다고 한다면, 그렇게 오래된 시대에 어간의 '-g-' 내지 '-ɣ-'가 소실되었다는 것은 생각하기 어려운 일이다.

118) 물론 '[pʰaŋgu]'라는 형태가 그대로 '波兮'의 후대형이라고 생각할 수는 없다. '波兮(파혜)'와 'paŋgu'의 감염(contamination)에 의한 결과로 생각하는 편이 올바른 듯하다.

변화를 거쳤다고 해석할 수가 있는 것이다.[119)]

이상 몇 단어의 방언을 고찰함으로써 일찍부터 모음 사이에 개재했던 '[g]'가 약화(-g->-ɣ->-h-)되어 점차 소멸하게 된 것을 알게 되었다. 이러한 고찰에 있어서는 자료가 얼마 되지 않아서 사람들을 충분히 납득시킬 정도는 아니지만, 그러나 모음 사이에서의 '[g]' 소실이라는 음운 변화는 확실히 자료가 희박한 고대어의 연구에 하나의 유의미한 지지를 제공한다. 예컨대 접속을 의미하는 조사 '과~와'는 이두에서는 모두 '果(과)'로 표기되지만, 모음 뒤나 '-l' 뒤에서는 '와'를 사용하는 조선 초기의 상태는 이러한 모음 사이 또는 유성음 사이의 '-g-' 소실이라는 음운 변화를 고려할 때 비로소 이해할 수 있는 것이다.

이상은 방언 중에 흔적으로 잔존하는 한정된 자료를 통해 모음 사이의 '[g]' 소실 내지 약화라는 변화의 가능성을 생각해 본 것이다. 그런데 이 현상은 조선 초기의 상황에서도 이미 일반성을 잃어버리고 있으며, 다만 이 시대에 여전히 현저하게 적용되는 환경은 모음 'i' 뒤에서만으로 국한된다. 모음 'i'의 뒤에서 '[g]'가 소실된다고 하는 사실은 거의 법칙으로 인정할 수 있다. 가령 조사 '-거늘, -거든, -고' 등은 서술격 조사 '-i' 뒤에서는 모두 '-어늘, -어든, -오'로서 '[g]'를 탈락시키고 있다.[120)] 모음 '-i' 뒤에서의 '[g]' 탈락은 방언에서도 결코 빠지지 않는다. 'ᄀᆞ시개[kʌsigai]'가 'ᄀᆞ새[kʌsai]'로 바뀌는 과정도 이 현상의 한 사례에 지나지 않는다. 이제 그 밖의 두세 가지 예에 대해 서술하기로 한다.

【5】 개골(川)

'개골(川)'이라는 단어는 현재 많은 방언에서는 여러 가지 형태가 나타

119) 〈방언 어휘〉 [21] 참조.

120) 前間恭作 선생의 『龍歌故語箋』 19쪽 참조.

난다. 그 의미 분화 역시 각양각색인데, 형태는 크게 '내' 계통, '개' 계통, '골' 계통, '걸' 계통, '돌' 계통의 다섯 가지로 나눌 수 있다.[121] 이 중 당면한 문제와 관련되는 것은 '개' 계통에 속하는 단어로 그 개요를 제시하면 대개 다음과 같다.

① [kɛ]

황해도에서 평안남북도에 걸쳐 서해안 지방에서 나타난다. '개'라는 글자에서 보자면 조선 초기에는 '[kɛ]'가 아닌 '[kai]'로 발음되었음에 틀림없다.[122] 이 형태는 중앙에서는 '浦'를 의미하는데, 이 단어가 원래 '浦'를 의미했다가 서해안 지방에서 '川'의 의미로 전용된 것인지 여부는 갑작스레 결정할 수가 없다. 前間恭作 선생은,[123] '개'가 "지금도 '江'의 뜻으로 사용되며 큰 강(大河)이나 든바다(入海)에 공통으로 쓰인다."라고 하고서 다시 이것을 'ᄀᆞ룸'[124]과 관련시켜 'ᄀᆞ룸'을 'ᄀᆞᄅᆞ(kʌrʌ)＋ㅁ(접미사)'으로 분석한 후 'ᄀᆞᄅᆞ'가 '加羅國'의 '加羅'라고 말했다. 이러한 설은 확실히 매혹적이며 또한 완전한 공상으로 끝나지 않는 데에 경탄해 마지 않는다. 즉 "실제로 上代 신라인에게 있어 '개'는 加羅 지방 일대에서만 실재하고 있었기 때문에 이 지방을 'ᄀᆞᄅᆞ'라고 부른 것은 너무나 당연하다."라고 갈파하고, 다시 이어서 "또한 현재 『三國史記』「列傳」에 들어 있는 옛 기록의 유편(遺片)으로 인정되는 글에서 加羅諸國을 '浦上七國'이라고 하는 것은 'ᄀᆞᄅᆞ'를 의역한 확실한 기록이다."라고 말하고 있듯이 예리한 통찰로써 加羅國號의 확고한 해석을 시도하고 있는 것이다. 여기서도 'ᄀᆞᄅᆞ'는 '浦'라고 해석하고 있지만 실제로 이 '浦'가 어떠한 장소를 가리키는지 그다지 명백하지는 않다.

---

121) 〈방언 어휘〉 [22] 참조.

122) 네 번째 주제(2.5.) 참조.

123) 前間恭作 선생의 「鷄林類事麗言攷」의 29쪽 참조.

124) 강(川)의 고어.

그러나 아마도 원래 'ᄀᆞᄅᆞ' 또는 그와 관련된 '개'는 '江'(그것도 특히 낙동강)을 지시했다고 생각된다.[125] 이것이 말의 전파에 수반되어 각 지방에서 때로는 후미(入江)를, 때로는 갯가(浦邊)를 가리키게 되었다고 보는 편이 온당할 듯하다. 현재 '강'[126]은 해안 지방에서는 종종 '海'를 의미하는데 이러한 의미와 변천과 마찬가지 경로를 거쳐 '개'가 '浦'를 나타내게 된 것 같다. 서북 지방의 '[kɛ]'가 '川'을 의미하는 것은 오히려 옛 뜻(古義)을 전하고 있다고 해야 할 것이다.

함북 회령・길주, 함남 단천・북청・영흥에서는 '小川'을 '[kɛːn]'이라고 부른다. 또한 함북 온성・회령에서는 '小川'을 '[kɛːn-mul]'이라고 한다. 이 '[kɛːn mul]'은 'kɛ+s+mul'[127]로 이해해야 하며 '[kɛːn]'은 '[kɛːn mul]'의 'mul(水)'을 생략하여 생겨난 형태로 보인다. 다만 회령과 무산 주변에서는 '川에 가다'를 '[kɛːnega]'라든가 '[mulkɛːnega]'라고 부른다.

② '[kɛ]'와 다른 형태의 결합형

위의 '개'가 다른 요소와 결합하여 나타나는 경우가 있다. 가령 경기도와 황해도, 평안북도에서 보이는 '[kɛʧʰɔn]'은 'kɛ+ʧʰɔn(川?)'이며,[128] 황해도

---

125) 이것이 신라인의 명명(命名)과 관련된다는 前間恭作 선생의 설에 반드시 찬성할 수는 없다. 저자는 오히려 낙동강을 加羅語로 加羅(이것은 후술하는 바와 같이 저자 생각으로는 'kʌrʌ'가 아닌 'kara'라고 보고 싶다.)라고 불렀고 이것을 신라인이 계승했다고 생각하고자 한다. 이에 대해 신라어로서는 'nare～nari～nʌl'(2.5.의 [부기] 참조)이 원래 단어가 아니었을까 한다. 『日本書紀』「神功紀」의 유명한 '阿利那禮'는 이러한 추측을 지지해 준다.

126) '江'의 한자음.

127) '-s-'는 예전의 속격 조사, 'mul'은 '水'이다.

128) 만약 이런 설명이 올바르다면 이 복합형은 아마도 '川'의 '훈독+음독'으로 생겨난 것이라고 생각된다. '개'는 보통 '浦'의 훈이며 '개픗자[kɛ-pʰo-ʧa]'라고 부르는데, 예전에 '개'가 또한 '川'의 의미로 쓰이고 있을 무렵 '川'의 훈으로서 '개쳔ᄍᆞ[kɛ-ʧʰɔn-ʧʌ]'라고 말했던 것은 아닐까 한다. [역자주] '훈독+음독'은 일본어 '訓み方'을 풀어서 번역한 것으로 앞부분은 훈독, 뒷부분은 음독하는 방식을 가리킨다.

장연과 송화의 '[kɛ-daŋ]', 강원도 이천의 '[kɛtʰaŋ]', 평안북도 철산의 '[kɛʧʰaŋ]'은 모두 'kɛ' 뒤에 '-daŋ, -tʰaŋ, -ʧʰaŋ'이 붙은 형태이다.

③ [kɛ]+[kol]

'개'를 포함한 복합 형태의 하나로 'kɛ+kol'이라고 생각되는 형태가 몇몇 존재한다. 이 형태들은 크게 (A) '-g-'를 남긴 것, (B) '-ŋ-'을 발달시킨 것, (C) '-g-'를 소실한 것의 세 가지로 나눌 수 있다.

○ (A)-계열

(a) [kɛgul] 황해도, 평안남북도

(b) [kɛgoraŋ] 경남 함안

(c) [kɛgulʧʰaŋ] 경기도 북부, 강원도 북부, 황해도 일부, 평안남북도, 충남 서산, 전남 광주・영광・완도

(d) [k̄ɛgulʧʰaŋ] 전라남북도

(e) [kɛguʧʰaŋ] 평안남북도

(f) [kɛguʤaŋ] 평안남북도

○ (B)-계열

(g) [kɛŋgul] 황해도, 충청남도

(h) [kɛŋguri] 충남 홍성

(i) [kɛŋgoraŋ] 충청남도

(j) [kɛŋgulʧʰaŋ] 황해도, 충청남도

(k) [kɛŋgulʧʰɛŋi] 충남 서산・예산

○ (C)-계열

(l) [kɛul] 경기도, 황해도, 충청남북도, 함남 안변, 강원 철원

(m) [kɛulʧʰaŋ] 충남 아산, 황해 금천

이들 방언형 중 (a), (g), (l)은 'kɛ+kol', (b), (i)는 'kɛ+koraŋ', (c)~(f), (j), (k), (m)은 'kɛ+kol'에 다시 '-ʧʰaŋ'이 결합한 형태이다. (d)의 두음이 경음인 'k̄'로 변한 것은 전라도의 경향 중 하나이다.[129] (e), (f)의 '-l-'을 잃어버린 형태는 '[kɛgulʧʰaŋ]>[kɛgul̥ʧʰaŋ]>[kɛguʧʰaŋ]'의 변화를 거쳤고 다시 '[kɛguʤaŋ]'으로 바뀌었다고 생각된다.

이 형태들이 원래 'kɛ+kol'에서 발생했다는 점은 'kɛ+kol'의 어원으로부터 생각할 수 있다. 'kɛ'는 앞서 서술했듯이 '川'을 의미했다. 'kol'은 현재 단독으로는 나타나지 않는데,[130] 보통 '[koraŋ], [k̄oraŋ], [k̄olʧʰaŋi]' 등과 같은 형으로 실현되며 그 의미는 '밭고랑(畝溝)'이다. 전라남도에서는 '더러운 물이 흐르는 도랑'의 의미로도 쓰인다. 매우 주목해야 할 점은 경남 거제에서 '[koraŋ]'을 '小川'의 의미로 쓴다는 점이다. 아마 '골'도 원래는 '川' 또는 '小川', '溝' 등을 의미했던 듯하다.[131] 즉 'kɛ+kol'은 동의어의 중복인 것이다.[132]

이러한 어원 해명은 앞서 서술한 각 방언형들의 분포 상황으로부터 명확해진다. 즉 (A)-계열('-g-'를 보존한 형태)은 (B), (C)에 비해 멀리 떨어진 곳(평안남북도와 전라남북도)에서 보이며 (C)-계열('-g-'를 소실한 형태)은 중앙부에 집중되고 또한 (B)-계열('-ŋ-'을 발달시킨 형태)은 정확히 그 중간인 황해도와 충청남도에서 발견되는 것이다. 이러한 분포 상황은

---

129) 가령 전라도 방언에서 '개구리(蛙)'는 '[k̄ɛguri]', '가마귀(烏)'는 '[k̄amagu]' 등으로 발음한다.

130) 'pat-kol'은 'pat-koraŋ'과 동일하게 '畑溝'(밭두둑 사이의 낮은 곳)를 의미한다.

131) 경상도 방언에 '[kəːl], [kəraŋ], [kərɔŋ]' 등의 형태가 있는데 '골'도 이런 계통에 속한다고 생각되며, 더욱이 이들은 '河, 江'의 고어 'ᄀᆞ름'과 관계가 있는 듯하다. 여기에 대해서는 2.5.의 [부기]를 참조하기 바란다.

132) '[kɛgol]'이 되지 않고 '[kɛgul]'이 된 것은, 마지막 음절의 모음이 강세를 지니지 않았기 때문에 'o'가 'u[ʊ]'로 바뀌는 일반적 경향의 한 예이다. '하오, 가오'는 보통 '[hau], [kau]'라고 말한다. 다만 3음절에서 어중에 오면 'o'는 보존된다. (예) '[kɛgoraŋ], [kɛŋgoraŋ]'.

분명 시대의 신구(新舊)를 나타내는 것으로서, 적어도 (A)-계열이 (B), (C)-계열보다 오래된 층에 속한다는 것은 의심할 바가 없는 듯하다. 바꿔 말하면 '-g-'를 잃어버린 (C)-계열의 '[kɛul]' 등은 (A)-계열의 '[kɛgul]' 등보다는 늦게 생겨난 것이다.

이 때 주의해야 할 점은 '[kɛgul]' 등에서 곧바로 '[kɛul]' 등이 도출되는지의 여부이다. 저자의 견해로는 '[kɛul]' 등과 같은 신형은 첫 음절 '개'가 아직 이중모음 '[ka͡i]'이던 시절 생겨났으며, 이러한 '-i'에 둘째 음절의 'gul'이 결합함으로써 '-g-'의 탈락이 일어났다고 생각한다.[133] 즉 모음 '-i-' 뒤에 오는 '-g-'의 소실 예 중 하나인 것이다.

(B)-계열이 경기도를 사이에 두고 황해도와 충청남도에서 맞서는 것은 '바회'의 경우와 동일하다. 이것을 (C)-계열인 '[kɛul]'의 이전 형태로 보아야 할지, 아니면 (A)-계열 '[kɛgul]'과 (C)-계열 '[kɛul]'의 중간 지대에서 각자 별개로 '-ŋ-'을 발달시켜 '[kɛŋgul]' 등을 만들어 냈다고 보아야 할지는 분명치 않다.

【6】 냅다(煙)

'냅다'의 방언형은 대체로 다음과 같다.[134]

① [nɛːda]

경상남도와 황해도 신계에서 보인다. 이 형태는 명사 '내[nɛ]'(고형 'ᄂᆡ')를 그대로 형용사로 바꾼 것이다.

② [nɛːpta]

황해도, 강원도 북부, 경기도, 충청남북도, 전라북도에 나타난다.

---

133) ka͡i-gul>ka͡i-ul>kɛ-ul.

134) 〈방언 어휘〉 [24] 참조.

③ [mɛːpta]

경기도로부터 충청남도를 거쳐 전라남도에 이른다.

④ [nɛupta]

주로 충청남도, 전라남북도에서 쓰이며, 경기도, 황해도, 충청북도에서 산발적으로 보인다.

⑤ [mɛupta]

위의 ④와 거의 같은 모습이다.

⑥ [nɛgupta]

황해도 동부 산간 지대, 강원도 이천에서 나타나며 남부에서는 충청북도를 중심으로 충남 조치원・유성, 경북 예천・영주에 존재한다.

⑦ [mɛgupta]

충북 영동・음성・괴산에 나타난다.

⑧ [nɛguda]

함경북도와 함경남도 단천에서 보인다.

⑨ [nɛgulda]

평북 후창에서 보인다.

⑩ [nɛgurɔpta]

경북 영덕・흥해・경주, 경남 울산, 함남 북청・영흥에서 발견된다.

⑪ [nɛgɯrɔpta]

경기도 이천, 경남 밀양, 함남 안변에서 보인다.

⑫ [nɛgɯrapta]

경상북도에서 발견된다.

이 중 ③, ⑤, ⑦은 '[n]' 대신 '[m]'을 가지고 있는데, 이것은 후행하는 '[p]'에 의한 역행동화의 작용 결과로서 각각 ②, ④, ⑥과 거의 비슷한 지역에서 생겨난 형태들이다.

이들 중 ⑥~⑫가 보여 주는 것처럼 '-g-'를 포함한 형태가 고형이라는 점을 알 수 있다. ⑥~⑫ 중에서는 어떤 것이 더 오래된 것일까? 여기에 대해서는 이 단어와 밀접한 관계에 있는 '내(煙)'[135]를 함께 생각하지 않을 수 없다.

'내(煙)'의 방언형은 다음과 같다.[136]

㉠ [nɛ:]

함경남북도와 경상남북도를 제외한 거의 전 지역에서 보인다.

㉡ [mɛ:]

전남 벌교에서 보인다. 이것은 '[mɛ:pta]'로부터 새로 만든 형태이다.

㉢ [nɛnnɛ]

황해도와 평안남북도에서 보인다. '내ㅅ내'(煙臭)가 원래의 의미이다.

이 외에 '-g-'를 포함한 형태 및 그것으로부터 파생된 형태가 존재한다.

㉣ [nɛgul]

평남 영원·맹산, 평북 후창, 함북 온성·무산·경성·나진, 함남 영흥에서 나타난다.

㉤ [nɛguri]

함경남북도 및 그에 인접한 평안남북도 일부에서 나타난다.

㉥ [nɛgurɛgi]

경북 경주, 경남 울산에서 나타난다. 이것은 물론 'nɛgul+ɛgi[137]'이다.

---

135) 이 단어는 예전에 'ᄂᆡ[nʌi]'로 표기되어 있다. 'ㆎ'는 제주도에서는 '[ö]'로 발음된다. 여기에 대해서는 小倉進平 선생의 「朝鮮語母音の記號表記法に就いて」(『音聲の研究』 4집) 146쪽 참조. 그렇다면 'ᄂᆡ'는 '[nö]'라고 해야 하는데, 저자가 채집할 때에는 '[ne]'로 들렸다. 아직 후일의 연구를 기다린다.

136) 다만 '연기(煙氣)' 계열의 단어는 적지 않는다.

137) 'ɛgi'는 '兒'인데 축소 접미사로 변했다.

이러한 '-g-' 형태에서 다시 '-ŋ-'을 발달시킨 것이 있다.

ⓢ [nɛŋgul]

함남 안변에서 보인다.

ⓞ [nɛŋguri]

평북 희천에서 보인다.

ⓙ [nɛŋgɔri]

평북 선천에서 보인다.

ⓒ [nɛŋgal]

전라남도에서 나타난다.

ⓚ [nɛŋgwal]

평안북도에서 나타난다.

ⓣ [nɛŋgwari]

평안북도에서 나타난다.

이 중 ⓢ~ⓣ은 과연 '[nɛgul]'에 '-ŋ-'을 개입시킨 형태로부터의 변화인지 여부가 명확하지 않다.[138] 어쨌든지 '煙'이라는 말의 가장 오래된 형태가 '[nɛgul]'[139]이라는 점은 지리적으로나 형태적으로 분명하다.[140]

---

138) '[nɛŋgwari]'는 중앙에서는 타고 남은 재를 말한다. 평북 강계·후창·자성·위원·초산에서는 '[nɛguri]'와 '[nɛŋgwari]'가 공존하며 후자는 반 이상 탄 것에서 나온 연기를 일컫는다. 어쨌든 '[nɛŋgwari]'라는 형태가 '[nɛguri]'와 어떤 관계가 있다는 것에는 틀림없지만, '-ari'라는 어미가 어떻게 생긴 것인지 불분명하다. '[nɛŋgwari]'라는 단어는 1690년(숙종 16) 완성된 『譯語類解』에 'ᄂᆡᆼ과리'로 기록되어 있는 것을 볼 때, 중앙에서도 쓰였던 듯하다. 의미는 '연기 윗부분(烟頭)'이다. 평북에 '[nɛŋgwal], [nɛŋgwari]'가 있고 전남에 '[nɛgal]'이 있는 것을 보면 이러한 분포는 숙종 시대 중앙에서 쓰였던 형태가 북쪽 경계와 남쪽 가장자리에서 명맥을 유지하고 있다고 하지 못할 것도 없다. 다만 중앙에서 'ᄂᆡᆼ과리'가 'ᄂᆡ'와는 어떤 관계에 있었던 것일까? 억측을 허락한다면 'ᄂᆡ'는 아어(雅語)이고 'ᄂᆡᆼ과리'는 속어(俗語)라고 생각할 수도 있다. 현재에도 'ᄂᆡ'는 오히려 아어(雅語)로서의 생명밖에 없고 실제상로는 '연기(煙氣)'라는 한자어가 쓰이고 있다.

'煙'이 예전에 '[nʌ͡igol]>[nɛgul]'의 변화를 입었다고 한다면 앞의 '냅다(煙)'라는 단어의 여러 방언형 중 어느 것이 가장 오래된 것인지는 일목요연해진다. 즉 ⑩의 '[nɛgurɔpta]'가 그것인데, 왜냐하면 '[nɛgurɔpta]'는 'nɛgul+ɔp+ta'로 이해되며 '-ɔp-'은 형용사 파생 접미사로 생각할 수 있기 때문이다. ⑪과 ⑫가 ⑩의 변이라는 것은 말할 필요도 없다. ⑨ '[nɛgulda]'와 ⑧ '[nɛguda]'는 '[nɛgul]'에서 직접 만들어진 형태로, ①의 '[nɛːda]'가 '[nɛː]'에서 만들어진 것과 동일한 방식이다. ⑥, ⑦의 형태는 어떻게 생각해야만 할까? 아마도 ⑩ '[nɛgurɔpta]'의 셋째 음절 모음이 약화되어 '[nɛgur̥pta], [nɛgulpta]'가 되고 '-lpt-'와 같은 자음 중복을 꺼려서 '-l-'을 탈락시킨 결과 '[nɛgupta]'가 된 듯하다.

이처럼 '냅다'라는 단어는 예전에 '[nɛgurɔpta]'(또는 '[nʌ͡igorɔpta]')라고 불렀으며 먼저 '[nɛgupta]'로 줄어들었는데, 이런 점은 분포 상황을 통해서도 생각할 수 있다. 즉 '[nɛgurɔpta]' 및 그와 비슷한 형태(⑩, ⑪, ⑫)는 경상북도를 중심으로 하며 특히 ⑩은 경상북도의 동부에서 보이는데, 이 지방은 앞에서 자주 보아 왔듯이 상당히 예전 형태를 보존하고 있다. 게다가 '[nɛgupta]'는 경상북도의 외곽인 충청북도를 중심으로 하고 있다. 이런 상황은 '[nɛgurɔpta]>[nɛgupta]'라는 변화를 지지해 주기에 충분하다.

그러나 이 항목에서의 중심 문제는 오히려 '[nɛgupta]'와 ④ '[nɛupta]'(또는 ② '[nɛːpta]')의 관계에 있다. 우선 '[nɛupta]'와 '[nɛːpta]'의 분포 상황을 보면 '[nɛupta]'는 충청남도로부터 전라남북도에 이르는 일대를 중심으

139) 더 정확히 말하면 '[nʌ͡igol]'이다.

140) '[nɛgul]~[nʌigol]'과 '[nɛ]~[nʌi]'의 관계에 있어, 이 둘 사이에 직접적인 시대상의 선후 관계를 설정하기는 곤란하다. 왜냐하면 이런 변화에서 당연히 기대할 만한 '[nɛul]'이나 '[nɛːl]'과 같은 형태는 전혀 발견되지 않기 때문이다. 이 둘의 관계는 역시 '냅다'와 관련시켜 생각하지 않으면 안 된다. '[nɛgul]'에서 '[nɛgurɔpta]'가 파생되었다고 한다면, 이번에는 역으로 '[nɛːpta]'에서 명사 '[nɛː]'가 나왔다고 생각할 수는 없는 것일까? 다만 여기에는 아직도 두 단어의 연대(年代)에 대한 상세한 연구가 필요하다.

로 하는 데 대해 '[nɛ:pta]'는 경기도를 중심으로 하고 있다. 형태 측면에서 보아도 '[nɛ:pta]'의 활용형은 부사형이 '[nɛwɔ]', 관형사형이 '[nɛun]'인데, '[nɛupta]'의 활용 역시 완전히 동일하다. 이러한 ㅂ-불규칙 활용은 현재의 한국어에서도 널리 쓰이고 있으며 자음으로 시작하는 어미 앞에서는 '-p-', 모음으로 시작하는 어미 앞에서는 '-u-'라는 음운 교체를 특징으로 한다. 가령 '가깝다(近)'는 '가깝다, 가깝고, … : 가까와, 가까운, …'이 된다. 이러한 '-p-~-u-'라는 활용 형식에 따르면 '[nɛwa], [nɛun]'에 대응하는 종결형은 '[nɛupta]'일 필요는 없다. 이렇게 하여 '[nɛ:upta]'는 '[nɛ:pta]'로 이행해 간 것이다.

그렇다면 이러한 '[nɛupta]'는 '[nɛgupta]'와 어떤 관계에 있을까? 이것은 간단하다. 즉 이것 역시 모음 '-i' 뒤에서 '-g-'의 소실이다. 첫 음절 'nɛ-'가 예전에 '[nʌi]'였으리라는 것은 옛 문헌의 'ᄂᆡ'가 가리키고 있다. 지리적으로 봐도 '[nɛupta]'가 충청남도로부터 전라남북도·경기도·황해도·충청북도에 이르는 데 대해 '[nɛgupta]'는 충청북도를 중심으로 하고 있다는 점은, 이러한 '[nɛgupta]>[nɛupta]'의 변화와 결코 모순되는 바가 없다.

【7】 시다(酸)

이 단어는 다음과 같은 방언형을 지닌다.141)

① [sida]

거의 전 지역에서 쓰인다.

② [s̄ida]

평안남도와 전남 벌교·고흥·보성, 경북 청송에서 쓰인다.

③ [seda]

평남 안주에서 쓰인다.

141) 〈방언 어휘〉 23 참조.

④ [s̄ipta]

경북 청송에서 쓰인다.

⑤ [siupta]

충남 홍산・예산에서 쓰인다.

⑥ [sigupta]

충청북도 및 그에 인접한 충청남도 일부와 경상북도 북부에서 쓰인다.

⑦ [sigulda]

평북 후창에서 쓰인다.

⑧ [siguda]

함경남북도에서 쓰인다.

⑨ [sikʰuda]

함북 온성・회령에서 쓰인다.

⑩ [sigɯrɔpta]

경상북도, 경남 양산・밀양, 충북 황간, 경기 가평, 함남 안변에서 쓰인다.

⑪ [segɯrɔpta]

경상북도에서 쓰인다.

⑫ [segɯrapta]

경상북도에서 쓰인다.

⑬ [segurɔpta]

경상북도에서 쓰인다.

⑭ [segurupta]

경상북도에서 쓰인다.

⑮ [seguropta]

경상북도에서 쓰인다.

⑯ [segoropta]

경상북도에서 쓰인다.

이러한 방언형들은 '냅다'의 경우와 매우 유사하다. 즉 경상북도의 '[segɯrɔpta], [segurɔpta]' 등(⑪~⑯)이 가장 고형이며, '[nɛgurɔpta]'에 대한 '[nɛgul]'의 유추에 따르면 '[segurɔpta]'에서 명사 '[segul]'을 생각할 수 있을 듯하다. 다만 실제로는 이 '[segul]'이라는 명사가 적어도 현재에는 존재하지 않는다. 그러나 여기서 주목해야 할 점은 '醋'를 가리키는 순수 고유어가 빠져 있다는 사실이다. 『訓蒙字會』에서도 '초[ʧʰo]'라는 한자어 '醋'를 적고 있다. 어쩌면 일찍이 '醋'를 지시하는 순수 고유어에 '[segul]'이라는 말이 있었을지도 모른다.[142] 아무튼 '[segurɔpta]'가 가장 오래된 모습을 잘 간직하고 있다는 점은 '[nɛgurɔpta]'의 경우와 동일하다.

'[segɯrɔpta]'에서 더욱 주목해야 하는 것은 첫 음절의 'se-'이다. 이것은 평남 안주의 '[seda]'를 제외한 다른 지방에서는 'si-'로 되어 있다. 이것 역시 'se->si-'로 생각해야 하겠지만, 『訓蒙字會』와 『譯語類解』에 '싀[sɯi]'로 되어 있는 것을 볼 때 예전에는 'sĕi-'라고 말했던 것 같다.[143]

경상북도를 중심으로 하여 그 인접지에서 보이는 '[sigɯrɔpta]'가 '[sĕigurɔpta]'로부터의 변화형이라고 하는 점은 말할 필요가 없다.

동북 지방의 형태, 즉 ⑧ '[siguda]'가 평북 후창의 '[sigulda]'에서 '-l-'이 탈락한 형태라는 점은 '냅다'의 경우와 완전히 일치한다.[144] 즉 위의 가설을 생각할 수 있다면, 명사 '[sigul]'[145]을 직접 형용사로 전환한 것이다. 온

142) 『鷄林類事』에 '醋曰生根'이라고 되어 있다. 前間恭作 선생은 이것을 '서김'(술의 효모)에 할당하고 있지만(「鷄林類事麗言攷」의 77쪽 참조), '醋'의 순수 고유어 '*segul'을 적은 것이라고 생각된다. '生根'의 중국음은 현대에는 '[ʂəŋ-gən]'이며, 隋唐 시대에는 '[ʂɐŋ-gən]'이었다. 현대 한국 한자음으로는 '생근'이다. 아무튼 '*segul'을 전사한 것이라고 생각해도 그다지 잘못된 설명은 아니니다. 어말의 'n'이 'l'을 표시하는 데 쓰인 예는 『鷄林類事』에서는 눈에 띄지 않는다. 『華夷譯語』에서 '熱酒'를 '得賁數本'으로 적어서 'tɔ-bɯn su-bul'을 지시하고 있는 예가 있다. 중국인의 귀에 어말 '-l'은 '-n'에 가깝게 들릴 수 있을 듯하다.

143) 'sĕi->s^{ə}i->sɯi->si-'의 과정을 거친 듯하다.

144) 후창의 '[nɛgulda]'와 함북의 '[nɛguda]' 참조.

145) 더 예전에는 '[sĕigul]'(?)일 것이다.

성과 회령의 '[sik^{h}uda]'는 '[siguda]'의 한 변이형으로부터 발달한 듯하다.

경상북도 북부에서 충청북도에 이르는 '[sigupta]'는 분포 상황도 '[nɛgupta]'와 동일하다. 이 형태의 발생은 '[nɛgupta]'와 마찬가지로 'sigurɔpta＞siguṛpta＞sigulpta＞sigupta'인 것 같다.

이러한 '[sigupta]'가 충남 홍산·예산에서 '[siupta]'로 된 것도 '[nɛgupta]＞[nɛupta]'와 같이 모음 '-i'에 후행하는 '-g-'의 소실 예 중 하나이다. 다만 '[siupta]'라는 형태는 '[nɛupta]'에 비해 그 분포가 매우 제한되어 있다. 그러나 둘 다 충청남도에서 보인다는 점은 주목해야 한다.

'냅다'의 경우와 달리 '[sipta]'라는 형태는 존재하지 않는다. 다만 경북 청송에 '[s̄ipta]'가 있을 뿐이다. 이것의 유래도 '[nɛupta]＞[nɛːpta]'의 과정과 동일한 듯하다.

중앙부를 비롯하여 일반적으로 사용되는 '[sida]'라는 형태 및 그와 같은 부류의 '[s̄ida], [seda]'와 같은 형태는 어떻게 생겨났을까? 아마도 '[siupta]'(또는 '[sipta]')의 부사형 '[siwɔ]'가 '[siyɔ]'로 변화한 결과, '-p-～-u-'의 활용 특징을 잃어버리고 새로운 종결형 '[sida]'를 만들어 낸 것 같다.

이상의 세 예를 통해 모음 'i' 뒤의 'g' 소실을 본 셈인데, 이러한 변화는 지리적 상황에서 볼 때 중앙부에서 발생하여 전파된 것 같다. 그리고 이러한 특이한 변화는 조선 초기의 중앙어에서 두드러진 현상이었으며 그 후 현재에 이르러서는 이 음운 변화가 완전히 생명을 다하고 말았다. '-g-'의 소실이 조선 초기에 어떤 이유로 해서 모음 'i' 뒤에서만 보이고 다른 모음 뒤에서는 보이지 않는지 하는 것은, 한국어 음운사에서 풀기 힘든 문제 중 하나로 현재 여전히 해결하지 못한 채 남겨 두는 수밖에 없다.

2.4.2. 'l'과 모음 사이의 '-g-'

조선 초기에 '-g-'의 탈락이 보이는 것은 전술한 '모음 i 뒤' 이외에 자음

'l' 뒤에서도 마찬가지로 규칙적이다. 즉 '-거든, -거늘, -고' 등의 조사는 'l'로 끝나는 용언의 경우에도 '-어든, -어늘, -오' 등으로 변화하고 있다.146) 이 현상도 역시 조선 초기의 특징으로, 현재는 흔적 이외에는 전혀 발견되지 않는다. 그러나 방언에 나타나는 여러 가지 변이형을 살펴보면 'l' 뒤에서의 'g' 소실이라는 현상을 통해 설명되는 경우가 자주 존재한다. 이하에서 여기에 대해 서술하기로 한다.

【8】 모래(砂)

'砂'를 의미하는 말은 방언에서 대개 두 가지 계통이 나타나고 있다. 하나는 '모래[morɛ]' 계통이고 다른 하나는 '모새[mosɛ]'(또는 '[mosal]') 계통이다. 이 둘 사이에는 어떤 관계가 있는 듯 생각되지만 명확하지는 않다. 여기서는 '모래'의 경우가 문제되기 때문에 이것에 대해서만 언급하고자 한다.147)

① [morɛ]

거의 전 지역에서 발견된다.

② [mollɛ]

제주도에서 발견된다.

③ [molgɛ]

평안남북도, 함경남북도, 경상남북도를 중심으로 하며 그 밖에는 경기도 가평, 황해도 수안・황주・토산, 강원도 이천, 충청북도 보은, 전라남도 벌교에서 발견된다.

④ [molgɛmi]

경북 청송, 영덕, 흥해에서 발견된다.

---

146) 前間恭作 선생의 『龍歌故語箋』 19쪽 참조.

147) 〈방언 어휘〉 ㉕ 참조.

⑤ [moŋgɛ]

충북 제천에서 발견된다.

⑤의 '[moŋgɛ]'가 과연 '[molgɛ]>[mongɛ]>[moŋgɛ]'의 변화를 거쳤는지 여부는 명확히 말할 수 없어도, ③과 ④를 통해 '[molgɛ]'라는 형태가 고형(古形)이라는 점은 지리적으로 의심할 바가 없다.[148] 이 경우 문제가 되는 것은 '[morɛ]'와 '[molgɛ], [mollɛ]'의 관계인데, 여기서 주의해야 할 점은 『訓蒙字會』에 '몰애'라고 표기되어 있다는 점이다. 이것은 물론 오늘날 '모래[morɛ]'의 전신(前身)이다. 이와 전혀 다를 바가 없는 듯한데, 뒤에서 다룰 '멀위, 벌에'(모두 『訓蒙字會』)나 또한 '술위'(『月印釋譜』 서문[149]) 등 모두 일찍이 '-lg-'의 결합을 가지고 있었다고 생각되는 단어들이 특별히 'ㄹ'을 선행 음절의 종성으로 하고 후행 음절은 'ㅇ'으로 시작하는 표기법을 보이고 있다.

조선 초기 문헌의 표기법은 매우 표음적이어서 음절의 구분 방식도 발음대로 하는 것이 원칙이다. 가령 오늘날 '사람이'라고 하는 경우에는 조사 '-이'를 어간에서 분리하여 적는 것이 일반적이지만 조선 초기에는 이와 같은 경우에 반드시 '사ᄅᆞ미'라고 하여 조사를 분리하지 않고 '[sa-rʌ-mi]'라는 실제 발음 그대로 표기하고 있다. '몰애' 등의 경우도 만약 이들이 '[morɛ]' 등으로 발음되었다면 아마도 원칙상 '모래, 머뤼' 등으로 표기되었을 것이다. 그것을 특별히 '몰애, 멀위' 등으로 분리하고 있는 것은 어떤 발음상의 차이가 있었기 때문임에 틀림없다.

---

148) ④의 '[molgɛmi]'는 'molgɛ+mi(또는 ɛmi)'로 분석되며 '-mi' 또는 '-ɛmi'는 접미사의 일종으로 생각된다. 가령 'nalgɛ(翼)'에 대해 충남(서산, 당진, 예산, 아산 등)에서는 'nalgɛmi'라고 하며 또한 'solgɛ(鳶)'에 대해 충북(대부분), 충남(예산, 아산, 천안, 조치원 등)에서는 'solgɛmi' 또는 'sorigɛmi'라고 하는 예가 있다. 이것은 아마도 축소 접미사인 듯하다.

149) 함경북도(온성, 회령, 무산, 부거, 경성, 길주)와 함경남도(단천, 북청)에서는 '車'를 '[sulgi]'라고 부른다.

게다가 한편으로 다음과 같은 사실이 존재한다. 즉 오늘날 '-ll-'이라는 발음을 포함한 동사, 가령 'tallɛ-(誘), olli-(上), nalli-(飛)' 등은 조선 초기에 각각 '달애-(『龍飛御天歌』 18장), 올이-(『龍飛御天歌』 18장), ᄂᆞᆯ이-(『龍飛御天歌』 88장)'로 되어 있는 것이다. 제주도의 '[mollɛ]'는 바로 이와 동일한 변화를 겪었다.[150] 또한 『譯語類解』에서 '獐羔兒'를 '놀ᄂᆡ삿기'로 풀어 놓고 있는데, 이 '놀ᄂᆡ[nollɛ]'는 '놀'의 속격 '놀ᄋᆡ'로부터 생겨난 것이다. 주목해야 할 것은 이 '놀'이라는 단어는 『龍飛御天歌』에서 반드시 조사와 분리하여 적는다는 점이다. 예를 들어 '놀이(43장), 놀ᄋᆞᆯ(65장)'과 같다. 즉 속격이 '놀ᄋᆡ'였다는 것도 쉽게 알 수 있는 것이다. 이러한 사실들로부터 미루어 보건대, '몰애, 멀위' 등의 표기법이 '모래, 머뤼' 등과는 의미를 달리 하고 있다는 점은 분명하다.

그렇다면 이것은 어떠한 음성학적 근거를 지니고 있는 것일까? 현재 한국어의 성질에서 보자면, 음절 말의 'ㄹ'은 '[l]'이고 그 뒤에는 모음을 허용하지 않는다. 만약 이런 상황이 조선 초기에도 그대로 들어맞는다고 가정한다면, '몰애, 멀위' 등은 '[mol-], [mɔl-]'이며 게다가 둘째 음절의 초에 어떠한 자음을 요구하게 된다. 문자상으로는 'ㅇ'으로 되어 있지만 이 경우는 미약하게나마 자음적인 음이 발음되었다고 생각한다. 예컨대 소위 유성의 'h'와 같은 음이 있었기 때문에 첫 음절이 폐음절(mol-, mɔl-)이었던 듯하다.[151]

이러한 가설을 뒷받침하는 것으로 '오리[ori](鴨)'가 있다. 이 단어는 경상남북도의 동부(영덕, 흥해, 경주, 울산)에서 '[olgi]'라고 부른다. 이것도 역시 'l' 뒤의 'g'의 소실 예 중 하나인데 『訓蒙字會』에는 '鴨'의 훈으로 '올히'라고 되어 있다.[152] 그러나 이 '올히'는 오히려 '[ol-^{h}i]'의 표기인 듯하다.

150) '몰애'가 '[mollɛ]'로 변했다.

151) '몰애, 멀위'는 각각 '[mol-^{h}ai], [mɔl-^{h}ui]'였던 듯하다.

152) 즉 'olgi>olhi>ori'와 같은 것이다.

제주도에서는 서귀포에서 '[olli]', 대정 · 서귀포 · 성산포에서 '[ollɛŋi]'(＝olli ＋ɛŋi)라고 한다. 이것은 '몰애[mol-ʰai]'가 '[mollɛ]'로 되는 것과 완전히 동일한 조건의 일임을 보여 주고 있다.

이와 같이 '모래'는 예전에 '[mol-gai]'[153]라고 했는데 유성음 'l'과 모음 사이의 'g'가 중앙부에서 점차 약화되어 '[mol-ɣai]'로 되고, 조선 초기에는 다시 '[mol-ʰai]'의 상태까지 다다랐다. 그러나 '[mol-ʰai]'는 이미 매우 불안정한 음의 결합이었다. 그래서 이것은 머지않아 두 가지 방향으로 변화했다. 하나는 '[ʰ]'의 소멸에 동반되어 '-l'이 모음과 직접 만났기 때문에 첫 음절은 개음절로 바뀌고 '[l]'은 '[r]'로 변했다. 이것이 현재 가장 세력을 가진 '[mo-rɛ]'이다. 다른 한편으로 '[mol-ʰai]'의 '[ʰ]'가 탈락할 때 첫 음절의 성질(폐음절)을 유지하려고 한 결과 '[l]'의 장음화를 초래하여 '[mol-lɛ]'로 되었다. 현재는 제주도 방언에서 이 형태가 남아 있다. 이러한 두 번째 변화 방향이 결코 제주도에 한정된 것이 아니라 중앙부에서도 존재했다는 사실은, '달애＞달내'([tal-ʰai]＞[tal-lɛ])나 '놀ᄋᆡ＞놀ᄂᆡ'([nol-ʰʌi]＞[nol-lɛ])의 예에서도 알 수 있다.

【9】 머루(山葡萄)[154]

① [mɔru]

경기도, 충청남북도를 중심으로 하며 그 밖의 지방까지 미친다.

② [mɔrwi]

제주도 제주에 나타난다.

③ [mɔri]

평남 용강, 충북 진천 · 괴산, 경북 고령, 경남 합천 · 거창 · 창녕 · 부산

153) 이것이 현재는 평안남북도, 함경남북도, 경상남북도에 '[mol-gɛ]'로 남아 있다.
154) 〈방언 자료〉 ㉖ 참조.

에 나타난다.

④ [mɔrɛ]

황해도와 경상남도에 나타난다.

⑤ [mɔre]

황해도와 경상남도에 나타난다.

⑥ [morɛ]

황해도와 경상남도에 나타난다.

⑦ [mɔllwi]

제주도 성산포에 나타난다.

⑧ [mɔlli]

제주도에 나타난다.

⑨ [mɔlgu]

북부에서는 평안남북도, 황해도를 중심으로 하여 강원도 북부와 함경남도 남부까지 이른다. 남부에서는 전라남도, 동부에서는 경상북도와 강원도 동부에서 발견된다.

⑩ [myɔlgu]

전북 남원, 전남 곡성 · 벌교 · 영암 · 목포에서 나타난다.

⑪ [melgu]

전라남도에서 나타난다.

⑫ [milgu]

전남 구례에서 나타난다.

⑬ [mɔlgwi]

함경북도 북부, 함경남도 남부, 그 밖의 지방으로는 황해도 신계에서 나타난다.

⑭ [mɔlgi]

함경남북도, 강원도 이천, 황해도 신계에서 나타난다.

第十圖 머루 (山葡萄)

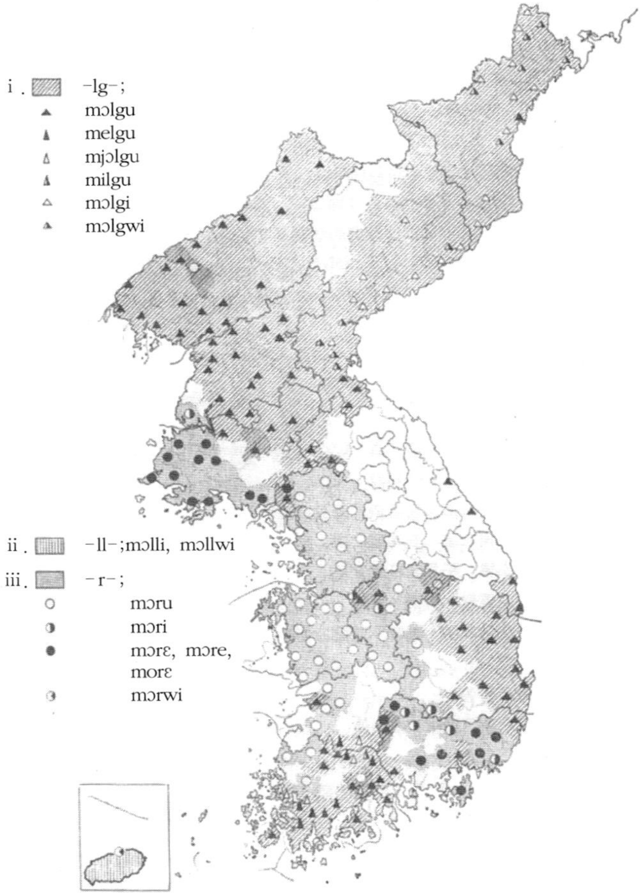

〈제10도 머루〉

'-lg-'를 포함한 형태가 고형이라는 점은 전술한 '모래'의 경우와 동일하다. 이 단어는 『訓蒙字會』에서는 '멀위'로 표기되어 있는데, '멀위'는 '[mɔl-ʰui]'를 적은 것이며 또한 '[mɔl-gui]'로부터 변화한 것이라는 점은 앞서 서술한 대로이다. '[mɔl-gui]'는 오늘날 함경북도의 북부 경계(北境)와 함경남도 등에 남아 있다. 이러한 지리적 상황 역시 이 형태가 오래된 것임을 지지하고 있다.

또한 '[mɔl-gui]'는 함경남북도에서는 '[mɔlgi]'로 변화했는데 이 지방에서는 어말의 '-ui'를 '-i'로 줄이는 경향이 강하다. 술위(車)를 '[sulgi]'라고 하고,[155] 바위(岩)를 '[pai]'라고 한다. 다른 지방에서는 반대로 '-u'를 유지하고 '-i'를 탈락시킨다.[156]

'[mɔl-ʰui]'는 '모래'와 동일하게 두 가지 방향으로 발달했다. 하나는 '[mɔ-rui]'이고 다른 하나는 '[mɔl-lui]'이다. '[mɔ-rui]'는 제주도 제주에, '[mɔl-lui]'는 역시 제주도의 성산포에 남아 있다. 제주도에서는 다시 '[mɔl-lui]'로부터 '[mɔlli]'로 변화하고 있다. 육지의 중앙부를 중심으로 해서는 '[mɔ-rui]' 등의 새로운 층이 발견된다. 그러나 이 경우는 많은 지방에서 '[mɔru]'로 되어 있고 산발적으로 '[mɔri]'가 보인다. 이러한 '[mɔru]' 층의 남북에서, 즉 북으로는 황해도, 남으로는 경상남도에서 '[mɔrɛ]' 또는 '[morɛ]' 또는 '[mɔre]'가 나타난다는 점은 흥미롭다. 이들은 모두 '[mɔrwɛ]'로부터의 변화라고 생각되는데 상호간에 역사적인 관계는 없는 듯하다.

마지막으로 전라남도에서 '멀'에 대해 '[myɔl-], [mel-], [mil-]'이라는 형태가 보인다. 이것은 일반적으로 모음 '어'의 예전 모습을 아는 데 중요한 자료이다. 덧붙이자면 '거울(鏡)'을 전남에서는 다음과 같이 말한다.

○ [ke:ul] 곡성, 구례, 광양, 순천, 고흥, 보성, 완도
○ [ke:ol] 벌교
○ [kyɔ:ul] 광주, 완도

또한 제주도 서귀포와 성산포에서는 '벌레(蟲)'를 '[pereŋi]'라고 한다.

155) 'sul-gui'가 'sul-gi'로 변했다.
156) ⑨~⑫ 참조.

【10】 벌레(蟲)[157]

① [pɔre]

충청남북도, 전라남북도 및 경북 청송에 나타난다.

② [pɔrɔʤi]

충청남북도, 전라남북도, 경기도, 황해도, 강원도에 나타난다. 그 밖에 함남 안변, 평남 용암포·초산, 제주도 제주에서 보인다.

③ [pɔraʤi]

전남 영암·해남·진도에 나타난다.

④ [pɔrɔkʧi]

황해도 은율·재령·장연·안악과 충남, 전북, 전남 서부 지방에 나타난다.

⑤ [pɔreŋi]

제주도 각지에 나타난다.

⑥ [pereŋi]

제주도 서귀포와 성산포에서 발견된다.

⑦ [pɔregi]

전북 김제에 나타난다.

⑧ [pɔlle]

경기도, 황해도, 강원도 북부, 평남 평양·중화·상원, 충청남북도, 전남 광주·영광에서 나타난다.

⑨ [pɔllɔʤi]

경기도, 황해도, 충청남도, 충북 음성에서 발견된다.

⑩ [pɔllɔkʧi]

황해도, 충남 서산·당진·태안에서 보인다.

---

157) 〈방언 자료〉 [27] 참조.

⑪ [pɔlge]

평북 용암포·철산, 충청남도 대부분, 충북 청주, 전남 완도·진도에서 보인다.

⑫ [pɔlgi]

평북 선천·태천·박천·운산·영변·후창·의주, 평남 개천·중화·상원, 황해도 황주·수안, 함북 회령·무산, 함남 단천·함흥·영흥·덕원·안변·신고산에서 나타난다. 남부에서는 경상남북도를 중심으로 하여 전남 남해안과 충북 황간에 존재한다.

⑬ [pɔlgɔʤi]

경기도 및 황해도 서부와 남부를 제외한 광범위한 지역에 걸쳐 분포하고 있다. 경기도에서도 양평·이천·개성에서는 들을 수 있으며 또한 서울에서도 쓴다고 한다. 제주도에서는 제주에서 들을 수 있다.

⑭ [pɔlgaʤi]

전라남도 남해안 지방에서 나타난다.

⑮ [pɔlgɔkʧi]

평안남도와 전북 남원, 전남 곡성·보성, 함남 안변·신고산에서 나타난다.

⑯ [pɔlgɛŋi]

경상남북도와 전북 전주, 전남 구례에서 나타난다.

⑰ [pɔlgɛi]

전북 남원과 전남 곡성에서 나타난다.

⑱ [pɔlgɛŋ]

경북 김천에서 나타난다.

⑲ [pɔlgɔŋi]

경남 진주·함안·마산에서 나타난다.

이 단어도 앞의 두 단어(모래와 머루)와 마찬가지로 '-lg-'를 포함한 형태가 가장 오래된 모습을 전하고 있음은 ⑪~⑲의 지리적 상황으로부터 생각할 수 있다. 다만 이 단어의 경우 ⑬의 분포가 보여 주듯이, '-lg-' 형태가 현재 여전히 뿌리 깊은 세력을 유지하고 있기 때문에 '모래'와 '머루'와는 분포를 약간 달리하고 있다. 이 단어도 『訓蒙字會』에는 '벌에'로 되어 있으며 '[pɔlgɔi]'로부터 변화하여 '[pɔl-^{h}ɔi]'의 단계에 도달해 있다. 이 '[pɔl-^{h}]'에서 '[pɔll-]' 또는 '[pɔr-]'의 두 방향으로 변해 나갔는데, 위의 분포에서 보이는 것처럼 '-ll-'의 형태가 육지에서도 쓰이며 또한 그 분포 지역이 경기도를 중심으로 하는 중부 지방이 주된 곳임을 볼 때 일찍이 일반적으로 '-l^{h}->-ll-'의 변화가 중앙에서도 존재했다고 하는 주장이 결코 잘못되지는 않다는 것을 알게 된다. '[pɔr-]'의 형태도 대체로 비슷해서 중부 지방을 중심으로 하고 있으며, 또한 제주도에서는 '모래, 머루'와 반대로 '-ll-'로 되지 않고 '-r-'('[pɔreŋi], [pereŋi]' 등)로 되어 있다. 요컨대 '-l^{h}-'가 '-ll-'로 되거나 '-r-'로 되는 것은 중앙에서든 지방에서든 동요가 있었음에 틀림없고 그렇기 때문에 이런 불규칙성이 발견되는 듯하다.

이 단어의 방언형들은 대체로 '-i'로 끝나는 것, '-e'로 끝나는 것,[158] '-ɔʤi'(또는 '-aʤi')로 끝나는 것, '-ɔkʧi'로 끝나는 것, '-ɔŋi, -eŋi 등'으로 끝나는 것의 다섯 가지로 나눌 수가 있다.[159] 다섯 가지 형태 중 어느 것이 고형인지의 문제는 분명치 않다. 그러나 다섯 가지 중 '-ɔi(>e), -ɔʤi, -ɔkʧi, -eŋi'의 형태가 모두 축소 접미사를 지닌 형태라는 것은 말할 수 있다. 그리고 이 네 가지 중 '-eŋi'로 끝나는 것(⑤, ⑥, ⑯, ⑰, ⑱, ⑲)은 상당히 예전 형태로 보인다. 왜냐하면 그 분포 지역이 주로 경상북도(특히 동해안 지방)와 제주도이기 때문이다. 나머지 세 가지는 그 분포를 감안할 때 '-ɔʤi'로 끝나는 것이 가장 세력이 있다는 점으로부터, 이 접미사를 가

158) 이것은 네 번째 주제(2.5.)에서 다루는 바와 같이 원래는 '-ɔi'였다고 생각된다.
159) 전북 김제에는 접미사 '-egi'를 동반하는 '[pɔr-egi]'가 존재한다. ⑦ 참조.

진 형태가 가장 새로운 형태라고 생각되기도 하지만 심하게 뒤엉켜(錯綜) 있어서 시대상의 신구(新舊)를 결정하기 어렵다.160)

'-i'로 끝나는 형태는 '[pɔlgi]'밖에 없는데 이 형태는 평북 의주・선천(혹은 후창), 함북 회령・무산, 함흥 영흥・안변, 경북 북부와 동부, 경남 등지에서 산재되어 나타난다. 이러한 지리적 상황으로부터 '[pɔlgi]'가 예상외로 예전 형태는 아닐까 하는 추측이 생긴다. 앞의 네 가지가 축소형(diminutive form)임에 반해 '[pɔlgi]'가 그 어떤 축소 접미사도 지니지 않는다는 것을 보아도, 일찍이 '[pɔlgi]'가 일반적으로 쓰였는데 '-ɔŋi'나 그 밖의 축소 접미사를 갖춘 형태가 발생하였으며 이것이 표현 가치 측면에서 '[pɔlgi]'를 능가했기 때문에 결국 '[pɔlgi]'는 세력을 잃어버리고 현재는 변방(邊方)에서 겨우 명맥을 유지하고 있다고 생각할 수 있지 않을까 한다.

【11】 도라지(桔梗)161)

① [toraʤi]

거의 전 지역에서 나타난다.

② [torat]

전남 영광과 진도에서 나타난다.

③ [torɛ]

경상북도와 그 주변에서 나타난다.

④ [tolgaʤi]

평안북도와 전라남북도, 경상남북도에서 나타난다.

---

160) 아래의 '도라지' 항목에서 경상북도의 '[tolgɛ], [torɛ]'가 아마도 'tolgaʤi>tolgayi>tolgai>tolgɛ'(마찬가지로 'toraʤi>torɛ')의 변화를 겪었으리라고 보았다. 만약 이러한 가정이 허락된다면 'pɔlge, pɔre, pɔlle'도 'pɔlgɔʤi, pɔrɔʤi, pɔllɔʤi'로부터의 변화인 듯하다. 다만 'pɔlge, pɔre, pɔlle'의 경우는 복합모음을 보존하는 지방에 존재하는데, 이 복합모음의 보존은 네 번째 주제(2.5.)에서 서술하는 바와 같이 주로 첫 음절이 장모음인 경우이기 때문에 지장이 없다.

161) 〈방언 자료〉 ㉘ 참조.

⑤ [tolgat]

전북 남원과 전라남도에서 나타난다.

⑥ [tolgɛ]

경상북도와 경남 울산에서 나타난다.

①과 ④의 비교에 따르면, 이 단어도 '-lg->-r-'의 한 예에 불과하다는 것을 알 수 있다. 『訓蒙字會』에서는 '菩'과 '菫'의 훈이 '도랏'으로 되어 있다. 앞서 살핀 세 단어의 예에서 보자면 '돌앗'이 예상되는데도 '도랏[torat]'으로 되어 있는 것은, 이미 '[tol-ʰat]'의 단계를 지난 것이라고 생각된다.

어말과 관련해서는 '-adʒi, -at, -ɛ'의 세 가지 종류가 존재하며 각각 '-g-'의 형태와 '-r-'의 형태 모두에서 발견된다. 『訓蒙字會』의 '도랏'은 지금은 전남의 한 구석(영광과 진도)에만 존재하며 그 고형인 '돌갓'은 전라남도에서 보이는데, 이 명사의 곡용 어간은 '돌갗'이었음에 틀림없다.[162] '[tolgadʒi]' 및 그 변화형 '[toradʒi]'는 아마도 '돌갗'의 주격형으로부터 생겨난 듯하다. '[tolgɛ]'와 '[torɛ]'는 경상북도의 특징으로, 이 형태의 발생은 다분히 '[tolgadʒi]' 내지 '[toradʒi]'의 '-adʒi'가 '-ayi'로 변화하고 다시 모음 연쇄인 '-a-i'를 야기하여 2.5.에서 다루는 단모음화 작용을 통해 '-a-i>-ɛ'로 되었으리라 본다. 참고로 말하자면 경상북도는 첫 음절에서도 복합모음을 허용하지 않고 모두 단모음화를 일으키는 지방에 속한다.

【12】 가루(粉)[163]

① [karu]

중부와 서북부에서 나타난다. 그 외에 전라북도, 경북 북서부, 함남 안변, 전남 진도에서 발견된다.

---

162) 단독형은 'tol-gat'이고 주격형은 'tol-ga-dʒi'이다.

163) 〈방언 자료〉 ㉙ 참조.

② [kɷru]

제주도 서귀포에서 나타난다.

③ [karɯ]

제주도 대정에서 나타난다.

④ [kɷrɯ]

제주도 성산포에서 나타난다.

⑤ [kɷrɯl]

제주도 제주와 대정에서 나타난다.

⑥ [kari]

전라남북도와 경상남북도에서 나타난다.

⑦ [kallu]

황해도 남부, 강원도 북부, 경기도 광주에서 나타난다.

⑧ [kalli]

경북 고령에서 나타난다.

⑨ [kalgu]

평남 동부, 평북 강계・후창에서 나타난다.

⑩ [kalgɯ]

함남 안변에서 나타난다.

⑪ [kalgi]

함경남북도에서 나타난다.

이 단어는 예전에 'ᄀᆞᄅᆞ'(『訓蒙字會』 '麩'과 '糏'의 훈)로 표기되어 있으므로 '[kʌrʌ]'라고 불렀다는 것은 확실하다. 그리고 제주도의 방언형(②, ④, ⑤)은 이러한 사실을 확증한다. 그런데 ① '[karu]', ⑦ '[kallu]', ⑨ '[kalgu]'와 ⑥ '[kari]', ⑧ '[kalli]', ⑪ '[kalgi]'를 통해 '[kʌrʌ]'는 'kʌlgʌ>kʌl-ʰʌ>kʌllʌ~kʌrʌ'의 변화를 예상케 한다. ⑩ '[kalgɯ]'는 바로 그러한 모습을 전하고

있다고 해야만 할 것이다.164) 또한 '[kalgu]'가 이 '[kalgɯ]'로부터 변화한 것임도 분명하며, 따라서 'kalgɯ＞kalgu＞kallu∼karu'는 곧바로 수긍할 수 있다.165) 제주도의 '[karɯ], [kɷrɯ], [kɷru]'도 모두 '[kʌrʌ]'로 소급되며 '[kɷrɯl]'은 '[kɷrɯ]'에서 변화한 듯하다.166)

⑥, ⑧, ⑪의 관계도 'kalgi＞kal-ʰi＞kalli∼kari'로 설명이 된다. 다만 이들은 남부 지방과 그 식민지인 동북 지방에서만 보이는 것으로, 동북 지방에서는 특히 주격형의 경우든 단독형의 경우든 동일하게 '[kalgi]'라고 하는 점을 주목해야 한다. 함경북도 방언에서는 일반적으로 주격형으로 단독형

---

164) 'kʌlgʌ'에서 'kalgɯ'로 변했다.

165) '[kʌrʌ]＞[karu]'의 변화는 우선 첫 음절에서 일어난 'ʌ＞a'(첫 번째 주제)를 생각할 수 있는데, 둘째 음절에서는 'ʌ＞u'로 되어 있어서 동일한 음운이 상이한 음운 변화를 입고 있다는 점에 주목할 가치가 있다. 이러한 변화는 한국어의 특징인 첫 음절의 강약 악센트(Druckakzent)에 기인한 것으로, 'kʌ-rʌ'와 같이 악센트의 대립이 질적 대립의 결과를 낳은 셈이다. 즉 첫 음절의 강한 악센트는 모음 'ʌ'의 명료한 발음을 요구하기 때문에 'ʌ'는 일반적인 경향(첫 번째 주제)에 의거해 점차 '[a]'로 이행되었음에 반해, 둘째 음절의 약한 악센트는 첫 음절과의 대립상 이화 작용이 일어나서 보다 애매한 모음 '[ɯ]'로 변했으며, 여기서 악센트의 대립과 더불어 '[a] : [ɯ]'의 질적 대립이 나타나는 것이다. 게다가 '[ɯ]'는 음 결합에 있어 관습의 변화에 의해 어말에는 놓일 수 없게 되어 '[ɯ]'와 가장 가까운 음인 '[u]'(더 어밀하게는 '[ʊ]')로 바뀌었다. '[ɯ]'를 어말에 허용하지 않는 것은 현대에 있어 음 결합의 습성인데, 조선 초기에는 어말의 '[ɯ]'를 허용하고 있었다. 예를 들어 '서르(＞서로, 互)'가 있다. 현대에도 방언에서는 허용하는 지역이 있다. 가령 함남 안변에서는 '[kal-gɯ]'라고 하며 제주도에서는 '[kɷrɯ]'라고 한다.

166) '[kɷrɯl]'이 어째서 '-l'을 지니게 되었는지는 밝혀지지 않았지만 두 가지 억측을 생각할 수 있다. 하나는 '[kɷrɯ]'의 대격형에서 생겨났다고 보는 견해로서 고대에는 대격 조사가 모음 뒤에서도 '-l'이 적당했던 듯하다.(前間恭作 선생의 『龍歌故語箋』 37∼38쪽 참조) 다른 하나는 아마도 이 단어가 처음에 '[kʌl]'이라는 1음절 단어였으리라는 것이다. 이 단어는 뒤에서 서술하는 바와 같이 'kʌlgi, kʌlgʌl' 등으로 곡용을 하는데, 이러한 곡용은 'kʌl-gi, kʌl-gʌl' 등으로 ㄱ-곡용을 한다고 생각하는 것도 가능하다. 만약 그렇다면 예전에는 'kʌl'을 어간으로 했다고 말할 수 있다. (일본어 'kona') 이러한 'kʌl'은 제주도에서 'kɷl'로 보존되어 있던 참에 신형 'kɷrɯ'(＜kʌrʌ)가 나타나고, '[kɷl]'과 '[kɷrɯ]'의 감염(contamination)에 의해 'kɷrɯl'이 생겨났다는 견해가 있을 수 있다. 두 번째 견해가 어쩌면 합당할지도 모른다.

을 대신하는 경향이 강하다. 가령 '코(鼻)'를 '[kʰoi]', '입(口)'을 '[ibi]', '조(粟)'를 '[ʧoi]', '밭(畑)'을 '[pattʰi]'라고 부르며, 또한 '나무'를 'naŋgi, nɛŋgi (<naŋgi)', '구무'(구멍)를 'kuŋgi'라고 부르는 것이 그것으로, '[kʰoi], [ʧoi]'와 같이 모음으로 끝나는 어간에도 주격 조사 '-i'를 붙인다.[167] 따라서 'kalgi' 등의 경우도 원래는 주격형이었음을 쉽게 예측할 수 있다. 또한 평북에서는 단독형 'kalgu'와 주격형 'kalgi'의 구별이 존재하는데, 이것에 대해서는 후술할 내용을 참고하기 바란다.

그리고 '-ll-'을 포함한 형태, 즉 '[kallu], [kalli]'가 '[karu], [kari]'의 출현 지역에서 나타나는 것도 '벌레'의 경우와 동일하게 '(kalgu>)kal-ʰu' 또는 '(kalgi>)kal-ʰi'의 변화가 두 가지 방향[168]으로 동요했음을 가리키는 것으로, 중앙부에서도 일찍이 동일한 일이 일어났었다. 즉 『老乞大諺解』에 'ᄀᆞᆯᄋᆡ(속격), ᄀᆞᆯ리(술어형)' 등이 발견되는 것이다.

【13】 노루(獐)

① [noru]

함경남북도, 전라남도, 경상남도의 대부분, 경상북도 남부, 제주도를 제외한 대부분 지방에서 나타난다.

② [nori]

전라남북도, 제주도, 경상남도, 경상북도 남부에서 나타난다.

③ [nolgi]

평안남북도, 함남 영흥·안변에서 나타난다.

④ [nolgaʤi]

함경남북도, 평남 양덕·상원, 황해도 수안·곡산에서 나타난다.

167) 모음으로 끝나는 어간에 주격 조사 '-i'를 붙이는 것은 조선 초기의 용법을 충실히 고수하고 있다.

168) [역자주] 두 가지 방향이란 'l-ʰ'가 'r'과 'll'의 두 가지 형태로 바뀌는 것을 말한다.

⑤ [nolgɛŋi]

경상북도 북부에서 동부에 걸치는 일대에서 쓰이며 그 주변에 있는 충북 제천, 경남 울산에도 존재한다.

⑥ [nolgɛi]

경북 안동 · 의성, 충북 단양에서 나타난다.

이 단어의 변화는 앞선 '가루'와 거의 동일하다. 중앙에서 예전에 '놀·이(주격), 놀·ᄋᆞᆯ(대격)'으로 자음 곡용을 했다는 것은 앞서 서술한 대로인데, 『訓蒙字會』의 시대에는 단독형을 '노ᄅᆞ'('獐, 麕'의 훈)[169]라고 했다. 『譯語類解』에서는 '노로'[170]와 '놀ᄂᆡ'(속격)[171]의 두 가지가 병존하고 있다. '놀ᄂᆡ'는 앞에서 서술했듯이 'nol-^{h}ʌi>nollɛ'의 결과이다. '노ᄅᆞ, 노로'는 아마도 'nolgʌ->nol-^{h}ʌ>norʌ>noro'와 같이 변화한 것인 듯하다.[172] 지리적 조건도 대체로 동일한데, ④, ⑤, ⑥의 형태와 분포가 '벌레'의 경우와 비교해서 역시 동일한 것은 매우 흥미롭다. ② '[nori]'가 ⑤ '[nolgi]'의 '-g-'

169) 洪武 연간(1368~1398)에 이미 '노ᄅᆞ'라는 형태가 있었던 듯하다. 『朝鮮館譯語』에 '努落[nu-lə]'로 되어 있다.

170) '赶獐狗'를 '노로잡ᄂᆞᆫ개', '香獐'을 '사향노로'로 풀어 놓고 있다. 이러한 '노로'는 물론 '노ᄅᆞ[norʌ]'에서 변화한 것으로 이 경우 둘째 음절의 'ʌ'가 'o'로 바뀐 것은 첫 음절의 모음 'o'에 동화되었기 때문이다. 현재 '노로'는 보통 '[noru]'라고 한다. 약한 음절의 'o'가 일반적으로 '[ʊ]'로 변하는 것은 앞서 각주 132)에서 서술한 것과 같다.

171) '獐羔兒'를 '놀ᄂᆡ삿기', '獐子肉'을 '놀ᄅᆡ고기'라고 풀이하고 있다. 'ㄹㄴ'이 '-ll-'을 표시한다는 점은 현재와 동일하다.

172) 'norʌ'가 일찍이 자음 곡용을 했다는 점은 『龍飛御天歌』의 '놀이[nol-^{h}i], 놀ᄋᆞᆯ[nol-^{h}ʌl]'을 통해 드러나고 있다. 즉 어근은 'nol^{h}-'이며 이것은 다시 'nolg-'으로 소급한다. 'nolg-ɛŋi, nolg-aʤi'는 모두 이 어근에 '-aŋi, -aʤi'가 첨가된 형태이다. 이 'nol^{h}-'이라는 어근에서 어떻게 'norʌ'라는 단독형이 만들어지게 되었는지는, 이미 두 번째 주제(2.3.)에서 서술한 것처럼 'nol-^{h}ʌl, nol-^{h}ʌn, nol-^{h}ʌi' 등의 곡용형이 'nol-^{h}ʌ'를 공유하고 있기 때문에 새로이 'nol-^{h}ʌ'라는 어간을 분석해 내었고 이 'nol-^{h}ʌ'에서 'no-rʌ'가 생겨난 것이다. 'kʌl-g'에서 'kʌ-rʌ'가 나오게 된 경로도 역시 동일하다.

를 탈락시킨 것이라는 점은 말할 것도 없다. '[nori]'와 '[nolgi]'가 '-i'의 형태를 취하고 있는 것은 'kalgi' 등의 경우와 마찬가지로 주격형으로 단독형을 대신했기 때문이다.

이상 여러 예를 통해 '-lg->-r-~-ll-'의 변화가 일어났음을 알게 되었다. 그리고 조선 초기의 문헌 표기가 종종 그 중간의 과도기를 나타내고 있는 것은 참으로 흥미로운 사실이다.

이러한 '-lg-'의 변화와 관련하여 여전히 주목해야 할 사항이 있다. 그것은 소위 겹받침 'ㄺ'으로, 물론 이 경우는 약간 특수한 변화가 발견된다.

【14】 닭(雞)[173)]

○ (A) : 단독형

① [tak]

함경북도, 경북 대부분, 경남 서부, 제주도를 제외한 지방에서 대체로 쓰이고 있다.

② [tal]

평안북도, 경상북도, 경남 동남부에서 나타난다.

③ [tɷk]

제주도에서 나타난다.

④ [talgi]

황해도, 평안남도, 충청남도, 함경북도 일대에 존재하며 경기도 개성·평택, 강원도 이천, 함남 단천·북청, 충북 청주·진천·음성에도 나타난다.

이상은 단독으로 쓰이는 경우이며 오늘날에는 '[talk]'이라고 하는 지방이 거의 없다. 'ㄺ'은 ④의 여러 지방에서 '-i'를 덧붙인 형태로 보존되어 있

173) 〈방언 자료〉 [4] 참조.

다. 또한 이 단어의 절대격 '닭은'이나 주격 '닭이'의 경우에 대해 살펴보면 다음과 같다.

○ (B) : 닭은(절대격)

① [talgɯn]

거의 전 지역에서 발견되지만, 전라남북도, 제주도, 경상남도 대부분에는 존재하지 않는다.

② [tagɯn]

이것도 거의 전역에서 말하는 형태이다. 다만 함경남북도와 경상남북도에서는 다른 형태를 사용한다.

③ [talkʰɯn]

경남 김해・양산・밀양에서 나타난다.

④ [takkʰɯm]

경남을 중심으로 경북, 전남에 이른다.

⑤ [tarɯn]

평안북도와 경상남북도에서 나타난다.

⑥ [talginɯn]

황해도, 평안남도, 충청남도 등에서 나타난다.

⑦ [tɷgɯn]

제주도에서 나타난다.

○ (C) : 닭이(주격)[174)]

① [talgi]

평안남북도, 함경남북도, 경상북도에서 나타난다.

② [tagi]

평안남북도, 전라남도에서 나타난다.

174) 조사 지역은 평안남북도, 함경남북도, 전라남북도, 경상남북도, 제주도이다.

③ [tɛgi]

전라북도, 전남 곡성・구례에서 나타난다.

④ [talkʰi]

경남 동반부, 경북 상주에서 나타난다.

⑤ [takkʰi]

경남을 중심으로 하며 경북과 전남에 이른다.

⑥ [tari]

평안북도와 경상남북도에서 나타난다.

⑦ [talgiga]

평안남도에서 나타난다.

⑧ [tɷgi]

제주도에서 나타난다.

즉 '-lg->-r-'의 변화는 평안북도와 경상남북도에 국한되고, 다른 지방에서는 'ㄺ'을 보존하기 위해 '-i'를 덧붙이든지, 그렇지 않으면 대다수 지방에서는 'ㄹ'을 탈락시켜 버리는 것이다. 다른 단어들의 경우에는 고형을 유지하고 있는 평안북도와 경상남북도에서만 이 변화가 존재하는 것은 특이하다. 여기에 대해서는 다른 예를 살피고 나서 다시 고찰하기로 한다.

【15】 흙(土)[175)]

○ (A) : 단독형

① [hɯk]

경상남북도와 함경북도를 제외한 대부분 지역에서 나타난다.

② [hɔk]

황해도, 평안남도, 경상남북도 등에서 나타난다.

---

175) 〈방언 자료〉 7 참조.

③ [hak]

평안남도, 함북 회령에서 나타난다.

④ [hωk]

제주도에서 나타난다.

⑤ [hɯl]

경상북도와 평안북도에서 나타난다.

⑥ [hɔl]

경상남북도와 평북 용암포에서 나타난다.

⑦ [hɯlgi]

함북 길주·부거·무산, 함남 단천에서 나타난다.

⑧ [halgi]

함북 회령·온성에서 나타난다.

○ (B) : 흙이(주격형)

① [hɯlgi]

평안북도, 함경남북도, 경상북도, 충청남북도에서 나타난다. 그 밖에 경기도 서울·광주·가평, 평남 상원에도 존재한다.

② [hɔlgi]

평북 용암포, 경북 상주, 경남 울산, 충북 황간에서 나타난다.

③ [halgi]

함북 온성·회령에서 나타난다.

④ [hɔlk^{h}i]

경남 김해·양산·밀양에서 나타난다.

⑤ [hɔkk^{h}i]

경남을 중심으로 하여 전남에 이르며, 경북 고령·상주·김천을 거쳐 충북 황간까지 다다르고 있다.

⑥ [hɯgi]

경상남북도, 함경남북도를 제외한 지방에서 일반적으로 쓰이고 있다.

⑦ [hɔgi]

황해도, 평안남도, 충북 황간, 경북 김천·상주, 경남 거창·함양에서 나타난다.

⑧ [hagi]

평안남도에서 나타난다.

⑨ [hɔgi]

제주도에서 나타난다.

⑩ [hɯigi]

충남 태안에서 나타난다.

⑪ [higi]

전남 동부에서 나타난다.

⑫ [hɯri]

평안북도와 경상북도에서 나타난다.

⑬ [hɔri]

평북 용암포, 경북 대구·고령, 경남 김해·양산·밀양·울산에서 나타난다.

모음에 대해서는 이미 서술했으므로 여기서는 다루지 않는다. 'ㄺ'의 결합은 이 단어도 '닭'의 경우와 동일하게 평안북도 및 경상남북도에 국한하여 'ㄱ'을 탈락시키고 있다.

'닭'과 '흙' 이외에 '밝다(明), 맑다(淸)'가 '[palt̄a], [malt̄a]'로 발음되는 지역이 있다. 그것은 황해도, 평안남도, 평안북도, 경상남북도로서, 평안남북도와 경상남북도가 'ㄹ'을 보존하는 힘이 강하다는 것을 엿볼 수 있다. 다만 '밝은 달, 맑은 물' 등과 같은 경우에는 '-g-'의 탈락이 보이지 않는다.

이러한 겹받침의 특수성과 관련하여 주의를 기울여야 하는 것이 두세 가지 존재한다.

【16】 돌(石)[176]

① [toːl]

한반도 전역에 걸쳐 나타난다.

② [tuːl]

충남 태안에서 나타난다.

③ [toːri]

함북 길주에서 나타난다.

④ [toːk]

충청남도, 전라남북도를 중심으로 하여, 충북 청주・영동・황간, 경북 고령・김천・상주, 경남 합천・거창・함양・진주・함안・거제에서 발견된다.

⑤ [tuːk]

충남 서산・감포・보령에서 나타난다.

이러한 여러 종류의 형태로부터 이 단어의 원형 '돐'을 복원하는 것은 손쉬운 일이다. 조선 초기의 문헌에서 '돌히(+이), 돌ᄒᆞᆫ(+ᄋᆞᆫ)' 등과 같이 반드시 'ㅎ'을 동반하여 나타나는 것은 바로 이러한 원형 '돐[tolk]'으로부터의 변화일 것이라고 생각한다. 그러나 이 단어를 '닭'과 비교하면 그 분포에 있어 상당한 차이가 보인다. 그런데 이러한 차이는, 그 옛날 중앙에서 어떤 이유 때문인지 '닭'은 그대로 보존되어 있음에 반해 '돐'은 점차 '돓'로 변화하여 마침내 '돌'로 바뀌어 버린 데서 유래하며, 이리하여 '돌'이 패권

176) 〈방언 자료〉 31 참조.

을 잡기에 이르렀던 것이다.

덧붙이자면 평안북도와 경상남북도에서 '닭'이든 '돍'이든 모두 '달, 돌'로 되어서 'ㄱ'을 탈락시킨다는 점은 주목해야만 한다.

【17】 달(月)

또한 평안북도 박천・창성・의주에서는 '달이 밝다'를 '[talgi paltʼa]'라고 말하여 '달이(月)'든 '닭이(雞)'든 동일한 형태를 보이고 있다. 이러한 기묘한 예는 어떠한 원인으로 생겨난 것일까? 조선 초기 문헌에서는 '달이(月)'가 'ᄃᆞ리'로 되어 있지만,177) '돌'의 경우와 마찬가지로 '달이(月)'의 경우 일찍이 'tʌl-gi'라고 말했던 것은 아닐까 한다. 즉 'tʌl-gi>tʌl-hi>tʌl-ʰi>tʌri>tari'와 같은 변화를 거쳐 현재 중앙의 표준형에 이르렀던 것이다. 또한 여기에 대해서는 아래에서 상술할 기회가 있을 듯하다.

【18】 ㅎ-말음 체언

이러한 명사의 변화에 있어 예전에 'ㅎ'을 덧붙인 것은 상당수가 존재하는데,178) 많은 경우 'ㄹ' 뒤에 'ㅎ'이 오는 것이 다수라는 점은 주목해야 할 사실이다. 『月印釋譜』 서문의 16장에서 '가을에(秋)'를 'ᄀᆞᅀᆞᆶ'로 표기하는 것과 같은 경우는 그 현저한 예인 듯하다. 이제 '가을에(秋)'와 '겨울에(冬)'179)의 방언형을 모아 보면 다음과 같다.

---

177) 조선 초기에는 'ᄃᆞ리'로 되어 있지만, '[talgi]'라는 방언형을 통해 'tʌ-ri'가 'tʌl-hi' 내지 'tʌl-ʰi'로부터 생겨났다는 것은 생각할 수 있다. 아래의 각주 179)에서 가리키고 있듯이 조선 초기에 'ᄀᆞᅀᆞᆶ'에 대해 '겨스레'가 존재하는 것을 보아도, 이것은 그렇게까지 잘못된 견해는 아니다.

178) 예를 들면 '하ᄂᆞᆯ히, 둘히' 등이 있다.

179) '겨울에'의 경우는 조선 초기에 이미 'ㅎ'을 잃어버렸다. 즉 『月印釋譜』 권1 26장에 '겨스렌'이 나온다. 그러나 뒤에서 서술할 방언형으로부터 볼 때 이 단어도 예전에 '겨슳'이었음이 분명하다.

○ (A) : 가을에(秋)[180]

① [kaɯlge]

충청북도를 중심으로 하며 그 외에 서울・수원, 경북 영주에 존재한다.

② [ka:lge]

충청북도, 경상북도, 충남 예산에서 나타난다.

③ [kasilge]

경북 영덕・흥해・경주, 경남 울산, 전남 순천에서 나타난다.

○ (B) : 겨울에(冬)[181]

① [kyɔulge]

경기도 서울・광주・평택에서 나타난다.

② [kyɔɯlge]

충청북도와 충남 아산에서 나타난다.

③ [kyɔ:lge]

경상북도를 중심으로 하며 충청남북도와 경기도에도 존재한다.

④ [kyʉ:lge]

충북 옥천・보은에서 나타난다.

⑤ [ʧɔɯlge]

충북과 전북 김제에서 나타난다.

⑥ [ʧɔ:lge]

경북 동부와 충북 황간, 경남 울산에서 나타난다.

⑦ [ʧʉ:lge]

충청남북도에서 나타난다.

⑧ [ʧʉ:lgi]

충청북도에서 나타난다.

---

180) 〈방언 어휘〉 [2] 참조.

181) 〈방언 어휘〉 [12] 참조.

⑨ [ʧɔsilge]

전북 남원・김제・정읍, 전남 광주・영광・순천, 경북 영덕・흥해・경주, 경남 울산에서 나타난다.

즉 이러한 '-lg-'는 예전 'ᄀᆞᄉᆞᆯ히'의 'ㅎ'과 어떤 관계가 있음이 명백한 것이다. 또한 흥미로운 점은 충청남도에서 '겨울에'를 '[ʧʉ:ge]' 또는 '[ʧʉ:gi]'라고 한다는 사실이다. 게다가 단독으로 '겨울'이라고 하는 경우에도 충청남도와 충북 청주・음성・괴산에서는 '[ʧʉ:k]'이라고 한다. '돌'의 경우와 마찬가지로 '겨울'은 예전에 '겨ᅀᅳᆯ'이라고 했으며 그것이 조선 초기에 '겨ᅀᅳᆶ'을 거쳐 '겨슬'로 변화한 듯하다. 지리적으로도 충청남도를 중심으로 하여 이러한 '-lg-'가 잔존하고 있는 것은 주목해야 한다.

그런데 사실은 이 'ㄱ' 내지 'ㅎ'이 어간에 속하는지 아니면 뒤에 붙는 접사의 일부인지 의문이 있다. 왜냐하면 17(달)의 경우처럼 원래 '-lg- > -r-'의 변화를 기대해야 하는 지방에서 'talgi'를 발견하고, 또한 18(ㅎ-말음 체언)의 경우도 경상북도에서 '-lg-'가 산발적으로 보이기 때문이다. 그런데 이 문제의 해결에 앞서, 남아 있는 '-mg-'의 변화에 대해 고찰하지 않으면 안 된다.

2.4.3. 'm'과 모음 사이의 '-g-'

'-mg-'의 경우는 다음 세 단어를 제시한다.

【19】 심는다(植)182)

이 단어는 첫 음절의 모음이 '-i-'로 된 지역과 '-u-'로 된 지역 등이 있다. 또한 의미상으로 평안북도와 같이 씨뿌리기(播種)의 뜻으로 쓰이는 지

---

182) 〈방언 어휘〉 32 참조.

역도 존재한다. 당면 문제인 '-mg-'와 관련해 말하자면 이 '-mg-'를 지니는 형태는 한반도의 도처에 존재하고 있다. 이 경우 '-mg-'는 상당수가 동화가 일어나서 '-ŋg-'와 같이 실현된다. 이와 더불어 '-m-'의 형태, 즉 '-g-'를 탈락시킨 형태도 각지에서 보인다. 이 단어가 'simg->sim-'의 변화를 겪었거나 혹은 현재 그런 변화를 겪고 있다는 것은 고어(古語)에 비추어 봐도 분명하다.

【20】 나무(樹)[183)]

○ (A) : 단독형

① [namu]

거의 전역에서 나타난다.

② [naŋgu]

평안북도에서 전라남도에 이르는 한반도 서쪽의 대반부(大半部)에서 나타난다.

③ [naŋgɯ]

평안북도 동반부와 함남 안변에서 나타난다.

④ [naŋgi]

평안북도, 평남 개천, 충남 서산・당진・태안・예산, 함북 온성・무산, 함남 북청・단천・영흥에서 나타난다.

⑤ [nɛŋgi]

평남 한천・영유, 함북 경성・부거・회령・길주, 함남 단천에서 나타난다.

⑥ [nam]

제주도에서 나타난다.

---

183) 〈방언 어휘〉 ㉝ 참조.

⑦ [naŋ]

제주도에서 나타난다.

이 단어는 조선 초기에 '나모'(『月印釋譜』 권2 36장, 나못가지[樹枝])로 표기되는 한편, 그 어형 변화는 '남기(주격), 남ᄀᆡ(처격)' 등과 같이 '-g-'를 포함한 형태가 쓰이고 있었다. 또한 Ramstedt도 이미 지적한 바 있듯이 한국의 재래식 '足駄'를 'namak-sin'이라고 한 것으로부터 이 '樹'를 가리키는 말은 'k' 요소를 지니고 있었음을 알 수 있다.184) 앞에 제시된 여러 방언형 중 '-ŋg-'로 되어 있는 형태는 말할 것도 없이 '-m-'이 '-g-'에 동화된 결과이다. 조선 초기의 '나모'는 현재 '[namu]'로 변화했는데,185) 이 형태가 '-mg-'의 '-g-'를 탈락시킨 것이라는 점은 분명하다.186)

이 단어가 조선 초기에 보이는 특수한 곡용, 즉 모음 곡용과 자음 곡용의 병용(併用)은 오늘날 방언에서도 여전히 볼 수 있다. 이제 이 단어의 곡용이 각 지방에서 어떤 식으로 이루어지고 있는지 그 주격형과 대격형을 통해 알아보면 다음과 같다.

---

184) 小倉進平 선생의 「朝鮮語の音節の中間にあらはれる[k]・[g]」(『言語研究』 제7・8호, 1941년 4월) 11쪽 참조. Ramstedt는 '나모'의 어근을 'namɣ-'이라고 했는데 그럴 필요는 없다. 한국어의 성질로부터 말하자면 음운 'k'는 유성음과 모음 사이에서는 '[g]'가 되고 또한 무성 자음 앞에서는 '[k]' 또는 '[k̚]'가 된다. 'namak-'의 형태론적 기능은 불분명하지만 이 말은 일찍이 'namak'이라는 2음절 어근을 지녔었다고 생각된다. 이것이 'namak-sin'이라는 합성어 안에 흔적을 남긴 것일 터이다. 이 어근이 둘째 음절의 모음 탈락에 의해 'namg-'을 초래한 듯하다. 'kumɔk(穴)'이 'kumg-'으로 된 것도 마찬가지이다.

본고에서는 유성 자음 뒤에 오는 'g'의 소실을 '-lg-'와 '-mg-'의 두 경우로 한정하고 있지만 '-ng-'의 예라고 생각되는 경우가 있다. 즉 'namak- : namg-'과 평행하는 예로 '안(內)'이 있다. 이 단어는 예전에 'anh-'으로 표기되었는데 이것은 아마도 'ang-'의 변화인 듯하다.(ang->anɣ->anh-) 평안도에서는 '집안'을 '[ʧib-anak]'이라고 한다. 즉 'anak>*ang->anh-'인 것이다. 'anh-'은 현재 거의 'h'를 잃어버렸다. 덧붙이자면 '妻'를 '[anhɛ]'나 '[an̥-hɛ]' 또는 '[a-nɛ]'라고 부른다.

185) '[namo]'가 '[namu]'로 바뀐 것에 대해서는 2.4.의 각주 132)를 참조할 수 있다.

186) (C) 대격형의 방언 자료 뒤에 나오는 내용 참조.

○ (B) : 나무가(주격형)

① [namuga]

일반적으로 사용되고 있다.

② [naŋguga]

중부 지방을 중심으로 하여 평남 일부, 전북, 전남 일부에도 이르고 있다.

③ [naŋgiga]

충남 서산·당진에서 나타난다.

④ [namure]

평안북도와 평남 개천에서 나타난다.

⑤ [naŋgire]

평북 용암포와 철산에서 나타난다.

⑥ [naŋgi]

평안북도, 평안남도, 함북 온성·무산, 함남 북청·영흥·안변에서 나타난다. 중부에서는 충청북도를 중심으로 하여 충남, 경기, 황해에도 존재한다. 남부에서는 경상북도를 중심으로 하여 경남, 전남에 이른다.

⑦ [nɛŋgi]

평남 한천, 함북 회령·부거·온성·길주, 함남 단천에서 나타난다.

⑧ [nami]

제주도에서 나타난다.

⑨ [naŋi]

제주도에서 나타난다.

○ (C) : 나무를(대격형)

① [namurɯl]

일반적으로 쓰이고 있다.

② [naŋgurɯl]

중부 지방을 중심으로 하여 평안남도에 이른다.

③ [namuro]

경상남도에서 나타난다.

④ [naŋgɯl]

평안남북도, 함남 영흥・안변에서 나타난다. 중부는 충청북도를 중심으로 하여 충남의 접촉 지역, 경기도, 황해도에도 산발적으로 존재한다. 남부는 경상북도를 중심으로 한다.

⑤ [naŋgɯ]

함경북도를 중심으로 하며 함경남도와 평안남도 동부에 존재한다.

⑥ [naŋgil]

평북 용암포・철산에서 나타난다.

⑦ [namul]

평북 서부, 평남 안주・개천・덕천・맹산에서 나타난다.

⑧ [namɯl]

제주도에서 나타난다.

⑨ [naŋɯl]

제주도에서 나타난다.

이들 중 주격의 '-re'(평안북도),[187] 대격의 '-ro'(경상남도)[188]와 같이 어

187) 격조사 '-re'의 유래는 불분명하다. 이것이 특히 평안북도에 한정되어 있는 것을 보면 고구려어의 흔적일지도 모른다. 이 조사의 용법이나 분포 상황에 대해서는 이후의 연구로 미룬다.

188) 대격 조사는 보통 모음 뒤에서는 '-를', 자음 뒤에서는 '-을'이다. 조선 초기에는 모음조화에 의해 '-ᄋᆞᆯ/을, -ᄅᆞᆯ/를'이라는 교체가 존재했지만, 본질적으로는 동일하다. 다만 조선 초기에 모음 뒤에서도 단순히 'ㄹ'만을 덧붙인 예가 있다. 가령『龍飛御天歌』7장의 '가칠'이 그것이다.(前間恭作의『龍歌故語箋』37~38쪽 참조) 원래 '-ᄅᆞᆯ' 또는 '-를'은 'ㄹ'의 중복이며, 앞에 오는 것이 모음인지 자음인지를 불문

법상 주목해야 하는 것도 있지만, 이들 및 통상적인 '-ga, -rɯl'과 같이 모음 어간에 붙는 조사를 제외하고 다른 형태를 보면, 조선 초기의 곡용을 충실하게 지키고 있는 지방이 존재한다는 사실을 알 수가 있다. 그러나 앞서 서술했듯이 조선 초기에는 '나모(단독), 남기(주격), 남ᄀᆞᆯ(대격)'과 같은 대립이 보이지만, 후대에는 이것이 체계상의 압력(Systemzwang)에 의해 '나무(<나모) : 나무가, 나무를'로 되어서 조선 초기의 자음 곡용은 모음 곡용에 자리를 내 주었다.[189] 이러한 모음 곡용의 핵심인 'namo'는 아마도 신형인 듯하다. 왜냐하면 앞에서 보았듯이 'namg-'이라는 어간이 더 오래된 형태로 보이기 때문이다.

그렇다면 이 신형은 어떻게 해서 생겨난 것일까? 이 문제의 해결은 역시 방언에 있다. 즉 예컨대 함경남도 안변에서는 'naŋgɯ(단독) : naŋgi(주격) : naŋgɯl(대격)'로 되어 있어서 조선 초기와 같이 분열하지 않고 또한 자음 곡용을 관철하고 있는 것이다.[190] 이러한 안변의 방언형을 통해 그 전신(前身)인 'namgʌ : namgi : namgʌl'을 쉽게 추정할 수가 있다. 단독형 'namgʌ'[191]는 이후 'g'를 탈락시켜 'namʌ'가 되었고 'mʌ'의 결합은 첫 번째

하고 단지 'ㄹ'만으로도 괜찮았던 듯하다.(또한 평안남북도에 'namul'이라는 형태가 있다.) 자음 뒤에서의 'ᄋᆞ/으'는 euphonic vowel에 불과하다. 이두에서 이 조사를 일관되게 '乙'로 표시하고 있는 것은 아마도 이러한 사정을 반영하고 있다고 생각된다. 모음 뒤에서 'ㄹ'을 중복시킨 것은 요컨대 좀 더 명확하게 표현하는 수단에 다름 아니다. 현재도 '나를(私)'을 '날[na:l]', '이것을'을 '이걸[igɔl]'이라고 하는데 이 경우는 예전 '-ㄹ'의 흔적이라기보다도 '를'의 생략에 불과하다는 점은 말할 필요가 없다.

그런데 이 '-ㄹ'은 더 예전으로 거슬러 올라가면 탈격 조사 '-로'로부터 발달했다고 생각된다. 그 시대에는 이러한 '로'로써 탈격과 대격을 모두 나타냈던 듯하다. 경상남도의 '-로'는 이런 모습을 잘 전하고 있다.

189) 물론 이것은 중앙부에 해당한다.

190) [역자주] '분열하지 않고'는 명사의 곡용형이 자음 곡용, 모음 곡용으로 나뉘지 않고 자음 곡용으로 일관되는 것을 가리킨다.

191) 단독형 'namgʌ'의 발생은 'nol-ʰʌ, kʌl-ʰʌ'의 경우와 마찬가지로 다른 곡용형 'namgʌn, namgʌl, namgʌi'로부터 분리를 해 낸 결과이다.

주제[192]에서 다룬 대로 'mo'가 되기 때문에 'namʌ>namo'의 변화는 음운론적으로도 수긍할 수 있다. 이러한 예전의 자음 곡용을 유지하는 지역은 안변에 그치지 않고 평안북도에도 존재하며, 한반도의 서반부에서 쓰이는 단독형 '[naŋgu]' 역시 'namgʌ>naŋgɯ>naŋgu'에 의한 것이라고 생각된다.

단독형 ④ '[naŋgi]'와 ⑤ '[nɛŋgi]'[193]는 앞서 서술했듯이 주격형을 단독형에 끌어다가 사용한 결과이다.

【21】 구멍(穴)

이 단어에는 크게 '구녕' 계통의 형태와 '구멍' 계통의 형태, 두 가지가 존재한다. 이러한 'n～m'의 교체도 한국어 음운사에 있어 흥미로운 문제이지만 여기서는 오로지 '구멍' 계통의 말에 대해 살피기로 한다.[194]

○ (A) : 구멍(단독형)

① [kumɔŋ]

서북부, 동북부, 남부 지방에서도 산발적으로 보이지만 주로 중부 지방에서 널리 쓰인다.

② [komaŋ]

제주도에서 나타난다.

③ [kumɔk]

중부 지방에서 전라남북도까지 이른다.

④ [kumuk]

경남 김해에서 나타난다.

⑤ [kumu]

경상남북도에서 나타난다.

---

192) 2.2.의 '・' 논의 참조.

193) ⑤ '[nɛŋgi]'는 ④ '[naŋgi]'에 이-역행동화가 적용된 것이다.

194) 〈방언 어휘〉 34 참조.

⑥ [kuŋgu]

전북 김제에서 나타난다.

⑦ [kuŋgi]

제주도, 함북 회령・길주, 함남 영흥에서 나타난다.

⑧ [kuŋgaŋ]

함남 단천・북청・영흥([kuŋã:])에서 나타난다.

⑨ [kuŋgɛŋi]

경북 청송・흥해・경주, 경남 양산, 함북 회령([kuŋgɛ̃:]), 함남 단천([kuŋɛ̃:]), 함북 경성・부거・무산・길주, 함남 단천・북청([kuŋgɛ:])에서 나타난다.

⑩ [kuŋgɔŋ]

함남 안변에서 나타난다.

⑪ [kuŋ]

함북 부거에서 나타난다.

③, ④에서 이 말의 원형은 'kumɔk'이며, 이것이 둘째 음절 모음의 탈락에 의해 'kumg-'이 되었다는 것은 'namu'의 경우와 동일하다. 위의 방언형 중 ①, ②와 ⑧~⑩은 '-aŋ(-ɔŋ)' 또는 '-aŋi'라는 접미사를 덧붙인 형태이며, 이들을 비교함으로써 접미사를 덧붙인 형태는 '*kumgɔŋ(-i)'으로 소급할 수가 있다. 여기서도 '*kumgɔŋ>kumɔŋ'이라는 '-g-'의 탈락이 보인다. 이러한 첨가형을 제외한 다른 형태들의 경우, '나무'의 경우와 완전히 같은 모습이다. 다만 '구멍'의 경우는 접미사 첨가형이 우세하게 발달했기 때문에, 단순형(접미사 비첨가형)은 매우 제한되어 있다.[195] 이 중 ⑤ '[kumu]'는 『訓蒙字會』에서 '孔, 穴, 窟, 竉'의 훈으로 나온 것과 동일하다. 또한 이 말이 곡용을 하는 경우 자음 곡용(kumgi, kumgɯl, …)을 한다는 사실은

195) ⑤, ⑥, ⑦로 한정된다.

옛 문헌이 지시하는 바로서 이 또한 '나무'와 궤를 같이한다. 이러한 자음 곡용이 아직도 잔존하는 지방을 제시하면 다음과 같다.

○ (B) : 구멍이(주격형)

① [kuŋgi]

경상북도, 함경남북도에서 나타난다.

○ (C) : 구멍을(대격형)

① [kuŋgɯl]

경상북도와 함경남북도에서 나타난다.

○ (D) : 구멍에(처격형)

① [kuŋge]

경상북도와 함경남북도에서 나타난다.

다만 '나무'의 경우처럼 단독형과 변화형 전체를 꿰뚫는 일관된 어간을 지닌 경우는 발견되지 않는다.[196]

2.4.4. ㄱ-곡용에 대하여

'구멍'의 함북 부거 방언형 '[kuŋ]'(⑪)은 어떻게 생겨난 것일까? 이 지역의 곡용형 'kuŋgi(주격), kuŋgɯl(대격), kuŋge(처격)' 등으로부터 'kuŋ'을 어간이라고 보고서 이것을 잘못 분리해 낸 것에 불과하다.[197] 원래 함경북도

196) [역자주] '나무'의 경우에는 '나무/나무가/나무를, 낭구/낭구가/낭구를, 낭기/낭기가/낭길'과 같이 단독형과 곡용형에서 어간이 일관되게 나타나는 예가 존재하지만 '구멍'은 그렇지 않음을 지적한 것이다.

197) 'kuŋgi, kuŋgɯl' 등은 당연히 'kumgi, kumgɯl' 등에 동화가 일어난 형태이기 때문에 이러한 '-gi, -gɯl' 등은 아래에서 서술할 ㄱ-곡용은 아니다. 'namgi, namgɯl'의 경우도 동일하다.

에서는 명사가 곡용할 때 '-기, -글, -게'를 덧붙이는 경향이 있다. 이 점에 관해서는 조사가 아직도 많이 불충분하지만, 가령 '숯(炭)'과 같은 단어는 주격형이 'suk̄i', 대격형이 'suk̄ɯ'[198]로 바뀌며, 또한 '팥(小豆)'은 주격형을 'pʰɛk̄i'라고 한다. 이러한 것은 평안북도에서도 볼 수 있다. 평안북도에서는 '숯'의 주격형을 'suk̄i(박천), s̄uk̄i(운산, 영변, 후창, 자성, 위원, 초산, 벽동, 창성, 의주)', 대격형을 'suk̄ɯl(정주, 구성, 태천, 박천), s̄uk̄ɯl(운산, 영변, 후창, 자성, 위원, 초산, 벽동, 창성, 의주)'이라고 하며, '팥'의 경우는 주격형을 'pʰak̄i(거의 전역, 그 외에 평남 영원, 덕천)'라고 하며 더 나아가 'pʰak̄ʰi(위원, 초산)'라고도 한다.

그리고 평안북도에서는 이 형태들로부터 단독형 'suk(철산, 선천, 정주, 구성, 태천, 박천), s̄uk(운산, 영변, 희천, 강계, 후창, 자성, 위원, 초산, 벽동, 창성, 의주)'과 'pʰak(각지)'을 가져왔다. 더욱이 'suk'은 평안남도 덕천·영원·양덕·맹산·순천·성천·강동에서도 보이며 'pʰak'은 평남 각지에서 발견된다. 이리하여 쉽게 생각할 수 있는 것처럼 이 단독형으로부터 새로운 곡용형 'sugi, s̄ugi, pʰagi' 등도 앞서 서술한 지방에서 산발적으로 나타난다. 이번 조사는 오로지 단독형에 주안점을 두었기 때문에 이런 종류의 사실에 있어서는 매우 불만족스러운 결과밖에 얻지 못했다. 그렇지만 이러한 약간의 예를 통해서도 최소한 함경북도, 평안북도, 평안남도의 세 지역에서 '-기, -글, -게'와 같이 'ㄱ'을 지니는 곡용(ㄱ-곡용)을 한다는 점은 대략 추정하기에 충분하리라 본다.

함북 부거의 '[kuŋ]'은 이와 같이 함경북도 일대에서 ㄱ-곡용이 나타나기 때문에 'kuŋg-i(<kumg-i), kuŋg-ɯl(<kumg-ɯl)' 등을 'kuŋ-gi, kuŋ-gɯl'로 분석한 결과, 이들로부터 어간 'kuŋ-'을 분리해 낸 것에 다름 아니다. 제주도에서 '나무'를 '[nam]' 또는 '[naŋ]'이라고 하는 것도 동일한 듯하

198) '-을'의 'ㄹ'을 탈락시키는 것은 이 지역의 특징이다. 예를 들어 'kuŋgɯ'와 같은 것이 있다.

다. 이 '[nam], [naŋ]'은 오늘날 'nami, namɯl' 또는 'naŋi, naŋɯl'로 곡용하며, 또한 현재는 제주도에 ㄱ-곡용이 발견되지 않지만 일찍이 이 지방에서도 ㄱ-곡용이 유행하고 있었기 때문에 'namg-i, namg-ɯl'을 'nam-gi, nam-gɯl'로 분석하여 'nam'을 분리했음에 틀림없다. 특히 '[naŋ]'이라는 형태는 분명히 'naŋ-gi, naŋ-gɯl'과 같은 분석을 예상케 한다.

게다가 이러한 ㄱ-곡용은 다른 지방에서도 일반적으로 이루어졌던 듯하다. 즉 [17](달)에서 '[*ᄃᆞᆯ히ᄇᆞᆰ다]'(평북 [talgi palt̄a])를 설명할 때나 [18](ㅎ-말음 체언)에서 'ᄀᆞᄉᆞᆯᄒᆡ, *겨슬희'를 다룰 때 살폈던 것이 바로 그것으로, 특히 앞의 예 '*ᄃᆞᆯ히'의 고형으로 생각되는 '*tʌl-gi'를 보존하고 있는 평북의 방언은 이러한 추정에 유력한 실마리를 제공한다.

더욱이 이와 같은 추측은 아래의 사실로부터도 확인할 수 있다. 그것은 함경북도에서 '무(蘿菖)'를 '[muk̄i]', '여우(狐)'를 '[yɔk̄i]'[199]라고 부른다는 점이다. 원래 '무(蘿菖)'는 예전에 『訓蒙字會』 등에서 '무ᅀᅮ', '여우(狐)'는 '여ᅀᆞ'와 같이 'ㅿ'으로 표기되었으며, 오늘날 남부 방언에서 '[s], [ʃ]'의 발음을 남기고 있는 단어이다.[200] 따라서 이 두 단어는 'ㄱ'이라는 요소와는 관련이 없었던 듯하다.

그런데 경북 방언에서 '-ki'를 동반하여 나타나는 것은 특수한 사정에 의한 것이라고 하지 않을 수 없다. 다만 '무ᅀᅮ'는 함남과 경북에서 '[muk̄u]'라고 말하기에 함북 특유의 현상은 아니며, 오히려 경북 지방에서 발달한 것이라고 충분히 생각할 수는 있다. 그렇다고 하더라도 경북에 있어서의 ㄱ-삽입은 도대체 어떻게 설명해야만 할까? 저자의 사고에 따르면, 경북이나 그 밖의 지역에서 '-k-'를 유지한 형태의 고형으로는 역시 함북의 방언형 '-k̄i'라고 말하고자 한다. 즉 '[muk̄i], [yɔk̄i]'는 각각 '*muski, *yɔski'로

199) 경북 예천의 '[yEk̄i]'는 안동의 방언형 '[ᵉyək̄üi]'(=yɔs[狐]+koi[猫])의 변화형이다. 두 번째 주제(2.3.)의 〈附(Ⅱ). '여우'〉 ⑭ 참조.

200) 두 번째 주제(2.3.)의 〈附(Ⅱ). '여우'〉 참조.

소급되어야만 하며, 이들은 ‘*mus-ki, *yɔs-ki’와 같이 주격형으로 간주해야 할 듯하다. 그리고 경북이나 다른 지방의 ‘-k-’ 삽입형은 이러한 원시 주격형[201]을 새로운 명사 곡용의 모형에 맞춰 ‘*musk-i, *yɔsk-i’로 해석한 결과, 어미 부분이 어간으로 옮겨가 버린 것은 아닐까 한다.

이러한 ㄱ-곡용의 가설을 용인한다면 [14]의 ‘닭’, [15]의 ‘흙’과 같은 경우도 동일한 것은 아닐까 하는 의문이 제기된다. 적어도 평안북도와 경상남북도에 주격형 ‘tari, hɯri’와 절대격형 ‘tarɯn’이 존재하고 또한 함경북도에 ‘talgi, hɯlgi～halgi’가 존재한다는 점을 통해 이 두 단어의 옛 어간을 ‘tʌl-, hʌl-’이라고 볼 가능성은 있다. 洪武 연간(1368～1398)에 만들어졌다고 일컬어지는 『朝鮮館譯語』에서 ‘雞’를 ‘得二[tə-ərl]’(즉 ‘[tʌl]’), ‘土’를 ‘黑二[xə-ərl]’(즉 ‘[hʌl]’)이라고 표기하고 있는 것은 이러한 추정을 뒷받침한다. 특히 ‘닭’, 즉 ‘ᄃᆞᆰ(雞)’은 이러한 가정을 함으로써[202] 일본어 ‘トリ(鳥)’와 매우 가까워진다.[203]

201) 어쩌면 다른 격에도 존재했을지 모른다.

202) ‘ᄃᆞᆰ’을 ‘tʌl＋ㄱ-곡용’으로 생각하는 것을 말한다.

203) ‘-lg-’의 결합을 가진 모든 단어가 이러한 기원을 지닌다고 말할 수는 없다. ‘-lg-’를 포함한 단어 중에도 ‘nolg-’의 경우처럼 어근의 한 요소로 ‘-g-’를 가지고 있는 것이 있다. 다른 예를 들자면 ‘돌(石)’ 등은 이러한 ‘-g-’를 원래부터 갖고 있었던 듯하다. 앞서 서술했듯이 ‘돌’은 ‘tolk-～tolg-’이라고 생각된다. 이 단어는 아마도 몽고어 ‘čilaɣun(石)’과 유연 관계가 있는 듯하다. Vladimirtsov(Б. Я. Владимирцов, 『Сравни-тельная Грамматика Монгольского Письменного Языка н Халхаского Наречия』, Ленинград, 1929, 365쪽)에 따르면 ‘čilaɣun’은 ‘*tïlaɣun’으로 복원되며 터키어 ‘taš’와 비교된다. 이 학설이 맞다면 한국어 ‘tolg-’를 ‘*tïlaɣun’과 관련 지어도 결코 지나치지는 않다. 즉 ‘tïlaɣ->tol^{a}g->tolg-’과 같은 것이다. 덧붙이자면 ‘tolg-’은 옛 문헌에서 ‘:돌’로 상성점을 찍고 있으며 현재 ‘돌’은 ‘[to:l]’로 발음된다. 이 ‘tōlg-’의 장모음은 ‘tol^{a}g-’의 둘째 음절 모음 탈락에 수반된 첫 음절 모음의 보상적 장음화(Ersatzdehnung)에 의한 것인 듯하다.

2.5. 네 번째 주제: 복합모음에 대하여

오늘날 한국어에서 'ㅐ, ㅔ, ㅚ'라는 글자로 표기되는 모음은 중앙에서는 각각 '[ɛ], [e], [ö]'와 같은 단모음이지만, 이 글자의 구조로부터 조선 초기에는 이중모음이 아니었을까 하는 의문이 곧바로 제기된다. 또한 실제로 『朝鮮館譯語』에서 '뫼(山)'를 '磨一[mo-i]', '게(蟹)'를 '格以[kə-i]', '쇠(鐵)'를 '遂[sui]', '세(三)'를 '色一[sə-i]', '네(四)'를 '餒一[nei-i]'로 적고 있으며,[204] 또한 좀 더 후대로 내려와 『和漢三才圖繪』에 '개'가 '犬加伊[かい]', '괴'가 '猫古伊[こい]', '매'가 '鷹末伊[まい]', '뫼'가 '山毛惠[もゑ]' 등과 같이 되어 있는 표기법이 존재하는 것을 통해서, 한글 창제 후에도 여전히 복합모음[205]을 유지하고 있었음을 알 수가 있다. 이제 이런 점에 착안하여 다음 몇 단어에 대해 각 방언의 상황을 고찰해 보기로 한다.

새(鳥), 개(犬), 게(蟹), 괴(猫), 뫼(山), 외(瓜)

각 단어의 설명에 있어 아래의 사항에 주목하고자 한다.

---

204) 이외에 '히(日)'를 '害[xai](去)', '외(瓜)'를 '歪[wai](平)', '개(犬, 가히)'를 '改[kai](上)', '매(鷹, '鶩'으로 잘못되어 있음)'를 '埋[mai](平)'로 적고 있다. 다만 이들은 앞의 예만큼 유력하지는 않다. 왜냐하면 중국인이 한국의 '[ɛ], [ö]'를 표시하는 데 'ai'를 사용한다는 것은 충분히 생각할 수 있기 때문이다.

205) 한글 창제 당시 또는 직후의 문헌이 현저하게 표음적이고, 음절의 분리 방식도 꽤나 엄밀했다는 점은 앞에서 살핀 대로이다. 따라서 '새'라든가 '뫼'와 같은 표기법은 당시 이중모음이었다고 생각되지만, 뒤에서 서술하는 바와 같이 지금은 잠시 복합모음이라고 부르기로 한다. [역자주] 이중모음과 복합모음의 개념을 구분하고 있지만 구체적으로 어떻게 다른지는 언급하지 않았다. 이중모음이나 복합모음 모두 두 모음으로 이루어져 있다는 점은 분명하다. 뒷부분을 보면 복합모음에서 이중모음으로 변화한다고 설명하고 있고, 결론 앞에서 복합모음은 두 음절로 보아야 한다고 하고 있어 복합모음은 두 모음이 음절을 달리하며 연속한 모음 연쇄에 가까움을 알 수 있다.

이 단어들이 복합모음을 유지하고 있는 경우, 그것이 과연 이중모음인지 아니면 두 모음의 연쇄(hiatus)인지 의문이 되는 듯하지만, 현재의 방언에서는 이러한 구별이 그렇게 중요하지는 않다. 왜냐하면 가령 철원에서 '瓜'라는 의미의 단어가 단독으로 발음될 때는 '[oː-i]'와 같이 모음 연쇄로 나오지만 여기에 조사 '-가'를 붙여서 말하면 '[o͡ːi-ga]'와 같이 분명 이중모음으로 발음되기 때문이다.

【1】 새(鳥)

이 단어는 황해도 대부분, 평안남도 서반부, 평안북도 대부분, 충청남도 대부분, 충청북도 진천에서 '[sai]'(또는 '[saːi]')라는 형태가 발견되며, 다른 지방, 즉 경기도나 남부 지방 그리고 동북 지방에서는 존재하지 않는다. 제주도에서는 '[sɛŋi]'라고 한다.[206]

【2】 개(犬)

이 단어는 조선 초기에는 '가히'로 표기되었는데 후에 '개'로 변화했다.[207] 이것을 '[kai]'(또는 '[kaːi]')로 말하는 지역은 황해도, 평안남북도, 충청남도의 대부분, 충청북도 청주・진천・음성이다.[208]

【3】 게(蟹)

이 단어에는 여러 가지 종류의 형태가 있다.

① [kɔːi]

황해도, 평안남북도의 대부분과 그 밖에 경기도 인천・의정부, 강원도

---

206) 〈방언 어휘〉 35 참조.

207) 위의 각주 204)에서 볼 수 있듯이 『朝鮮館譯語』에는 '改[kai]'로 되어 있다. 이것은 아마도 '[ka-hi]'를 전사한 것 같다.

208) 〈방언 어휘〉 36 참조.

이천, 함경남도 안변에서 나타난다.

② [kʉːi]

경기도 의정부・가평・양평・광주・수원・이천・여주・평택・장단・개성, 황해도 강령・옹진・태탄・몽금포・토산・금천, 강원도 철원, 충청북도 청주・진천・음성・괴산・보은, 충청남도 전반에서 나타난다.

③ [koːi]

평남 한천과 영유, 평북 영변과 희천에서 나타난다.

④ [kɔŋi]

평북 벽동과 창성에서 나타난다.

⑤ [keŋi]

제주도 서귀포와 성산포에서 나타난다.

⑥ [kiŋi]

제주・대정・서귀포에서 나타난다.

⑦ [kwɔi]

평북 용암포・철산・선천・정주・박천・의주에서 나타난다.

⑧ [kwɔŋi]

평북 창성에서 나타난다.

⑦과 ⑧은 '궤'에 소급되는 것으로서, 이 형태는 경기도 서울・인천・장단, 황해도 연안, 평안남도 상원, 충청남도 홍산, 경상북도 안동 등 여러 지역에서 '[kwei]'로 발견된다.

이 방언형들의 분포 상황으로부터 복합모음 형태는 황해도, 평안남북도, 충청남북도 이외에 경기도, 강원도 일부, 함경남도 일부에도 미치고 있음을 알게 됨과 동시에 '[kɔŋi]'와 같이 'ŋ'이 개입된 형태가 평북과 제주도에 존재한다는 것을 알 수 있다. 다만 남부 지역에는 전혀 존재하지 않는다. 이 단어가 예전에 '[kəːi]'로 불리었다는 것은 앞서 『朝鮮館譯語』의

'格以'가 말해 준다.

【4】 괴(猫)

이 단어는 중앙부에서는 '고양이'라는 형태로 변했지만 『訓蒙字會』나 다른 문헌에 '괴'로 되어 있기 때문에 예전에 '괴'라고 불렀던 것이다. 현재 '[ko:i]'라고 하는 지방은 충청남도의 대부분, 황해도 강령·옹진·태탄, 경기도 여주·평택, 충청북도 진천이며, 그것의 변형인 '[ku:i]'는 충남 태안·당진·보령·감포에서 발견된다. 앞의 여러 예와 마찬가지로 이러한 복합모음 형태는 주로 황해도와 충청남도에 잔존해 있으며 또한 경기도와 충청북도에서도 보인다.

이 단어는 보통 '고양이' 계통의 형태로 널리 분포하고 있으며, '[koyaŋi]'는 많은 경우 '[kwɛŋi]'로 변했고 그 밖에 '[küɛŋi], [küöŋi], [kɛŋi], [kwɛi], [kwaŋi]' 등과 같은 형태도 볼 수 있다.[209] 이 '[koyaŋi]'는 'koi+aŋi'[210]의 결합으로, 여기서도 '[koi]'라는 복합모음 형태의 모습이 인정된다.

이 단어에는 또한 '-n-'을 개입시킨 형태가 도처에서 발견된다.

① [koñaŋi]

황해도 수안, 함남 안변에서 쓰인다.

② [koñɛŋi]

경기도 가평, 충북 충주·제천·단양에서 쓰인다.

③ [konɛŋi]

평안남북도의 산악 지방, 제주도, 그 외에는 충북 충주, 경북 상주·영주, 함남 안변, 황해도 곡산에서 쓰인다.

④ [konɛi]

황해도 연안, 강원도 이천, 평남 순천에서 쓰인다.

---

209) 〈방언 어휘〉 ㊳ 참조.

210) '-aŋi'는 축소 접미사이다.

⑤ [koːnɛgi]

경상북도를 중심으로 하며 경남 김해에도 존재한다.

⑥ [kwɛːnɛgi]

경북 청송・영양・영덕에서 쓰인다.

⑦ [kwaːnɛgi]

경북 안동과 청송에서 쓰인다.

⑧ [küɛːnɛgi]

경남 울산에서 쓰인다.

⑨ [keːnɛgi]

경북 대구, 경남 양산에서 쓰인다.

⑩ [kɛnɛŋi]

경남 밀양에서 쓰인다.

⑪ [kõɛ]

함북 길주・경성・부거・무산・회령・온성, 함남 단천・북청・영흥・안변에서 쓰인다.

이상과 같이 'n'을 가진 형태는 대개 산간의 벽지에 존재하고 있으며 이러한 지리적 상황에서 미루어 보건대 '猫'를 의미하는 단어는 예전에 'koni'라고 불렀음을 알 수가 있다. 이처럼 지리적 분포로부터의 추측은 문헌에서도 확실한 증거가 있다. 즉 『鷄林類事』에서 '猫'를 '鬼尼'로 적고 있는 것이 바로 그것이다. 특히 ①과 ②의 형태는 'koni+aŋi'이기 때문에 'koni-aŋi >koñaŋi>koyaŋi'의 변화는 음성학적으로도 설명이 가능하다. ③ 이하의 형태들도 '-aŋi, -agi'[211]를 덧붙인 형태의 변형이다.

211) 모두 축소 접미사들이다.

【5】 뫼(山)

이 단어는 지금은 거의 '산'이라는 한자어로 바뀌어 버렸고 다만 'möp̄at'(산에 있는 밭), 'möp̄ul'(산꼭대기), 'mekatt^{h}e kanda'(나무하러 가다)와 같이 합성어에 겨우 남아 있을 뿐이다.212) 그러나 원래 '山'을 의미하던 이 말은 오늘날 '墓'의 의미로 도처에서 발견되고 있으며, 이러한 의미론적 변화는 그 자체로도 흥미롭다. 따라서 여기서는 '墓'의 의미로 사용되는 '뫼'에 대해서 서술하기로 한다. 이 단어가 그 당시 복합모음으로 쓰였다는 점은 앞의 『朝鮮館譯語』에 '磨一'로 되어 있고 또한 『和漢三才圖繪』에 '毛惠'로 되어 있을 것을 통해 분명하다고 하겠다. 이러한 특징이 남아 있는 지방은 다음과 같다.

① [mo:i]

경기도 의정부・가평・양평・여주・광주・수원・장단・평택, 황해도 토산, 강원도 철원, 충청남북도의 거의 전역에서 나타난다.

② [mö:i]

경기도 이천에서 나타난다.

③ [mɔ:i]

평북 서반부에서 나타난다.

④ [mu:i]

충남 태안・보령・감포・서천에서 나타난다.

즉 평안북도, 충청남북도, 경기도 및 그 인접 지역에서 발견되는 것이다. 이 중 이천의 '[mö:i]'는 중앙의 '[mö:]'로 변화하는 과도기를 가리키는 것으로서 흥미롭다. 또한 함경북도와 함남 단천・북청에서는 '[mo:]'라고 부른다. 여기서 주목해야 할 점은 '山이 있다'라고 하는 경우 '[mo:iit̄a]'라

212) 평북 창성에서는 '산에 가다'라고 하는 경우 '[mɔ:e ganda]'라고 말한다.

고 말한다는 점이다. 원래 이 지방에서는 자음으로 끝나는 말뿐만 아니라 모음으로 끝나는 말 뒤에도 조사 '-i'가 붙는 조선 초기의 어법을 그대로 유지하고 있다.213)

이러한 함경도의 '[mo:]'는 아마도 다음과 같은 상황에서 발생한 것이라고 생각된다. 조선 초기에는 이 '뫼'는 'moi-hi, moi-hei'와 같이 변화를 했는데 모음 사이의 'h'가 소멸하면서 'moi-hi'는 'moi-i'로 바뀌고 다시 이것이 'moi'로 단순화했으리라는 것은 추측하기 어렵지 않다. 그런데 조사 '-i'를 고수하는 함경도 방언에서는 이 'moi'를 'mo-i'로 해석하고 따라서 단순히 '墓'라고 하는 경우에는 'mo'만을 따로 분리하게 된 것이다. 그러므로 이 지방에서도 일찍이 복합모음 형태가 쓰이고 있었다고 생각할 수 있다.

【6】 외(瓜)

이 단어가 복합모음을 유지하고 있는 지방은 다음과 같다.

① [o:i]

경기도・황해도・평안남북도 전체, 강원도 이천・철원, 함남 안변, 충남 각지(태안은 제외), 충북 청주・진천・음성・괴산・충주・옥천에 존재한다.

② [ö:i]

경기도 이천,214) 평양 양덕에 존재한다.

③ [u:i]

충남 태안・당진・예산・보령・감포에 존재한다.

---

213) 함경도에서는 '코(鼻)'를 '[kʰoi]'(함북 부거・온성・회령)라고 하며, 또한 '조(粟)'를 '[ʧoi]'(함북 경성・부거・온성・회령・무산・길주, 함남 단천・북청・안변)라고 한다.

214) '[wei]'라고도 한다.

第十一圖 외 (胡瓜)

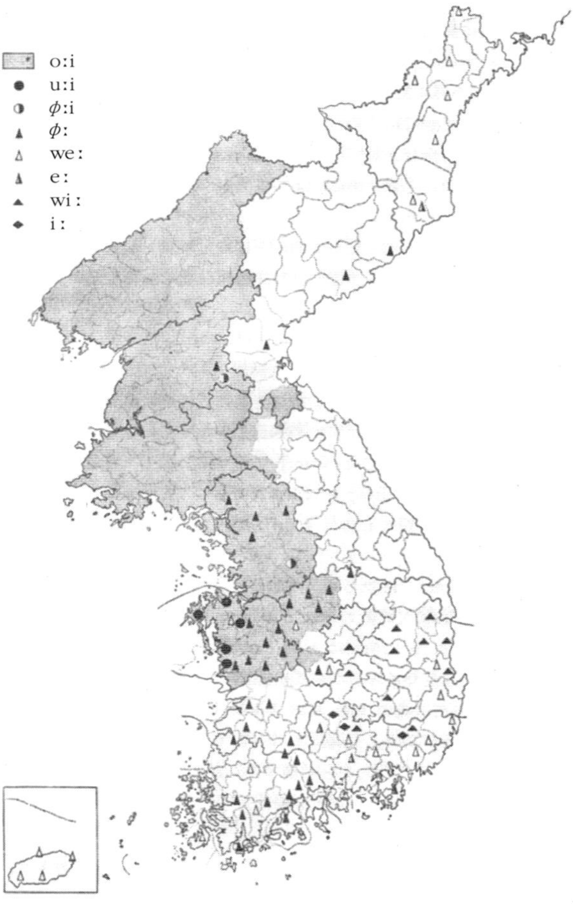

〈제11도 외〉

즉 평안남북도로부터 충청남북도에 걸쳐 분포하며 함남 안변에까지 미치고 있는 것이다. 이천의 '[ö:i]'는 표준형 '[ö:]'로 변화하는 과도기를 가리킨다. 또한 남부 지역에서는 이러한 복합모음이 보이지 않지만, '[we], [wi]'와 같은 상승적 이중모음을 드러내고 있다. 남부의 '[we], [wi]'는 'oi > ue > we'와 'oi > ui > wi'로 보아야 할지 아니면 'oi > ö > we ~ wi'로 보아야 할지 판명할 수 없는데 아마도 후자인 듯하다.

이상의 분포 상황으로부터 다음과 같은 것을 생각할 수 있다. 복합모음의 유지는 앞에서 본 바와 같이 단어에 따라 다소의 차이가 있지만, 근대에 있어서는 마지막에 나온 '외'의 경우처럼 중부와 서북부 일대에서 쓰이고 있었으며, 단순모음화는 상당히 최근의 일에 속하는 듯하다. 왜냐하면 경기도에서 아직도 이러한 특징이 발견되고 있기 때문이다. 이 점에 관한 한 남부 지방 및 남부의 특징이 농후한 동북 지방은 한 걸음 앞서 있다.[215)]

또한 평북의 '[kɔŋi], [kwɔŋi]'나 제주도의 '[sɛŋi], [keŋi], [kiŋi]'와 같이 'ŋ'을 중간에 지니는 형태가 있는데, 평북에서는 이 단어 이외에 '매(鷹)'를 '[maŋi]'라고 하는 지역이 있다.[216)] 이러한 'ŋ'의 개입은 중앙부의 단순형이 침입하는 것을 막고 고형을 유지하려 하는 노력이 드러난 것이다. 제주도의 '[sɛŋi], [keŋi], [kiŋi]'에는 약간의 의문이 있다. 왜냐하면 이 지역에서는 동물 명칭에 '-ɛŋi, -ŋi'와 같은 축소 접미사를 즐겨 사용하기 때문이다.[217)]

이상의 서술을 통해 'ㅐ, ㅔ, ㅚ' 등이 예전에 복합모음이었다는 사실을 방언에 남아 있는 흔적으로부터 추측하였다. 또한 많은 방언이 보여 주듯이 이들은 대부분 단모음화의 길을 밟았음을 알게 되었다. 한글 창제 당시의 문헌이 대체로 발음에 충실하다는 점에서 볼 때 'ㅐ, ㅔ, ㅚ' 등의 구조는 복합모음에서 이중모음으로 이행하고 있음을 보여 주는 것은 아닐까 생각된다.

그러나 앞에 제시한 예들은 강한 악센트를 지닌 경우인데, 'ㅐ, ㅔ, ㅚ'가 둘째 음절 이하의 약한 악센트 음절에 나타나는 경우는 어떨까? 대개 복

---

215) [역자주] 남부나 동북부는 복합모음 형태가 보이지 않는 것을 두고 한 말이다.

216) 용암포, 철산, 선천, 정주, 구성, 태천, 초산, 창성, 의주가 그러하다. 그 외에 용암포, 철산, 구성, 박천에서는 '[mai]'를 유지하고 있지만 대체로 신형인 '[mɛ]'가 쓰이고 있다.

217) 가령 '猫'를 '[konɛŋi]', '鼠'를 '[ʧüŋi]'라고 하는 예가 있다.

합모음 형태를 유지하지 않고 단모음화가 일어나 버린다. 물론 여기에는 예외가 있다. 예컨데 '참외(眞瓜)'나 '물외(胡瓜)'의 둘째 음절을 살펴보면, 함남 안변에서는 '[ʧʰamoi], [muroi]'로서 복합모음 형태를 유지하고 있다. 또한 충북 황간에서는 '[ʧʰamwi], [murwi]'와 같이 'oi > ui > wi'의 변화를 보이고 있다.

'ui'라는 복합모음 형태는 'ai, ɔi, oi'에 비해 단모음화가 적게 일어난다. 그것은 'wi'라는 매우 안정적인 이중모음 형태를 취하기 때문이다. 충북 황간과 같이 약음절에서도 이런 형태를 취하는 경우가 많다. 경북 김천・예천・안동・의성처럼 단모음화가 강한 지방에서도 '[murwi]'라는 형태가 남아 있다. '鋏'의 여러 형태 중 중부 지방에서 세력을 가진 형태 '[kawi]'도 '[kaoi]'에서 '[kaui]'를 거쳐 생겨난 것이다. 또한 약음절에서 복합모음 형태를 유지하고 있는 예로 'ᄉᆞ내(男兒)'가 있다.[218)]

- ○ [sɷnai] 제주도 성산포
- ○ [sɔnai] 평남 한천
- ○ [senai] 평남 용강
- ○ [sinai] 평남 한천
- ○ [sanai] 평남 평양・용강, 제주도 제주・대정

그런데 이러한 '참외, 물외, ᄉᆞ내'의 경우에 주의해야 할 점은 이들 지방에서는 한편으로 '외' 또는 '애'가 복합모음 형태인 '[oi], [ai]'를 지니고 있다는 사실이다. 아마도 '참외, 물외, ᄉᆞ내'가 복합어라는 의식이, 둘째 음절에서도 이런 복합모음을 유지토록 했던 듯하다.[219)]

---

218) 'ᄉᆞ내'는 오늘날 중앙에서는 '男, 夫'를 가리키지만, 이들 방언형을 통해 원래는 '男兒'를 나타냈다는 점을 알게 된다. 이 말에 대해서는 부록의 III(한국어의 '男'과 '女'에 대하여)을 참조할 수 있다.

219) [역자주] 저자는 '외(瓜)'와 '애(兒)'가 해당 지역에서 복합모음 형태로 남아 있기

약음절에서의 복합모음이 단모음으로 바뀐 지방 중에는 복합모음의 선행 요소만 남기고 후행 요소 '-i'는 탈락시키는 경우가 있다. 예컨대 다음과 같다.

○ [ʧʰamu][220)]

충남 유성 · 논산 · 부여 · 홍산 · 감포 · 보령, 충북 청주 · 진천 · 음성 · 괴산 · 충주 · 제천 · 단양, 평남 영유 · 안주 · 개천 · 덕천 · 영원 · 맹산 · 양덕 · 순천 · 성천 · 강동, 평북 일대

이들 지방에서 '외(瓜)'가 복합모음 형태를 유지하는 것은 흥미롭다.[221)] 복합모음의 후행 요소 '-i'가 탈락하는 특징은 'ᄀᆞᅀᅢ'의 경우에도 발견된다. 'ᄀᆞᅀᅢ'의 방언형 중 다음 형태가 바로 이와 동일한 변화형이다.

○ [kaŋa] 평안북도 압록강 연안 지방
○ [kaŋu] 평안남도
○ [ka-u] 경기도 양평 · 광주 · 장단, 황해도 연안 · 수안 · 곡산, 강원도 이천, 평남 평양 · 강동, 충북 청주 · 충주 · 옥천
○ [ka-o] 충남 공주 · 논산, 전남 영광

이 지역들은 대체로 복합모음 형태를 보존하고 있다.[222)] '[kaŋa]'는 '[kʌʒai]>[ka-ai]'에서, '[kaŋu], [ka-u], [ka-o]'는 '[kʌʒu̯ai]>[kaʒu̯ʌi]>

때문에 그에 대한 의식이 발동하여 '외(瓜)'와 '애(兒)'가 후행 요소로 쓰인 '참외, 물외, ᄉᆞ내'의 둘째 음절에서도 복합모음을 유지한다고 보고 있다.

220) ʧʰamoi>ʧʰamo>ʧʰamu.

221) [역자주] 합성어인 '참외'에서는 복합모음의 후행 요소가 탈락한 단모음의 형태를 지니지만 단일어 '외'는 복합모음 형태를 지녀서 대조를 이루는 상황을 지적한 말이다.

222) [역자주] 앞에서 살핀 다른 단어들에서 복합모음 형태가 이 지역에 나타나는 사실을 가리킨다.

[ka-wʌi] > [ka-oi]'로부터 각각 변화한 것으로, '-ŋ-'의 개입은 앞서 서술했듯이 평안도에서 보이는 특징이다.

앞에서 강음절(强音節), 특히 1음절로 된 '게(蟹)'라든지 '괴(猫)'와 같은 단어가 아직도 방언에서 복합모음 형태를 남긴다고 말한 바 있는데, 동일한 구조로 된 '쇠(鐵), 개(川, 浦)'에서는 그러한 일이 눈에 띄지 않는다. 여기에는 어떤 조건상의 차이가 있지 않을까? '게, 괴' 등과 '쇠, 개'의 차이는 고대 한국어의 성조 차이에 기반하고 있는 듯하다. 현대 한국어의 성조 연구는 전혀 미해결의 문제로서, 필자 역시 여기에 대한 연구 기회는 얻지 못했다. 그런데 조선 초기의 한글 문헌에는 각각의 음절마다 모두 성조점(聲調點)이 찍혀 있다. 이러한 성조점은 중국의 사성(四聲)을 표시하는 점(點)을 응용한 것으로서, 이 성조점을 통해 조선 초기의 한국어에 성조 구별이 상당히 명백했다는 것을 알게 되는 바이다.[223)]

이러한 성조점은 세 가지 종류가 있다. 하나는 無點으로 이것은 중국의 평성을 가리킨다. 그 다음은 一點으로 이것은 거성과 입성을 가리키고, 마지막은 二點으로 상성을 가리킨다. 『訓民正音』 언해본에 의거해 각 성조의 성질을 엿보면 다음과 같다.

"平聲·은·뭇눗가·ᄫᆞᆫ소·리·라"
"去聲·은·뭇노·ᄑᆞᆫ소·리·라"
"上聲·은·처ᅀᅥ·미눗:갑·고乃終·이노·ᄑᆞᆫ소·리·라"
"入聲·은샐·리긋ᄃᆞᆮᄂᆞᆫ소·리·라"

---

223) 신숙주의 『東國正韻』 서문(『世宗實錄』 세종29년 9월 조항)에 "語音則四聲甚明字音則上去無別"이라고 되어 있다. 이 때의 '語音'은 한국 고유어의 음을 의미하고 '字音'은 한국 한자음을 가리킨다. '字音'에 상성과 거성의 구별이 없다고 한 것은 오늘날의 상황과 동일하다. 졸고 「東國正韻及び洪武正韻譯訓に就いて」(『東洋學報』 27권 4호, 1940년 8월)의 95쪽 참조.

이것은 물론 중국의 사성(四聲)에 대한 고찰인데, 이 때 입성점(入聲點)을 거성점(去聲點)과 동일하게 한 것은, 입성이 촉급한 소리임과 동시에 높은 소리였기 때문이라고 생각된다. 이러한 성조의 기술은 아마도 고유어의 경우에도 적용할 수 있으리라 본다. 만약 그렇다고 한다면 이러한 기술을 통해 알게 되는 바는 당시 한국어의 성조에 기본적으로 고저(高低)의 두 종류가 존재했다는 점이다. 즉 거성점(一點)이 나타내는 음절은 높은 음이고 평성점(無點)이 나타내는 음절은 낮은 음이다. 세 번째 종류인 상성점(二點)은 이러한 고저의 복합 성조로서 처음이 낮고 나중이 높은 특색을 지니고 있다.

이제 본론으로 되돌아가서, '게, 괴' 등과 '쇠, 개'를 비교하면 '쇠, 개'는 모두 거성점(一點)인 데 반해 '새, 게, 뫼, 괴, 외'는 모두 상성점(二點)을 지니고 있다는 현격한 차이를 발견하게 된다. 즉 '새, 게' 등은 복합 성조를 가지고 있는 것이다. 여기서 주의해야 할 점은 '개(犬)'이다. 이 단어는 예전에 '가·히'로 표기되어 '평성+거성'의 2음절 단어였었다. 이 '가·히'가 축약을 일으켜 '개'로 된 것인데, 이 '개'의 발음은 '[kɛː]'로서 처음이 낮고 나중이 높다는 상성적인 특징을 명확히 보이고 있다. 그뿐만 아니라 조선 초기에는 평성의 음절과 거성의 음절이 축약될 때 반드시 상성이 되었다. 예컨대 '그(彼)'에 조사 '-·이'를 합친 '긔'는 상성 ':긔'가 되었다. 그 외에 '너(汝)+·이→:네, 부텨(佛)+·이→부:톄, ᄂᆞᆽ가·ᄫᆞᆫ-ᄂᆞᆽ:갑·고' 등이 있다. 평성은 낮은 음이고 거성은 높은 음이다. 따라서 만약 이 둘이 결합한다면 '저고(低高)'의 복합 성조가 생긴다는 것은 당연하다. 즉 '가·히'로부터 변화한 '개'도 역시 ':개'임을 알 수 있는 것이다.

':새' 등이 상성점을 지니고 있었던 것은, 단지 성조상으로뿐만 아니라 음량상으로도 차이가 있었다고 생각된다. ':개[kɛː]'가 보여 주듯이 오늘날에도 예전에 상성점을 지니던 ':없-, :알-, :몯' 등의 단어는 강한 악센트가 있을 때 특히 처음이 낮고 나중에 약간 높은 성조로서, 다른 경우보다 약간 긴 음량을 가지고 있다.[224] 또한 '새, 게' 등의 단어들이 복합모음 형태를 보존하고 있는 지방에서는 대게 복합모음의 첫 요소를 길게 발음하고 있다.[225] 오늘날까지 복합모음 형태를 보존하고 있는 것도 아마 이러한 음량이 관계하기 때문인 듯하다.[226]

【부기(附記)】

이처럼 '-i'로 끝나는 복합모음 형태의 예들 중 ':개'는 '가·히'에서,[227] ':괴'는 '고·니'(『鷄林類事』의 '鬼尼'[228])에서 생겨났다. 또한 '世'를 가리키는 말에 '누·리'와 ':뉘'의 두 가지 형태가 있는데 이것은 분명히 '누·리[229]>:뉘[230]'(nu-rí>nuí)이다. 이와 같이 오늘날 복합모음 형태로 표기되는 1음

224) ':없다[ʉ:pta], :알고[a:l-go], :몯한다[mo:t-han-da]' 참조.

225) 가령 ':개[ka:i], :뫼[mo:i], :외[o:i]' 등과 같다.

226) '내(川)'도 ':내'이지만 저자의 조사에서는 아직 '[na:i]'라고 하는 것을 듣지 못했다.

227) ka-hi>ka-i>kɛ:.

228) '鬼尼'는 'kuei(上)+니(平)'이다. 성조는 아마도 상성이었던 듯하다. 즉 '고니'는 '고·니[ko-ní]'인 것이다.

229) 『訓蒙字會』 中卷 '世'의 훈이다. 또한 『三國遺事』에 '儒禮尼師今一作世里智王'이라고 되어 있는 '儒禮, 世里'는 '누·리'이다.

230) 『月印釋譜』 권2 12장에 "世·는:뉘·라"라고 되어 있다. 이러한 ':뉘'와 관련하여 신라의 시조 朴赫居世의 이름에 이 단어가 나타나는 것은 주목해야 한다. 즉 『三國遺事』 권1에 '赫居世王'의 이름을 풀어서 "蓋鄕言也, 或作弗矩內王, 言光明理世也"로 나오는 것이다. 이러한 주석에 따르면 '赫居世'와 '弗矩內'는 같은 말이다. '弗矩內'를 현대 한자음으로 읽으면 '불거내'인데 '內'의 한자음은 예전에 'ᄂᆡ[nʌi]'였다. 조선 초기 문헌(『月印釋譜』 권1 16장)에서는 '·뇌[noi]'로 기록하고 있다. 이 한자음 '·ᄂᆡ'는 『東國正韻』의 한자음으로 인위적인 개작의 의심이 없지 않으나(졸고 「東國正韻及び洪武正韻譯訓に就いて」 참조) '[nʌi]'이든 '[noi]'이든 '弗矩內'의 '內'로써 ':뉘'를 나타내고 있다는 점은 앞서 제시한 주석의 '理世'라는 말에 의해 분명해진다. '弗矩內'는 'pul-gu-nui' 또는 'pul-gun nui'로 읽어야 하며 그 의미는 '光明理世'라는 주석에서 볼 때 '밝은 세상'이다. '赫居世'도 '赫'과 '世'를 훈독했으며 동일하게 'pulgu nui' 또는 'pulgun nui'이다.

『三國遺事』나 『月印釋譜』, 『訓蒙字會』를 통해 '누·리'와 ':뉘'가 공존했던 것을 알 수 있는데, 이러한 공존에도 불구하고 '누·리>:뉘'는 인정하지 않으면 안 된다.

절어가 예전에 자음이 중간에 끼어 있는 2음절어였다는 것은 생각할 수 있는 일이다. 앞서 제시한 단어 중 ':외(瓜)'도 일본어 'ウリ'와 관련시켜 볼 때 어쩌면 '오·리[o-rí]'에서 변화하여 ':외'가 된 것이 아닐까 한다. 또한 이보다 좀 더 무리이긴 하지만 ':게(蟹)' 역시 일본어 'カニ'를 생각할 때 '거·니[kə-ní]'라고 했었을지도 모른다.

이와 같은 상상은 별개로 하고, ':뫼'와 관련해서는 다소 증거라 할 만한 것이 존재한다. 그것은 그 유명한 '曾尸茂梨'의 '茂梨'이다. '曾尸茂梨'는 'so-si mo-ri'로 읽어야 한다. 今西龍 박사는 이것을 일단 '金의 山'이라는 뜻이라고 하고서,[231] 다시 '金의 村'이라는 뜻이라고 했는데, 앞의 해석이 올바르다. 즉 'so(金)+si(속격조사)+mo-ri(山)'인 것이다. 이러한 '茂梨(mo-ri, 모·리)'가 'mo-i(:뫼)'로 변화한 것은 마치 '누·리'가 ':뉘'로 변화한 것과 동일하다.

'山'의 고어에는 여러 가지 형태가 존재했다. 『通典』에 나오는 '健牟羅'의 '牟羅[mu-ra]'는 '城'의 의미이지만 원래 '山'을 의미했던 것이며, 『三國志』「東夷傳」의 마한국명(馬韓國名) '牟盧', 호태왕비(好太王碑)에서 보이는 한성명(韓城名)에 덧붙어 있는 '牟盧'도 역시 같은 말이다.[232] 또한

231) 今西龍 박사의 「檀君考」(『朝鮮古史の硏究』, 103쪽 이하) 참조. 今西龍 박사는 '모리'에서 '모니', '뫼'로 이행했다고 보고 있는데 이것은 옳다. 다만 '모니'의 단계를 거쳤는지는 의심스럽다. 杜佑의 『通典』에서 신라의 성(城)을 '健牟羅'라고 적고 있는데, 이 '牟羅'는 '茂梨'와 동일하며 원래는 '山'을 의미하는 말이다. 今西龍 박사는 현대의 '마을(村)'을 이것에 비정하고 있지만, '마을'은 예전에 '*ᄆᆞᄉᆞᆯ[mʌ-sʌl]'(>ᄆᆞᅀᆞᆯ[mʌ-zʌl])이라서 '牟羅[mura]'와는 차이가 난다.

232) '盧'의 당대(唐代) 음은 'lo' 또는 'luo'이다. 『魏志』에 '斯盧[si-lâ]'로 되어 있는 것은 후대의 新羅([sin-lâ]>[sil-lâ])와 동일하게 'si-ra'를 적은 것이다.(일본에서 'シラギ' 라고 하는 것은 'sira'에 'キ(城)'를 붙인 형태이다.) 어떤 이유로 인해 때로는 '盧[lo](luo)'로 표기하고 때로는 '羅[lâ]'로 표기한 것일까? 중국에서 각각의 시대별 한자음에 의거해 전사했기 때문에 이러한 차이가 나타나게 된 것이다. 위(魏) 무렵에는 '盧'가 'lo'가 아니라 'lâ'였다. 이런 사실에 대해서는 이 '斯盧'도 한 예이지만, 『魏志』「倭人傳」에서 '松浦'를 '末盧[mât-lâ]'로 적었고 '夷守(ヒナモリ)'를 '卑奴母離[pi-nâ-mu-li]'로 적은 것을 통해 『切韻』의 模韻(隋唐代에는 '-o' 또는 '-uo')이

고구려의 호태왕비에서 볼 수 있는 한성명(韓城名)에는 '模盧'로 되어 있는데 이것은 '[mora]'이며, 『魏志』 마한국명(馬韓國名)의 '莫盧' 역시 동일한 듯하다. 게다가 '山'은 『日本書紀』에서는 'ムレ'로 읽히고 있다.[233] 즉 '山'을 예전에 'mora, mura, mure, mori' 등으로 일컬었음을 알 수 있는데, 이러한 여러 방언형 중 'mori'만이 남았고 거기서 'moi'가 나오게 된 듯하다.

'山'에 'mure : mori'의 대립이 있었던 것과 마찬가지로 '川'에도 동일한 대립이 보인다. 즉 '川'은 현대에 '내'라고 하고 예전에는 ':내[na:i]'였지만 상고(上古) 한국어에서는 'nare : nari'[234]와 같은 형태가 존재했던 듯하다. 즉 'nare'는 「神功紀」의 '阿利那禮'에서 보이고 'nari'는 「雄略紀」의 '久麻那利'에서 보인다. 후대의 ':내[na:i]'가 이 '那利[na-ri]'로부터의 변화라는 점은 '모·리'(茂梨)가 ':뫼[mo:i]'로 된 것과 완전히 궤를 함께한다. 이 말에 대해서 여전히 언급해야 할 바는 '津'을 의미하는 한국어 '나루[na-ru]'이다. '나루'는 예전에 'ᄂᆞᄅᆞ[nʌ-rʌ]'라고 표기되어 있다. 이 형태의 구조는 'ᄀᆞᄅᆞ[kʌ-rʌ](粉), 노ᄅᆞ[no-rʌ](獐)'와 유사하다. 이 단어들이 일찍이 'kʌlg-' 또는 'kʌl', 'nolg-' 또는 'nol-'을 어간으로 하여 자음 곡용을 했다는 사실은 앞에

위(魏) 무렵에는 '-â'였음을 알 수 있다. 덧붙여서 『梁書』의 「諸夷傳」 신라 조항에 '魏時曰新('斯'의 잘못)盧, 宋時曰新羅或曰斯羅'로 되어 있다. 여기에 따르면 '盧'가 'lâ>lo, luo'의 변화를 겪은 것은 위(魏)와 송(宋) 사이임을 깨닫게 된다.

233) 가령 「神功紀」 49년 조항에서 '辟支山'을 'ヘキノムレ'로 풀어 놓고 있다.

234) '山'에 'mora, mura'가 있었던 것처럼 '川'에도 'nara'라는 형태가 있었다고 유추하고 싶지만 여기에는 명확한 증거가 없다. 다만 호태왕비에 '古模耶羅城'이라고 하는 것이 보이며 이것이 만약 '古模那羅'의 잘못(誤寫)이라고 한다면 이 지명에서 'nara'의 존재를 추정할 수 있을 듯하다. 그러나 이 성이 과연 백제의 도성(都城)이었는지 여부는 불분명하다.

또한 후대에 '國'을 'nara(나라)'라고 부르는데 이 말의 어원이 어쩌면 '川'이 아니었을까 생각된다. 아래에서 서술할 국호 '加羅'가 원래 '川'(낙동강)이었던 것과 동일하게, '川'이라는 말을 어떤 일정한 '川'과 접한 도성(都城)의 이름으로 하고 거기서 '國'이라는 의미로 변화한 것은 아닐까? 게다가 백제의 도읍지를 '熊津' 또는 '熊川'(koma-nari 또는 koma-nara?)이라고 부른 것은 이러한 추측을 뒷받침하고 있다.

서 서술한 대로인데, 이 'ᄂᆞᄅᆞ'도 어쩌면 동일하게 'nʌlg-' 또는 'nʌl-'을 어간으로 한 것이 아닐까 생각된다. 현재 나진(羅津) 지방에서 '津'을 '날기[nal-gi], 날그[nal-gɯ], 날게[nal-ge]'라고 부르는 것을 보아도,[235] 이러한 추측은 결코 잘못되지 않았다. 이 '[nal-gi]' 등은 일단 'nʌlg-'을 어간으로 한 것이라고 생각되는데, 앞서 여러 차례 언급했다시피 함북 지방은 ㄱ-곡용이 활발한 지역이기 때문에 오히려 'nʌl+gi, gɯ, ge'로 보아야 할 듯하다.[236] 즉 어근은 'nʌl-'이었다고 할 수 있는 것이다. 이러한 'nʌl-'이 앞의 'nare, nari'와 어떤 관계가 있으리라는 것은 상상하기 어렵지 않다.

'nare, nari : nʌl-'과 같은 이른바 일종의 모음 교체(Ablaut) 현상은 다른 단어에서도 발견할 수 있다. 동일하게 '川'을 의미하던 '개'가 그것이다. 이미 서술한 것처럼 前間恭作 선생의 설에 따르면 '개'는 '加羅'와 한 핏줄의 단어이다. 선생은 '加羅'를 'ᄀᆞᄅᆞ'라고 보고 있지만 '加羅'가 반드시 'ᄀᆞᄅᆞ'일 필요는 없다. 오히려 '[ka-ra]'라고 보는 편이 적당하다. 이러한 'ka-ra'는 '加羅' 이외에 '呵囉'(『三國遺事』 권3의 '魚山佛影'), '加良'(『三國史記』 新羅本紀 眞興王 조항)이라고도 적혀 있고, '駕洛'[237](『三國遺事』 王曆), '加耶'[238](『三國史記』 권44, 列傳4 異斯夫 조항), '伽耶'[239](『三國遺事』 권15

---

235) 『한글』 19권 6호(1941년)에 수록되어 있는 나진 지방의 방언 어휘에서 발견된다. '날그, 날게'는 아마도 단독형이 아니고 대격형 '날글'(함북에서는 '-을'을 '-으'라고 함)과 여격형 '날게'를 가리키는 듯하다.

236) 'kʌlgi'도 같은 이유로 'kʌl-gi'로 해석된다. 세 번째 주제(2.4.)의 각주 166) 참조. 다만 'nolgi'의 경우는 'nolg-aʤi, nolg-ɛŋi' 등의 형태를 통해 어근이 'nolg-'이다.

237) '駕洛'은 'ka-rak'이다. 어말의 '-k'는 불분명하다.

238) '加耶, 伽耶'는 'ka-ya'이다. 그러나 국명(國名)인 '阿羅(a-ra)'를 또한 '阿耶(a-ya)'라고 한 것을 보면 '羅'와 '耶'를 동일하게 다루고 있음을 알 수 있다. 어쩌면 'kara'를 어떤 지방에서 '[ka-ʎa]'('ʎ'는 경구개 'l')라고 불렀고, 이것이 'ka-ya'로 변화했을지도 모른다.

239) 이것은 『三國遺事』 권15의 '伽耶'에서 볼 수 있다. 즉 '古寧爲加利縣'이라고 되어 있는 것이다. 또한 今西龍 박사의 조사(「加羅疆域考」, 『朝鮮古史の硏究』, 297~298쪽)에 따르면 신라 육부(六部)의 하나에 '金山加利村'이 있으며, 지명으로는 慈仁縣에 '朴加利'가 있고 蔚山에 '加里山'이 있다.

伽耶)라고도 표기되어 있다. 또한 주목해야 하는 바는 '加利[ka-ri]'라는 형태도 존재한다는 점이다. 즉 'mora : mori'와 동일하게 'kara : kari'의 대립이 보이는 것이다. 이 'kari'로부터 '개[kai]'가 나왔다는 것은 'mori＞moi, nari＞nai'의 예에서 추측할 수 있다. 다만 이 경우 하나의 난점은 '개'가 ':개'가 아니라 '·개'이라서, 앞의 추정에 따른 '[ka:i]'가 아니고 '[kai]'였다는 사실이다. 이러한 성조의 차이는 어떻게 설명해야 할지 알 수 없으나 'kara : kari'와 'kai(개)'의 관계를 부정할 수는 없다고 생각된다.

이러한 'kara, kari, kai'에 대해 한편으로 'ᄀᆞᄅᆞᆷ[kʌ-rʌm]'이라는 단어가 있다. 이 단어는 오늘날 사라졌지만 조선 초기에는 '江, 河'의 의미로 쓰이고 있었다. 이 'ᄀᆞᄅᆞᆷ'과 '개'의 관계에 대해 前間恭作 선생은 다음과 같이 서술하고 있다.[240]

> "'내(川)'에서 'ᄂᆞᄅᆞ'가 생긴 것과 동일한 경로를 거쳐 이 '개'에서 'ᄀᆞᄅᆞ'라는 형태의 말이 나오며, 'ᄀᆞᄅᆞ'에 접미사 'ㅁ'이 붙어서 만들어진 형태 중 하나가 앞의 'ᄀᆞᄅᆞᆷ'이라고 생각된다. (중략) 게다가 앞서 접미사 'ㅁ'이라고 한 것은 그와 유사한 후대의 문법상 어미 변화와는 완전히 달라서, 후대의 'ㅁ'은 동사와 형용사에 '오'나 '우'를 덧붙이고 'ㅁ'으로 끝냈지만 上代에 'ㅁ'을 말음으로 지니는 명사가 나오는 형식은 그렇지 않고 조어상(造語上)의 의의 역시 성격을 달리하고 있다. 上代에 조어 기능을 하는 'ㅁ'에는 '오, 우'도 없지만(자음 아래에 'ᄋᆞ, 으'는 오지만), 'ㅁ'을 덧붙이는 단어도 동사 등으로 한정되어 있지 않다. 이 책[241]에 나온 말 중 '그림, 사ᄅᆞᆷ, 심, 거름, ᄃᆞᄅᆞᆷ, 우슴'은 'ㅁ'에 선행하는 말로 동사 어근이 사용되었지만, '구름, ᄇᆞᄅᆞᆷ, 아ᄎᆞᆷ, 밤, 감, 범, 몸, 소곰, 기름' 등은 여러 종류의 어근에 덧붙고 있다는 점이 얼핏 보아 명료하다."

240) 「鷄林類事麗言攷」 29쪽 참조.
241) 『鷄林類事』를 말한다.(저자 주석)

즉 'ᄀᆞᄅᆞᆷ'은 'ᄀᆞᄅᆞ'242)에 접미사 'ㅁ(-m)'을 첨가한 형태이며 '개'와 'ᄀᆞᄅᆞ'의 관계는 '내'와 'ᄂᆞᄅᆞ'의 관계와 대등한 것이다.243) 그리고 접미사 '-m'은 후대와 같이 반드시 동사 어근에 'o/u'가 들어간 후 덧붙지는 않으며, 여러 종류의 어근에 붙었다고 말하고 있다.

이러한 설은 확실히 탁견이지만, 'ᄀᆞᄅᆞᆷ'을 'kʌrʌ+m'이라고 생각하기보다 저자는 오히려 어근 'kʌl-'에 접미사 '-m'이 붙은 것이라고 보고자 한다.244) 왜냐하면 현재 이 어근을 여전히 단독으로 사용하고 있는 지방이 있기 때문이다. 경북 대구・김천・예천・흥해・경주와 경남 울산에서 발견되는 '[kəːl]'이라는 형태는 분명 이 'kʌl'의 후예이다. 다만 이 지방에서는 'ʌ'가 대체로 '[a]'로 변화하기 때문에 단정하기에는 약간 주저하지 않을 수 없다. 그러나 동일한 'ʌ'를 지녔던 'ᄒᆞᆰ'이 경북 대구・고령・김천・상주・영양・흥해와 경남 김해・양산・밀양・울산에서는 '[həl]'로 발음되는 것을 볼 때 'kʌl>kəːl'이 전혀 부당하지만도 않다. 이에 덧붙여 다음 형태를 함께 고려하면 좀 더 유력해질 듯하다.

---

242) 'ᄀᆞᄅᆞ'는 前間恭作 선생의 의견으로는 '加羅'이다.

243) 「鷄林類事麗言攷」 26쪽에서 "'내'의 '이'를 강조한 것이 'ᄂᆞ리'로 되고 (앞 음절의 '나'가 약해져 'ᄂᆞ'로 변함) 그것이 諧音으로 인해 'ᄂᆞᄅᆞ'가 된 것이다."라고 말하고 있는데, 이 설명은 확실치가 않다.

244) 'kʌrʌm'은 'kʌl+ʌ+m'이며 뒤에 있는 'ʌ'는 euphonic vowel이다. 접미사 '-m'의 형태론적 기능은 아직 연구의 여지가 남아 있다. 앞서 제시한 前間恭作 선생의 설에 따르면 여러 가지 어근에 붙는다고 하지만, 이것으로는 그 기능이 분명하지 않다. 어쩌면 'ᄉᆞ롬(人, <√살-[生]), 그림(繪, <√그리-[畫]), 구름(雲, <√굴-[轉]), ᄇᆞᄅᆞᆷ(風, <√블-[吹], 현재는 √불-[吹])' 등과 같이 동사로부터 명사를 만드는 접미사가 일반화되어 널리 명사 구성의 접미사로 쓰였던 것일지도 모른다. P. A. Eckardt의 『Die Koreanische Konversations-Grammatik』(Heidelberg, 1923년 S. 105) 참조. 또는 'kara : kari : kʌl'이 어떤 동사 어근 '√kal-~kʌl-'(일본어 'na-garu sa-karu' 참조)로부터 파생된 것인지도 알 수 없다. [역자주] euphonic vowel은 소리를 고르는 역할을 하는 일종의 조음소(調音素)를 가리킨다. 매개모음 어미의 두음 '으'가 이런 역할을 한다고 보는 견해가 존재한다.

○ [nεk̄al]

경기도 이천 · 수원 · 평택 · 개성, 충청남도 대부분, 그 밖에 전북 남원 · 김제 · 정읍, 전남 영광 · 강진 · 영암 · 해남 · 완도 · 진도

이것은 분명히 'nε+s(속격)+kal(<kʌl)'이다. 또한 이와 유사한 형태 '[nεk̄ɔl]'이 충남의 당진과 예산에 존재하는데, 충남 당진 · 예산 · 보령 · 홍산에서 '늘개'를 '[nɔlgε]'라고 하는 것을 보면 이러한 '[nεk̄ɔl]'도 'nε+s+kʌl' 임을 알 수 있다. 'nε'는 물론 ':내'이다. 더욱이 방언형으로서 주목해야 하는 것은 '[kəraŋ]'(경북 예천 · 청송 · 영양 · 영덕 · 흥해 · 경주, 경남 울산, 충북 황간), '[kərəŋ]'(경북 영주 · 안동 · 의성, 경남 양산 · 밀양), '[nεk̄araŋ]'(충남 부여 · 홍천 · 서천)이다. 이들은 모두 'kʌl+aŋ'으로 생각되는데 이것은 전술한 'ᄀᆞᄅᆞᆷ[kʌrʌm]'(kʌl+ʌm)으로부터의 변화인 듯하다. 즉 말음 '-m'이 두음 'k-'에 동화되어 '-ŋ'으로 바뀐 것이다.

이리하여 'nare, nari(>nai)'에 대해 'nʌl'이 있었던 것처럼, 'kara(加羅), kari(加利, >kai)'에 대해서도 'kʌl-'이 존재했던 것을 알 수가 있다. 이런 모음 교체(Ablaut)적 현상이 어떠한 형태론적 의의를 지닌 것인지는 억측에 끝이 없지만 이러한 현저한 사실은 충분히 생각할 만한 가치가 있다고 본다.

이상을 개관하건대, '-i'로 끝나는 복합모음 형태를 지니는 여러 단어들은 일찍이 자음이 중간에 낀 2음절 단어였음을 알게 된다.

○ 가·히 [ka-hí] > :개[ka:i] > [kε:]
○ 고·니 [ko-ní] > :괴[ko:i] > [kö:]
○ 누·리 [nu-rí] > :뉘[nu:i]
○ 모·리 [mo-rí] > :뫼[mo:i] > [mö:]
○ 나·리 [na-rí] > :내[na:i] > [nε:]
○ 가·리(?) [ka-rí] > ·개[kaí] > [kε]

여기에 좀 더 억측을 추가하면 다음과 같다.

○ 오·리[o-rí] > :외[o:i] > [ö:] (일본어 '[u-ri]' 참조)

○ 거·니[kə-ní] > :게[kə:i] > [ke:] (일본어 '[ka-ni]' 참조)

3

결 론

3.1. 'ᄀᆞ시개(鋏)' 연구

지금까지 네 가지 문제를 주제로 하여 보잘것없는 견해를 어느 정도 베풀었는데, 그 결과 명확해진 사실을 다시 '鋏'으로 가져와 이 단어에 관한 저자의 견해를 정리해 보고자 한다.

네 가지 주제의 연구를 통해 얻은 결과로부터 '割子蓋'의 음가를 고찰해 보면 대체로 다음과 같다. (1) 첫 음절 모음은 조선 초기 문헌에 기반할 때 'ㆍ'이며 그 음가는 '[ʌ]'였다. 따라서 『鷄林類事』의 '割'은 '[ka-]'가 아니라 '[kʌ-]'이다. (2) '子'는 경상도 방언의 '[ka-si-gɛ]'를 통해 '[-si-]'를 적고 있음을 알게 된다. (3) 이 '[ka-si-gɛ]'와 '割子蓋'를 통해 예전에 '-g-'가 포함되어 있었다. (4) 마지막 음절 '蓋'는 '[-gɛ]'가 아닌 '[-gai]'임이 판명된다. 또한 이 '-ai'가 복합모음이라고 한다면 이 단어는 4음절로 이루어진 셈이 되지만, '蓋'를 할당하고 있다는 점에서 이중모음으로서 한 음절을 이루고 있었다고 생각할 수 있다. 이것을 요약하면 '割子蓋'는 '[kʌ-si-gai]'를 적고 있다고 하겠다.

다음으로 이 고려 시대 형태 '[kʌ-si-gai]'는 중앙에서 어떤 변천을 겪었는지에 대해 고찰해 본다. '[kʌ-si-gai]'는 조선 시대에 들어 'ᄀᆞ새'로 바뀌었다. 이러한 경로를 생각해 보면 우선 셋째 음절의 '-g-'가 소실되었다. 왜냐하면 앞서 ⑭ '[ka-si-gɛ]'와 ⑬ '[ka-sɛ]'의 분포 상황을 비교해 볼 때 ⑭ '[ka-si-gɛ]'가 '[ka-sɛ]'의 지역에 포함되어 있고 또한 동남쪽의 모퉁이로 밀려 있기 때문이다. 이러한 분포 상황은 '[ka-si-gɛ]'의 층 위에 '[ka-sɛ]' 층이 새로 덧씌워졌음을 가리키고 있다. 그뿐만 아니라 경상북도 방언에서는 '[ka-sɛ]'와 '[ka-si-gɛ]'에 귀천의 대립이 느껴진다고 하여 '[ka-si-gɛ]'는 소위 '우도 사투리(右道訛)'로서 멸시된다고 하지만,[1] 이것은 분명히 단

1) 김성칠 군의 말에 따른다. 경상북도에서는 상주 방언이 가장 선호되는 말이라고 한다. 이것은 요컨대 양반에 의해 서울의 언어가 옮겨졌기 때문이며, 소위 상품

어의 신구(新舊) 층을 지시하고 있다.

이 '[ka-si-gɛ]'와 '[ka-sɛ]'의 관계는 단순히 경상도 방언에만 관련된 것이 아니며, 이 방언의 신구층(新舊層)은 이른바 중앙부의 역사를 투영하고 있다. 음운사 측면에서 말해도, 모음 '-i'의 뒤에 오는 'g'가 탈락하는 현상은 세 번째 주제(2.4.)에서 서술했듯이 조선 초기 문헌과 방언이 명확히 보여 주는 바이다. 그러므로 '[kʌ-si-gai]'는 먼저 'g'의 탈락에 의해 '[kʌ-si-ai]'로 되었다고 생각된다. 이 형태는 곧바로 둘째 음절과 셋째 음절의 교착(膠着)을 불러일으켜서 '[kʌ-si̯ai]' 또는 '[kʌ-ʃai]'로 변화했다고 본다. ⑬의 '[ka-sɛ]'가 이 형태의 후예라는 점은 분명하다.

현재의 한국어에서는 '사, 서, 소' 등의 직음(直音)과 '샤, 셔, 쇼' 등의 요음(拗音)이 어떤 구별 없이 모두 직음으로 발음된다.[2] 그러나 조선 초기의 각 문헌에서는 이러한 직음과 요음의 구별이 엄격하다. 이것은 발음상으로 구별이 있었음을 가리킨다. 즉 직음형은 '[sa, sɔ, so, …]'이고 요음형은 '[si̯a, si̯ɔ, si̯o, …]' 또는 '[ʃa, ʃɔ, ʃo, …]'이었으리라 생각된다.[3] 그러나 이러한 음운적 구별은 그 후 완전히 사라져 버렸다. 방언에서도 이 요음을

(上品)의 언어란 서울말(또는 그것이 경상도식으로 변용된 말)이다. 따라서 경상도 본래의 방언은 오히려 토착민의 언어이다. '우도 사투리'가 이 단어(가위)에 국한되지 않고 고형을 간직하는 것은 그 때문이다. 예를 들면 '[ki:ʤi-bai]'에 대한 '[ka-si-na:]'와 같은 경우가 그것이다.

2) '시(si)'의 경우는 예외이다. 원래 한국어의 '[s]'는 일본어와 마찬가지로 외국어의 '[s]'와는 약간 차이가 난다. Jespersen의 'das analphabetische Zeichensystem'으로 표시하면 인구어의 '[s]'는 β1이지만(『Lehrbuch der Phonetik』의 S. 34), 일본어와 한국어의 '[s]'는 오히려 β2(β2f?)라고 생각된다. 이러한 '[s]'는 뒤에 '[i]'를 발음하면 '[s]'는 구개음화하여 '[ʃ]'가 된다. 사실상 '시'는 '[si]'인 경우와 '[ʃi]'인 경우가 모두 있는데, 그 차이는 적다. [역자주] 현대국어의 경우 'ㅅ' 뒤에서 직음과 요음의 구별이 없어진 것은 잘 알려진 바와 같이 'ㅅ' 뒤에서 반모음 'y'가 탈락하는 변화를 겪었기 때문이다. 그래서 역사적으로 '샤, 셔, 쇼, 슈' 등은 모두 '사, 서, 소, 수'로 바뀌었다.

3) '오셧습닛가'는 '[o-sɔs-sɯm-ni-k̄a]' 또는 '[o-ses-sɯm-ni-k̄a]'로 발음되지만 또한 '[o-ʃɔs-sɯm-ni-k̄a]'라고 말하기도 한다. 이는 그 고형인 '오셧습닛가'를 전하고 있는 것이다.

한 음운으로 하여 직음과 대립시키는 경우는 현재 발견되지 않는다. 현재의 방언에서는 대체로 직음으로만 나타나고 있지만 드물게 '[ʃ]'로 발음하는 지방이 있다. '[ka-sɛ]'의 경우도 '[ka-ʃɛ]'로 발음하는 곳이 있다. 가령 전북 남원, 전남 곡성・구례・장흥・영암・해남・완도・진도, 경남 울산이 그러하다. 이들 지방에서도 이 '[ʃ]'를 하나의 음운으로서 취급할 수는 없는데, 어쩌면 앞서 서술한 '[kʌ-ʃai]'의 흔적일지도 모르겠다. '[kʌ-ʃai]'는 중앙부에서는 두 모음 사이의 무성 자음을 유성음화하는 일반적 경향에 따라 '[kʌ-ʒai]'로 변했다. 이것이 곧 'ᄀᆞᅀᅢ'이다.

'ᄀᆞᅀᅢ'는 『譯語類解』에서는 '가ᄋᆡ'로 표기되어 있다. 'ᄀᆞᅀᅢ'로부터 '가ᄋᆡ'로 바뀐 경로를 생각해 보면 우선 첫 음절 모음 'ㆍ[ʌ]'가 'ㅏ[a]'로 바뀌었는데, 여기에는 여전히 주의를 필요로 한다. 왜냐하면 『譯語類解』는 아직 'ㆍ'와 'ㅏ'의 구별이 엄격히 지켜지고 있기 때문이다.[4] 가령 '하ᄂᆞᆯ(天道), ᄒᆡ(日頭), ᄃᆞᆯ ᄇᆞᆰ다(月明)'와 같은 예가 있다. 오히려 '가ᄋᆡ'는 첫 음절 모음과 둘째 음절 모음의 도치(metathesis)에 의한 변화로 생각된다. 다음으로 'ᄀᆞᅀᅢ[kʌ-zai] > 가ᄋᆡ[ka-ʌi]'의 변화에는 'ㅿ'의 탈락이 보인다. 'ㅿ'의 탈락은 두 번째 주제(2.3.)에서 연구한 바 있으며, 그에 따르면 'ㅿ'의 탈락에 즈음하여 세 가지 경로가 있었다. 즉 (1) 어떠한 흔적도 남기지 않고 소멸해 버리는 경우(ㅿ > ø), (2) '-w-'를 남긴 경우(ㅿ > w), (3) '-y-'를 남긴 경우(ㅿ > y)가 그것이다. '가ᄋᆡ'는 정확히 (1)의 경우에 속한다. '가ᄋᆡ'는 현대의 '가위[ka-wi]'로 변화했다. 이러한 현대의 형태는 '-w-'를 포함하기 때문에 (2)의 경우와 같다고 느껴진다. 황해도의 '[ka-we]'나 경상북도의 '[ka-wɛ]'에서 보아도 이러한 사고는 일리가 있다. 만약 이런 사고를 따른다면, '가위'는 '가ᄋᆡ'로부터 직접 변화한 것은 아니고 '가ᄋᆡ'의 전신인 '*가ᅀᆡ[ka-ʒʌi] > [ka-ʒɰʌi]'에서 변화한 것이라고 생각된다. 그러나 한편으로 'ᄂᆞᄅᆞ[nʌ-rʌ]'

4) '冬'을 '겨ᄋᆞᆯ'이라고 한 예를 보면 이미 'ㆍ'를 'ㅡ'와 혼동하고 있음을 알게 되지만, 이것은 약음절의 경우이고 첫 음절에 있어서는 음운 'ㆍ'가 남아 있는 듯 보인다.

가 '나루[na-ru]'로 되고, 'ᄀᆞᄅᆞ[kʌ-rʌ]'가 '가루[ka-ru]'로 되는 변화에서 유추하여 '가ᄋᆡ[ka-ʌi]'의 'a-ʌ'가 대조(contrast)에 의해 'a-u'(또는 'a-o')로 바뀌었다고 생각할 수도 있다.5) 지금은 어느 쪽이라고 결정하기 어렵지만 잠정적으로 후자를 따르기로 한다.

이상으로 'ᄀᆞ시개'가 중앙에서 보인 변화를 고찰해 보았는데 이것을 요약하면 다음과 같이 된다.

> 【고려】 kʌ-si-gai > *kʌ-si-ai > *kʌ-sɪai > *kʌ-ʃai > 【조선 초기】 kʌ-ʒai > *ka-ʒʌi > 【중기】 ka-ʌi > 【후기】 ka-ui > 【현대】 ka-wi

그렇다면 각 지역 방언형은 어떤 경로를 거친 것일까? 이번에는 이 방면으로 눈을 돌려 보기로 한다. 우선 ⑭ '[ka-si-gɛ]'부터 시작한다.

⑭ '[ka-si-gɛ]'가 고려 시대의 '[kʌ-si-gai]'의 흔적을 잘 보존하고 있다는 것은 말할 필요도 없는데, 첫 음절의 'ʌ'가 'a'로 되고 셋째 음절의 '-ai'가 '-ɛ'로 된 것은 경상남북도의 일반적 경향을 따르고 있다.

경남 김해의 ⑮ '[ka-sɛ-gi]'는 ⑭ '[ka-si-gɛ]'와 ⑬ '[ka-sɛ]'의 혼혈인 듯하다. 김해는 ⑭와 ⑬의 형태가 중복되는 지대에 속하고 있다. 그래서 ⑭ '[ka-si-gɛ]'의 'ka-si'에 ⑬ '[ka-sɛ]'를 갖다 붙여 'ka-sɛ'로 변화시킨 결과, 마지막 음절 '-gɛ'를 '-gi'로 바꾸어 버린 것이다. 이 때 둘째 음절과 셋째 음절 모음의 도치가 이루어졌는데, 여기에는 일반적으로 사용되는 축소접미사 '-ɛgi'가 작용하고 있는 점을 간과할 수 없다. 경남 울산의 '[ka-si]' 역시 이 지역이 '[ka-si-gɛ]'와 '[ka-sɛ]'의 중복 지대이기 때문에 'ka-si-gɛ'를 'kasi+gɛ'로 분석하고서 다시 'ka-sɛ'를 통해 'kasi'를 분리해 낸 결과이다. 요컨대 이들 지역에서는 'ka-si-gɛ'가 'ka-sɛ'에 압도되어 이미 생명을 잃어버린 상태임을 알게 된다. 만약 'ka-si-gɛ'가 안정적인 형태였더라면

5) 이숭녕 씨의 「'·'音攷」(『진단학보』 12권, 71~71쪽)에 흥미로운 연구가 있다. 또한 이숭녕 씨의 「朝鮮語異化作用에對하여」(『진단학보』 11권)를 참조.

이와 같은 끌어당김(attraction)[6]은 일어날 수 없다고 생각된다.

다음으로는 ⑰ '[kɷ-sɛ]'이다. 이 제주도 방언형은 현재 각지의 방언에서 소실된 옛 모음 '·'의 흔적을 유지한다는 점에 특징이 있다. 물론 모음 '·[ʌ]'는 그대로 제주도에 남아 있다는 뜻은 아니다. 제주도의 '·'는 '[ɷ]'인데 '·'와 'ㅏ' 또는 '·'와 'ㅡ'의 음운론적 대립을 전하고 있다는 점에서 옛 자취를 유지하고 있다고 말할 수 있는 것이다.

이러한 '[kɷ-sɛ]'와 ⑬의 '[ka-sɛ]'는 전술한 중앙부의 'kʌ-ʃai' 단계가 전파된 것으로서, 첫 음절 모음 'ʌ'는 제주도에서는 'ɷ', 육지에서는 'a'로 정칙적 발달을 하고 있다. 또한 '-sai'가 모두 '-sɛ'로 바뀌어 단모음화하는 것은 남부 지방 일대의 일반적 경향이다. 이 '[ka-sɛ]'는 현재 여러 방언 중 가장 광범위하게 퍼져 있는 형태이며, 'ㅿ'의 변화와 관련하여 중부와 남부가 보이는 대립 역시 이 경우에는 약간 예외를 이루어서 '[ka-sɛ]'는 경기도, 충청도, 강원도에서도 일반적으로 발견된다. 그러나 이러한 사정은 중앙부에서 'kʌ-ʃai'의 단계가 'ka-sɛ'로 바뀌어 남아 있다고 보아서는 안 되며, 어떤 역사적 사정에 의해 남부 방언이 서울에 도입된 결과 중부에 널리 분포하기에 이르렀다고 해석해야만 한다. 이렇듯이 예전의 'ㅿ'이 '[s]'로 나타나는 것으로는 이 단어 이외에 '손소(自)'가 '[sonso]'(또는 '[sondʒo]'), '우ᅀᅥ(笑)'가 '[usɔ]'로 된 예가 있다. 이들은 모두 남부 방언형으로서, 그것이 후대에 중앙부에 채용되었다.[7]

---

6) [역자주] 'ka-sɛ'의 형태에 이끌려 'ka-si-gɛ'에 변화가 일어난 것을 'attraction'이라고 표현하고 있다.

7) [역자주] 이 부분에 대해 저자는 후에 다른 해석을 내놓고 있다. 즉 이 책이 한창 간행 중이던 1944년 10월 발표된 저자의 「滿洲國黑河地方に於ける滿洲語の一特色-朝鮮語及び滿洲語の比較研究の一報告-」(『學叢』 3호)에서는 '[kasɛ]'와 같이 이전의 'ㅿ'을 가졌던 단어가 서울에서 '[s]'로 남아 있는 것은 남부 방언의 차용이 아니라 예전의 서울 방언에서도 'ㅿ'이 'ㅿ'과 'ㅅ' 사이에서 동요를 보였으며 이 중 'ㅅ' 형태가 남은 결과라고 했다. 저자 스스로 이 책에서 한 해석을 수정한다고 분명히 표현하였다.

이상의 형태들은 'ㅿ'의 변화로부터 보건대 모두 조선 초기의 형태인 'ᄀᆞᅀᆡ'보다도 이전에 존재하던 단계가 방언에 전파되어 남아 있는 경우이다. 'ᄀᆞᅀᆡ[kʌ-ʒai]'의 형태를 전하고 있는 지방은 오늘날 하나도 존재하지 않지만 이 형태로부터 'ㅿ'의 탈락을 겪은 단계의 형태(①~⑫)는 중부와 서북부에서 발견된다.

우선 중앙에서 'ᄀᆞᅀᆡ'는 '가ᄋᆡ'를 거쳐 '가위'가 되었는데 이 '가ᄋᆡ'에 상당하는 형태가 ④ '[ka-e]'와 ⑤ '[ka-ɛ]'이다. ④는 충북 청주와 평북 강계에서, ⑤는 평남 덕천과 경남 울산에서 매우 산발적으로 발견된다. 이러한 상황은 다음과 같이 설명할 수 있지 않을까 한다. 즉, 이 '가ᄋᆡ'는 한때 표준형으로 널리 전해졌지만 각지의 토착형에 밀려 존속되지 못하고 겨우 앞의 몇몇 지방에서 남게 되었다는 것이다. 이러한 '가ᄋᆡ'는 이후 '가위'로 변화했다. '가위'는 경기도와 황해도, 충청남북도와 중부 지방에서 분포하며 가장 새로운 언어 층을 이루고 있다.

이 '[ka-wi]'와 관련하여 앞서 잠깐 다루었던 '-w-' 포함 형태가 존재한다. 즉 ② '[ka-we]'와 ③ '[ka-wɛ]'가 그것이다. ②는 황해도를 중심으로 하여 남부에서는 충북 옥천과 진천에서 보이고 ③은 경상북도와 강원도 강릉에 있다. 이러한 분포 상황은 마치 ① '[ka-wi]'의 남북에 위치하기 때문에 ②와 ③이 ①에 선행하는 형태인 것처럼 생각되기는 하지만, 중앙부에서 '가왜'와 같은 형태가 발견되지 않는 가운데 이러한 분포 상황만으로는 확언할 수가 없다. 어쨌든 ②와 ③의 두 형태는 '가ᅀᆡ[ka-ʒʌi]'의 'ㅿ[ʒ]'이 활음 'ų'를 동반한 것과 같은 음([ʒų])이었음을 나타내는 듯하다.

⑥ '[ka-u]'와 ⑦ '[ka-o]'는, 앞에 제시한 여러 형태들이 마지막 음절에 '-i' 요소를 포함하고 있음에 비해 이 '-i'를 완전히 잃어버렸다. ⑥과 ⑦도 매우 산발적으로 나타난다. 과연 이 두 형태는 어떻게 생겨났을까? 이와 관련해서는 네 번째 주제(2.5.)에서 이미 서술한 것처럼 앞의 'ka-ʒųʌi (가ᅀᆡ)'에서 'ʒ'가 탈락하여 'ka-wʌi>ka-oi'가 되고 이것이 복합모음의 첫

요소만을 남긴 형태이다.[8] 앞의 여러 형태들이 '-ʌi'를 '-ɛ-'로 단모음화한 데 반해 이것은 끝까지 복합모음 형태를 고수하려고 하다가 도리어 '-i'를 잃어버렸다고 본다.

⑧~⑫의 형태들은 '-ŋ-'을 포함한 것으로서 평안도 방언에서만 보인다. '-ŋ-'의 개입에 대해서는 네 번째 주제(2.5.)에서 서술했다시피 모음 연쇄(haitus)를 회피하는 하나의 수단이며 특히 유성 자음의 탈락에 즈음하여 이러한 경향이 있었다는 것은 주목해야만 한다. 그 밖의 점에 대해서는, ⑧ '[kaŋ-we]'의 경우 ② '[ka-we]'와 동일하게 '[ka-ʒɰʌi]'로 소급해야 하며, ⑨ '[kaŋ-e]'와 ⑩ '[kaŋ-ɛ]'는 ④ '[ka-e]' 및 ⑤ '[ka-ɛ]'와 마찬가지로 '[ka-ʒʌi]'로 소급되는 형태이다.[9] ⑪ '[kaŋ-a]'는 '[kaŋ-ai]'의 '-i'를 잃어버린 형태이다. '[kaŋ-ai]'는 '가싀[ka-ʒʌi]'의 'ʒ'가 탈락한 형태인 듯하다. ⑫ '[kaŋ-u]'는 ⑥ '[ka-u]'와 동일하게 '[ka-oi]'(<[ka-wʌi]<[ka-ʒʌi][10])에서 출발한다.

이상으로써 'ᄀᆞ시개'의 역사적 변천과 아울러 지역별 발달에 대한 고찰을 마쳤다. 책의 앞머리에서 저자는 이 단어가 원시 한국어에까지 소급할 수 있다고 말했었는데 이제 이 문제에 대해 서술하기로 한다.

한국어의 계통이 아직도 불분명한 현재에 있어 원시 한국어라고 하는

---

8) '[ko-u]'는 '[ka-o]'에서 변화했다.

9) [역자주] 이 문장을 포함하여 이 단락 마지막까지의 내용은 원문의 경우 도저히 논리적이라고 볼 수 없어서 번역자는 원고의 선후 순서가 조판 과정에서 뒤바뀌는 잘못이 생겼다고 추정했다. 그래서 번역문은 번역자가 올바르다고 생각하는 방식으로 순서와 내용을 조절하였다. 본문의 전체 취지를 뒤바꿀 만큼 중요한 내용은 아니지만 이 사실을 밝혀 두며 아울러 번역자의 실수에 대비하여 원문을 아래에 그대로 제시했다.
"其他の點に就いては8.[kaŋ-we]は2.[ka-we]と同じく[ka-ʒɰʌi]に遡るべく, 4.[ka-e]5.[ka-ɛ]と同じく[ka-ʒʌi]に遡るものである. 12.[kaŋ-u]は6.[ka-u]と同じく[ka-oi](<[ka-wʌi]<[kan-ʒʌi])より出發する. 9.[kaŋ-e]10[kaŋ-ɛ]は11.の[kaŋ-a]と又[kaŋ-ai]の-iを失つたものである. [kaŋ-ai]は가싀[ka-ʒʌi]のʒを脫落した形であらう."

10) [역자주] 원문에는 '[ka-ʒʌi]' 대신 '[kan-ʒʌi]'로 되어 있으나 'n'이 포함될 이유가 전혀 없어서 제외했다.

것도 역시 분명하지 않기 때문에, 이 단어에 대해 원시 한국어를 운운하는 것은 매우 기묘하게 느껴질지도 모르겠다. 그러나 확고한 근거는 아직 밝혀지지 않았다고 해도, 저자 한 개인의 관찰로는 한국어와 그에 인접한 만주어가 일찍부터 공통의 모태를 지니고 있었을 가능성이 충분한 듯 생각된다. 이러한 계통론의 확립은 차후의 연구로 미루지 않으면 안 되지만, 하나의 증거로서 이 'ᄀᆞ시개'가 채택될 수 있다는 것은 확실하다.

만주어로는 '鋏'을 'hasaha'라고 부른다. 이것은 '[xa-sa-xa]'라고 생각한다. '[xa-sa-xa]'와 'ᄀᆞ시개[kʌ-si-gai]'를 비교하면, 잠시 모음에 대해서는 불문에 붙이고 자음만을 고찰할 경우 만주어 'x-s-x'가 한국어 'k-s-g'와 대립하게 된다. 한국어의 일반적 성질로 두 모음 사이의 무성 자음(특히 파열음)은 유성음화한다고 할 수 있다면, 그리고 또한 어두에는 유성 자음이 오지 못한다고 할 수 있다면, 한국어의 '[k]'와 '[g]'는 모두 동일한 음운 'k'에 속한다고 말할 수 있을 듯하다. 따라서 'kʌ-si-gɛ'는 'k-s-k'가 된다. 문제는 만주어의 'h[x]'와 한국어 'k'와의 관계이다.

그러나 만주어 'h'와 한국어 'k'의 대응은 다음 자료를 통해 볼 때 분명하다.

	만주어	한국어
①	huju［馬槽］	kus-[11](kusi, kusu, kuʒi, …)［馬槽］
②	hala-mbi［交代하다］	kʌl-[12)]［替］
③	halba［肩胛骨］	kalbi［肋骨］
④	haci-n［種類］	kaʤi［種類］
⑤	hasi［茄子］	kaʤi[13]［茄子］

11) 이 단어에 대해서는 두 번째 주제(2.3.)의 附(Ⅰ) 참조.

12) 『月印釋譜』 서문에 "時節·이ᄀᆞᆯ어·든"이 나온다. 현재는 '갈-'이다. '갈아탄다'(換乘) 참조.

13) 이 단어는 한국어와 만주어 모두 원래 중국어 '茄子'일지도 모른다. 그러나 '茄子'의 한국 한자음은 '가ᄌᆞ[ka-ʤʌ]'이기 때문에 그렇다고 단언할 수도 없다.

	만주어	한국어
⑥	hal-ba [犁鏵]	karɛ14) [일종의 鍤]
⑦	helme-n [影]	kɯrɯme15)(그르메) [影]
⑧	hete-mbi [捲]	kɔdu- [收, 捲]
⑨	hetu [横]	kyɔtʰ- [側] 또한 kyɔdɯrɛŋi [腋]
⑩	holbo-mbi [連]	kʌlβ-16) [連, 竝]
⑪	hūla-n [煙突]	kul-tuk, kul-muk [煙突]
⑫	halu [細粉]	kʌl-17) [粉]

이상 12개의 예를 통해 만주어 'h-'와 한국어 'k-'의 대응은 확실해진 셈이다. 그런데 이 경우 주의해야 할 점은, 만주어에는 'g'와 'k'라는 두 음운이 따로 있는데도 불구하고 한국어 'k'에 대립하는 것은 이들이 아니라 'h[x]'라는 사실이다. 이런 대응은 차용의 의혹을 배제하는 데 유력하다. 그리하여 만주어의 '[xa-sa-xa]'와 한국어 '[kʌ-si-gai]'는 각각 고유한 것이면서도 서로 비슷하다고 말할 수가 있다. 만약 이러한 귀결이 올바른 것이라고 한다면 두 언어는 같은 선조로부터 발달했다고 말하지 않을 수 없다.

모음에 대해서는 여전히 조사가 필요하지만 ②의 'hala-mbi : kʌl-' 또는 ⑫의 'halu : kʌl-'은 'ha : kʌ'를 인정하게 함과 동시에, 'halba : kalbi'(③)는 'hasa : kʌsi-'18)와 평행하는 것이라고 말할 수 있을 듯하다. 위의 여러 예

14) 'karɛ'는 동사 'kal-(耕)'로부터 파생된 말이다. 제주도에서는 '[kallɛ-ʤuk]'이라고 하는 것을 보면 원래 'kal-gɛ>kal-ʰɛ>kal-lɛ'가 된 것은 아닐까 생각한다. 여기에 대해서는 세 번째 주제(2.4.)를 참고할 수 있다. 'gɛ'는 도구를 나타내는 접미사인 듯하다. 오늘날 '蓋'를 '덮개[tɔp-kɛ]'라고 부르는 곳이 있다. 'tɔp'은 동사 '덮-(覆)'이다.

15) 오늘날은 '그림자[kɯ-rim-ʤa]'라고 한다.

16) 『訓民正音』의 『월인석보』 권두본에 "竝書·는ᄀᆞᆯ·ᄫᅡ·쓸·씨·라"가 나온다. 이 동사는 ㅂ-불규칙 용언이다.

17) 세 번째 주제(2.4.) 참조.

18) [역자주] 'hasa'와 'kʌsi'는 각각 '鋏'을 의미하는 'hasaha'와 'kʌsigai'에서 마지막 음절을 제외한 부분이다.

를 보아도 만주어의 모음동화는 두드러진다.[19] 'hasaha' 역시 원래는 'hasi-ha'였는데 모음동화를 입어 'hasa-ha'로 변화한 것은 아닐까 한다.[20]

게다가 한국어와 만주어의 비교는 다음 사실을 명확히 한다. 만주어에서는 '자르다(剪)'를 'hasa-la-mbi'라고 부른다. '-la-'는 접미사이기 때문에, 'hasa-'가 어근임을 알 수 있다.[21] 한국어의 예에서도 'kʌsi-gai'의 'gai＞gɛ'는 도구를 표시하는 접미사이기 때문에[22] 어근은 역시 'kʌsi-'[23]이다.

이상을 총괄하면 한국어의 'kʌsi-gai'든 만주어의 'xa-sa-xa'든 모두 하나의 공통 조어로부터 출발한 것임을 깨닫게 된다. 그 원형은 아마도 'kʰʌsi-kʰai'와 비슷한 형태였을 것 같다. 그리고 이것은 어근 'kʰʌsi-'에 접미사 '-kʰai'가 결합된 것이다.

3.2. 한국어 방언 분류와 그 연혁

지금까지의 서술을 통해 'ᄀ시개'와 관련된 고찰을 일단 마쳤다. 이번에는 이 단어를 중심으로 하여 이와 관련 있는 몇몇 단어에 대해 서술함으로써 각 지역 방언이 서로 어떤 관계를 맺는지 살펴보기로 한다.

원래 방언이라는 것은 한 언어 영역 안에서 나타나는 지역적 차이를 말하지만, 그 차이는 서로 다른 언어 사이의 차이처럼 지리적으로 나뉘어 정해져 있지는 않다. 예를 들어 우리가 압록강을 건너서 만주국 영토에 들어가면 곧바로 언어의 차이를 발견하지만, 이러한 명료한 경계를 방언 사이에서는 찾아볼 수 없는 것이다. 방언의 색채가 인지되는 것은 점진적이며

19) huju, hala-mbi, halba, helme-n, hete-mbi, holbo-mbi 참조.
20) 몽고어에서는 '鋏'을 'xaici'라고 부른다. 이 'xai-'는 'xasi-'의 변화형은 아닐까?
21) 'aba'는 사냥(狩)이고 'aba-la-mbi'는 사냥하다(狩)인 것을 참조.
22) 앞의 각주 14) 참조.
23) 'kʌsi-'는 아마도 동사 어근으로 '切'을 의미했던 듯하다.

게다가 그 방언적 차이란 한국어라는 공통의 기반 위에서 드러나 보이기 때문에, '×× 방언'이라고 부르는 데에 있어 어떤 통일적인 것이나 방언 간에 서로 배제하는 것과 같이 명확한 특징을 생각하고자 한다면 그것은 거의 사실과 동떨어진 사고 방식이다.

제주도와 같이 지리적으로 단절된 하나의 고립된 섬에 있어서도, 보통 이야기하듯, 마치 전혀 다른 언어를 사용하고 있는 것은 아니다. 정녕 육지에서는 볼 수 없는 어휘나 어법, 또는 음운이 제주도에 존재하고 있으므로 일견 육지의 언어와는 매우 다르다는 점은 사실이지만, 그러나 제주도 방언이라고 하더라도 한국어의 한 방언이라는 점은 추호도 변하지 않는 바이다. 우리들과 같이 어떤 차이 나는 부분을 찾는 사람들에게 있어서는 오히려 너무나 한국어적인 데 지나지 않는다. 이 섬에 옛 언어의 층이 남아 있다는 것은 크게 고려해야 할 점이며 또한 실제로 그러한 측면도 많은 듯하지만, 그러나 앞서 서술한 '[kɷ-sɛ]'라는 한 예를 통해서도 언어의 층이라는 견지에서 보면 경상남북도 방언보다 도리어 새로운 층에 속한다고 할 부분이 결코 적지 않다.

이와 같이 방언이라는 것은 결코 독립적이고 통일적인 것은 아닌데, 이는 다음과 같은 사정에 따른다고 생각된다. 한 언어 집단은 그 안에 보다 낮은 차원의 언어 집단을 포함하고 있다. 그러한 낮은 차원의 언어 집단은 더욱 더 낮은 차원의 집단으로 나뉘며, 이리하여 한 가족이라는 작은 단위까지 이르게 된다. 그러나 이러한 작은 언어 집단은 결코 독립적인 것이 아니며, 다른 집단과 상호 의존하면서 또한 항상 더 높은 차원의 집단에 속하면서 그 영향을 받게 된다. 예를 들어 어떤 한 가족의 언어는 그 구성원이 속한 사회에 언제나 의존하고, 그 가족이 사는 마을은 물론 밀접한 관계가 있는 다른 인접 마을과 관련을 맺으며, 게다가 그 지방의 소중심지(小中心地)와 끊임 없는 관계를 지니고 있다. 혼인은 이러한 작은 언어 집단에 있어서는 늘 언어의 소통을 촉진시킨다. 직업은 직업 사회에서 마찬가지 역할을 한다. 더욱이 중요한 것은 바로 교육 제도이다. 학교를 통해 언어는 끊이지 않고 위에서 아래로 흐르게 된다. 학교가 없던 시절에도 중앙과 관련을 맺는 세력자(가령 양반)의 언어는 압도적인 영향을 하층민에게 미쳤다. 이와 같이 언어 집단은 항상 상하좌우의 영향을 입음으로써 쉼 없이 변화해 가는 것이다. 이러한 언어 집단 사이의 관계는 각 집단의 원심적 경향을 저지한다.[24] 따라서 방언은 결코 독립적이고 통일적인 상태에 놓이지는 않는다.

그러나 한 방언 집단이 구심적(求心的) 힘에 의해 통일체가 될 수는 없다고 하더라도, 거기에 원심적 경향 역시 전혀 없는 것은 결코 아니다. 분명 언어 집단 사이의 상호 관계가 완전히 균일하게 이루어진다는 것은 있을 수가 없다. 중앙부로부터의 영향은 지리적, 문화적 조건에 따라 대체로 제각각이다. 이러한 상호 영향의 불균형성은 원심적 힘에 의해 각 지역마다 방언적 차이를 낳게 된다. 그래서 甲으로부터 乙, 乙로부터 丙으로 나아가는 중에는 약간씩의 차이가 발견된다. 물론 이런 경우 그 차이는 甲, 乙, 丙 각각에 고유한 것은 아니고 甲과 乙이 공유하는 특징이 丙에 보이지 않는다든가 또는 그 반대인 것과 같이 점층적이다. 따라서 지역적 차이라는 것은, 넓이의 차는 있어도 어떤 분포 영역을 지니고 있다.

이러한 견지에서 방언을 바라보면, 방언은 명확한 통일체가 아니라도 어떤 지역적 차이를 공유하고 있는 것이라고 할 수 있을 듯하다. 예컨대 두 번째 주제(2.3.)에서 논의했던 'ㅿ'의 변화 양상을 취해서 살펴보면 경상도나 전라도에서는 'ㅿ'을 '-s-'로 나타내고 있는데, 이 점에서 이 지역들은 하나의 방언을 형성하고 있다고 말할 수 있다. 그러나 'ㅿ'에 대해 논의할 때 제시했던 여러 예를 통해서도 알 수 있었듯이 이러한 양상은 단어에

24) [역자주] '원심적 경향'이란 중앙에서 멀어지려는 것, 다시 말해 방언이 중앙어와 달라지는 변화를 가리킨다. 아래에 나오지만 이 책에서는 '원심적'과 반대 개념으로 '구심적'이라는 용어도 사용하고 있다.

따라 분포 상황을 달리하므로, 경상도와 전라도가 반드시 그렇다고 말할 수는 없다. 이 예뿐만 아니라 모든 지역적 차이는 지역에 한정되는 것이 아니고 각각의 단어에 따라 다른 것이다. Gilliéron과 Mongin은 정확히 다음과 같은 주장을 시도하고 있다.

> "고찰과 사실은 어울려서 patois라고 일컬어지는 잘못된 언어 단위를 파괴한다. 이러한 patois라는 개념은 라틴어의 재산을 지금도 여전히 충실하게 보관하고 있을 어떤 단체 또는 집단에 대해 쓰는 것인데 …. 그렇기 때문에 우리들은 과학적 조작의 기초로서 이 patois를 배척하지 않으면 안 된다. … 우리들은 이러한 patois의 연구와 단어(語)의 연구를 대립시키고자 한다. (La réflexion et les faits s'acoordent pour détruire cette fausse unité linguistique dénommée patois, cette concept ion d'une commune ou même d'un groupe qui serait restê le dêpositai re fidèle d'un patrimoine latin … Force nous est donc de repousser le patois comme base d'opération scientifique … à l'étude du patois nous opposerons l'étude du mot.)"[25)]

이 견해에 따르면 방언이라는 언어 단위는 실제로는 존재하지 않으며 각각의 단어는 저마다의 특색을 지니게 된다. 이것은 앞서 서술한 예들을 살펴보면 한편으로 확실히 올바르다. 그러나 같은 특징은 설령 각 단어마다 그 분포 지역의 크기를 달리한다고 하더라도 동일한 지역에 걸쳐 분포하고 있다. 'ㅿ'의 예에 대해 말하자면 'ㅿ'이 '-s-'로 나타나는 것은 대체로 동일한 지방에서 보이는 것으로서, 어떤 단어는 평안도에서 '-s-'로 나타나고 어떤 단어는 경상도에서 '-s-'로 나타나는 것과 같이 무질서하게

25) 이 내용은 J. Gilliéron & J. Mongin의 『Scier dans la Gaule romaine du Sud et de l'Est』 27쪽에 있으며 K. Jaberg의 『Aspects géographiques du langage』 14쪽에 의거했다.

분포하지는 않는다. 따라서 몇몇 특징을 기준으로 하여 그것의 지역적 차이를 통해 분류를 시도하면, 개괄적으로 방언 분류를 할 수 있다고 생각한다.

물론 이 경우 둘 또는 그 이상의 특징이 동일한 분포 영역을 가진다고는 할 수 없다. 따라서 개별적인 특징에 따른 방언 분류가 서로 차이 나는 일이 있을 수 있으며 실제로 그러한 경우도 존재한다. 그러나 몇몇 상이한 특징이 동일한 모습의 분포 영역을 지닐 경우, 그것은 분명히 고찰할 가치가 있다고 본다.

이런 의미에서 전술한 여러 사례로부터 각 단어의 분포 상황을 보면, 몇몇 방언 구역을 생각할 수 있을 듯하다. 말할 것도 없이 앞선 여러 사례들은 매우 한정된 일부라서 이것을 가지고 곧바로 방언 구분을 논한다는 것은 확실치 못하다는 느낌이 없지는 않으나, 이런 사례들은 한국어 음운사에 있어 매우 현저한 것이기 때문에 이것을 가지고 잠정적 구분을 시도하는 것도 전혀 무의미한 것은 아니다. 또한 이러한 구분이 후일의 연구 조사에 의해 시정된다고 하더라도, 최소한 전술한 사항들로부터의 귀결을 통해 장래 연구가 어떠한 방면으로 나아가야 하는지에 대한 연구상의 방침(Orientierung)에 어느 정도 도움 되는 바가 있다고 생각한다.

한국어의 방언 구분에 대해서는 小倉進平 선생이 이미 지적하고 있다.[26] 선생은 한국어의 방언을 음운, 어법, 어휘의 세 방면으로부터 연구한 결과 다음의 여섯 가지로 크게 나누고 있다.

(1) 경상도 방언

이것은 행정 구역상 경상남북도와 대체로 일치하지만 강원도의 울진과 평해는 이 방언 구역에 속한다.

---

26) 『The Outline of the Korean Dialects』의 77쪽 이하 참조. 그 결론은 118~119쪽에 나온다.

(2) 전라도 방언

이것 역시 행정 구획상 전라남북도와 대체로 일치한다. 다만 제주도는 여기서 제외한다. 또한 전라북도의 금산과 무주는 경기도 방언에 속한다.

(3) 함경도 방언

함경북도 전체와 정평 이북의 함경남도가 이 방언권에 속하며 평안북도의 후창도 이 안에 포함된다. 함경남도는 정평과 영흥의 중간을 기점으로 그 이남은 경기도 방언에 속한다. 이러한 경계에 대해 선생은 다음과 같이 흥미로운 설을 서술하고 있다. 여기서는 번거로움을 무릅쓰고 그 전문을 번역하여 제시하기로 한다.[27)]

> "그렇다면 이러한 방언적 특징이 정평과 영흥의 경계선을 따라 이다지도 명확히 존재하는 것은 어떤 이유 때문일까? 일반적으로 한 방언의 기원으로는 지리적, 역사적, 사회적, 인종적 원인이 거론된다. 그것이 어떻게 당면 문제인 방언 구획으로 귀결될까? 지형적 상태를 고려해 보아도 정평과 영흥 사이에는 산천(山川)이나 바다 또는 만(灣)과 같이 커다란 자연적 장벽이 존재하지 않음을 알 수 있다. 따라서 이러한 방언 구분이 지리적 원인에 기인한 것은 아님이 분명하다. A. Dauzat는 그의 저서 『La géographie linguistique』(1922)에서 라틴어 'cantare'가 프랑스 중부에서는 'chanter'(ch＝ʃ)와 같이 구개음화하지만 그 북부인 Normandy 및 Picardy에서는 같은 단어가 'k'를 보존하고 있다고 서술하고 다시 이 분포에 대해 해설하기를 【따라서 문제는 다음과 같은 것이다. 2세기 이전에 이미 존재하지 않으며 그 후 소실된 언어적 제방(une digue linguistique, 대체로 Granoille에서부터 Evreux와 Beauvais를 거쳐 Mons에 이른다)이 7세기 무렵 어떻게 만들어졌을까? 실로 기묘한 일인데, 이 장벽은 서쪽 경계의 Normand 숲(le Bocage normand) 이외에는 그 어떠한 지리적 경계와도, 또한 그 당시의 그

27) 『The Outline of the Korean Dialects』의 102~103쪽 참조.

어떤 커다란 정치적·사회적 구역과도 상응하지 않는다.[28] 가설은 오직 하나, 인종의 경계가 그것이다. 즉 방언 경계선의 서북 지역에 프랑크족과 색슨족의 대규모 집단 이민이 있었기 때문에 생겨난 것이다. 이것은 역사가 증명한다.】(198쪽)라고 했다. A. Dauzat의 논의는 단지 음운 측면에만 관계되지만, 프랑스 북부의 프랑스어에 존재하는 이 지방의 방언 경계선 문제는 정평과 영흥 사이에 놓인 방언 경계선의 문제를 해결하고자 하는 데 하나의 자료가 되지 않을까?

정평과 영흥, 그리고 그 부근의 역사를 살펴보면, 일본해(동해)를 따라 이어진 이 지역은 신라 왕조가 흥성하면서 그 세력이 여기까지 미치기 전까지는 예(濊), 옥저(沃沮), 그 밖의 이민족이 거주하고 있었다. 신라가 멸망한 후 고려가 대신하면서 함경도 지방에는 여진족이 침입했다. 그래서 정평과 영흥 지방은 현종(1010~1031) 시절에는 고려와 여진족 사이의 충돌 또는 교통의 무대였다. 예종(1106~1122) 때에는 장군 윤관이 여진족을 정벌함으로써 고려의 영토는 좀 더 북방으로 진출하는 형세였다. 그 후 1258년(고종 45) 원나라 침입군은 和州(영흥에 해당)의 북부 지역을 전부 공략하고 여기에 근거지를 두었다. 1356년(공민왕 5)에 이 지역은 일전을 치른 후 다시 고려의 땅으로 회복되었고 공양왕 시절에는 삭방도(朔方道)라고 불렀다.

조선 태조 때에 이르면 이 지역이 개척되어 그 세력이 북방의 두만강에까지 확장되었다. 1413년(태종 13)에는 이 지역을 영길도(永吉道)로 고쳤다. 1416년(태종 16)에는 함흥부가 관찰사의 본영이 되고, 이 도의 명칭은 함길도(咸吉道)로 바뀌었다. 이후 1470년(성종 1) 함흥부는 어떤 사정 때문에 군으로 격하되고, 본영은 영흥으로 이전되었다. 그리고 도의 이름 또한 영안도(永安道)로 변했다. 1509년(중종 4) 다

28) [역자주] 프랑스에서 구개음화에 있어 차이를 보이는 방언 경계를 자세히 살피면, 서쪽 경계는 Normand 숲이라는 자연적 경계가 있지만 그 외에는 정치, 사회, 지리적으로 어떠한 요인도 발견되지 않음을 지적한 것이다. 이 부분은 小倉進平의 『朝鮮語方言の研究』(下)의 3부에서 좀 더 자세히 설명하고 있다.

시 도 이름을 함경도로 고치고 관찰사의 관아를 함흥으로 옮겼다. 이런 상황은 근세까지 이어졌다.

이상의 사실을 종합적으로 검토해 보면 함흥과 영흥 지방은 예전부터 한민족과 여진족 또는 몽고족이 투쟁하던 무대였고 또한 중앙의 권력이 미치는 제일선이었다. 그리하여 그 역사는 상당한 복잡한 것이었다. 이러한 상황 아래에서는 함흥과 영흥이라는 두 도시의 정치적 의의가 의심할 바 없이 매우 중요했었다. 이러한 사정은 정평과 영흥 사이의 명확한 방언 구분의 존재를 설명한다고 생각한다. 영흥 이남의 함경남도 방언이 경기도나 강원도 방언과 현저하게 유사하다는 것은 분명 이 지역이 중앙 정부의 세력 범위 안에 있었음을 말해 주고 있다."

(4) 평안도 방언

이것은 평안남북도 전체를 포함하고 있지만 후창은 함경도 방언의 영향을 상당히 받고 있다.

(5) 경기도 방언

이 방언은 경기도, 충청남북도, 강원도, 황해도, 함경남도의 영흥 이남, 전라북도의 금산·무주를 포함한다. 다만 강원도 울진과 평해는 제외한다.

(6) 제주도 방언

이 섬의 방언은 여러 가지 측면에서 하나의 방언으로 특별히 다룰 수가 있다.

이상의 여섯 가지 방언 구분은 앞서 서술한 것처럼 小倉進平 선생이 여러 방면에서 귀납해 낸 결론이다. 선생도 말한 바와 같이 세부적으로 본다면 좀 더 상세한 구분도 생각할 수 있지만, 현대 한국어 방언을 다루는 데 있어서는 흔들릴 수 없는 것이라고 생각한다. 본고에서 다룬 여러 예들을 보아도 그 사이에 다소간의 차이는 있을지언정 개괄적으로 말하건대 위의 여섯 가지 구분에 따라 고찰할 수 있다. 다만 'ㄱ시개' 및 네 가지 주제에서 논의한 여러 가지 특징으로부터 고려하자면, 경상도 방언과 전라도 방언을 아울러서 이들을 하나의 구역으로 하는 편이 편리한 경우가 있다. 논의 중에 이러한 개괄적 명칭을 '남부 방언'이라고 한 바 있는데 이러한 명칭을 좇아 저자는 위의 방언 구획도 다음과 같은 명칭으로 부르고자 한다.[29)]

① 중부 방언 : 小倉進平 선생의 경기도 방언에 대채로 상응한다.
② 서북 방언 : 小倉進平 선생의 평안도 방언에 상응한다.
③ 동북 방언 : 小倉進平 선생의 함경도 방언과 대체로 일치한다.
④ 남부 방언 : 小倉進平 선생의 경상도 방언과 전라도 방언을 아우른다.
⑤ 제주도 방언 : 小倉進平 선생과 동일하다.

이러한 각 방언의 경계에 대해서는 小倉進平 선생의 상세한 연구가 있기 때문에 여기서 다시 논의할 필요까지는 없다. 다만 저자가 여기서 논의하고자 하는 것은 이러한 각 방언의 상호 관계에 대해서이다. 이제 'ㄱ시개'를 포함하여 앞서 다룬 네 주제 및 어중의 '[b]'를 통해 그 관계의 개략을 서술하기로 한다. 어중의 '[b]'에 대해서는 小倉進平 선생의 「朝鮮語の語の中間に現はれる[b]」(『青丘學叢』 제30호)에서 상세하게 논의하고 있으므로 본론에서는 이것을 되풀이하지 않고 그 결과를 빌려 왔다.

앞의 다섯 가지(더 상세하게는 여섯 가지) 방언이 서로 어떤 관계에 있는지는 명확히 말할 수 없지만, 전술한 다섯 가지 특징에 대해 살펴보면 어느 정도 파악이 가능하다.

---

29) 방언 구획도는 본문 마지막에 붙어 있는 지도를 참조. [역자주] 아래에 나오는 '중부 방언, 서북 방언, 동북 방언, 남부 방언, 제주도 방언'은 『河野六郎著作集1』(1979년, 平凡社)에서 고친 것이고, 1945년에 나온 원문에는 '中鮮 方言, 西鮮 方言, 北鮮 方言, 南鮮 方言, 濟州道 方言'으로 되어 있다.

1 'ᄋᆞ'의 양상

첫 번째 주제에서 논의했던 'ㆍ[ʌ]'의 변화 양상에 대해 보면, 우선 제주도 방언이 나머지 방언 구역과 대립하면서, 'ʌ'의 음운론적 가치를 보존하고 있음이 주목된다. 즉 이 점에서 제주도 방언은 예전의 층을 보존하고 있다고 할 수 있다. 중앙 방언에서 'ʌ'가 소실된 시기는 조선 중기이기 때문에 육지 방언에서 음운 'ʌ'가 없어진 것은 의외로 가까운 시대였을지도 모른다.

이 'ʌ'에 있어서 여전히 주의해야 할 점은 순음(脣音)과의 결합이다. 순음과 'ㆍ'의 결합은 제주도 방언을 제외하면 대개 '[a]'로 되어 있지만 '[o]'로 바뀐 지방이 있다. 남부에서는 전라북도, 전라남도, 경상남도가 그러하고 북부에서는 함경남도 북부와 함경북도 지방이 그런 모습을 보인다.30) 즉 'ʌ→o'의 현상은 남부와 동북에서 보이는 것이다. 이러한 분포 상황은 어떻게 설명할 수 있을까?

이처럼 서로 멀리 떨어진 남북의 변경에서 동일한 현상이 발견되는 것은 확실히 주목할 만한 가치가 있는데, 물론 두 지역에서 각각 독자적으로 생겨났다고 보는 것도 가능하다. 만약 그렇다면 어째서 다른 지방에는 보이지 않는 것일까? 또한 서론에서 서술한 것처럼 서울을 중심으로 하여 그 남북의 양 극단에서 같은 현상이 보이는 것은 중앙부의 예전 모습이

---

30) 세부적인 것은 첫 번째 주제를 참고하기 바란다. 'ᄆᆞᆯ(馬)'에 대해서는 小倉進平 선생의 상세한 조사가 있다. 『The Outline of the Korean Dialects』의 「Vocabulary」 121쪽과 2번 지도 참조. 여기에 따르면 '[mol]'이라고 부르는 지방은 다음과 같다.

[전남] 강진, 영암, 나주, 광주, 담양, 곡성, 구례, [전북] 남원, 순창, [경남] 거제, 통영, 하동, 남해, [함남] 갑산, 혜산, [함북] 회령, 종성

경남 거제・통영의 경우 읍이나 면에서는 '[mol]'을 여자들이 사용하지만 농가에서는 일반적으로 쓰인다. 경남 하동・남해에서는 '[mol]'이 읍, 면에서도 교육을 받지 못한 사람들에 의해 사용된다.

또한 '[mo-ri]'라고 하는 지방은 다음과 같다.

[함북] 경원

그 변경에 잔존하고 있다고도 생각할 수 있다. 그러나 일찍이 중앙부에서 순음 뒤의 'ㆍ[ʌ]'가 '[o]'로 변화한 것은 'ㅸ[β]'의 경우밖에 없으며 폐쇄음의 경우에는 발견되지 않는다. 제삼[31]의 해답으로는 남부와 동북부가 지리적으로 단절되어 있지만, 어떤 인문적 원인에 의해 언어상으로는 상당히 밀접한 관계가 존재했다고 생각하는 방식이다. 저자는 이것을 해답으로 받아들이고자 한다. 왜냐하면 다른 특징들에서도 동일한 모습이 인정되는 듯하기 때문이다. 여기에 대해서는 다른 특징들을 살핀 후에 다시 서술하는 바가 있을 것이다.

2 'ㅿ'의 양상

두 번째 주제인 'ㅿ'의 변화 양상은 방언 사이의 관계에 있어 하나의 중요한 기준을 제공한다. 음운 'ㅿ'을 's'로 나타내는지 그렇지 않은지에 따라 방언은 두 개의 큰 영역으로 나누어진다. 's'로 나타나는 방언은 두 번째 주제에서 상술한 것처럼 남부와 동북부를 중심으로 한다. 물론 단어에 따라 분포 상황은 꽤 차이가 나지만 남부와 동북부의 두 지방에서 's'의 층이 보인다는 것은 여러 예가 분명히 보여 주는 바이다. 이에 반해 서북부는 평북 후창과 평남 양덕을 제외하면 's'의 층이 전혀 발견되지 않는다. 황해도 역시 서북부에 준한다. 그 외에 중부 지방은 복잡한 상황을 보이고 있어서 간단하게 말할 수는 없다.

예컨대 's' 층은 '여ᅀᅳ'의 경우 충청남북도와 강원도(yɔs+kɛŋi)에 존재하며, '구ᅀᅵ'의 경우는 역시 충청남북도와 함경남도 남부 및 강원도 동북부에서 보인다. '무ᅀᅮ'의 경우도 충청남북도와 강원도에 존재하며 또한 함경남

31) [역자주] 바로 위에서 남부와 동북부가 독자적으로 변화를 겪었을 가능성, 남부와 동북부에 예전 중앙어의 모습이 흔적으로 남아 있을 가능성을 제시하면서 그 문제점을 지적한 바 있다. 따라서 이러한 두 가지 가능성 외에 제삼의 가능성을 언급하는 것이다.

도 남부에서는 동북 방언형의 연장(延長)이 눈에 띈다. 'ᄆᆞᄉᆞᆯ'은 마찬가지로 충청남북도에 's' 층이 있고, 'ᄀᆞᄉᆞᆯ'의 경우는 충청북도와 강원도 강릉·평창에서 's' 층이 발견된다. '나ᅀᅵ'의 예에서는 's' 층이 충청남북도와 강원도에서 널리 보이며 경기도 남부에서도 그 여파를 볼 수 있다. 함경남도 남부는 동북 방언의 연장선으로서 's' 형태를 전하고 있다. 'ᄀᆞ시개'의 예를 보면 황해도를 뺀 중부 지방 전역에서 's' 층이 나타난다. 이 'ᄀᆞ시개'의 예를 제외하면 중부의 's' 층은 대체로 충청남북도, 강원도, 함경남도 남부 모두가 남부 또는 동북 방언이 연장된 것이라고 하겠다.

경기도는 대개 's' 층에 속하지 않는 황해도 및 서북과 같은 부류를 이루고 있다. 두 번째 주제의 결론에 따르면 경기도와 황해도, 그리고 서북 지역은 전부 '-s-'가 유성음화하여 '-z-(ᅀ)'가 되고 마지막에는 이것을 탈락시키는 지방이라서, 이 점은 남부와 동북 및 그에 인접한 중부 지방에서 의연하게 '-s-'를 유지하고 있는 것과 현저한 대립을 보인다. 제주도는 남부 방언과 완전히 궤를 함께하고 있다. 이상으로부터 매우 개략적인 결론을 내린다면, 이러한 특징과 관련하여 두 개의 커다란 구분이 이루어진다. 하나는 남부 방언, 제주도 방언, 동북 방언이고 다른 하나는 중부 방언과 서북 방언이다. [1]에서 서술했던 남부 방언과 동북 방언의 밀접한 관계는 여기서도 발견할 수 있다.

[3] '-g-'의 소실

'-g-'의 소실이라는 측면에서 분포 상황을 살피면 매우 복잡해서 [2]와 같이 명료한 결론은 얻을 수 없다. 그러나 개괄적으로 본다면 '-g-'의 소실은 중부 지방을 중심으로 한다는 점이 성립된다. 세부적인 부분에 대해 보면 각각의 단어에 따라 상당한 차이가 나타나지만, 그 중 경상도 방언과 함경도 방언 사이의 현격한 유사성이 눈에 띈다는 점은 간과하기 어려운 사실이다. 즉 다음과 같은 것이다.

○ 냅다

【nɛgurɔpta】 경북 영덕 · 흥해 · 경주, 경남 울산에 대응하여 함남 영흥 · 북청

【nɛgɯrɔpta】 경남 밀양에 대응하여 함남 안변

【nɛgɯrapta】 경상북도

【nɛguda】 함경북도 및 함남 단천

즉 이들은 모두 '-g-'를 남기고 있다.

○ 내

【nɛgul】 함경남북도(및 평안남북도 동부)

【nɛguri】 함경남북도(및 평안남북도 동부)

【nɛgurɛgi】 경북 경주 및 경남 울산

○ 시다

【sigɯrɔpta】 경상남북도, 함남 안변

【segɯrɔpta】 경상남북도, 함남 안변

【segɯrapta】 경상남북도, 함남 안변

【siguda】 함경남북도(평북 후창은 【sigulda】)

【sik^{h}uda】 함북 온성 · 회령

모두 '-g-'를 남긴다.

○ 모래

【molgɛ】 경상남북도, 함경남북도(및 평안남북도)

○ 머루

【mɔlgu】 경상북도, 경남 울산, 그 밖에 함남 안변(및 평안남북도 기타)

【mɔlgi】 함경남북도

○ 벌레

이것은 경기도, 황해도 일부를 제외한 그 밖의 지방에서는 '-lg-'를 남기고 있다. 경상도와 함경도 모두 동일하다.

○ 노루

【nolgɛŋi】 경상북도, 경남 울산

【nolgaʤi】 경상남북도(및 기타)

【nolgi】 함남 영흥 · 안변(및 평안남북도)

이상의 단어들을 통해 경상도 방언(특히 경상북도)과 함경도 방언에 예전의 '-g-'가 보존되어 있음을 알게 되며 두 방언이 동일한 층에 속한다고 생각할 수 있는 것이다. 다만 이 점과 관련해서는 평안남북도 방언도 역시 같은 층에 놓인다.

4 어중 '-b-'의 양상

어중의 '-g-'와 동일한 조건에 있는 어중 '-b-'의 분포 상황은 더욱 더 흥미롭다. 앞서 언급한 小倉進平 선생의 연구에서 몇몇 예를 가져와서 '-b-'를 보존하는 지역을 보면 다음과 같다.

○ 누에(蠶)

【nu-be】 [경북] 청송 · 영덕 · 포항, [함남] 북청 · 풍산 · 갑산 · 혜산 · 이원 · 홍원 · 함흥 · 오로 · 신흥 · 정평 · 영흥 · 문천 · 고원 · 단천, [함북] 나남 · 부령 · 무산 · 회령 · 종성 · 경원 · 경흥 · 웅기 · 청진 · 경성 · 길주 · 성진 · 부거 · 명천

【nu-bi】 [함남] 문천

【nui-bi】 [경남] 부산

【nɯi-bi】 [경남] 진주·동래·마산·합천·창녕·밀양·양산·김해, [경북] 고령·대구

【ni-bi】 [경남] 울산, [경북] 영천

○ 누이(姉妹)

【nu-bɛ】 [함북] 회령

【nu-bu】 [경남] 부산·동래·김해·합천·울산, [경북] 고령·영덕·포항·영천

【nu-bi】 [경남] 창녕, [함남] 풍산·갑산·혜산·이원·홍원·오로·신흥·정평, [함북] 나남·무산·회령·종성·경흥·청진·부령

【nɯi-bi】 [함남] 함흥

○ 다리(髢)

【tar-bɛŋ-i】 [함남] 거창

【tar-bi】 [전남] 순천, [경남] 부산·하동·진주·동해·마산·합천·창녕·밀양·양산·김해·울산, [경북] 고령·예천·청송·의성·대구·김천·영덕·포항·영천, [충남] 천안, [충북] 영동·보은·청주, [강원] 통천·장월·고성·양양·간성·주문진·강릉·울진·평해·평강·인제·홍천·평창·영월, [함남] 북청·풍산·갑산·혜산·이원·홍원·함흥·오로·신흥·정평·영흥·문천·덕원·안변·신고산·고원·단천, [함북] 나남·부령·무산·회령·종성·경원·경흥·웅기·청진·경성·길주·성진·부거·명천, [평북] 자성·후창, [황해] 곡산

○ 마름(菱仁), 확(石臼)

이것은 논의 중에 이미 서술했으므로 생략한다.

○ 새우(鰕)

【sɛ-bɛŋ-i】 [충남] 천안・홍성・공주, [충북] 영동・청주・충주・진천・괴산

【sɛ-bu-rɛŋ-i】 [충북] 보은

【sɛ-buŋ-gɛ】 [전북] 무주・금산

【sɛ-bi】 [전남] 광주・순천・여수・보성・강진・영암・목포・나주・담양・장성・옥과・곡성・구례・광양・돌산・고흥・벌교・장흥・해남・함평, [전북] 정읍・김제・남원・순창・임실, [경남] 부산・진주・마산・합천・거창・밀양, [경북] 고령・영덕・포항・영천, [강원] 통천・장전・고성・간성, [함남] 북청・풍산・갑산・혜산・이원・홍원・함흥・오로・신흥・정평・문천・덕원・안변・고원・단천, [함북] 나남・부령・무산・회령・종성・경원・경흥・웅기・청진・경성・길주・성진・부거・명천

【s̄ɛ-bi】 [경남] 하동・창녕, [경북] 김천

【swɛ-bi】 [경북] 포항・영덕・경주

【s̄wɛ-bi】 [경북] 의성・대구・흥해

【swe-bi】 [경남] 울산

○ 아욱(葵)

【a-buk】 [경남] 합천・밀양, [경북] 고령・의성・영천, [함남] 북청・풍산・갑산・혜산・함흥・신흥・문천・신고산・고원・단천, [함북] 나남・부령・무산・회령・종성・경원・경흥・경성・성진

○ 구워(炙)

【ku-bɔ】 [경남] 부산・동래・합천・거창・창녕・밀양・양산・김해, [경북] 고령・영덕, [함남] 북청・풍산・갑산・혜산・

이원・홍원・함흥・오로・신흥・정평・단천, [함북] 나남・부령・무산・회령・종성・경원・경흥・웅기・청진・경성・길주・성진・부거・명천

【$\bar{k}$u-bɔ】 [경남] 울산, [경북] 청송・의성・대구・김천・포항・영천, [강원] 평해・울진

○ 매워(辛)

【mɛ-ba】 [전남] 광양, [경남] 부산・진주・하동・동래・마산・합천・거창・창녕・밀양・양산・김해・울산, [경북] 고령・안동・청송・김천・흥해・경주・영덕・포항・영천, [강원] 평해, [함남] 북청・풍산・갑산・혜산・이원・홍원・함흥・오로・신흥・정평・단천, [함북] 나남・부령・무산・회령・종성・경원・경흥・웅기・청진・경성・길주・성진・부거・명천

【mɛ-bɔ】 [전남] 여수・돌산, [경북] 의성・대구・함창, [강원] 주문진

이상의 아홉 가지 예에서 가장 두드러진 사실은 남부 방언과 동북 방언이 매우 유사하다는 점이다. 중간에 충청남북도, 강원도, 황해도 등에서도 동일한 현상이 나타나는 경우가 있었지만, 이는 대체로 남부 및 동북 방언 영역에 인접한 지방의 경우라서 남부와 동북 지방 방언의 영향을 입은 것임이 분명하다. 다만 '다리(髢)'의 예에서 강원도 동해안 지방이 남부와 동북부를 이어 주고 있는 모습은 흥미롭다.

5 복합모음의 측면

마지막으로 네 번째 주제에서 논의했던 복합모음에 대해 살펴보면, 이러한 특징이 특히 완벽하게 남아 있는 것은 '외(瓜)'이다. 이 단어의 분포

상황을 볼 때 이 단어가 복합모음으로 전해지고 있는 지방은 경기도, 황해도, 평안남북도, 충청남도의 전체, 충청북도의 청주 · 음성 · 진천 · 괴산 · 충주 · 제천, 강원도 이천 · 철원, 함경남도 안변이다. 즉 중부 방언의 대부분과 서북 방언 전체가 복합모음의 층에 속하고 있는 것이다. 다른 예에서도 많든 적든 이 지역에서 복합모음 형태가 발견되고 있으며, 남부와 동북 그리고 제주도 방언에서는 이런 특징이 전혀 나타나지 않는다.

이상의 다섯 가지 특징에 기반하여 5대 방언의 상호 관계를 보건대, 남부 방언과 동북 방언이 매우 유사하다는 점은 참으로 흥미로운 사실이다. 이 두 방언은 확실히 하나의 부류(group)를 이루고 있다. 이에 반해 중부 방언과 서북 방언은 적어도 [3]을 제외한 나머지 특징과 관련해서는, 남부 및 동북 방언과 대립하면서 또 하나의 부류를 이루고 있다고 말할 수 있을 듯하다. 제주도 방언은 말하자면 이 둘의 중간에 위치하고 있다.

이와 같은 방언 상호간의 관계는 어떻게 생겨난 것일까? 그것은 단지 경기도를 중심으로 하여 남부 지방과 동북 지방이 가장 바깥쪽의 외곽을 형성하고 있기 때문일까? 만약 그렇다고 한다면 어째서 평안북도에서도 동일한 특색이 나타나지 않는 것일까? [3]의 어떤 특성에 대해서 보자면 이러한 생각도 타당한 경우가 없는 것은 아니지만, 다른 특징에 대해 볼 때 평안북도 방언이 중부 방언과 함께 남부 및 동북의 방언 그룹과 대립하고 있다는 점은 앞에서 서술한 대로이다. 이렇듯 경기도를 중심으로 하여 그 물결이 점차 주변으로 파급되어 간다고 볼 경우, 주목하지 않을 수 없는 것은 각 지역의 역사적 사정이다. 만약 한국이 예전부터 현재의 범위대로 있었다고 한다면, 그리고 그 중심이 항상 경기도에 있었다고 한다면, 앞서와 같은 윤층(輪層)이 동북 지방에도, 서북 지방에도, 또한 남부 지방에도 보여야 한다. 그런데 실제로는 한국의 역사와 지리가 그렇게 간단하지는 않았던 것이다.

현재의 한국어 방언을 다루는 데 있어서, 한반도의 과거 언어 상황에 대한 개략을 알아 두는 것도 결코 무의미하지는 않을 듯하다. 물론 과거의 언어 상황은 구체적으로 알기가 거의 어렵다. 다만 한반도에서 활동했던 여러 종족을 통해 상상할 뿐이다. 분명 종족 구별의 근거 중 하나는 그 종족이 사용하던 언어이기 때문에 종족의 차이를 통해 역으로 추론하는 것도 가능하다. 이제 故 今西龍 박사의 『朝鮮史の栞』에 실려 있는 「朝鮮史槪說」과 津田左右吉 박사의 『朝鮮歷史地理』를 기초로 하여 과거의 언어 상황을 개관해 보기로 한다.

역사시대[32] 들어서 가장 오래된 시기에 한반도에는 어떠한 종족이 거주하고 있었을까? 기원전 3세기, 즉 중국의 전국(戰國) 시대에는 북쪽에 조선(朝鮮), 남쪽에 진번(眞番), 동남쪽에 진국(辰國), 동쪽에 임둔(臨屯)이 나라를 세우고 있었다. 그 중 조선, 진번, 진국은 한종족(韓種族)이고 임둔은 예종족(濊種族)이었다고 하는데 그 진위는 밝히지 못한다. 그러나 어쨌든 남쪽(남부 지방)에 한종족이 살았고 동쪽(강원도 방면)에 예종족이 살았다고 말할 수는 있을 듯하다. 또한 함경도 방면에는 옥저(沃沮)가 살고 있었다. 이상은 물론 매우 개괄적인 것이며 실제로는 무척 다양한 종족이 존재했으리라 생각된다. 다만 그러한 다양한 종족들을 대체로 이와 같이 큰 종족들로 나눌 수 있다고 하는 정도에 불과하다. 소위 고조선(古朝鮮)은 기씨조선(箕氏朝鮮)이든 위씨조선(衛氏朝鮮)이든 그 종족이 어떠했는지가 불분명하지만, 그 안에 북방으로부터 유입되어 온 한민족(漢民族)을 포함하고 있었다는 점은 분명하다.

이리하여 오랜 시대의 언어 상황을 고찰해 보면, 남으로는 한어(韓語) 계통의 언어, 동으로는 예어(濊語) 계통의 언어, 동북으로는 옥저 계통의 언어, 그리고 서북으로는 중국어 계통의 언어가 쓰였음을 알게 된다. 그리고 서북의 중국어 계통 언어는 漢의 楊雄이 편찬했다고 일컬어지는 『方言』

32) [역자주] 선사시대에 대립되는 개념이다.

안에 그 단편이 남겨져 있는데, 이것은 하나의 방언을 이루며 이 방언이 燕(현재의 河北省)의 방언과 밀접한 관계가 있었음을 엿볼 수 있다.[33] 그 밖의 언어와 관련하여, 예어(濊語)와 옥저어는 후술할 고구려어와 함께 부여어(夫餘語) 계통이라고 하는 하나의 큰 언어 계통에 속하는 듯하다.[34] 이러한 언어 계보에 대해 한어(韓語)가 어떠한 관계에 놓이는지는 오늘날 여전히 불분명하다. 그러나 한편으로 한어(韓語)가 일본어와 꽤 가까운 관계에 있었던 것 같다는 점은 한(韓)의 단편적인 지명에서 추측할 수 있는데, 이것은 고고학상으로 한반도 남부의 석기 시대 유물이 일본의 석기 시대 유물과 유사하다는 사실과 더불어 확실히 흥미로운 바이다.

그 후 한반도 북반부에 있어 漢 武帝의 위씨조선(衛氏朝鮮) 토멸(討滅)과 소위 사군(四郡)의 설치는 한민족(漢民族)의 집단적 이주를 수반했고 여기에 중국어의 한반도 진출이 촉진됨으로써, 그 결과 주위 언어에 대한 중국어의 영향은 아마도 막대한 것이었다고 생각된다. 그러나 만주에서 발흥한 고구려족이 머지않아 강대해졌고 마침내 한민족(漢民族)의 식민지는 뒤엎어지기에 이르렀다. 따라서 이 시대의 중국어도 결국은 흔적 없이

---

33) 林語堂의 「前漢方音區域考」(『語言學論叢』, 41쪽)에 "(二十八) 北燕, 朝鮮. 燕之分出北燕, 猶齊之分出東齊. 方言言朝鮮・冽水者共二六次, 而其中二四次爲與燕北或燕東北竝引 (燕北十六, 燕東北六), 至直言燕朝鮮者僅二次. 故燕北與朝鮮在楊雄必以爲一種方言無疑. 燕北之自成一系與燕不同, 且可以一事證之. 卽書中單言燕北及燕之北部者十一次, 與他地竝引者十次. 書中凡言及燕者五十九次. 而其中言燕北者至四三次之多, 較之燕自身之數 (十六) 還多. 此系方言之最要關係爲南與東齊 (五次). 蓋或固漢初大亂, 多由渤海而徒往朝鮮, 故不能無語言上之關係"로 되어 있다. 이 연구에 따르면 燕과 北燕은 다른 방언 구획에 속하며, 조선은 北燕 방언과 동일 계통을 이루고 있었다. 그리고 이 방언이 東齊 방언과도 관계가 있는 것은 林語堂도 말하고 있듯이 역사적 사정에 기인한다.

34) 『魏志』 「東夷傳」의 '濊' 조항에 "其者老舊自謂, 與句麗同種, (中略) 言語法俗大抵與句麗同"이라고 되어 있고 또한 같은 책의 '東沃沮' 조항에 "其言語與句麗大同, 時時小異"라고 되어 있다. 또한 같은 책의 '高句麗' 조항에는 "東夷舊語以爲夫餘別種, 言語諸事多與夫餘同"라는 내용이 나온다. 이것을 통해 예, 옥저, 고구려의 언어가 부여어의 일파(一派)라는 점을 알 수 있다.

사라져 버렸다. 이것을 대신한 고구려어는 상당 기간 한반도 북부에서 사용되었지만, 고구려어 역시 신라의 발흥 및 당나라의 압력에 의해 오늘날에는 극소수의 자료가 한자로 표기되어 남아 있는 데 불과하다. 이 고구려족을 기반으로 한 발해 왕국 역시 어떠한 언어 자료도 남기지 못한 채 역사에서 사라져 갔다는 것은 우리들로서는 매우 유감스러운 일이다. 고구려어와 같은 계통에 속하는 예어(濊語)나 옥저어도 같은 운명을 겪었다. 이 언어들이 쓰이던 지역은 이후 소위 여진족이 뿌리를 내리고 사는 곳이 되었다. 만약 이 여진족의 언어가 자세한 기록을 남기고 있다면 그보다 앞서 살았던 종족들의 언어 잔영을 찾을 수 있을지도 모르지만, 이 또한 약간의 자료를 남길 뿐이어서 자세한 것은 밝혀지지 않았다.

앞에서 서술한 것처럼 한반도 북반의 땅은 우여곡절이 있었음에도 불구하고 언어적으로는 空白의 상태이다. 그것이 현재의 한국어 성립에 기여한 공헌은 그다지 크지 않으리라 생각한다. 현재의 한국어에 있어 중요한 것은 오히려 한반도의 남부이다. 예전부터 남부 지역에 한족(韓族)이 살고 있었다는 것은 전술한 바와 같은데, 한족(韓族)에 대한 지식은 서기 3세기쯤에야 명료해진다. 그 무렵 한족(韓族)은 다수의 소집단으로 나뉘어 있었는데 그들은 대체로 마한(馬韓), 진한(辰韓), 변진(弁辰)의 셋으로 대별(大別)된다. 따라서 언어 역시 많은 방언으로 갈라지는데 그 방언들은 앞의 세 가지 큰 부류로 나눌 수 있었다고 본다. 그리고 3대 방언 중에서 진한(辰韓) 방언과 변진(弁辰) 방언은 서로 가까웠으며 마한(馬韓) 방언과 대립하고 있었다.[35] 특히 진한 방언에는 이미 중국어를 차용하고 있던 흔적

35) 『魏志』의 「東夷傳」에서 “辰韓在馬韓之東, 其耆老傳世而自言, 古之亡人避秦役來適韓國. 馬韓割其東界地與之, 有城柵, 其言語不與馬韓同. 名國爲邦, 弓爲弧, 賊爲寇, 行酒爲行觴, 相呼皆爲徒. 有似秦人, 非但燕齊之名物也”라고 했고, 또한 “弁辰與辰韓雜居, 亦有城郭衣服居處與辰韓同, 言語法俗相似”라고 되어 있다. 이에 따르면 마한(馬韓)과 진한(辰韓)・변진(弁辰)은 서로 다른 언어를 사용하고 있었던 듯하다. 그러나 진한의 언어가 진(秦)의 언어와 비슷하다고 한 것은 몇몇 단어에 지나지 않고 또한

이 있으며,[36] 게다가 그 차용어가 중국 대륙에서는 벌써 시대에 뒤쳐진 것이라는 점 등은 확실히 흥미롭다.[37] 이들 방언의 구체적 내용도 지명에 약간 남아 있는 데 불과하다.

이러한 소위 삼한(三韓) 시대는 그 많은 소집단들이 군웅할거의 상태에 있었는데 머지않아 이들 중에서 강력한 집단이 나타나 다른 집단을 집어삼켜 나라를 세우기에 이르렀다. 즉 서쪽의 백제, 동쪽의 신라가 그것이다. 백제는 마한의 한 소집단이던 백제(伯濟)가 흥기(興起)한 나라인데, 그 지배계급은 부여족의 한 부족이었다고 일컬어진다. 이 전설은 또한 언어상으로도 증명된다. 즉『周書』「異域傳」의 百濟 조항에 다음과 같은 기록이 있다.

> "王姓夫餘氏, <u>號於羅瑕</u>, <u>民呼爲鞬吉支</u>, 夏言竝王也, 妻號<u>於陸</u>, 夏言妃也"[38]

그 단어가 진한의 본래 언어라고 생각되지는 않는다. 진한과 변진에 대해서는『後漢書』의 경우『魏志』와는 반대로 "언어와 풍속에 차이가 있다(言語風俗有異)"라고 적고 있다. 어떤 것이 옳은지 불분명한데, 이 경우 언어의 차이가 어떤 기준에 근거해 이야기된 것인지 의문이다. 앞에서 적은 것처럼 중국으로부터의 차용어를 가지고 언어의 차이를 말한 것이라면, 진정한 언어 계통의 구별에는 이용할 수가 없다. 생각건대 이 세 언어는 한어(韓語)라는 동일 계통에 속했던 것이었으며, 그러나 방언적 차이-그런 차이로는 중국에서 망명한 사람들의 영향이나 이민족들의 혼입 등에 의해 생겨난 차이를 생각할 수 있을 듯하다-가 꽤 두드러졌기 때문에 앞서와 같은 기사를 썼던 것이라고 보인다.

36) 아마도 사군(四郡)의 영향에 의한 듯하다.

37) 앞에서 인용한『魏志』의 문장에서 진한의 언어가 秦人과 비슷하다고 하여 "名國爲邦, 弓爲弧, 賊爲寇, 行酒爲行觴, 相呼皆爲徒"라고 말한 것은, 亡人들이 점차 동진하여 결국 진한의 북쪽에 와 살게 된 결과 그 언어를 진한 사람들이 차용하기까지 했음을 가리키는 듯하다. 이것이 秦人과 비슷하며 燕齊의 명물(名物)뿐만이 아니라고 한 것은,『魏志』가 편찬될 당시의 중국인에게도 조선(樂浪)에서의 중국어가 燕과 齊의 방언과 가깝다는 것이 상식으로 되어 있었다는 점 및 진한에 혼입된 한어(漢語) 중에 燕齊의 것과는 다른 어휘를 발견하고서 더욱이 그것이 秦 시대의 언어라는 사실을 인정했다는 점에서 참으로 흥미롭다. 서론에서 서술했듯이 중앙부의 언어가 점차 변경으로 전파되어 간다는 설에 따르면 이러한 진한의 방언 안에 한 세대 전의 중국어가 잔존해 있다는 것은 매우 자연스러운 일이다.

이 기사는 분명히 지배자와 피지배자 사이에 언어적 차이가 있었음을 보여 준다. 즉 지배자의 언어는 부여어 계통에 속하는 언어이고 피지배자의 언어는 한어(韓語)였다고 생각되는 것이다. 백제를 세운 부여 부족은 분명 韓族(馬韓)보다도 용맹했었던 듯하나, 소수에 의한 다수의 통치는 결국 그 언어를 잃어버리고 아마도 피지배 계급의 언어를 받아들이기에 이르렀던 것 같다. 결국 백제어는 다소나마 부여어 계통의 언어 요소를 포함한 마한어였다고 생각된다.

마한 땅에 백제가 일어나고 진한 땅에 신라가 일어났을 때, 변진 땅에는 아직도 한족(韓族)의 소집단이 잔존했었다. 소위 가야(加羅) 10여국(十餘國)이 그것이다. 가야의 언어가 한어(韓語)라는 것은 말할 필요도 없다. 어쩌면 한족(韓族)의 언어를 가야어라고 부르는 편이 적절할 듯하다. 이 가야가 일본의 세력 아래 있었다는 점은 주지의 사실이다.[39] 따라서 이 땅의 한어(韓語)에 일본어의 영향이 있었으리라 생각할 수 있다. 그러나 이것은 실증할 수는 없다.

진한도 여러 개의 작은 국가로 나뉘어 있었는데 그 중 사로(斯盧)가 점차 강대해져 인근 집단을 병합하고 하나의 국가를 만들었다. 그것이 바로 신라이다. 신라의 발흥에 관해 今西龍 박사는 다음과 같이 흥미로운 설을 서술한 바 있다.

---

38) 이 '於羅瑕'와 '鞬吉支'의 경우 『日本書紀』의 훈에서 그에 상당하는 것이 발견된다는 점은 주목해야만 한다. 즉 『日本書紀』에서는 조선의 왕을 'オリコケ, ヲリコキシ, コニキシ, コキシ' 등으로 하고 있는데, 'オリコケ' 또는 'ヲリコ(キシ)'는 『周書』의 '於羅瑕'에 해당하며, 'コニキシ, コキシ'는 『周書』의 '鞬吉支'에 상당하는 것이다. 이러한 훈이 터무니 없지 않다는 것은 음의 측면에서도 그렇지만 '妃'를 '於陸'이라고 한 『周書』의 기사에 대해 『日本書紀』에서는 'ヲリク, ヲルク, オリケ' 등으로 되어 있는 것을 통해서도 판명된다. 이러한 '於羅瑕, オリコ, オリコケ('ケ'는 접미사?)'와 그 여성어 '於陸, ヲリク, ヲルク, オリケ'가 부여어임에 반해 '鞬吉支, コニキシ'는 마한어라고 할 수 있을 듯하다.

39) [역자주] 이것은 소위 '임나일본부설(任那日本府說)'에 근거한 내용이다.

> "왕족과 백성은 분명히 종족을 달리한다. 생각건대 왕족은 정복자로서 외부에서 들어왔으며 여러 종족이었는데, 몇 시대에 걸쳐 결부되었을 터이며, 여기에는 고구려 방면으로부터의 유입과 같은 흔적이 있다. (중략) 신라는 첫째 원시적 국가가 발전할 만한 지리상의 위치를 점유했고, 둘째 특수한 정체성을 지녀서 상하 일치하여 협력했으며, 셋째 한종족(韓種族) 안에 강건한 이민족의 피를 섞어 더욱 더 강성해져서, 2・3세기 무렵부터 점차 강대한 국가가 되었다."[40)]

이 설이 과연 타당한 것인지 여부는 저자와 같은 문외한이 비판할 만한 것은 아니지만, 신라 발흥의 한 가설로서 받아들여도 좋은 설이라고 본다. 적어도 언어에 관한 한, 신라어의 토대인 사로어(斯盧語)가 한어(韓語)는 아니었다고 말할 수 있을 듯하다. 왜냐하면 수사(數詞)가 다르기 때문이다. 현재의 한국어는 고려를 통해 신라어가 연장된 것이므로, 그 토대는 사로어이다. 따라서 현재의 한국어 수사는 다소의 음운 변화를 입었다고 해도 그 원형은 사로어의 그것이었음에 틀림없다. 그런데 한(韓)의 지명에 남겨진 몇몇 수사는 현대 한국어의 수사와는 전혀 다른 모습이다. 오히려 일본어의 수사와 가까운 것이다. 가령 『三國史記』 「地理志」에서 '三峴縣'을 '舊密波兮', '七種縣'을 '難隱別', '十谷縣'을 '德頓忽'이라고 한 것에 따르면, 예전의 한어(韓語)에서는 '三'을 '密[mit]', '七'을 '難隱[nan-ɯn]', '十'을 '德[tək]'이라고 했음을 알게 된다.[41)] 그러나 현대 한국어에서는

40) 『朝鮮史の栞』 94쪽 참조.

41) 이러한 수사를 발견하여 문제 제기를 한 것은 新村出 선생이다.(「東方言語史叢考, 國語及び朝鮮語の數詞に就て」) 이 외에 '五谷郡'을 '于次呑忽'(『世宗地理志』에 의함)이라고 한 것으로부터 '于次'와 'イツヽ'를 비교할 수도 있는데(20쪽), 이것은 약간 무리이다. 또한 '密'을 'mil'로 읽었다고 생각되기도 하는 예가 있다. 그것은 신라의 지명 '玄驍縣'이다. 이것은 '本推良火縣一云三良火'로 되어 있다. 이에 따르면 '三'과 '推'는 같은 음이었던 듯하다. '推'에 해당하는 한국어는 현대에는 '밀-'이다. 만약 이러한 현대형이 예전부터 동일했다고 한다면 '三'도 역시 'mil'이지 않으면 안 된다. 또한 '推'를 '密'에 할당하고 있는 예(密城郡一推火郡, 密津縣一推浦縣)도 있다. 이

'三'이 '세'(sɔi＞se), '七'은 '닐곱'(nilgop＞ilgup), '十'은 '열'(yɔl)이라서 완전히 차이가 난다.[42]

수사가 다른 어휘와는 달리 새로 만들어진다거나 또는 차용된다거나 하는 경우가 적은 종류의 단어라는 점은 언어학에 있어서의 상식이다. 따라서 만약 사로어(斯盧語)가 한어(韓語)였다면 이런 지명에 보이는 수사는 어떻게 설명해야만 할지 그 해결이 너무 어렵다. 그러므로 신라 역시 백제와 마찬가지로 다른 종족이 한족(韓族) 사이에 섞여 살고, 거기서 발흥했다고 생각할 수 있는 것이다. 다만 백제와 같이 한족(韓族)에 동화하지 않았던 것은 아마도 그 보수적인 성격에 기인한 듯하다.

만약 이러한 설이 정당하다면 사로(斯盧)는 원래 어떤 종족이었을까? 이것은 더 곤란한 문제인데 진한의 북쪽, 즉 강원도에는 앞서 서술한 것처럼 예족(濊族)이 원래부터 살고 있었다. 아마도 이 일파가 동해안을 따라 내려와서 파고든 것은 아닐까 한다. 마치 백제의 경우 부여족이 대이동의 한 유파로서 남하한 것과 동일하게, 동쪽으로 이동한 예족(濊族)의 일파가 남하한 것이 사로족(斯盧族)인 듯하다.

그러나 사로족의 언어는 주위에 있는 한족(韓族)과의 관계에 의해 한어적(韓語的)인 색채를 농후하게 가지고 있었으리라는 점은 상상하기 어렵지 않다. 이런 상황은 사로에서 신라로 되어 한족(韓族)을 병합하면서 강

'玄驍縣'은 '比自火郡'에 속한 지방이기 때문에 '三＝mil～mit'은 한어(韓語)라고 생각해야만 한다. '密波兮, 難隱別, 德頓忽'은 모두 고구려의 옛 땅이므로 이 수사를 고구려어라고 생각하고 싶기도 하지만, '玄驍縣'의 예를 통해 일본어와 유사한 이 수사가 한어(韓語)의 수사라는 점을 알 수 있다.

42) 신라어의 순수 수사가 지명에 전혀 남아 있지 않느냐 하면 그렇지는 않다. 오늘날 '三陟'은 '本悉直國'이라는 작은 나라의 이름이었는데, 이것이 경덕왕 시절에 '三陟'으로 고쳐졌다. '悉'은 隋唐 시기에는 'sɨět'으로 발음되었다. 이러한 '悉'을 '三'으로 고친 이유는 아마도 이 'sɨět'이 수사 '三'([古]sei?＞[初期]sɔi＞[今]se)과 음이 유사했기 때문이 아닐까 한다. 즉 수사 '三'은 한편으로 한어(韓語) 계통인 'mil(mit)'과 다른 한편으로 신라어 계통인 'sɨe-'가 공존했음이 판명되는 것이다.

대해질수록 점점 심해졌으리라 생각된다. 가야를 복속하고 백제를 멸망시킨 후 고구려를 무너뜨림으로써 신라어는 더욱 신장하여, 신라의 최전성기 무렵에는 현재의 경상남북도는 말할 것도 없고 백제의 옛 땅인 전라남북도와 충청남북도, 고구려 예하에 있던 경기도와 황해도까지, 또한 예족(濊族)이 거주하던 강원도 일대까지도 그 세력 안에 두었다. 그리고 신라가 멸망하기까지 앞의 9개 도는 경주를 중심으로 하여 완전히 신라어화되어 버렸음에 틀림없다.

물론 당시에도 각 지역에 방언이 존재했던 것은 분명하다. 특히 신라의 지배를 받던 백제나 가야의 옛 땅, 또는 고구려의 옛 영토, 예족(濊族)의 원래 주거지에는 각 종족들의 하층(substratum)이 존재하며 그것에 의해 방언 역시 각양각색이었음에 틀림이 없다. 그러나 이런 옛 방언의 상황이 오늘날의 방언에 어느 정도 반영되어 있을지 매우 의문이다. 신라의 통일로부터 오늘날에 이르기까지 이미 천몇백 년이 경과했다. 따라서 이러한 장구한 기간을 거치면서 아직도 옛 모습을 남긴다고 하는 것은 있을 것 같지 않은 일이다.

신라의 말년에는 각지에서 호족(豪族)들이 봉기했는데, 그 중 현재의 경기도 북부 호족이었던 왕건(王建)이 마침내 신라를 대신하여 왕위에 올랐고 나라 이름을 고려라고 칭했다. 고려 왕조는 언어상으로 커다란 의미를 지닌다. 즉 그 때까지는 남쪽 변방의 경주가 언어의 중추였었는데 고려 왕조에 이르러 언어의 중심이 서북의 개성으로 옮겨 갔다. 왕건은 개성 부근의 사람이었기 때문에 그가 쓰던 한국어는 신라어로서는 서북 변두리의 방언이었다. 전에도 서술한 것처럼 이 지역은 고구려의 옛 땅이었으므로 이 방언 중에는 어쩌면 고구려어의 요소가 혼입되어 있었을지도 모른다. 또한 서론에서 말했듯이 변경(邊境)에는 옛 층이 잔존한다고 보면 이 서북 변방의 방언에는 신라어의 옛 형태가 남아 있을지도 알 수 없다. 그런데 이런 변두리의 방언이 갑작스레 중심의 언어가 되었기 때문에, 만약 신라에서 고려에 걸쳐 한국어가 충실히 기록되었더라면 그 변화는 급격한 것이었음에 틀림없다.

아무튼 이 지방의 방언으로 중심이 옮겨 온 이상 한국어는 이 새로운 도읍지와 옛 문화의 중심인 경주의 두 군데 중심을 가지기에 이르렀다. 이런 사정은 조선 시대에 들어서도 큰 차이가 없다고 생각된다. 왜냐하면 조선의 중심인 서울은 개성과 거의 동일한 지방에 속하기 때문이다. 다만 고려와 조선을 합쳐 천 년 동안 경주의 세력은 점차 약화되어 오늘날은 언어상으로 경주의 세력이라고 할 만한 것은 거의 찾아볼 수가 없다. 그렇지만 이러한 남북에 있어 두 중심의 대립이 오늘날 중부 방언과 남부 방언이 보이는 대립의 역사적 배경을 이룬다는 점은 그 누구도 부정하기 어려운 바일 것이다.

고구려 멸망 후 그 일부(황해도, 경기도)는 신라의 영역에 들어왔지만 오늘날 평안남북도와 함경남북도의 땅에는 신라의 세력이 미치지 못하고 이 방면은 주인 없는 땅이 되었기에, 그 틈을 탄 여진족이 뿌리 내리고 살게 되었다. 고려 건국 초에는 서북쪽 국경이 아직 대동강 이북에 이르지 못했으며 태조는 궁예(弓裔)의 소위 패서십삼진(浿西十三鎭)을 이어받아 패서도(浿西道)라고 하고 오늘날 황해도의 정치적 구획을 명확히 했다. 그리고 태조는 건국과 함께 북경 개척에 나서서 태조 시대에는 이미 청천강(淸川江) 연안까지 도달했다. 즉 평안남도의 대부분은 고려 초에 벌써 한국의 영역으로 되돌아온 것이다.

청천강에서 압록강에 이르는 평안북도 남반부 땅은 이후 요(遼)와 고려의 쟁탈 무대가 되었지만 성종(成宗) 시대에 이르러 요가 압록강 남쪽의 땅을 방기(放棄)했기 때문에 고려의 영토로 들어갔고 그 후 빼앗긴 적도 있었지만 결국 예종(睿宗) 무렵부터 다시 고려로 복귀되었다. 몽고가 발흥하고 난 후 이 서북 변경은 황해도의 일부와 함께 원나라의 지배하에 놓이고, 백성들의 유랑 생활도 심했었지만, 충렬왕에 이르러 강 남쪽의 땅을 회복하고 게다가 원의 쇠망에 미쳐서는 더 북방으로 전진하여 강계 부근까지 다다랐다.

압록강 상류 지방은 여전히 여진족이 발호하고 있었는데, 조선 시대 들어서 이 방면의 개척은 커다란 진척을 이루었다. 태종 대에도 이런 경영을 했지만, 세종의 즉위 후 여연(閭延), 자성(慈城), 무창(茂昌), 우예(虞芮)의 소위 사군(四郡)이 확립되고 여진족의 평정을 맞이했다. 그러나 여진족과의 다툼 때문에 세조에 이르러 사군(四郡)은 폐지되고 백성들은 구성부(龜城府)와 강계부(江界府)로 이주했다. 청나라가 세워진 후 이 땅의 여진족이 떠나면서부터 비로소 이 지역도 조선의 영역으로 들어왔다.

이상을 요약하면 평안남북도의 개척은 고려 초에 시작되어 조선 중엽에 이르러 완성되었다고 하겠다. 이 평안도의 개발과 함께 한국어의 진전을 보게 되는데, 이 때의 한국어는 지리적으로 보아 중부 지방 언어의 연장이라고 생각된다. 『世宗實錄』의 「地理志」 중 평양부 조항에 다음과 같은 기사가 있다.

> "高麗太祖元年戊寅 梁末帝貞明四年 以平壤荒廢, 量徙鹽・白・黃・海・鳳諸州民, 以實其地"

이 내용은 물론 평양에 대한 것이지만 평안도의 다른 지역에 있어서도 마찬가지지였다고 말할 수 있지는 않을까 한다.[43] 『世宗實錄』 「地理志」에서 평안도 각 지역의 성씨를 보면 반드시 중부 지방을 본관으로 하는 성씨만 있는 것은 아니지만 황해도를 본관으로 한 것이 많은 듯 보인다.[44] 앞

---

43) 『世宗實錄』 「地理志」의 의주목 조항에서는 "睿宗十二年丁酉 … 改抱州爲義州防禦使, 推刷南界人民以實之"라고 했으며 또한 아래의 각주 46)에 인용된 세종의 말에도 있듯이 서북 경계 역시 남계(南界)의 백성들을 이주시킨 일이 있었던 듯하다. 그러나 서북 방면은 대부분 중부의 조선 백성들이었던 것 같다.

44) 『世宗實錄』 「地理志」의 入鎭性을 보면 대략 40%는 황해도를 본관으로 한다. 여기에 경기도와 평안도 본관을 합치면 전체의 절반 이상을 차지한다.

서 서술한 대로 서북 방언과 중부 방언이 밀접한 관계에 있는 것은 이러한 사정에 기인한다고 생각한다. 다만 후창 방언이 자주 함경도 방언(동북 방언)에 가까운 모습을 보이는 것은 소위 폐사군(廢四郡)의 하나인 여연군이 일찍이 함길도 갑산군에 소속되어 있었다는 사정에 말미암은 것일지도 모른다. 압록강 상류 지방에서 활약했던 여진족의 언어는 오늘날 산삼을 채집하는 심마니들의 은어에 그 흔적을 남기고 있다.[45]

한국어가 서북 변경으로 진출한 것은 대략 위와 같은데, 동북 경계의 경우는 약간 성격을 달리한다. 신라의 동북 국경은 대략 강원도의 북쪽 경계에 있었다. 따라서 함경도의 개척 역시 고려와 조선에 걸쳐 완성되었다. 이 동북 변경은 앞서 제시한 小倉進平 선생의 설에서 상세하게 볼 수 있듯이 여진족 또는 몽고족과의 투쟁 속에서 서서히 앞으로 나아갔으며, 고려 말년 원나라가 쇠퇴하기까지는 대체로 영흥 주위가 실제적인 범위였었다. 이러한 역사적 사정이 정평・영흥의 경계에 방언 경계를 생겨나게 한 것이다. 고려 공민왕 5년(1356년)에는 일찍이 장군 윤관(尹瓘)이 정벌했던 지역(북청 부근)을 회복하고 그 이후 점차 북진하여 고려 말에는 멀리 갑산과 마천령 이북까지 이르렀다. 즉 함경남도의 대부분과 함경북도 일부가 한국에 귀속되었다. 조선조에 들어 두만강 하류 지방의 경영이 이루어졌고 세종 시대가 되면 육진(六鎭)을 설치함으로써 함경북도 대부분을 모두 그 영역으로 거두게 되었다.

이상이 함경도 개척의 매우 개략적인 내용인데, 이 지방의 개척에 임한 백성들은 대체 어느 지역에서 왔는지가 방언 성립에 있어 중요한 문제이다. 이것은 그 자체로 크나큰 문제로서 한국사 학자들에게 맡기지 않으면 안 되지만, 저자의 관견에 따르면 다음과 같다.

---

45) 小倉進平 선생의 『平安南北道の方言』에서는 자성, 후창, 강계의 세 군에서 심마니들의 은어를 수집하고 있는데, 그 중 만주어와 유사한 것이 상당하다. 이것은 여진족의 자취인 듯하다.

『世宗實錄』의 「地理志」 중 함흥부 조항에 다음 내용이 있다.

> "高麗睿宗三年戊子宋大觀二年二月, 置鎭東軍咸州大都督府, 築大城, 徙南界丁戶一千九百四十八以實之"

여기서의 '南界'는 아마도 남부 지방이라는 뜻인 듯하다. 즉 함흥의 축성에 즈음하여 남부 백성들을 이주시킨 점을 알 수 있는 것이다. 『世宗實錄』「地理志」의 동일 조항에는 다음 내용도 있다.

> "恭愍王五年丙申, 收復舊疆, 爲知咸州事, 尋改爲萬戶府, 置營, 聚江陵・慶尙・全羅等道軍馬防守"

여기서는 분명히 강원도 동부, 경상도, 전라도의 사람들을 옮겼다고 했다. 또한 『世宗實錄』「地理志」의 길주목 조항에는 다음 기록이 있다.

> "尹瓘築北界諸城, 徙南界民實之"

이 밖에 다음과 같은 기사가 있다.

> "(世宗) 十六年, 議復古境, 以所多老地廣且饒, 賊路要害, 乃於古基北偏會叱家地, 設壁城, 徙南道民戶以實之" (경흥도호부 조항)
>
> "(世宗) 二十三年, 陞都護府, 置判官, 又徙南道民戶以實之" (종성도호부 조항)

여기서는 모두 남계(南界) 또는 남도(南道)의 백성들을 이주시켰다고 하고 있다. '남계' 또는 '남도'는 소위 하삼도(下三道)인 경상, 전라, 충청의 세 도를 가리킨다.[46] 이러한 함경도로의 이민은 북경(北境)의 진전과 함께 점차 북진하게 한 것 같다. 즉 1440년(세종 22)에 온성군을 설치하고서, 경원 및 길주 이남, 안변 이북의 각 관민을 이주시켰는데, 이러한 이민의 근원은 원래 남부로부터의 이주였던 듯하다.[47] 이렇게 이민을 시킨 후 길주 이남의 땅에 인구가 희박해졌기 때문에 이듬해에 하삼도(下三道)의 주민들로 하여금 보충하게 했다. 이와 같이 함경도 주민은 주로 충청도까지도 포함한 남부 지방의 이민들이었다. 이러한 사정이 언어상으로 반영되지 않을 리는 없다. 앞에서 남부 방언과 동북 방언의 밀접한 관계를 보았는데, 이것은 이러한 역사적 배경에 의해 명백하게 설명할 수 있으리라 본다.

이상 평안도와 함경도의 역사적 사정을 살핌으로써 서북 방언과 동북 방언의 성립에 대해 고찰한 셈인데, 이 두 지방 모두 일찍부터 여진족이 뿌리 내리고 살던 지방이기 때문에 언어적 잔재가 이들 방언에 존재하지 않을까 생각할 수 있다. 이 방언들이 어느 정도 여진어의 영향을 입었는가 하는 문제는 후일의 상세한 조사와 연구를 기다려야 비로소 해결을 볼 수 있다. 이런 점에서 이번 조사는 실망이 크다. 예전 小倉進平 선생의 연

---

46) 『世宗實錄』 세종 23년 閏11월 己巳 조항에 다음과 같은 내용이 나온다. "右正言李繼善啓曰, 近者天時不順, 臣等以不才承乏言官, 反覆思之. 今徙下三道民以實東北, 咨嗟怨憤呼哭之聲半於道路, 天人一理感通無間, 天變之興恐由於此. 前日以此仰瀆天聽. 上曰, 予嘉爾等之言. 臣等退而待命. 今聞政府之議, 徙民國之重事, 不可停寢. 臣等雖愚昧豈徒知民弊而不念國家大體乎. 臣等竊意, 四鎭乃要害之處, 徙民實之可也. 咸興以南固非要害. 姑待二三年遷徙之, 民安心土著, 然後漸次徙之, 則民心稍安, 可以上答天意. 上曰, 其在高麗平安道平壤以北、咸吉道永興以北 皆爲敵境, 閑曠無人, 乃徙南界民實之, 其時豈無是非之論. 然其後未聞以失策追咎者. 逮及我朝再移南民於東西兩界, 亦無害事. (하략)"

47) 『世宗實錄』의 세종 23년 5월 癸丑 조항에 "議政府啓, 咸吉道國家根本之地. 軍民生業不可疎虞, 近因戍禦, 以吉州以南各官正軍一千六百戶抄入江邊, 由是田宅空虛民戶減縮, 誠可慮也. 下三道昇平日久, 生齒繁息. 至於徙入海島亦皆居之, 乞除船軍外勿論侍衛營鎭屬閑良, 擇五丁以上富資産者一千六百戶, 准徙邊正軍之數, 徙慶尙道六百戶, 全羅道五百五十戶, 忠淸道四百五十戶, 以實之. 蠲免徭役, 永遂生業. 從之."라고 되어 있다.

구[48]를 통해 그 단편을 볼 수 없는 것도 아니지만 기대에 반해 매우 제한되어 있다. 함경도 방언에서의 여진어 영향은 소위 재가승(在家僧)[49]의 언어 조사로써 어느 정도 명확해질지도 모른다.

제주도는 원래 탐라(耽羅)라고 불렀으며 지리적 환경 때문에 하나의 국가를 이루고 있었다. 한반도와는 삼국 시대부터 교통이 있었는데 신라 문무왕 때 항복을 하고 고려 숙종 10년(1105년)에 탐라군이 되었다. 충경왕 시절 역적 김동정(金同正)이 삼별초를 이끌고 제주도에 근거지를 두어 난을 일으켰지만 장군 김방경(金方慶)이 몽고 장수 忻都의 응원을 받아 평정했다. 원나라의 지배 아래에서는 목마장(牧馬場)이었다. 제주도 방언 중 말(馬) 이름에 몽고어가 남아 있는 것은 이 때문이다.[50] 이후 고려로 귀속되고 충렬왕 22년(1296년) 제주로 개명되었다. 그 뒤 고려 말엽 원나라 목인(牧人) 哈赤이 반란을 일으켜 최영(崔瑩)의 토벌이 있었다는 것은 유명한 일이다. 이와 같이 제주도가 한반도에 예속되는 데 이른 것은 고려에 이르러서이며, 그 이전 이 섬에서 어떤 언어가 쓰였는지는 전혀 알 수 없다. 오늘날 제주도 방언 중에 어쩌면 고대 탐라어의 흔적이 포함되어 있을지도 모른다. 여러 가지 어휘 속에 한반도에는 존재하지 않는 단어가 종종 존재하는 것은 이 때문인 듯하다.

그러나 한반도에서 보이지 않는 단어가 반드시 고대 탐라어라고 단정할 수는 없다. 한반도에서 쓰였던 단어라도 한반도 안에 아무런 흔적을 남기지 않고 소실된 것 중 제주도에 남아 있는 것이 없다고는 말할 수 없기 때문이다. 아무튼 현재의 제주도 말은 완전히 한국어의 한 방언이다. 제주도 방언과 한반도 각 방언의 관계에 대해서 말하자면, 오히려 중간의 위치

48) 小倉進平 선생의 『咸鏡南道及び黃海道の方言』 91쪽 이하에서는 풍산・갑산・혜산의 세 지점에서 산삼을 캐는 심마니들로부터 수집한 은어가 실려 있다. 거기에서도 여진어 계통의 말이 발견된다.

49) [역자주] 함경북도 북부에 사는 여진족의 후손들을 가리킨다.

50) 小倉進平 선생의 『南部朝鮮の方言』 171～172쪽 참조.

에 놓여 있다. 절해고도(絕海孤島)라는 지리적 조건으로 인해 한반도의 옛 언어를 반영하는 것도 많이 존재하지만 그러나 무조건 이 방언을 가장 오랜 층이라고 할 수는 없다. 'ㄱ시개'의 예를 통해서도 도리어 경상도 방언이 오랜 층을 전하는 경우 또한 존재함을 알 수 있는 바이다.

【부기】

제주도 방언에 예전 모습이 남아 있는 경우가 존재한다는 것은 앞서 서술했는데, 오래 된 언어 층이라는 점에서 흥미로운 사실이 한 가지 있다. 그것은 경상도 동해안 지방의 방언과 때때로 유사한 것이 있다는 점이다. 여기서는 '나ㅿ|'와 '여스'의 두 경우에 대해 서술하기로 한다.

'나ㅿ|'의 방언형 중 대부분은 'na-si'에서 파생되었다. 이 점은 두 번째 주제(2.3.)에서 이미 언급한 바 있는데, 역시 같은 단원에서 'na-si'에 대해 '-n-'을 개입시킨 형태가 존재한다는 점, 그리고 그것이 오히려 'na-si'보다도 오래된 듯하다는 점을 서술했었다. 여기서 주의해야 할 점은 '-n-' 삽입형이 제주도 및 제주도와는 매우 동떨어진 경상도 동해안에 존재한다는 점이다.

○ [nansi] 제주도 서귀포
○ [nansɛŋi] 제주도 성산포, 경상도 동해안(영덕·흥해·경주·울산)
○ [nanswɛŋi] 경남 울산
○ [nandʒi] 제주도 서귀포
○ [nandʒɛŋi] 제주도 서귀포·대정

여기에 '-n-'이 '-l-'로 변화한 형태를 더하면 다음과 같다.

○ [nalsɛŋi] 경북 흥해·경주[51)]

이 두 가지 형태는 모두 '[nasi]' 이전의 형태가 잔존한 것이라고 추측된다.

'여스'의 경우는 이미 '여우'에 대한 고찰(2.3.의 附II)에서 상술했다시피 'yɔ-si' 형태 이전에 'yɔ-hi'라는 형태가 있었다.[52] 'yɔ-hi'는 경상북도 영덕·흥해·경주 및 의성·예천·영주에서 발견됨과 동시에 제주도의 각지에 잔존해 있다. 제주도는 또한 정의에 '[yɔhɯi]', 제주·서귀포에 '[yɔi]'(<'[yɔhi]')가 있다. 이러한 고형이 경상도 동해안과 제주도에 남아 있다는 점은 확실히 주목할 만한 가치가 있다.

경상도 동해안 지방이 제주도와 더불어 예전 언어 층을 나타낸다는 것은 '브섭'의 예에서도 보인다. 즉 이 지방에서는 '[puʤɔk]'(흥해·경주·울산·양산), '[puʤik]'(흥해·경주)과 같은 '-ʤ-' 형태를 전하고 있는 것이다. 경상도 동해안이 이와 같이 특히 보수적인 이유는 우선 그 지리적인 상황에도 있는 듯하지만, 다른 한편으로 경주라는 역사적인 존재도 간과하기 어렵다. 후일에 기회가 있다면 이 지방의 조사를 특별히 정밀하게 하고 싶은 생각이다. 이런 사정은 이번 조사를 통해 얻은 귀중한 지식 중 일부이다.

또한 '여스'의 고형 'yɔhi'와 관련하여 덧붙일 내용이 있다. 두 번째 주제의 ⑳ '[yɔŋi]'와 ㉑ '[yeŋi]'에 대해 '[yɔzi]'에서 'z'의 탈락 결과로 보았다. 그러나 이 형태에는 또 하나의 설명이 성립한다. 이제 보충 삼아서 여기에 대한 설명을 하고자 한다. 만약 이 '[yɔŋi]'와 '[yeŋi]'를 고형 '[yɔhi]'의 변화로 본다면 어떨까? '죠히(紙)'를 오늘날 일반적으로 '[ʧoŋi]' 또는 '[ʧoŋu]'라고 하며 또한 'ᄯᅡ히(地)'를 '[t͞aŋ-i]'[53]라고 하는 것과 같이, 모음 사이의 '-h-'가 '-ŋ-'으로 변화하는 경우가 있다. 'yɔhi>yɔŋi'의 변화도 그런 변화

51) 경북 안동에서 '[nassɛŋi]'라고 하는 것은 '[nalsɛŋi]'로부터의 변화일 것이다.

52) 'yɔhi'에서 'yɔsi'로 변화했다.

53) 지금은 '地'를 '[t͞aŋ]'이라고 하지, '[t͞a]'라고 하지는 않는다.

의 예는 아닐까 한다.

이러한 가설은 역사·지리적 상황에서도 생각할 수 있다. 이미 서술했듯이 '[yɔŋi]'는 함남 오로리·신흥·정평에 존재하며 '[yeŋi]'는 평남 숙천·개천과 평북 강계·자성에 존재한다. 함남 오로리·신흥·정평 지역은 약간 북쪽에 위치해 있지만 小倉進平 선생의 경기도 방언과 함경도 방언의 경계에 가깝다. 그뿐만 아니라 그 북쪽 경계에는 'yɔs-ki'라는 남부 방언 계통의 형태가 많이 퍼져 있다. 이것은 말하자면 고려어의 동북 경계이다. 따라서 이 지역에 남부 계통이 진출하기 이전의 고형이 잔존한다는 것은 있을 법한 일이다. '[yeŋi]'가 평남 숙천·개천에 남아 있는 것은 고려초 요나라와의 투쟁에 있어 최전선이었음을 함께 고려할 때 단순히 우연이라는 생각지 않는다. 평북 강계·자성의 '[yeŋi]'는 숙천과 개천의 형태가 올라온 것이든지, 아니면 장진의 상황은 분명치 않으나 함남의 '[yɔŋi]'가 진출한 것이라고 본다. 그러나 이런 억측에는 좀 더 많은 자료가 필요하다. 다만 한국의 영토가 북진함에 따라 이전에 경계선이었던 곳에 옛 언어의 층이 남아 있다는 것의 한 증거로서 받아들일 수는 있지 않을까 생각하여 내친 김에 덧붙인 데 지나지 않는다.

이상으로 5대 방언 상호 관계에 대한 서술을 마쳤고 이쯤해서 주의했으면 하는 것이 한 가지 있다. 지금까지 저자는 각 방언을 다루는 데 있어 조선 초기의 언어를 마치 현재의 한 방언인 것처럼 취급해 왔는데, 이것은 심각한 시대착오처럼 느껴질지도 모르겠다. 분명 조선 초기의 언어는 명확히 알려진 한국어 중 가장 오랜 시기의 것이다. 그리고 현재 각 방언에서 조선 초기 언어의 영향을 입지 않은 것은 없다. 오히려 상당수 방언은 조선 초기 언어가 발달한 결과라고 말할 수조차 있다. 따라서 조선 초기의 언어를 각 방언과 병립시켜 그 신구(新舊)를 논하는 것은 역사를 너무 무시하고 있다고 말하지 않으면 안 되는 듯하다.

그러나 조선 초기의 각 문헌에 적혀 있는 언어는 당시 중앙부의 한 방언에 지나지 않는다. 물론 이 방언이 정치적, 문화적 배경에 의거해 다른 방언을 능가하는 것이었다는 점은 분명하다. 이 언어가 중앙부의 한 방언인 이상 현재 중부 방언의 선조라는 것은 틀림없다고 하더라도, 이 방언으로부터 현재의 방언들이 파생되었다는 투로 생각하는 것은 허용되지 않는다. 조선 시대 오백 년 동안 서울 방언의 세력은 시간과 더불어 강해졌지만, 그러나 지방에는 서울 방언이 미치지 않은 이전 시기의 옛 방언이 존재하고 있었다는 것은 당연히 고려할 수 있다. 또한 이러한 옛 방언은 그 기원으로 소급해 가면 고려 시대의 방언보다 더 거슬러서 신라 시대의 방언으로 올라가며, 결국은 삼국 정립 시대나 삼한 시대에까지 올라가는 것도 가능하다. 다만 그러한 방언 상황은 기록이 전혀 없어서 오늘날 어떻게 해서든 알 수가 없을 따름이다. 말할 것도 없이 각 시대에 있어 크고 작은 중심의 영향은 끊임 없이 받았기 때문에 비록 그 상황은 알 수 없다고 하더라도 매우 복잡했을 것임에 틀림없다. 아무튼 현재 각 지방의 방언이 조선 초기의 중앙 방언에서부터 생겨난 것은 아니며, 경우에 따라서는 먼 과거의 언어 상황을 단편적으로 보존하고 있다고 하는 점도 이론상 생각할 수 있고 실제로 본고에서도 보아 왔던 바이다.

이런 사실을 네 가지 주제와 함께 고찰해 볼 경우, 우선 첫 번째 주제 'ㆍ[ʌ]'에 관해 보자면 확실히 조선 초기의 언어는 오늘날의 그 어떤 방언보다도 예전 상태를 나타내고 있다. 왜냐하면 현재 어느 방언도 이 원음을 전하고 있지 않으며 또한 그 이전의 음가 역시 판명되지 않기 때문이다.[54] 또한 네 번째 주제인 복합모음에 관해서도 동일한 것을 말할 수 있다. 즉 중부와 서북 지방에 있어 첫 요소가 장모음인 경우에는 복합모음의 모습

54) 첫 번째 주제(2.2.)에서 다루었듯이 평남 한천・용강으로부터 중화・상원을 거쳐 황주・수안・곡산・신계 부근에서는, 'ᄉᆞ내'의 'ᄉᆞ'를 '[se]' 또는 '[si]'로 나타내고 있다. 어쩌면 이러한 'e'(또는 'i')에서 'ㆍ[ʌ]'로 변화했을지도 모른다. 이 지방에서는 일반적으로 'ㆍ'가 '[a]'로 나타나기 때문에 이 한 단어만은 분명히 예외이다.

을 단편적으로 전하고 있지만, 다른 경우는 완전히 단모음화하고 있는 것이다. 이 점에 관한 한 남부 방언, 동북 방언, 제주도 방언은 어떠한 경우든지 단모음화하고 있어 오히려 중부와 서북 방언보다도 한 걸음 더 나아갔다고 하겠다.

그러나 두 번째와 세 번째 주제와 관련해서는 조선 초기 언어가 결코 예전 모습을 남기고 있다고는 말할 수 없다. 오히려 이 두 가지 점에서는 과도기의 상태를 전하고 있다고까지 말할 수 있을 정도이다. 두 번째 주제의 경우 모음 사이의 무성 자음을 유성음화하는 일반적 경향이 '-s-'에도 미치고 있다는 점에서 남부 방언 및 동북 방언보다도 진일보한 것이다. 오늘날의 중부 방언과 서북 방언은 말할 것도 없이 조선 초기 언어의 후예이다. 세 번째 주제인 '-g-' 소실의 경우, 조선 초기의 상황은 오늘날에 있어서도 중부 이외의 지역에 그 영향을 끼치는 경우가 적은 듯 보인다.[55] '-lg-'의 예를 들어 말한다면, 조선 초기의 '$-l^{h}-$'는 전적으로 '-lg->-r-~-ll-'의 과도기 상태를 가리키는 것이다. 이 점에서 제주도 방언이 예상 외로 새로운 형태 '-ll-'을 남기고 있는 것은 주목해야만 한다. 이와 같이 한 언어의 역사적 문헌이라는 것은 방언 전체로부터 보자면 그 모든 것이 오래된 언어 층을 나타내는 것은 결코 아니라고 말할 수 있을 듯하다. 여기서 방언 연구의 중요성을 더욱 더 통감하는 바이다.

이상에서 서술한 바에 따라 5대 방언의 관계 및 그 연원을 요약하면 다음과 같은 계통도가 나온다. 다만 이 계통도는 특히 오래 전 시대에 있어 여전히 설명을 요구하는 부분이 많다고 생각한다. 그래서 이 계통도는 말할 필요도 없이 잠정적인 것이다.

---

55) 예를 들어 '벌레'의 경우와 같은 것은 그 현저한 예가 된다.

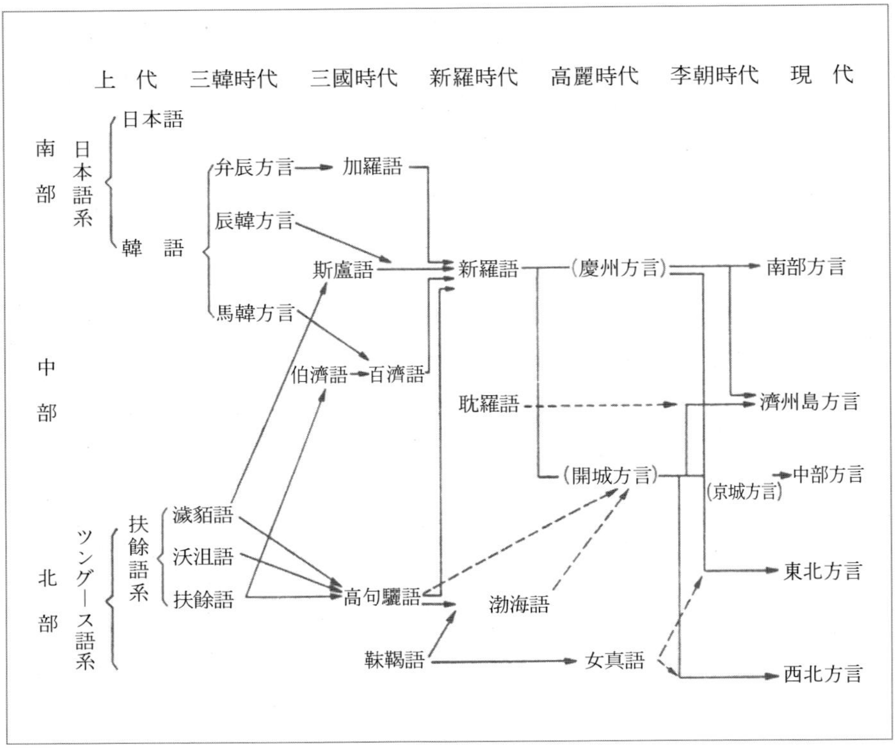
上 代
三韓時代
三國時代
新羅時代
高麗時代
李朝時代
現 代
南部
中部
北部
日本語系
日本語
韓 語
弁辰方言
加羅語
辰韓方言
斯盧語
新羅語
(慶州方言)
南部方言
馬韓方言
伯濟語
百濟語
耽羅語
濟州島方言
(開城方言)
(京城方言)
中部方言
ツングース語系
扶餘語系
濊貊語
沃沮語
扶餘語
高句驪語
渤海語
東北方言
靺鞨語
女真語
西北方言

부 록

이상 본론에서 네 가지의 현저한 음운사적 문제를 다루었다. 여기서는 부록으로 비교적 흥미로운 주제 세 가지 정도를 뽑아서 살피기로 한다. 그 중 둘은 방언 분포상 두드러지는 음운 현상으로 서로 관련이 있다. 다른 하나는 어휘 분포와 관련된 것이며 그에 대한 고찰은 한국어 성립과 관련하여 흥미로운 추론으로 이끈다.

Ⅰ. 'ㄱ(k)'의 구개음화

Ⅱ. 요음(拗音) 앞에서의 'ㅎ(h) > ㅅ(s)'

Ⅲ. 한국어의 '男'과 '女'에 대하여

Ⅰ. 'ㄱ(k)'의 구개음화

이미 본론에서 '겨울(冬)'을 논의할 때 다루었듯이 'i' 또는 'y'[1] 앞의 'k'가 구개음화[2]를 겪어 'ʧ'로 변화하는 방언이 있다. '겨울'의 예를 들어 말한다면, 이 단어의 'ky-'가 'ʧ-'로 변화하는 지방은 대체로 다음과 같다. 남부에서는 제주도 · 전라남도 · 전라북도 · 경상남도 · 충청남도 전체, 영양과 청송을 제외한 경상북도 대부분, 진천과 제천을 제외한 충청북도 대부분이다. 그 외에는 경기도 여주, 강원도 동해안 지방과 춘천이다. 북부에서는 함경남도 북청과 함경북도 부거의 두 군데인데, 이 지방에서는 '겨울'과는 다른 계통에 속하는 '동삼' 계통의 형태가 세력을 펼치고 있기 때문에 매우 미약하다. 요컨대 'ky- > ʧ-'의 변화는 남부 지방을 중심으로 하여 충청남북도와 강원도까지 뻗쳐 있고, 중앙부와 특히 서북 지방에서는 전혀 보이지 않는다.

다른 예에서도 대체로 동일하다고 말할 수 있다. 이제 두세 경우의 예를 통해 그 상황을 명확히 하고자 한다. 우선 가장 간단한 예로 '길(道)'을 살펴보기로 한다.[3]

○ [kil]

북부부터 보자면 평안북도 · 평안남도 · 황해도 · 경기도 · 충청북도 전체, 충청남도의 천안 · 조치원 · 홍성, 경상북도 예천 · 영양, 강원도 이천 · 철원에 나타난다. 그 밖에 함경북도의 온성 · 회령 · 무산에도 존재한다.

---

1) 정확히는 'ɨ'이다.

2) 여기서 구개음화(palatalization)라고 부르는 것은 어쩌면 적절하지 않을지도 모른다. 왜냐하면 한국어의 'ki' 또는 'ky'의 'k'는 다른 환경의 'k'보다 앞쪽에서 발음되어 이미 구개음(palatal)이기 때문이다. 여기서의 구개음화는 오히려 동화(assimilation)라고 불러야 하는 현상으로서, 'k'가 'i' 또는 'y'의 영향을 입어 더 전진하여 경구개 전방에서 발음되며 또한 파찰음(affricate)으로 바뀌는 것을 일컫는다.

3) 〈방언 어휘〉 42 참조.

第十二圖 길 (道)

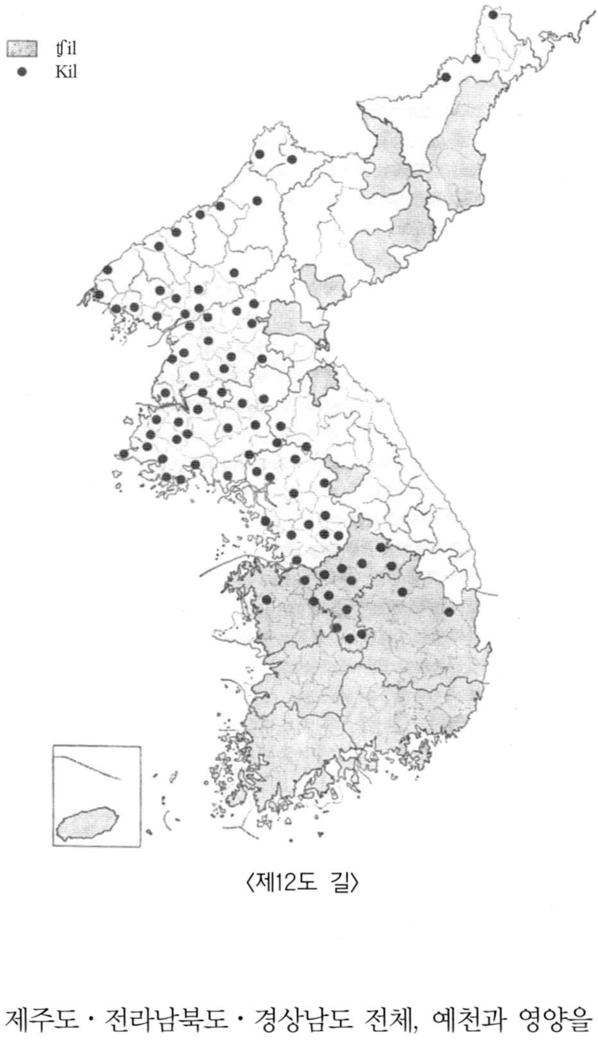

〈제12도 길〉

○ [ʧil]

이것은 제주도 · 전라남북도 · 경상남도 전체, 예천과 영양을 제외한 경상북도의 거의 대부분에서 나타난다. 북부에서는 함경남도의 거의 대부분, 북부 경계를 제외한 함경북도의 대부분에 존재한다. '[kil]'과 맞닿은 지점으로는 충청북도 전부, 충청남도의 거의 대부분, 강원도 춘천 · 원주가 있다. 요컨대 'ki > ʧi'의 변화가 일어나는 지방은 충청남도 이남의 거의 전지역 및 함경남북도의 대부분이라고 말할 수가 있을 듯하다. 그리고 이 단어의 경우 서북 지방과 중부의 황해도, 경기도에서는 이 변화가 거의 보이지 않는다. 이러한 분포 상황은 '겨울'의 경우와 대체로 비슷한 모습이다.

다음으로 '기와(瓦)'의 예를 들기로 한다. 이 단어는 조선 초기에는 '디새[ti-sai]'라고 불렀다. '디새' 계통의 방언형은 오늘날 제주도 성산포에서 '[ʧise]'라는 형태로 남아 있는 것 외에 다른 지역에서는 전혀 발견되지 않으며,[4] '기와' 계통의 다양한 형태에 의해 완전히 내몰려 버렸다. '기와'의 여러 방언형 중 어느 것이 고형인지는 그 복잡한 상황으로부터는 간파할 수 없다.

첫 음절 모음이 'i'인지 'ɛ'인지를 통해 대략 둘로 나눌 수가 있다.[5] 'ɛ'를 포함한 형태를 잠정적으로 '개와' 계통이라고 부른다면, 이 '개와' 계통의 분포는 다음과 같다. 우선 남쪽부터 보자면 경북 영양・흥해・경주에 '[kɛwa]', 청송・영덕에 '[kɛhwa]'가 있어서 한 무리를 이루며, 약간 건너뛰어 영주에 '[kɛya]'가 있다. 충북 충주・괴산・청주에 '[kewa]'가 존재하고 여기서 약간 떨어져 충남 예산, 경기 수원・이천・양평에 '[kɛwa]'가 존재한다. 더 북쪽으로 가면 경기도 개성・장단, 황해도 연안, 게다가 옹진・강령에서 마찬가지로 '[kewa]'가, 황주 및 평남 평양에서도 '[kɛwa]'가 나타난다. 영유의 '[kewa]', 거기서 평안북도에 들어가면 정주・구성・박천・영변의 '[kɛwa]', 철산・정주의 '[kɛwa]', 용암포의 '[keya]'가 한 지역을 구성하고 있다. 이러한 분포 상황은 '기와' 계열의 층 사이로 여기저기 흩어져 있어서 이것을 '기와'의 전신(前身)이라고 간주하기는 어렵다. 또한 '개와'가 '기와'로 변하는 음운 추이도 생각하기 곤란하다.

오로지 여기서 문제가 되는 것은, '기와' 계통의 형태가 'ki- > ʧi-'라는 변화를 겪는 곳은 어떤 지방인가 하는 점이다. 이제 'ki- > ʧi-'로 변화하는

---

4) 용강의 '[ti-wa]'는 '[ti-sɛ]'와 '[ki-wa]'의 혼효에 의한 것인 듯하다.

5) 온성・회령의 '[kɛ:]'는 '[kiɛ]'에서 변화한 것 같으므로 '기와' 계통에 속한다.

지역을 보면 다음과 같다.6)

○ [ʧiwa]　충청남도, 전라남북도, 충북 청주
○ [ʧia]　충청남북도, 전라남북도
○ [ʧiya]　전북 남원, 전남 보성 · 장흥
○ [ʧa:]　함남 북청
○ [ʧwɛ:]　함북 무산
○ [ʧiɛ]　제주도, 경북 안동 · 의성, 경남 거제, 함남 영흥 · 안변
○ [ʧie]　제주도
○ [ʧɛ:]　경상남북도, 충남 논산, 충북 보은 · 음성, 함북 경성 · 부거 · 길주, 함남 단천
○ [ʧɛya]　전남 보성
○ [ʧɛa]　경북 예천, 경남 김해

마지막 둘을 제외하면 모두 '기와' 계통이라는 점을 알 수 있다. '[ʧɛa]'가 경상남북도에서 보이는 것은 '[ʧia]'와 '[ʧɛ:]'의 혼혈임을 보여 주는 것 같은데, 전남 보성의 '[ʧɛya]' 역시 같은 방식으로 생각할 수는 없을까 한다. 아무튼 'ki->ʧi-'의 변화는 충청남북도, 전라남북도, 제주도, 경상남북도, 함경남북도에 분포하고 있으며, 이러한 분포 상황은 앞의 예와 동일하다. 또한 함북 온성 · 회령에서는 '[kiwɛ]' 또는 '[kɛ:]'로 되어 있어서 이런 변화가 보이지 않는데, 이것 역시 '길'의 경우와 대체로 같은 모습이다. 경북 안동 · 의성 · 영양에서도 'k'는 유지되고 있다.

다음으로 '겨(糠)'의 예를 보면 다음과 같다.7)

○ [kyɔ]　경기도와 황해도를 중심으로 하며 그 외에 강원 이천, 평남

6) 〈방언 어휘〉 43 참조.
7) 〈방언 어휘〉 44 참조.

상원, 충남 천안・조치원・유성, 경북 영주・영양・영천에 나타난다.

○ [kye] 경기도에 나타난다.

○ [ke] 경기도, 황해도, 평안남북도에 나타난다. 그 밖에는 강원도 이천・철원, 충북 청주・음성・괴산에 존재한다. 함북 온성・회령・무산에도 '[ke]'가 발견되는 것은 주목해야 한다.

이러한 'ky-'가 'ʧ-'로 바뀌는 지방은 다음과 같다.

○ [ʧɔ] 충청남도를 중심으로 충북 진천, 전북 김제・정읍, 전남 영광・장성, 경북 영주・안동・청송에 나타난다.

○ [ʧe] 전라남도, 충북 진천・음성・괴산, 전북 남원에 나타난다. 북부에서는 함북 경성・길주・부거, 함남 단천・북청・영흥・안변에 존재한다.

○ [ʧʰe] 제주도에 존재한다.

제주도의 '[ʧʰe]'는 약간 특이한 예이지만 이것까지 포함하여 'ky->ʧ-'의 변화는 충청남북도, 전라남북도, 제주도, 함북의 북부 경계를 제외한 함경남북도 대부분에서 보인다. 경상남북도의 상태는 불분명하지만, 경북 영주・영양・영천에서는 'k'의 형태가 발견된다. 이러한 분포 상황은 앞선 예들과 동일하다.

다음으로 '키(箕)'의 상황을 보기로 한다.[8)]

○ [kʰi] 경기도, 황해도, 평안남북도에 나타난다. 그 외에는 함북 온성・회령에 존재하며, 충청남북도에서도 산발적으로 나타난다. 경북 영주에서도 보인다.

8) 〈방언 어휘〉 [45] 참조.

이러한 원형에 대해 'ʧ^h–'로 나타나는 지방은 다음과 같다.

○ [ʧ^{h}i]　충청남북도, 전라남북도, 북부 경계를 제외한 함경남북도를 중심으로 한다.

○ [ʧ^{h}ɛ]　제주도, 전남 장흥・완도, 전북 전주・정읍, 충북 옥천에 존재한다.[9]

○ [ʧ^{h}iŋi]　경상남북도와 충북 황간에 나타난다.

○ [ʧ^{h}ɛŋi]　경상남북도와 전라남도를 중심으로 하며, 충청북도, 전라북도에도 미친다.[10]

이 단어도 앞에 제시한 단어들과 완전히 동일한 모습이어서, 평안남북도, 황해도, 경기도, 함북 북경(北境)에서는 'k^{h}i＞ʧ^{h}i'가 전혀 보이지 않고 이 변화는 충청남북도 이남 지역과 함경남북도 대부분에서만 발견된다. 다만 경북 영주에서는 '[k^{h}i]'로 되어 있다.

이상의 다섯 단어를 통해 'k, k^h'가 'i'와 요음 'y' 앞에서 'ʧ, ʧ^h'로 변화하는 것은 충청남북도, 전라남북도, 경상남북도(영주와 영양 등 북부는 제외)의 소위 하삼도(下三道) 및 제주도, 함경남북도(함북 북부 경계는 제외)이며, 평안남북도, 황해도, 경기도는 거의 보이지 않는다는 점을 명시했다. 그러나 '기러기(雁)'만은 성격을 달리하여 남부 지방에서도 'k'를 유지하고 있다. 이 단어의 분포 상황을 보면 다음과 같다.[11]

---

9) '[ʧ^{h}ɛ]'는 이들 지방에서는 '체(篩)'와 완전히 동음이며 뒤섞여 있다. 제주도에서는 '[p^{h}unɯn ʧ^{h}ɛ], [purun ʧ^{h}ɛ]'라고 불러서 '체(篩)'와 구별하고 있다. 이 '[ʧ^{h}ɛ]'는 어떻게 생겨난 것일까? 아마도 '[ʧ^{h}ɛŋi]'로부터 만들어진 듯하다. '[ʧ^{h}ɛŋi]'는 'ʧ^{h}i＋ɛŋi'이다.

10) 앞의 각주 9) 참조.

11) 〈방언 어휘〉 [46] 참조.

○ [kirɔgi] 'k-'를 유지하는 지방[12]은 물론이고, 충청남북도, 전라남북도, 경상남북도, 제주도에서도 보이며 함남 안변에도 존재한다.

○ [kiregi] 'k-'를 유지하는 지방 외에는 충청남북도, 전라남북도, 함경남북도에 존재한다.

○ [kiryɔgi] 전남 영광, 경북 청송・영덕・흥해에 나타난다.

○ [kirɯgi] 황해도에 나타난다.

○ [kirigi] 경상남도를 중심으로 하여, 경북 고령・경주, 충남 부여・아산에 나타난다.

○ [k̄irɔgi] 평북 초산・벽동・창성에 나타난다.

이를 통해 '기러기'라는 단어가 'k>ʧ'의 예외를 이룬다는 점을 알 수 있다. 물론 'ʧ'로 되는 지역이 전혀 없는 것도 아니다.

○ [ʧirɔgi] 황해도 토산

○ [ʧiregi] 황해도 토산, 충남 청양・보령・서천

충남은 'k>ʧ'가 일어나는 지방이므로 이해 못할 바가 아니지만, 이런 변화가 일어나지 않는 토산에서 오히려 'ʧ-' 형태가 나타나는 것은 매우 기묘하다.

이 예외는 어떠한 원인에 기인한 것일까? 그것은 문헌과 방언의 양 측면으로부터 설명할 수가 있다. 문헌 방면에서 보자면, 『訓蒙字會』의 '雁, 鴻'의 훈으로 '긔려기[kɯi-ryɔ-gi]'가 있고 또한 『月印釋譜』 권2 40장의 '그려긔발'(雁足)이 있는 것을 통해, 이 단어가 'kɯ-ryɔ-gi>kɯi-ryɔ-gi>

12) [역자주] 'k-'를 유지하는 지방이란 다른 단어에서 일반적으로 'k-'를 지니는 지역을 가리킨다. 다음 항목의 경우도 마찬가지이다.

ki-ryɔ-gi>ki-rɔ-gi'의 변화를 거쳤음을 알게 된다. 즉 최초의 음절은 예전에 '기[ki]'가 아니라 '그[kɯ]'였으며[13] 이것이 방언 중에도 눈에 띈다.

○ [kɯrɔgi] 제주도

○ [kɯregi] 전남 고흥, 제주도 성산포, 함북 길주, 함남 단천·북청

이 'kɯ-'를 남기고 있는 지역은 모두 변경(邊境)의 땅으로, 이러한 분포 상황에서도 'kɯ->ki-'는 확인할 수 있다. 훈몽자회의 '긔[kɯi]'는 둘째 음절 '려[ryɔ]'의 'y'에 의한 변화(umlauten)를 겪은 것이며 'kɯ->ki-'의 과도기를 가리키고 있다. 둘째 음절의 '려'는 오늘날 '러[rɔ]'로 변했지만, 고음인 '[ryɔ]'는 전남 영광, 경북 청송·영덕·흥해에 남아 있다. 또한 '[kiregi], [kɯregi]'의 '-re-'도 '려'를 지시하고 있다. 이런 사정, 즉 예전에 'kɯ-ryɔ-gi'라고 했다는 점은 오늘날 'k>ʧ'의 변화가 일어나는 지방에서도 여전히 'k'를 유지할 수 있게 만든 까닭이며 처음에 이것을 예외라고 본 것은 현재의 중앙형 '기러기'를 기준으로 했기 때문일 뿐이다.

좀 더 자세히 말하면, 예전에 '길'과 '기러기'는 'ki- : kɯ-'의 대립을 보이고 있었지만 중부 내지 서북 지방에서는 'kɯ-'가 음 변화의 결과 'ki-'로 바뀌었기 때문에 이런 대립은 사라졌다. 반면 'k>ʧ'가 일어나는 북방에서는 'kɯ'가 'ki'로 바뀐 것에 평행하게 'ki'가 'ʧi'로 변화했기 때문에 예전의 'ki : kɯ' 대립이 'ʧi : ki'의 형태로 보존되고 있다. 이리하여 일견 예외로 보이는 이 단어는 'k>ʧ'와는 다른 역사적 배경에 의거하고 있다. 물론 중앙의 'ki'에 대해 'ʧi'를 지니는 지방에서는 이 단어에도 유추 작용을 일으켰다는 것은 생각할 수 있다. 현재 충청남도의 '[ʧiregi]'는 바로 그 결과이다.

---

13) 평남 한천의 '[kerigi]', 영유의 '[keregi]'에서 'ke-'는 어쩌면 '그려기'에서 'kɯ'의 전신(前身)일지도 모른다. '싀(酸)'의 '싀'가 'sĕi-'에서 생겨난 것과 마찬가지로 'kɯ-'는 'kĕ-'에서 생겨난 것이 아닐까 한다.

황해도 토산에서 오히려 'ʧ-' 형태가 존재하는 것은 여전히 불분명하다.

이상 'k>ʧ'의 분포 상황에 대해 서술해 왔는데, 이러한 분포 상황은 본론에서 제시한 결론에 또 하나의 논거를 제공하고 있다. 즉 남부와 동북, 중부와 서북의 대립은 이 경우에도 명확히 간파되는 것이다. 게다가 이 경우 남부와 동북 방면이 새로운 형태를 발달시키고 있기 때문에 파동 전파설은 분명히 적용되지 않으며,[14] 동북 방언이 남부 지방의 이식이라는 사실이 더욱 더 판명되고 있다. 그뿐만 아니라 함북의 북경(北境)에서 'k-'가 유지되고 있다는 점은 함경도의 개척이 전선(前線) 기지의 북상에 수반하여, 하삼도(下三道) 백성들을 계속 뒤이어 보전(補塡)한 역사적 사정을 잘 반영하고 있다.[15] 함북 북경(北境)에 'k-'가 남아 있는 것은 이 곳으로 이주한 백성들이 원래 함남 영흥 이남 지역에 살던 사람들이었든지 아니면 남부 지방에서 아직 'k>ʧ'의 변화가 일어나지 않던 시대에 이주해 온 사람들이었기 때문인 듯하다. 또한 이 점과 관련하여 충청도 방언은 중부 방언과 남부 방언의 중간 지대라고 하기보다도 남부 방언의 영역에 속한다고 할 수 있다. 제주도 방언 역시 마찬가지이다. 다만 경북 영주와 영양 등지는 오히려 중부 방언의 성격을 지닌다. 이것은 아마도 남부에서의 'k>ʧ' 변화가 이들 산간 지역에까지 미치지 못했기 때문이 아닌가 한다. 이러한 경상북도 동북부가 고형을 유지한다는 점은, 이미 小倉進平 선생이 서술한 바[16]와 같이 '在'의 옛 훈인 '겨'가 영주·청송에 여전히 보존되어 있다는 점에서도 알 수 있다.

---

14) [역자주] ㄱ-구개음화가 남부와 동북 지방에서 일어나는 것을 가리키는데, 이것은 변화가 중앙에서 외곽으로 전파된다는 파동 전파설과는 반대의 모습을 보인다.

15) [역자주] 결론의 각주 47)에 나온 『世宗實錄』의 기사에도 나오듯이 함북 지방을 새로 개척할 때에는 그 주변 백성들을 이주시켰고, 기존 백성들이 떠나서 비어 있는 지방은 하삼도(下三道)의 백성들을 이주시켜 보전(補塡)하는 방식을 취했다.

16) 「方言分布上の斷層」(『ドルメン』 4권 1호, 1935년 1월) 참조.

Ⅱ. 요음(拗音) 앞에서의 'ㅎ(h) > ㅅ(s)'

앞의 Ⅰ에서 모음 'i'와 요음 'y' 앞에 있는 'k, k^h'가 'ʧ, $ʧ^h$'로 변화하는 것에 대해 서술했는데 이번에는 같은 위치에서 'h'가 's'로 바뀌는 현상에 대해 다루고자 한다.

제일 먼저 '혀(舌)'를 살펴보기로 한다.[17]

第十三圖 혀 (舌)

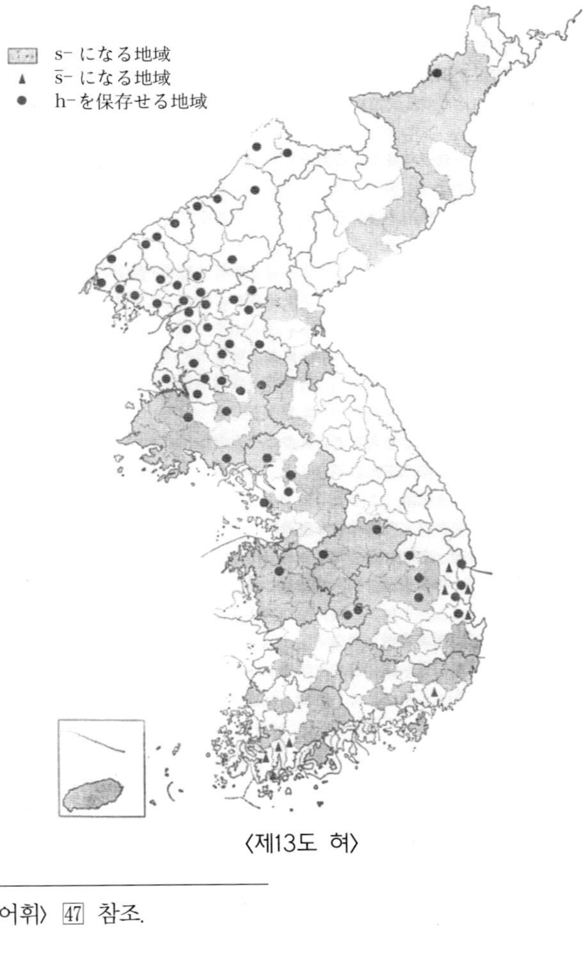

〈제13도 혀〉

17) 〈방언 어휘〉 47 참조.

◇ 'h-'를 보존하는 지방

○ [hyɔ] 경기도 서울·인천·의정부·장단, 황해도 연안·재령, 충남 예산, 충북 진천, 경북 안동에서 나타난다.

○ [he] 평안남북도를 중심으로 하며 그 외에는 황해도 서흥·황주·수안·곡산, 경기도 장단, 충북 영동·제천에 나타난다. 또한 함북 재령에 존재한다는 점은 주의해야 한다.

○ [hɛ] 경상북도 동부와 동북부, 평북 초산에서 보인다.

○ [hi] 충북 황간에 나타난다.

◇ 's-'로 변한 지방

○ [sɔ] 황해도, 충청남도를 중심으로 한다. 그 외에는 전북 전주·김제, 전남 광주·영광·영암, 경북 안동에서 보인다.

○ [sö] 경기도 광주와 개성에서 보인다.

○ [se] 경기도, 황해도, 충청북도, 전라남북도, 제주도, 함경남북도에서 보이며 그 외에 경상남도, 충청남도, 강원도 북부에도 존재한다.

○ [ʃe] 전북 남원, 제주도 서귀포·성산포에 나타난다.

○ [sɛ] 경상남북도에서 나타난다.

○ [ʃɛ] 경북 대구, 경남 밀양·울산에서 나타난다.

○ [si] 충북 황간·단양, 경북 상주·예천, 경남 합천·거창에서 보인다.

○ [s̄e] 전남 서남부에서 보인다.

○ [s̄ɛ] 경북 동부와 경남 김해에 나타난다.

○ [ʃ̄ɛ] 경남 김해에 나타난다.

즉 'h-'를 보존하는 지방은 평안남북도를 중심으로 하여 경기도·황해도・충청남북도에 산재하고 있으며, 경상북도 동부와 동북부 및 함경북도 회령에서도 보인다. 이러한 분포 상황은 'k->ʧ-'의 경우와 대체로 같은 모습이지만, 약간 차이 나는 것은 'h->s-'의 지역이 충청남북도 이남과 함경남북도에 머무르지 않고 경기도와 황해도에서도 보편적으로 나타난다는 점이다.

두 번째로 '세다(數)'를 보기로 한다. 이 단어는 현재 중앙에서는 '센다[seːnda]'라고 하지만 예전에는 '혜[hyɔi]-'라고 했다. 즉 'hy->s-'의 예인 것이다.

◇ 'h-'를 보존하는 지방

○ [heːnda] 평안남북도를 중심으로 하며, 황해도 서흥・황주와 함북 경성에서도 보인다.

○ [hiːnda] 경북 영주・안동에서 보인다.

◇ 's-'로 변한 지방

○ [seːnda] 황해도, 충청남도를 중심으로 하며 제주도, 경상남도, 함경남북도에서 발견된다. 그 밖에 전라남북도에서도 보인다.

○ [ʃeːnda] 전북 남원에서 나타난다.

○ [siːnda] 경기도, 황해도, 충청남북도, 전라남북도에서 나타난다. 그 밖에 경상남북도, 함경남도, 강원도에도 존재한다.

○ [siarinda] 경상남북도를 중심으로 한다.

○ [searinda] 경북 청송, 경남 함안에서 나타난다.

○ [seːrinda] 경북 김천・영덕에서 나타난다.

마지막 세 방언형은 '혀+아리'의 결합이며, 중앙에서는 '헤아리다(考量)'라는 뜻으로 쓰이는 동사이다. 이 단어의 분포 역시 'h-'를 보존하는 지방은 평안남북도가 중심이고, 그 밖에 함북 경성과 경북 영주·안동에서 나타나는 것은 앞서 제시한 '혀'의 경우와 대동소이하다. 게다가 's-'로 변하는 지방이 중부 지방 일대에 미치고 있다는 점 역시 동일하다.18)

마지막으로 '켜다(抽)'에 대해 서술한다. 이 단어는 두 가지의 상당히 다른 의미로 쓰이고 있다. 즉 한편으로는 누에로부터 실을 뽑아 내는 경우에 '실 켜다'라고 하고 다른 한편으로 등(燈)을 켜는 경우에 '불 켜다'라고 한다. 이 둘은 분포 상황도 약간 다르기 때문에 둘로 나누어 설명한다.19)

(A) 실 켠다

◇ 'h-'로 된 지방20)

○ [henda] 평안남북도에서 나타난다.

◇ 'kʰ-'로 된 지방

○ [kʰyɔnda] 경기도 가평·양평·수원·평택, 황해도 곡산, 강원도 이천, 함북 회령·무산과 각지에서 산발적으로 보인다.

○ [kʰenda] 경기도, 충청남북도의 여러 지점에서 보이며, 또한 강원도 철원, 함남 안변·영흥까지 퍼져 있다.

○ [kʰinda] 충청남북도를 중심으로 하며 경기도 여주, 황해도 토산, 강원도 철원에서 보인다.

◇ 'ʧʰ-'로 된 지방

○ [ʧʰinda] 충북 옥천에서 보인다.

18) 〈방언 어휘〉 [48] 참조.

19) 〈방언 어휘〉 [49] 참조.

20) 인천에서는 줄다리기 등에서 줄을 끄는 경우에 '[hinda]'라고 부른다. 이것도 '켜다'의 한 예인 듯하다.

◇ 's̄-'로 된 지방

○ [s̄ɔnda] 함경남북도와 경남 울산・김해에서 나타난다.

○ [s̄ɯnda] 전라남북도, 충청남북도를 중심으로 하며, 경상남북도와 황해도에도 존재한다. 평남 양덕과 함북 경성에서도 발견된다.

○ [s̄enda] 평남 영원・맹산, 평북 선천・희천・후창・자성, 함북 부거에서 나타난다.

○ [s̄inda] 황해도, 충청남북도, 전라남북도, 경상남도에 산재(散在)한다.

(B) 불 켠다

◇ 'h-'로 된 지방

○ [hyɔnda] 경상북도 동부와 동북부에 존재한다.

○ [henda] 평안남북도를 중심으로 한다.

◇ 'k^h-'로 된 지방

○ [k^hyɔnda] 경기도, 황해도, 함경북도에서 나타나며 그 외에는 평남 양덕, 충북 충주, 경북 상주・청송, 경남 거창에 존재한다.

○ [k^henda] 경기도, 충청남북도, 경상남도, 함경남북도, 평안남북도에서 산발적으로 보인다.

○ [k^hinda] 경기도, 황해도, 충청남북도를 중심으로 한다. 그 밖에는 강원도 이천・철원, 전북 전주・김제, 전남 광주・영광, 경남 함양에서 보인다.

◇ 's̄-'로 된 지방

○ [s̄ɔnda] 함경남북도에 많다. 그 밖에는 경북 김천・홍해・경주, 경남

울산·밀양, 전남 광양, 전북 김제, 평남 양덕에서 나타난다.

○ [s̄ɯnda] 충청남북도, 전라남북도, 경상남북도에서 나타난다.

○ [s̄enda] 평안북도와 평남 영원·맹산, 함북 부거에서 나타난다.

○ [s̄inda] 황해도에서 나타난다. 그 외에는 전북 남원, 전남 곡성, 경남 함양에 존재한다.

○ [sinda] 경북 대구에서 나타난다.

(A)의 '[ʧ^hinda]'(충북 옥천)는 'k^h- > ʧ^h-'의 변화를 거친 것으로 이를 제외하면 이 단어는 대체로 'h-, k^h-, s-'의 세 종류로 나뉜다. 이러한 변화는 앞서 제시한 두 단어에서는 볼 수 없는 부분이다. 이것은 대체 어떠한 원인에 의한 것일까?『訓蒙字會』에는 '혈(引), 현불(燈)'과 같이 '혀'로 되어 있는데, 더 예전으로 거슬러 가면 이 단어는 단순히 'ㅎ'으로 시작하는 것이 아니라 'ㆅ'으로 시작하는 말이었음을 알게 된다. 즉『龍飛御天歌』87장의 '넌즈시·치·ᅘᅧ시·니(薄言挈之)'에서 '치ᅘᅧ'는 前間恭作 선생의 설명대로 '잡아당기다(引張)'의 뜻이며[21] 'ᅘᅧ'는 '혀'의 고형인 것이다. 또한『月印釋譜』서문에 '攀'의 주석으로 "攀·ᄋᆞᆫ혈·씨·라"가 나온다. '攀'은『廣韻』에서 '引也'로 되어 있기 때문에 'ᅘᅧ'가 후대에 나오는 '혀'의 고형이라는 점은 분명하다.

원래 병서는 소위 된시옷의 음을 나타낸다. 가령『龍飛御天歌』43장에 '아ᄉᆞᄫᆞᆯ까'라는 예가 있는데 이것은 동사 '알(知)'과 겸양 조동사 'ᄉᆞᆸ'의 미래 관형사형, 의문 조사 '가'로 분석된다. 그리고 미래 관형사형 'ᆯ'은 원래 'ᅙ[ʔ]'을 동반했었다.

니르고져ᄒᆞᇙ배… (『訓民正音』)

初聲을合用ᄒᆞᇙ디면… (『訓民正音』)

21) 『龍歌故語箋』의 122쪽 참조.

따라서 '아ᄉᆞᄫᆞᆯ까'는 '아ᄉᆞᄫᆞᇙ가'로도 표기될 수가 있다. 즉 '까'는 'ᅙ가 [ʔka]'이며 소위 된시옷 'ㄱ'을 나타내는 것이다. 그렇다면 'ᅘᅧ'도 역시 된시옷 'ㅎ'이지 않을 수 없다. 바꿔 말해서 성대의 폐쇄를 동반하는 'ㅎ'이지 않으면 안 되는 것이다. 즉 'ᅘᅧ'는 '[ʔhyɔ]'인 것이다. 이 '[ʔhyɔ]'가 때로는 '[hyɔ]'가 되고 때로는 '[kʰyɔ]'가 되며 더러는 '[s̄ɔ]'가 되었다. 이 중 '[hyɔ]'는 '[ʔ]'의 탈락에 의한 형태이다. '[kʰyɔ]'의 경우 원래 '[ʔhyɔ]'는 성대의 폐쇄로부터 'h'로 옮아가던 음인데 이러한 폐쇄가 위치를 바꾸어 연구개와 혓바닥의 폐쇄로 되었기 때문에 '[ʔhyɔ]'는 '[kʰyɔ]'로 변화했다. 마지막으로 '[s̄ɔ]'는 '[ʔhyɔ]'의 'hy'가 's-'로 바뀜으로써 '된시옷 ㅎ'(ㆅ)이 '된시옷 ㅅ'(ㅆ)으로 변화한 데 불과하다. 그리고 당면한 문제는 이 'ʔhyɔ->s̄-'에 있는 것이다.

이제 (A)와 (B)를 함께 생각해 보면 'h-'로 되어 있는 지방은 평안남북도를 중심으로 하며 경상북도 동부와 동북부에서도 이런 형태가 눈에 띈다. 이것은 앞선 예들과 대체로 비슷하지만 'ᅘᅧ'의 경우 'h-'가 함경북도 북부에서는 보이지 않는다. 다음은 'kʰ-'로 되어 있는 경우인데, 이것은 대략적으로 말해서 중부 지방 즉 경기도, 황해도, 충청남북도를 주된 영역으로 하며 함경북도 북부까지 이르고 있다. 's̄'로 되어 있는 지역은 대개 충청남북도, 전라남북도, 경상남북도, 함경남북도인데 이 경우 평안남북도에서도 발견된다는 점은 이색적이다.

이상의 여러 예들로부터 'hy->s-'의 분포 영역을 고찰하면, 개략적으로 남부 방언과 동북 방언에서 이 변화가 발견되고 충청남북도도 이러한 영역에 속한다. 다만 함경북도 북부와 경상북도 동부 및 동북부는 'hy-'의 층을 볼 수가 있다. 이런 상황은 대체로 부록 (Ⅰ)에서 서술했던 'ky->ʧ-'의 분포와 동일하며 다만 'hy-'의 경우 황해도와 경기도에서도 's'로 되는 경우가 있다는 점은 약간 차이가 난다.

'hy-'가 's-'로 변화하는 것은 'ky-'가 'ʧ-'로 변화하는 것과 마찬가지로 조음 위치의 전진에 의한 결과이다. 즉 'hy-'가 's-'로 변화하는 도중에 먼저 'ç-'로 바뀌고, 이 'ç-'가 'ʃ-'로 되고 'ʃ-'에서 's-'로 변했던 것이다. 전북 남원에서 '[ʃe](舌), [ʃe:nda](數)'가 존재하고 제주도에 '[ʃe](舌)'가 존재하는 것은 바로 그 과도기를 잘 반영하고 있는 것이라고 할 수 있을 듯하다. 그리고 조음 위치의 측면에서 보자면 성문으로부터 연구개로 이동하고, 연구개에서 경구개를 거쳐 치조로 이동해 나간 셈이다. 이러한 조음 위치의 전진은 요음(拗音) 'y'의 영향에 기인하며, 조음 운동의 경제성에 의한 것이다. 'ky->ʧ-'의 경우도 'hy->s-'의 경우와 마찬가지로 조음 위치의 전진인데, 게다가 대체로 동일한 지역에서 이 현상이 보인다는 점이 흥미롭다. 이에 반해 평안남북도에서 이런 경향에 완강히 저항하는 것도 주목해야 한다. 평안남북도 지방이 'ty->ʧ-' 또는 'ny->y-'의 변화에도 참여하지 않고 오히려 'y' 등을 탈락시켜서 't' 또는 'n'을 보존하고 있는 이유도 요컨대 요음(拗音)을 꺼리는 데 있으며, 이러한 요음 회피 경향은 평안도 방언의 하층(substratum)에 바탕을 둔 것이 아닐까 생각된다.

'hy->s-'의 분포 영역으로부터 얻은 결론은 'ky->ʧ-'의 경우와 완전히 동일하다. 즉 여기서도 대체로 '남부 및 동북 : 중부 및 서북'의 대립이 보이는 것인데, 다만 중부 일대에 's' 층이 퍼져 있는 것은 아마도 남부 형태를 중앙부에서 받아들인 데 기인한다고 본다. 함경북도의 북경(北境)과 경상북도의 동부 또는 동북부에 'h-'가 남아 있는 것에 대해서도 'ky->ʧ-'의 경우와 동일하게 설명할 수 있다고 생각한다.

Ⅲ. 한국어의 '男'과 '女'에 대하여

현재의 한국어에는 '男'과 '女'를 의미하는 말로 '남자(男子), 여자(女子)'라는 한자어 계열의 말과 '사내, 계집'이라는 순수 고유어 계열의 말이 있다. 그러나 순수 고유어 계열에도 몇 가지 계통을 달리하는 것이 있는 듯 보인다. 그리고 문헌을 통해서는 명확히 할 수 없지만 방언에 의거해 몇몇 흥미로운 사실을 발견할 수 있다는 점은 주목해야 하는 바이다.

단독형으로는 소멸해 버린 형태가 복합어 속에 남아 있는 경우는 어떤 언어든지 나타나는 일이다. '男'과 '女' 역시 그러한 예 중의 하나이다. 단일하게 '男'이라든가 '女'라고 말할 때에는 오늘날 '남자, 여자'의 형태를 취하는 경우가 많기 때문에, 저자는 '男兒' 또는 '女兒'라는 단어를 채집하여 그 안에서 예전의 형태를 발견하고자 시도해 보았다. 그 결과는 아래에서 서술하는 것과 같다.

【1】 '男兒'의 경우

이 단어는 현재의 한국어 방언에서는 두 가지 다른 계통이 보인다. 하나는 '사내아이' 계통이고, 다른 하나는 '머슴애' 계통이다.[22)]

(A) '사내아이' 계열

이 계통의 여러 방언형은 다음과 같이 다양한 구성을 지니고 있다. 그 분포는 다음과 같다.

22) 〈방언 어휘〉 50 참조.

第十四圖 사내아이 (男子)

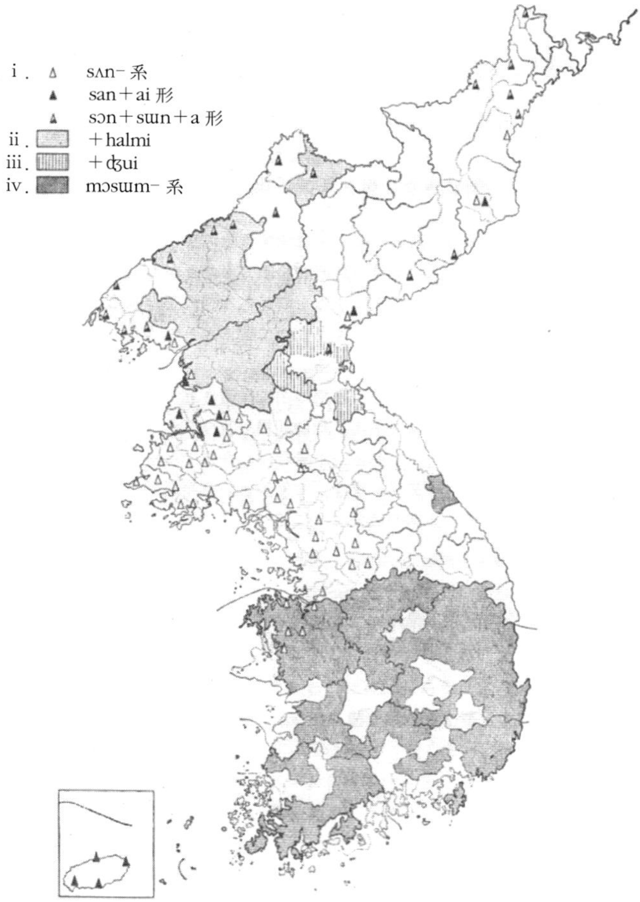

〈제14도 사내아이〉

① sanɛ+ai

○ [sanɛai] 경기도, 충청남도에서 나타나며 그 밖에 황해도 토산, 강원도 철원에 존재한다. 요컨대 경기도를 중심으로 한다.

○ [sanɛɛ] 경기도에 나타난다.

○ [sanɛ:] 경기도에 나타난다.

이것은 'sanɛ(男)+ai(子)'의 결합이다. '[sanɛɛ]'는 '-ai'가 단모음화한 것이고, '[sanɛː]'는 그것이 다시 융합된 형태이다.

② sana+ai

○ [sanaai]　경기도 양평에 나타난다.

○ [sanaɛ]　경기도 양평, 강원도 이천에 나타난다.

여기서는 '男'이 'sana-'로 되어 있다. 이 형태는 아래에서 서술할 방언형에도 나온다.

③ sana+ŋ+ai

○ [sanaŋai]　황해도 신계·금천에 나타난다.

○ [sinaŋai]　황해도 신계에 나타난다.

이것은 ②의 'sana-'와 '-ai' 사이에 'ŋ'이 개입한 형태이다. 이 'ŋ'은 본론 네 번째 주제(2.5.)에서 서술했듯이 모음 연쇄(hiatus)를 회피하는 수단이라고 생각되며, 또한 아래 ④의 'sana+n+ai'의 두 번째 'n'이 이화 작용을 입은 것이라고 할 수도 있다. 신계에서는 'sana-'로도 되어 있고 'sina-'로도 되어 있는데 이 때의 'sina-'에 대해서는 뒤에서 서술한다.

④ sana+n+ai

○ [sananai]　황해도에 많이 발견된다.

○ [sinanai]　황해도 북부에서 평남 상원까지 나타난다.

○ [sɯnanai]　평남 중화에 나타난다.

이러한 구조는 황해도에서 평남 남부까지 퍼져 있다고 할 수 있다. 이것의 구조가 'sana+n+ai'로 분석된다는 데는 이견이 없다고 생각한다. 그런데 중간의 '-n-'은 무엇일까? 아마도 예전의 속격 조사 흔적인 듯하다. 만약 그렇다면 일본어의 'ノ'에 가까워짐과 동시에 만주어 '-ni'와도 유사해진다. 또한 '男'에 해당하는 부분이 'sana-, sina-'에 머무르지 않고 'sɯna-'

로도 된다는 사실을 알 수 있다.

⑤ san+ai

○ [sanai] 이 형태가 평남 평양・용강 및 그곳에서 매우 멀리 떨어진 제주도 제주・대정에서 발견된다는 점은 흥미롭다.

○ [senai] 평남 용강에 나타난다.

○ [senɛ:] 황해도 해주에 나타난다.

○ [sinai] 평남 한천에 나타난다.

○ [sinɛ:] 평남 중화에 나타난다.

○ [sɔnai] 평남 한천에 나타난다.

○ [sɔna:] 평북 정주에 나타난다.

○ [sɯna:] 함북 경성・길주, 함남 함흥에 나타난다.

○ [sɷnai] 제주도 성산포에 나타난다.

○ [sɷnaɯ] 제주도 서귀포에 나타난다.

이러한 여러 가지 형태는 다양한 차이를 지니고 있으면서도 그 구조는 단일하다. 즉 첫째 요소 'san-(sen-, sin-, sɔn-, sɯn-, sɷn-)'과 둘째 요소 '-ai(-ɛ:, -a:, -aɯ)'의 결합인 것이다. 둘째 요소부터 보면, 이것은 앞서 서술해 온 바와 같이 '兒'라는 뜻을 가진 단어이다. 그 중 '-ɛ:'는 '-ai'가 단모음화한 형태이다. '-a' 또는 '-a:'는 '-ai'의 'a'만을 남긴 것이라서 마치 'ka-ai(鋏)'가 평북 압록강 연안 지방에서 '[kaŋa]'로 되어 있는 것과 동일하다. '-aɯ'와 '-ai'는 모두 보다 예전 형태인 'ahɯi'로부터 생겨난 것인 듯하다.

첫째 요소의 모음에 관해서 살펴보면, 이미 서술한 'san-, sin-, sɯn-' 이외에도 'sen-, sɔn-, sɷn-'이 더 추가되었다. 이 점에 대해서는 뒤에서 함께 모아서 서술한다. 이런 'san-, …'이라는 형태에 있어서는, 'sana-'에서 '-a'를 생략한 것인지 아니면 'sana-'가 'san-'에 'a'를 첨가한 것인지가 의문이 된다. 저자는 후자를 받아들이고자 한다. 왜냐하면 다음과 같은 사정이 있기 때문이다. 즉 『訓蒙字會』에서 ‘丁’의 훈을 ‘ᄉᆞᆫ[sʌn]’이라고 했고, 더욱이 『鷄林類事』에는 ‘士曰進’[23]이라고 되어 있다.[24] ‘寺儘’이라는 반절은 隋唐代의 음으로는 ‘zi̯ěn’이지만 宋代의 음에서는 이미 ‘sin’으로 바뀌었을지도 모른다.[25] 아무튼 고려 시대에 ‘士’를 ‘sin’ 또는 그와 유사한 음으로 불렀다는 점을 알 수 있다. 평남 남부에서 황해도 북부에 이르는 ‘sin-’은 그 흔적인 듯하다.

조선 시대에는 ‘sin’이 어떤 경로를 거쳐 ‘ᄉᆞᆫ[sʌn]’이 되었고 그 의미도 ‘士’에서 격하되어 ‘丁’을 의미하기에 이르렀다. ‘ᄉᆞᆫ’이 ‘男’을 의미했다는 또 하나의 명확한 증거가 있다. 조선 초기에는 ‘男兒’를 ‘ᄉᆞ나ᄒᆡ[sʌ-na-hʌi]’라고 불렀던 것이다. 가령 『杜詩諺解』에 다음과 같은 예가 있다.

ᄉᆞ나ᄒᆡ들히다東녀그로征伐가니라 (兒童盡東征, 권2 : 67)
머리가매ᄉᆞ나ᄒᆡ겨틔조챗고 (遠歸兒侍側, 권1 : 54)

이 ‘ᄉᆞ나ᄒᆡ’는 분명히 ‘ᄉᆞᆫ+아ᄒᆡ’이다. 즉 ‘san-’ 등[26]이 원래 형태라는 점이 판명되는 것이다.

---

23) ‘進’은 반절이 ‘寺儘切’이다.

24) 이것은 전몽수(田蒙秀) 씨의 설로 매우 탁견이다. 前間恭作 선생은 『鷄林類事』의 ‘進’(寺儘切)이 ‘進賜’(‘進’은 음이 ‘儘’, ‘賜’는 음이 ‘寺’)의 잘못이며 ‘進賜’를 ‘나ᅀᆞ리’라고 하고서 『鷄林類事』의 저자가 이것을 한자음으로 읽었다고 말했는데(「鷄林類事麗言考」 52쪽), 이것은 억지에 불과한 성향이 있다.

25) 『中原音韻』에서는 ‘進’이 ‘ʦin’, ‘儘’ 역시 ‘ʦin’이다. ‘寺’는 ‘sɯ’, ‘寺儘反’은 ‘sɯ+ʦin=sin’인 듯하다. 이것은 趙蔭棠 씨의 『中原音韻研究』에 의거한다.

26) [역자주] 여기서 ‘등’이라는 표현을 사용한 것은 ‘san’이 방언에 따라 ‘sɯn, sin, sɔn’ 등 다양한 형태로 나오기 때문이다. 이후도 마찬가지이다. 아무튼 ‘sana, …’가 아니라 ‘san, …’과 같은 1음절 형태가 기원적인 형태라고 보고 있다.

⑥ sɔn＋sɯn＋a

○ [sɔnsɯna]　평안북도, 함경남북도에 나타난다.

○ [sɔnsɔna]　평안북도, 함경남북도에 나타난다.

이것은 ⑤의 중복형(reduplicated form)이다. 이와 비슷한 현상에 'naŋnaŋi, nɛŋnɛŋi'가 있다는 사실은 이미 서술한 바이다.[27]

⑦ sɔna＋halmi

○ [sɔnahalmi]　평북 구성・태천・위원에 존재한다.

○ [sɔnalmi]　평안남북도에 존재한다.

○ [sɔnsɔnalmi]　평남 개천에 존재한다.

○ [sinanmi]　평남 한천에 존재한다.

이 형태가 원래 'sɔna＋halmi'인지 'sɔna＋almi'인지는 알 수 없다. 편의상 'sɔna＋halmi'를 원형으로 해 둔다. '[sɔnsɔnalmi]'는 물론 ⑥과 ⑦의 혼효이다. '[sinanmi]'는 아마도 'sina＋almi'의 '-lm-'이 '-nm-'으로 동화된 형태인 듯하다.

'-halmi' 내지 '-almi'는 어떤 어원을 가지고 있을까? 여기서 떠오르는 것은 만주어 'niyalma'이다. 이것은 '人'을 의미하지만 '人'은 다른 퉁구스어에서는 많은 경우 'ni' 또는 그와 유사한 형태이다.[28] 그러므로 'niyalma'는 'ni＋yalma' 또는 'ni＋alma'라는 복합어인 듯하다. 그리고 이 '-alma'야말로 '-halmi' 혹은 '-almi'와 관련이 있는 것이 아닐까 한다. 'sɔna＋halmi'는 그 구조 측면으로부터 본다면 다른 형태와 동일하게 '男'과 '兒'의 결합이다. 'sɔna-'가 '男'이라면 '-halmi'는 당연히 '兒'이지 않을 수 없다. 이미 '-halmi'에 '兒'의 뜻이 있다고 한다면 '-alma'도 역시 예전에 '兒'를 의미했으며 그것이 축소 접미사로 된 것은 아닐까? 그렇다고 한다면 'niyalma'는 원래는

27) 본론 두 번째 주제(2.3.)의 '냉이' 조항 참조.

28) Gordes어는 'nai̯, nei̯, né', Orcia어는 'ne', Orochon어는 'ni, ne' 등이다. W. Grube의 『Goldisch-Deutsches Wörterverzeichniss』에 의거한다.

'ni(人)'에 이 접미사를 부가한 형태일 것이다. 'sɔna＋halmi'가 평안남북도에만 존재하는 것은 이 점에서 큰 의미가 있다. 즉 일찍이 이 지역에 뿌리내리고 살던 여진족의 언어가 한국어에 받아들여져서 남아 있다고 생각할 수 있는 것이다.

⑧ sana＋ʤüi

○ [sanaʤüi]　　함남 영흥에 존재한다.

○ [sanaʤɯŋi]　평남 양덕에 존재한다.

○ [sanaʤuŋai]　함남 안변에 존재한다.

이 형태들의 특이한 구조는 함경남도 및 그에 인접한 평남 양덕에서만 나타나는 것인데, 이 역시 ⑦과 마찬가지로 한국어로는 설명할 수 없다. 우선 '[sanaʤuŋai]'는 'sanaʤuŋ＋ai'로 양덕의 방언형과 비슷한 '*sanaʤuŋi'에 다시 '-ai'를 덧붙인 형태이다. 그런데 '[sanaʤüi], [sanaʤɯŋi]' 또는 '[*sanaʤuŋi]'는 분명히 'sana＋ʤüi' 등으로 분석된다. 그리고 이 '-ʤüi' 등도 역시 '兒'를 의미하지 않으면 안 된다. 여기서 다시 만주어의 지식이 필요해진다. 즉 만주어에서는 '兒'는 'jui[ʤui]'라고 부른다. '-ʤüi' 등은 말할 것도 없이 바로 이 'jui'이다. 이 'jui'가 이 지방의 한국어에 채용되었다는 것은 역사적으로 보아 매우 자연스러운 일이다.

앞의 8가지 방언형의 구조를 살펴보면 '男'을 나타내는 부분에는 'sanɛ-(①), sana-(②, ③, ④, ⑦, ⑧), san-(⑤, ⑥)'의 세 유형이 있음을 알 수 있다. 이미 ⑤에서 상술했듯이 이 중 'san-'이 가장 고형이다. 따라서 '男兒' 역시 ⑤의 'san＋ai'가 제일 오래되었다. 이 점은 분포 상황으로부터도 고찰할 수 있다. 원래 이 '사내아이' 계통의 형태는 제주도를 제외하고 충청남도에 약간 존재하는 것 이외에는 소위 하삼도(下三道) 지방에서는 발견되지 않으며, 그 주된 분포 지역은 경기도, 황해도, 평안남북도, 함경남북도, 제주도이다.[29] 이런 분포 지역 중 ⑤의 'san＋ai'(⑥까지도 포함하여)는 북쪽으로 평안남북도와 함경남북도, 남쪽으로 제주도라는 남북으로 서로 동떨어진 지점에서 보이고 있다. 이에 맞서 ③ 'sana+ŋ+ai'와 ④ 'sana+n+ai'는 황해도를 중심으로 하고, ② 'sana+ai'와 ① 'sanɛ+ai'는 경기도를 중심으로 하고 있다. 즉 ⑤ 'san+ai'(⑥도 포함)가 가장 먼 지역에서 보이는 형태라서, 구조상으로부터 얻었던 결론과 잘 부합하는 것이다.

그렇다면 'sana-'는 어떻게 말할 수 있을까? 'sana-'는 평북 정주의 '[sɔna]', 함경남북도의 '[sɯna]'가 보여 주듯이 'san+a'이며 '-a'는 물론 '-ai'의 생략형이다. 즉 'sana-'는 원래 '男兒'를 의미했었는데 점차 '兒'의 의미를 잃어 버리고 단순히 '男子'를 의미하기에 이르렀던 것이다. 이것은 상당히 오랜 시대에 일어난 듯하다. 왜냐하면 『鷄林類事』에서 '男子曰沙喃'이라고 하고 있기 때문이다.

'sanɛ-' 역시 마찬가지로 예전에 '男兒'를 의미했었다. 이것은 'san+ai'의 '-ai'가 단모음화한 형태이다.

이상을 통해 '男'의 가장 오래된 형태가 'san' 등이었다는 점을 알 수 있었다. 이번에는 이 단어의 모음이 문제가 된다. 이 단어의 모음은 조선 초기에는 '손[sʌn]'이라고 했었는데, 현재 방언형은 상당히 복잡한 상황을 드러내고 있다. 첫 번째 주제(2.2.)에서 서술했던 것처럼 모음 '·[ʌ]'는 한반도에서는 '[a]', 제주도에서는 '[ɷ]'로 되는 것이 원칙이다. 특히 '사내아이' 등이 쓰이는 경기도 이북 땅에서는 '[a]'로 바뀌는 경향이 강하다. 그럼에도 불구하고 'san-' 이외에 'sen-, sin-, sɔn-, sɯn-'과 같이 다양한 방언형이 나타나고 있다. 이것은 어떤 이유 때문일까?

'sɔn-, sɯn-'의 경우는 '톡[tʰʌk]>탁[tʰak](顎)' 또는 '흙[hʌlk]>흙[hɯlk](土)'과 함께 고려하지 못할 것도 없다. 그러나 이해할 수 없는 점은, 'sɔn-, sɯn-'이 중앙부에서 보이지 않고 오히려 평안남도 이북에서 나타난다는 사실이다. 더욱이 'sen-, sin-'과 같이 다른 경우에는 거의 볼 수 없는 모음

29) 이 점에서 함경남북도는 남부 지방과는 다른 모습을 보인다.

까지 출현하고 있다. 이러한 특이한 사정은 '손[sʌn]'이 더 오랜 시대에 다른 모음을 지니고 있었던 데 기인하는 것이라고 생각된다. 이미 ⑤에서 다루었듯이 『鷄林類事』의 '士曰進(寺儘反)'은 바로 이러한 가정을 지지해 준다. '손'은 원래 'sin' 또는 'sen'으로부터 발생한 것인 듯하다. 그리고 'sɔn-, sɯn-'도 'sʌn'에서 변화한 것이 아니고 오히려 이 'sen'에서 변화한 것으로 보인다. 'e > ɔ ~ ɯ'의 변화는 여전히 연구해야 할 여지가 충분히 있지만, 그 가능성에 대해서는 본론[30]에서 이미 다루었던 바이다.

만약 이러한 상상이 허락된다면 여기서 흥미로운 사실이 나온다. 즉 『日本書紀』에서 한국의 왕자를 'セシム'로 훈독하고 있는 것이다. 이것은 아마도 백제어인 듯하다. 만약 이 'セシム'가 '於羅瑕(王)' 또는 '於陸(妃)'과 마찬가지로 백제를 형성한 지배 계급, 즉 부여족의 언어에 속한다고 한다면 이 'セシム'의 'セ'[31]가 'sin' 또는 'sen'과 어떤 관계를 가지고 있지는 않을까 한다.[32]

---

30) [역자주] 원문에는 이 문제를 언급한 본론의 구체적 쪽수가 나오는데 그 부분(2.4.에서 '머루'의 방언형을 설명하는 부분)을 찾아보면 이런 변화를 직접 언급하지는 않는다. 다만 '머루'의 '멀'에 대해 'myɔl-, mel-, mil-'과 같은 방언형이 존재하며 이들은 모음 'ㅓ'의 옛 모습을 아는 데 중요한 자료라고만 했을 뿐이다. 한편 2.3.의 附(Ⅱ)에서 '여우'의 방언형을 다루면서 ㅕ-형과 ㅖ-형이 있을 때 변화 방향은 'ㅕ > ㅖ'가 아니라 'ㅖ > ㅕ'로 보아야 할지도 모른다는 언급(2.3.의 각주 101)을 한 것이 있는데 여기서도 이와 관련된 저자의 생각을 엿볼 수 있다.

31) 『日本書紀』「欽明紀」(7년)에서 『百濟本紀』를 인용하여 다음과 같이 기록하고 있다.

> "高麗以正月丙午立中夫人子(クノオリケノトモ)爲王(オリコケ), 年八歲, 狛王(オリコケ)有三夫人, 正(マカリ)夫人無子,
> 中夫人生世子(マカリトモ), 其舅氏麁群也, 小(シム)夫人生子, 其舅氏細群也.（下略）"

여기서 '小夫人'을 'シム(ノオリケ)'로 훈독하고 있다. 즉 'シム'에 '小'라는 의미가 있었음을 알 수 있는 것이다. 'セシム'는 'se(男) + sim(小)'인 듯하다. 또한 이 부분은 'オリコケ'라고 하고 'オリケ'라고 칭하여 모두 지배 계급의 언어이기 때문에 'シム' 역시 마찬가지인 것 같다.

32) 또한 일본어 'セ(背, 君)'도 이 단어와 친연(親緣) 관계에 있는 듯 보인다.

앞의 분포 상황이 명백하게 말해 주듯이 이 'sin-' 또는 'sen-'의 분포 영역은 적어도 신라어의 영역은 아니다. 왜냐하면 신라의 옛 땅에는 전혀 다른 계통의 형태가 분포하고 있기 때문이다. 이미 서술한 것처럼 평안남북도, 함경남북도, 제주도는 고려와 조선 사이에 새로 편입된 지역들이므로, 'sin-(sen-)'의 근원은 황해도나 경기도에서 찾지 않으면 안 된다. 황해도와 경기도는 고구려나 백제의 예하에 있었다. 그리고 두 나라 모두 부여족이었다. 그렇다면 'sin-(sen-)'은 부여어일 수밖에 없다. 이 부여계 계통의 말이 오늘날 한국어에서 커다란 세력을 지니게 된 것은 전부 고려의 발흥에 기인한다.

(B) '머슴애' 계열

이 계통의 방언형 종류와 분포는 다음과 같다.

○ [mɔsɯmɛː] 충청남북도를 중심으로 하며 전라남도와 경상북도에서도 산발적으로 보인다.
○ [mɔsimɛː] 전라남도를 중심으로 하며 다른 지역에도 간간이 존재한다.
○ [mɔsɯmaː] 경상남북도를 중심으로 하여 강원도 강릉, 전북 김제, 전남 보성・장성에도 존재한다.
○ [mɔsimaː] 전라남북도, 경상남북도에 폭넓게 분포한다.
○ [mɔsɯmagɯ] 전남 장흥・강진에 존재한다.
○ [mɔsimagɯ] 전남 영암・해남에 존재한다.
○ [mɔimɛː] 전라남도에 존재한다.
○ [mɔimaː] 전라남도에 존재한다.

이러한 방언형은 '사내아이' 계열과 같은 복잡한 구조는 보이지 않으며 그 구조는 'mɔsɯm-(mɔsim-, mɔim-)+ɛ(-a:, -agɯ)'로 단일하다. 두 번째 요소인 '-ɛ:, -a:'가 '-ai(兒)'로부터 나온 것이라는 점은 전술한 바와 같다. 또한 'agɯ'도 동일하게 '兒'를 의미하는 말이다.[33] 그렇다면 'mɔsɯm' 등은 당연히 '男'을 의미하지 않을 수 없다. 이 단어는 오늘날 완전히 소멸해 버렸을까? 그런데 전혀 그렇지 않다. '머슴~머음(雇男)'으로서 널리 쓰이고 있다. 아래에 그 분포 상황을 보이기로 한다. 여기에는 '-s-'를 포함한 것과 그렇지 않은 것이 있다.

◇ '-s-'를 포함하지 않은 형태

○ [mɔɯm] 서울에 존재한다.

○ [mɔ:m] 충청남도를 중심으로 하지만 평북 선천・구성・태천에도 존재한다.

○ [mʉ:m] 충남 홍산에 존재한다.

○ [muɔm] 황해도 신계・금천에 존재한다.

○ [mo:m] 충청북도를 중심으로 하며 개성과 그 밖의 중부 지방에 산재(散在)한다.

○ [mu:m] 충남 서해안 지방에 존재한다.

○ [mo:ŋ-] 황해도 연안에 존재한다. 여기서는 '[mo:ŋk̄un]'이라고 부른다. 앞의 '[mo:m]'이 '-k̄un'에 동화되어 'mo:ŋ'으로 된 것이다.

○ [mo:n-] 황해도와 평남 상원에 존재한다. 모두 '[mo:nk̄un]'이라고 한다. '-m'이 '-n'으로 변화했다.

○ [mo:l] 황해도 옹진・안악에 존재한다. '[mo:nk̄un]'이 다시 '[mo:lk̄un]'으로 변화한 형태이다.

---

33) 세 번째 주제(2.4.)의 '아히(兒)' 항목 참조.

◇ '–s–'를 포함한 형태

○ [mɔsɯm] 경기도, 충청남북도, 전라남도에서 널리 쓰이고 있다. 그 밖에 황해도 연안·토산·금천, 강원도 이천·철원에 존재하는 것은 경기도 형태의 연장이고 경북 영주에 나타나는 것은 충북 형태가 퍼진 것이다. 평양에도 있는 것은 서울로부터의 직접적인 이식이다. 또한 제주도 제주·대정에서도 발견된다.

○ [mɔsɔm] 경상남북도와 충청남북도에 나타난다.

○ [mɔsim] 전라남북도를 중심으로 하며 충남, 경북, 경남에서도 산발적으로 보인다.

이 분포 상황을 통해 가장 먼저 알게 되는 바는 '–s–'를 포함하지 않는 것과 포함한 것의 대립이 있으며, 전자는 대체로 중부의 북방을 중심으로 함에 반해 후자는 남부 지방으로부터 충청남북도와 경기도에까지 이르고 있다는 점이다. 이것은 두 번째 주제(2.3.)에서 논의했던 'ㅿ'을 포함한 단어의 경우와 대체로 동일하며, 만약 중앙에서 이 단어를 채록했다고 한다면 반드시 '머슴'이라고 했을 듯하다. 중부의 '[moːm]'과 거기서 나온 '[moːŋ–], [moːn–], [moːl]'은 'mɔʒɰ̯m[34] > mɔwɯm > moum > moːm'으로 설명할 수 있다. 전라남도에서 '[mɔsimaː], [mɔsimɛː]'가 '[mɔimaː], [mɔimɛː]'로 된 것 역시 중부 지방과는 관계 없다고 하더라도 'ㅿ[ʒ]'의 단계를 거친 것인 듯하다.

'mɔsɯm–'이 현재는 '雇男'의 의미로 쓰이며 또한 멀리 평안북도까지도 미치고 있지만, 이것이 원래 단순한 '男'을 의미했던 남부 지방 특유의 단어였다는 사실은 'mɔsɯm＋ɛ'를 통해 볼 때 분명하다. 그리고 이 'mɔsɯm'

34) [역자주] 이것은 '[mɔʒɰ̯ɯm]'의 잘못인 듯하다. 저자는 앞에서 'ɰ̯'를 활음(glide)으로 규정했기 때문에 둘째 음절의 모음이 필요하다.

이 'mɔsɯm+ɛ'의 분포가 보여 주는 것처럼 하삼도(下三道)를 근거로 하여 오늘날 북쪽의 'sin-(sen-)' 등에 여전히 저항하고 있는 점은 그것이 연원하는 바가 오래되었기 때문이다. 저자가 앞서 신라의 옛 땅에는 전혀 다른 계통의 말이 분포하고 있다고 한 것은 이 'mɔsɯm'을 두고 한 말이었으며, 이것이 바로 신라어의 '男'에 해당한다.

현재의 한국어 기원이 신라어에서 출발하고 있다는 것은 누구도 의심할 수 없는 바임에도 불구하고, 신라어의 '男'을 의미하는 단어가 오늘날 중앙에서 채용되지 않고 신라의 옛 땅을 지키고 있는 데 불과한 것은, 앞서 서술한 것처럼 고려가 신라의 변경에서 흥성하여 그 방언에 부여어 계통의 말을 지니고 있었기 때문이다. 고려 왕조가 건설된 후 부여어에서 기원한 'sin-(sen-)'은 일개 변경 방언에서 탈피하여 일약 수도의 언어로서 그 지위를 차지하게 되었다. 그리고 그것이 사방으로 확산되어 갔다. 서북과 동북의 북경(北境) 개척과 더불어 평안도와 함경도에도 파고들어갔다. 또한 새로 귀속된 제주도에도 퍼졌다. 그러나 경주 방언의 모습(衣鉢)을 계승한 하삼도(下三道) 방언에는 오늘날까지도 침입할 수 없었던 것은 분명 신라 문화가 야기한 바이다. 그렇지만 고려와 조선이라는 약 천 년 동안의 시간은 유서 깊은 'mɔsɯm'의 지위를 완전히 전도해 버렸다. 그래서 'mɔsɯm'이 중앙에서 채용되기는 했지만 이미 '士'로서의 '男'은 아니고 애석하게도 그 운치가 '雇男'으로 격하되어 버린 것이다.

【2】 '女兒'의 경우

'女兒'는 '男兒'에 비해 더 복잡하다. 한자어 계열과 새로이 형성된 형태를 제외하고 여러 방형을 보면, '계집아이' 계열, '에미나이' 계열, '가시나이' 계열의 세 종류로 크게 나눌 수가 있다.[35]

---

35) 〈방언 어휘〉 51 참조.

第十五圖 겨집아이 (女子)

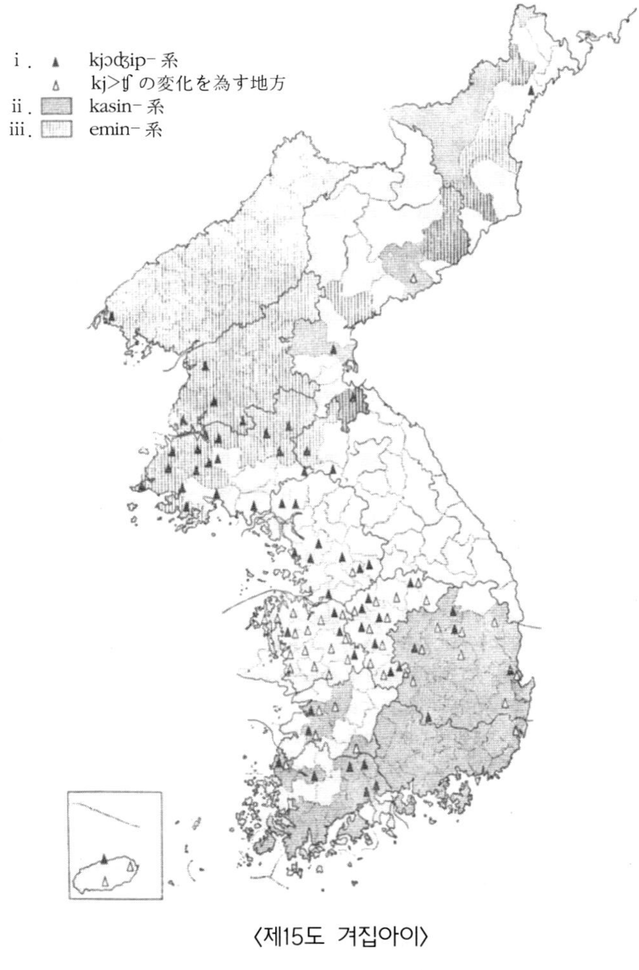

〈제15도 겨집아이〉

(A) '계집아이' 계열

○ [ke:ʤibai] 경기도, 황해도, 평안남도에서 보이며, 강원도 철원에도 존재한다.

○ [ke:ʤibɛ:] 서울과 충청남북도, 전라남도에서 나타난다. 그 외에는

함북 부거, 함남 영흥에 존재한다.

○ [keːʤibaː] 전라남북도의 일부, 평북 용암포, 함남 안변에 나타난다.

○ [keːʤibaɛ] 전남 구례에 나타난다. 이것은 곡성과 순천의 '[keːʤi-baː]'에 다시 '-ɛ'를 덧붙인 형태이다.

○ [keːʤibaya] 전남 구례에 나타난다. 이것은 '[keːʤibai]'에 다시 '-a'를 덧붙인 형태이다. 덧붙여 말하면 인접한 곡성·광양 등에 '[keːʤibɛː]'가 있다. 이것은 말할 것도 없이 '[keːʤibai]'의 '-ai'가 단모음화된 것인데, 이러한 단모음화 이전에 '-a'를 첨가했기 때문에 '[keːʤibaya]'라는 형태를 낳게 된 듯하다.

○ [keːʤibiː] 전남 광주에 나타난다.

○ [kiːʤibai] 경기도와 황해도에 나타나며 또한 제주도 제주에도 존재한다.

○ [kiːʤibɛː] 경기도, 황해도, 충청남북도에 나타난다.

○ [kiːʤibaː] 경상북도에 나타난다.

○ [kiːʤibɛai] 경기도 의정부와 장단에 나타난다. 이것은 앞의 '[kiːʤibɛː]'에 다시 '-ai'를 덧붙인 형태이다.

○ [ʧeːʤibaː] 전북 남원에 나타난다.

○ [ʧiːʤip̄ai] 제주도에 나타난다.

○ [ʧiːʤibɛː] 충청남북도를 중심으로 하며, 경기도 이천, 전남 영광, 함남 북청에서도 볼 수 있다.

○ [ʧiːʤibaː] 경상북도, 전라북도, 충청북도에 나타난다.

○ [ʧiːʤibiː] 충북 영동에 나타난다.

이 형태들은 '계집(女)+아이(兒)'의 구조를 지니고 있으며 오늘날에는 전국 각지에서 발견되지만 중부 지방에 널리 분포하고 있다. 그리고 다른 계통의 방언형과 혼재하는 지방, 가령 서북 지방이나 남부 지방에서 많은 경우 토착 계통의 형태를 비칭(卑稱)으로 하고 '겨집' 계통을 상품(上品) 또는 보통의 말로 사용하는 것은, 이 '겨집' 계통의 형태가 토착형 위에 새로이 더해졌다는 사실을 가리키고 있다.[36] 위에 제시된 방언형 중 마지막 다섯 가지는 'ʧ-'로 되어 있는데, 이것은 부록 (Ⅰ)에서 서술했던 'ky->ʧ-'의 예 중 하나에 지나지 않는다. 그 분포 지역 역시 부록 (Ⅰ)의 경우와 궤를 함께한다. 이 계통과 다른 계통의 관계에 대해 서술하기에 앞서 다른 두 계통의 구조 및 분포를 관찰하기로 한다.

(B) '에미나이' 계열

○ [eminai] 황해도를 중심으로 하며 평남 평양·용강·영유 및 강원도 이천에 존재한다.
○ [emɯnai] 황해도를 중심으로 하며 평남 중화·상원·한천에 존재한다.
○ [emina:] 평안남북도와 함북 경성·길주·회령, 함남 단천·안변에 존재한다.
○ [imina:] 함남 영흥에 존재한다.

이 네 형태는 '男兒'를 나타내는 'san+ai'와 동일한 구조를 가지고 있다. 즉 'emin+ai'인 것이다. '-ai'가 '兒'인 이상 'emin-(emɯn-, imin-)'은 '女'를 의미하지 않을 수 없다. 여기서 먼저 떠오르는 생각은 'ɔmi~emi(母)'이다. 이 두 가지는 분명히 관계가 있다. 그러나 'emin-'이 황해도, 평안남북도, 함경남북도에 국한된 것은 이해하기 어렵다. 저자는 여기서 이 'emin-'이 'ɔmi-'와 근본적으로는 관계가 있음을 의심하지 않으면서도, 직접적인 관

36) 〈방언 어휘〉 51 참조.

계는 없다고 보고자 한다. 만주어에서는 '母'를 'eme'라고 부른다. 'emin-'의 분포 지역이 여진족의 거주지였던 점에서 생각할 때 오히려 이 'emin-'은 여진어는 아니었을까 생각된다.

(C) '가시나이' 계열

- ○ [kasinɛː] 전라남북도를 중심으로 한다.
- ○ [kasɯnɛː] 전남 장흥, 경남 거제에서 나타난다.
- ○ [kasinaː] 경상남북도를 중심으로 한다.
- ○ [kasɯnaː] 주로 경상남도에서 나타난다.
- ○ [kasinagɯ] 전라남북도 서남부에서 나타난다.
- ○ [kasɯnagɯ] 전남 장흥과 강진에서 나타난다.
- ○ [kainɛː] 전라남도에서 나타난다.
- ○ [kainaː] 전라남도에서 나타난다.
- ○ [kannɛː] 전남 고흥에서 나타난다.
- ○ [kannaː] 함북 온성・회령・무산・길주, 함남 단천・영흥・안변에서 나타난다.
- ○ [kallɛː] 전남 고흥에서 나타난다.
- ○ [kallaː] 함남 북청에서 나타난다.

이 계통은 남부를 중심으로 하며, 함경남북도에서도 발견된다. 제시된 형태 중 앞의 8개 형태([kasinɛː]~[kainaː])가 'kasin(kasɯn-, kasin-)+ai(-ɛː, -aː, -agɯ)'라는 점은 분명하다. 전라남도에서 'kasin-'이 'kain-'으로 된 것은 'mɔsɯm+ai'의 경우와 동일하다. 뒤의 4개 형태([kannɛː]~[kallaː]) 역시 동일한 구조이다. 즉 '[kannɛː], [kannaː]'는 'kas-n+ɛː(~aː)'이다. 'kas-n'은 'kasɯn-'의 'ɯ'가 탈락한 경우이다. '[kallɛː], [kallaː]'는 '[kannɛː],

[kanna:]'에서 생겨났다는 점은, 한국어의 한 특징인 '-n+n->-l+l-'의 변화를 통해 알게 된다.

이제 'kasin-(kasɯn-, kas-n-, kain-)'은 앞의 구조로부터 '女'를 의미하는 말이라는 점을 이해할 수 있다. 조선 초기의 한국어에는 '갓[kas-](妻)'이라는 말이 존재했다.

> 妻·는가·시라 (『月印釋譜』 권1, 12장)
> 臣下·ᄋᆡ갓·ᄃᆞᆯ·히:다모·다夫人侍衞·ᄒᆞᅀᆞ·바 (『月印釋譜』 권2, 28장)
> 가·시·며子息·이·며 (『月印釋譜』 권1, 13장)

'kasin'이 이 '갓'과 관계 있는 말이라는 점은 분명하지만 이 말은 더 멀리 고대로 소급할 수가 있다. 즉 『日本書紀』의 「齊明紀」(6년)에서 '高麗沙門道顯日本世記'를 인용하여 다음과 같이 기록하고 있다.

> コキシハシカシノタハメノコ アチキナクシテ
> "百 濟 自 亡, 由 君 大 夫 人 妖 女 之 無 道"

여기서 '妃'를 훈독하여 'ハシカシ(pasi-kasi)'로 읽고 있다.[37] 'ハシカシ'의 'カシ'[38]는 아마도 백제어의 '妻' 또는 '女'를 의미하는 단어인 듯하다. 'ハシカシ'의 'ハシ(pasi)'는 「皇極紀」(元年)에서 '女子'를 훈독하여 'エハシト(e-pasi-to)'라고 한 'ハシ'와 같은 기원인 것 같다.[39] 다만 백제어라고 하

---

37) 「天智紀」(7년)에서 '母夫人'을 'ホリクシ(pori-kusi)'라고 하고 있다.

38) 위의 각주 37)에 제시된 'ホリクシ'의 'クシ'도 마찬가지이다.

39) 'ハシ'라는 말은 또한 '同船(ハシ-フネ)'에서도 보인다. '同船'은 「皇極紀」(元年)나 「欽明紀」(14년)에 'モロキフネ'라고 주석되어 있다. '同船'은 '艑船'이다. 王念孫의 『廣雅疏證』에서 "初學記引周遷輿服雜事云欲輕行則乘海艑, 艑合木船也"라고 되어 있듯이 '艑船'은 가볍고 빠른 배이다. 이들로부터 보자면 'ハシ'는 '脆'나 '輕' 또는 '弱' 등의 의미를 지닌 형용사였던 것 같다.

'エハシト'를 'e-pasi-to'로 분석한 까닭은 단순한 상상 때문만은 아니다. 「崇峻紀」

더라도 지배자인 부여족의 언어는 아니다. 부여어 계통의 '妃'는 이미 서술한 것처럼 '於羅瑕(オ-リ-コケ)'에 대응하는 '於陸(オ-リク)'이다. 「欽明紀」(7년)에서 '夫人'을 'オリケ'로 훈독하고, 「雄略紀」(20년)에서 '大后'를 'コニヲルク'[40]로 훈독하고 있는 것이 그것이다. 이렇게 보면 'ハシカシ'는 백제어라고 하더라도 예전(舊) 마한어(馬韓語)의 계통을 잇는 셈이다. 'kasin-' 등이 남부 지방에 분포되어 있는 것도 이러한 역사적 고찰에 있어 하나의 커다란 버팀목이 되어 준다. 이 계통의 단어가 함경도에서도 발견되는 것은, 함경도 방언이 원래 남부 방언의 이식과 관계된다고 하는 본론의 관점에서 보면 오히려 자연스러운 일이다.

이상으로 세 가지 계통의 어형과 함께 그 분포를 고찰해 보았다. 요약하자면 'kyɔʤip' 계열은 중부 지방에, 'emin-' 계열은 서북 지방에, 그리고 'kasin-' 계열은 남부 지방에 분포되어 있다는 점을 알게 되었다. 그리고 이 중 'emin-'은 여진 계통의 말이고 또한 'kasin-'은 한어(韓語) 계통의 말이다. 그렇다면 'kyɔʤip-'은 어떠한가? 'sin-(sen-)'과 'mɔsɯm'의 대립으로부터 유추해 보면 이 형태야말로 고구려어 내지는 부여어 계통의 말이 아닌가 생각되는 것이다. 제주도 방언에서 'emin-' 계열은 물론이고 'kasin-' 계열도 나타나지 않고 이 '겨집' 계열이 쓰이고 있는 것을 보아도, 이 'kyɔʤip-'이 고려 시대부터 중앙의 형태였음을 말해 준다. 아마도 'sin-(sen-)'과 마찬가지로 고려 왕실이 발흥했던 지방의 방언에서는 '女'를 'kyɔʤip'이라고 했던 듯하다. 함경도 방언에서 세 가지 계통이 혼재하는 것은 그 기반인 남부 방언에 중앙의 영향의 가미되고 더욱이 여진어의 흔적마저 남아 있기 때문이다.

(3년)에서 '狛夫人'을 'コマノイロ・エヒト'로 훈독하고 있다. 'エヒト'는 'e-pito'이다.

40) 'コニ'는 '大'이다. '大城'을 'コニサシ'라고 하는 것을 참조.

朝鮮語の方言區分

〈한국어의 방언 구획〉

第一圖 咸鏡道・平安道

第二圖 京畿道・忠清道・江原道

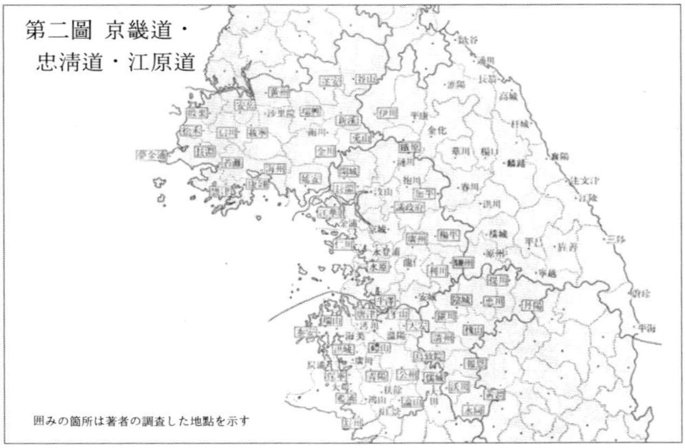

第三圖 全羅道(濟州島)・慶尚道

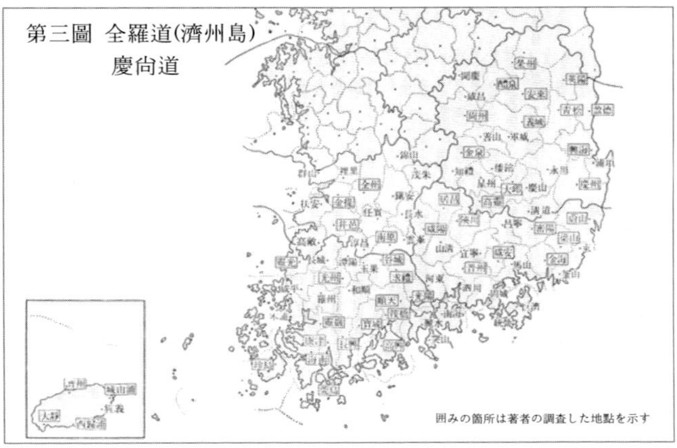

방언 어휘

여기에 있는 어휘는 저자가 수집한 자료를 기반으로, 아래에 밝혀 놓은 여러 책에 의거하여 보충한 것이다. 보충한 부분은 아래의 약호를 통해 밝혀 두었으며 ';'라는 기호를 통해 저자가 조사한 부분과 구별했다.

약호	출전
(M)	小倉進平 선생의 『The Outline of the Korean Dialects』
(南)	小倉進平 선생의 『南部朝鮮の方言』
(平)	小倉進平 선생의 『平安南北道の方言』
(江)	小倉進平 선생의 「嶺西方言」
(咸)	小倉進平 선생의 「咸鏡南北道方言」
(黃)	小倉進平 선생의 『咸鏡南道及び黃海道の方言』
(靑)	小倉進平 선생의 「'狐'を意味する朝鮮方言」(『靑丘學叢』)
(한)	학술지 『한글』(조선어학회 간행)

1 가위(鋏)

【kawi】

[경기] 서울, 인천, 수원, 여주, 이천, 장단, 개성, 평택 ; 연천(M)

[황해] 연안, 해주, 강령, 옹진, 태탄, 은율, 안악, 재령, 서흥, 황주, 수안, 곡산, 신계, 토산, 금천

[강원] 이천, 철원

[평남] 중화, 용강, 강동

[충남] 천안, 조치원, 유성, 공주, 논산, 감포, 보령, 홍성, 청양, 태안, 당진, 예산, 아산

[충북] 옥천을 제외한 각지

[전북] 남원

[경북] 의성, 영덕

【kawe】

[황해] 몽금포, 송화, 은율, 안악, 신천, 재령, 서흥, 황주, 수안

[평남] 중화, 상원 ; 평양(M)

[충북] 진천, 옥천

【kawɛ】

[강원] 강릉(南)(한 Ⅶ, 10)

[경북] 영주, 안동, 청송, 영양, 흥해, 경주[1] ; 의성, 포항, 영덕(南)

【kae】

[충북] 청주

[평북] 강계(한 Ⅵ, 4)

【kaɛ】

[평남] 덕천

[경남] 울산[2]

【kau】

[경기] 양평, 광주, 장단 ; 개성(M)

[황해] 연안, 수안, 곡산

[강원] 이천

[평남] 평양, 강동 ; 중화(M)

[충북] 청주, 충주, 옥천

[평북] 의주(한 Ⅷ, 6)

【kao】

[충남] 공주, 논산

[전남] 영광

【kaŋwe】

[평남] 한천

【kaŋe】

[평남] 영유

[평북] 희천 ; 강계(M) ; 자성, 영변, 박천(平)

【kaŋɛ】

[평남] 안주, 개천, 덕천, 영원, 맹산, 순천, 성천, 강동 ; 숙천(平)

[평북] 희천과 의주를 제외한 각지

【kaŋa】

[평북] 위원, 초산, 벽동, 창성, 의주 ; 구성, 용암포(平)

【kaŋu】

[평남] 양덕, 순천, 성천, 강동 ; 중화(平)

【kasɛ】

[경기] 서울, 광주, 수원, 여주, 이천, 장단, 평택 ; 연천(M)

[평남] 양덕

---

1) 경북의 이 지역들은 모두 '[kaE]'이다.

2) '[kaE]'이다.

[평북] 후창
[강원] 철원 ; 춘천, 인제, 홍천, 횡성, 원주, 평창, 영월(江) ; 간성, 양양, 주문진, 강릉, 울진, 평해(南)
[충남] 각지[3] ; 강경(M) ; 목천, 해미, 광천(南)
[충북] 각지[4]
[전북] 각지[5] ; 운봉, 장수, 금산, 무주(M) ; 군산, 임실(南)
[전남] 고흥을 제외한 각지[6] ; 옥과, 목포, 지도, 함평, 나주(南)
[경북] 김천, 상주, 예천, 안동, 영양, 영덕, 흥해[7] ; 문경, 영주(M) ; 함창(南)
[경남] 함양, 진주, 함안, 거제, 김해, 양산, 밀양, 울산[8] ; 마산(南)[9]
[함북] 온성, 회령, 무산, 부거, 경성, 길주 ; 성진(한 Ⅷ, 7) ; 나남, 부령, 종성, 경원, 경흥, 웅기, 청진(咸)
[함남] 각지 ; 함흥, 정평, 고원, 혜산, 오로리(M) ; 홍원(咸)
【kasi】
[경남] 울산

【kasigɛ】
[충북] 영동, 황간
[강원] 울진, 평해(南)
[전북] 남원 ; 운봉(M)
[전남] 곡성, 구례, 순천, 광양, 벌교, 고흥, 보성,[10] 완도 ; 여수(M) ; 돌산(南)
[경북] 대구, 고령 등 각지[11] ; 포항(南)
[경남] 각지[12] ; 남해, 하동(M)
【kasEgi】
[경남] 김해
【kɷsE】
[제주] 제주, 대정, 서귀포, 성산포[13]

2-1 가을(秋)
【kaɯl】
이 단어는 표준형이다. 또한 강원도와 함경남북도 등에서는 다음과 같다.
[함북] 부령, 무산, 회령, 종성, 경원, 청진, 성진(咸)
[함남] 영흥, 고원, 안변(M) ; 북청, 풍산, 갑산, 이원, 홍원, 문천, 덕원, 신고산(黃)
[강원] 평해, 울진, 삼척, 강릉, 평창, 영월, 양양(M)
【ka:l】
[경기] 강화, 양평, 광주, 수원, 이천,

---

3) 태안에서는 '[kase]'.
4) 청주에서는 '[kase]'.
5) 전주・김제・정읍은 '[kasE]'이고 남원은 '[kaʃɛ]'([kaʃE?])이다.
6) 곡성・구례・장흥은 '[kaʃɛ]'이고 영암・해남・완도・진도는 '[kaʃE]', 강진은 '[kasE]'이다.
7) 김천・상주・예천・안동・영양・영덕・흥해는 '[kasE]'이다.
8) 김해・양산・밀양・울산은 '[kasE]'이다.
9) '[kaʃE]'도 나타난다.
10) 보성은 '[kasɯgɛ]'이다.
11) 모두 '[kasigE]'이다.
12) 양산에서는 '[kasɯgE]'와 '[kasikE]'도 나타난다. 또한 경남에서는 진주・함안 이외에는 대개 '[kasigE]'로 되어 있다.
13) 성산포는 '[kɷʃe]'이다.

여주, 장단, 평택
[평남] 평양, 용강을 제외한 각지
[평북] 각지
[함북] 온성, 회령, 무산
[충남] 각지 ; 강경(M)
[충북] 단양을 제외한 각지 ; 단양(M)
[전북] 남원, 전주, 김제, 정읍
[경북] 김천, 상주, 예천, 영주, 안동, 의성, 청송, 영양, 영덕, 흥해, 경주, 영천
[강원] 평창, 영월(M)

【kaul】
[경기] 장단, 개성
[황해] 연안, 해주, 강령, 옹진, 태탄, 성화, 은율, 안악, 신천, 재령, 서흥, 황주, 곡산, 신계, 토산, 금천
[강원] 이천
[평남] 용강, 양덕, 중화, 상원

【kaol】
[황해] 장연, 몽금포, 은율

【kasil】
[충북] 영동, 옥천, 보은, 청주, 괴산
[전북] 남원, 전주, 김제, 정읍 ; 군산, 임실, 금산, 무주(南) ; 운봉, 장수(M)
[전남] 영광, 해남, 보성, 벌교, 순천, 광양, 고흥, 구례, 곡성 ; 광주, 옥과, 여수, 장흥, 목포, 함평, 나주, 장성(南)
[제주] 제주
[경북] 고령, 영덕, 흥해, 경주, 영천
[강원] 강릉, 울진, 주문진(南) ; 평해(M)
[경남] 합천, 거창, 함양, 진주, 함안, 거제,[14] 김해, 양산, 밀양, 울산 ; 남해, 하동(M) ; 동래(한 Ⅵ, 8)

【kasɯl】
[전북] 전주
[전남] 구례, 보성, 장흥, 강진, 영암, 해남, 완도, 진도
[경북] 흥해
[강원] 평창(江)
[함북] 각지 ; 나남, 경흥, 웅기, 성진(咸) ; 나진(한 Ⅸ, 3)
[함남] 단천, 북청, 영흥 ; 함흥, 정평, 혜산, 오로리(M) ; 신흥, 풍산, 갑산, 이원, 홍원(黃)

【kωɯl】
[제주] 제주, 대정, 서귀포

【kωʃil】
[제주] 서귀포

【kωsɯl】
[제주] 서귀포, 성산포

2-2 가을에

'秋 + 에'라고 하는 경우에는 대개 '[kaɯre], [kaːre], [kaʃire], [kasɯre]' 등과

---

14) 전남 영광・해남・장성과 경남 거제 지방에서는 벼나 보리를 수확하는 것을 '[kasil]'(동사로는 '[kasilhanda]')이라고 하고 '秋'의 경우에는 '[kaɯl]'이라고 하여 구별이 있는 듯하다. 만약 이것이 사실이라면 신형인 '[kaɯl]'과 기존형 '[kasil]'의 차이를 이용하여 '秋'와 '收穫'의 두 가지 뜻을 변별하고자 하는 방언의 일면을 엿볼 수 있어 흥미롭다. 참고로 전국 각지에서 '[kaɯl]' 등은 이 두 가지 의미로 쓰이고 있음을 밝혀 둔다.

같이 되는 것이 보통이지만 때로 '[kaɯlge]'와 같이 '-g-'가 들어가는 형태가 쓰이는 곳이 있다. 이제 그것을 제시하면 다음과 같다.

【kaɯlge】

[경기] 수원

[충북] 진천, 음성, 괴산, 충주, 단양, 보은, 황간, 영동, 옥천

[경북] 영주[15]

【ka:lge】

[충남] 예산[16]

[충북] 제천을 제외한 각지

[경북] 상주, 예천, 영주, 안동, 의성, 청송, 영양, 영덕, 흥해, 경주[17]

【kasilge】

[전남] 순천

[경북] 영덕, 흥해,[18] 경주, 영천

[경남] 울산[19]

또한 '[kaɯre]'를 '[ka:ri, ka:rɛ]'라고 하는 지역이 있다.

【ka:ri】

[충남] 홍성, 청양, 서산, 태안, 당진, 예산, 아산, 공주, 논산, 부여, 서천, 감포, 보령

[제주] 대정[20]

15) '[kaɯlgE]'이다.

16) '[ka:lgɛ]'이다.

17) 이 지역들은 모두 '[ka:lgE]'이다.

18) 흥해는 '[kasilgE]' 외에 '[kasɯlgE]'도 나타난다.

19) 경북 영덕・흥해・경주와 경남 울산은 '[kasilgE]'이다.

20) 대정은 '[kaɯri]'이다.

【ka:rɛ, ka:lgɛ】

[충남] 태안,[21] 예산[22]

【kasirɛ】

[경남] 진주, 함안

【kasirE, ka:lgE】 등

경북과 경남(진주, 함안은 제외)에서는 일반적으로 'ɛ : e'의 구별이 없고 대개 그 중간인 '[E]'(다만 전설의 반폐모음[front-narrow-middle])이다.

3 가에(傍)

【kae】

[경기] 서울, 인천, 가평, 양평, 수원, 이천, 장단, 개성, 평택

[황해] 연안, 토산, 금천

[강원] 이천 ; 평해(M)

[충남] 천안, 조치원, 유성, 홍산, 홍성, 예산

[충북] 단양을 제외한 각지

[전북] 금산(M)

[전남] 곡성, 구례, 순천, 벌교, 보성, 영광

[경북] 예천, 영양, 김천, 상주 ; 영주(M)

[경남] 거창, 함양,[23] 함안[24]

【kai】

[충남] 논산

21) 태안은 '[ka:rɛ]'이다.

22) 예산은 '[ka:lgɛ]'이다.

23) 경북 예천・영양・김천・상주와 경남 거창・함양은 '[kaE]'이다.

24) 경남 함안은 '[kaɛ]'이다.

【kεe】

[경기] 광주, 여주, 이천

【kε】

[충남] 서산, 당진, 예산, 아산

【kase】

[경기] 평택

[충남] 천안, 조치원, 유성, 홍산, 홍성 ; 공주, 서천(M)

[충북] 제천을 제외한 각지

[전북] 전주, 김제, 남원 ; 금산(M)

[전남] 광주, 영광, 곡성, 구례, 순천, 광양, 벌교, 고흥, 보성, 장흥, 강진, 영암, 해남, 완도, 진도, 장성

[경북] 대구, 상주, 예천, 영주, 안동, 의성, 청송, 영덕, 흥해,[25] 경주, 영천 ; 문경(M)

[경남] 거창, 함양, 진주, 거제, 김해, 양산, 밀양, 울산[26]

[강원] 울진(M)

【kasi】

[충남] 공주, 논산, 부여, 홍산, 서천, 감포, 보령, 홍성, 청양, 서산, 태안, 당진, 예산, 아산 ; 강경(M)

[전북] 전주, 정읍 ; 무주(M)

[경북] 고령[27]

[경남] 합천

【$katt^{h}e$】

[전북] 전주, 김제, 남원

[전남] 광주, 곡성, 순천, 벌교, 보성, 강진, 영암, 해남, 진도

[제주] 제주[28]

【$katt^{h}i$】

[전북] 정읍

【$k\omega tt^{h}i$】

[제주] 서귀포, 성산포

【kahe】

[제주] 대정

4-1 닭(雞)

【tak】

[경기] 각지

[황해] 각지

[강원] 이천, 철원

[평남] 각지

[함남] 영흥, 안변

[평북] 박천, 운산, 영변, 희천, 강계, 후창, 자성, 위원, 초산, 벽동

[충남] 각지

[충북] 각지

[전남] 각지

[전북] 각지

[경북] 고령, 김천, 상주

[경남] 합천, 거창, 함양, 진주, 함안, 거제

---

25) 전남 광양·벌교·고흥과 경북 흥해는 '[kaʃe]'이다. 전남 장흥에서는 '[kase]'와 함께 '[kaʃe]'도 나타난다.

26) 전북 김제, 전남 광주·영광·장성, 경북 상주·예천·영주·안동·의성·청송·영덕·경주·영천, 경남 거창·함양·진주·김해·양산·밀양·울산은 '[kasE]'이다.

27) 전북 전주와 경북 고령은 '[kaʃi]'이다.

28) 전남 광주, 제주도 제주는 '[$katt^{h}E$]'이다.

【tal】

[평북] 용암포, 철산, 선천, 정주, 구성, 태천, 박천, 초산, 벽동, 창성, 의주

[경북] 대구, 김천 등 각지(고령은 제외)

[경남] 김해, 양산, 밀양, 울산

【tωk】

[제주] 제주, 대정, 서귀포, 성산포

【talgi】

[경기] 개성, 평택

[황해] 연안, 해주, 강령, 옹진,29) 몽금포, 은율, 안악, 신천, 재령, 서흥, 황주, 수안, 곡산, 신계, 토산, 금천

[강원] 이천

[평남] 중화, 상원, 평양, 용강, 한천, 영유, 양덕, 순천, 강동

[함북] 각지

[함남] 단천, 북청

[충남] 천안, 홍성, 청양, 서산, 태안, 예산, 아산, 부여, 홍산, 서천, 보령

[충북] 청주, 진천, 음성

4-2 닭은

【talgɯn】

[경기] 서울, 인천, 의정부, 가평, 양평, 광주, 장단, 평택

[황해] 장연, 은율, 수안

[강원] 이천, 철원

[평남] 상원, 평양, 용강, 한천, 개천, 덕천,30) 영원, 맹산, 양덕, 성천, 순천, 강동

[함북] 각지

[함남] 각지

[평북] 각지31)

[충남] 천안, 조치원, 유성, 부여, 강포, 홍성, 서산, 예산, 아산

[충북] 청주, 진천, 음성, 괴산, 충주, 제천, 단양

[경북] 고령, 김천, 상주, 예천, 영주, 안동, 의성, 청송, 영양, 영덕, 흥해, 경주

[경남] 거창, 울산

【tagɯn】

[경기] 강화, 의정부, 광주, 수원, 여주, 이천, 장단, 개성, 평택

[황해] 몽금포, 수안을 제외한 각지

[평남] 각지

[평북] 박천, 운산, 영변, 희천, 강계, 후창, 자성, 위원, 초산, 벽동

[충남] 각지

[충북] 각지

[전북] 전주, 김제, 정읍

[전남] 광주, 영광 등 각지(광양은 제외)

[경남] 함양

【talkʰɯn】

[경남] 김해, 양산, 밀양

【takkʰɯn】

[경북] 고령, 김천, 상주

[경남] 합천, 거창, 함양, 진주, 함안, 거제

[전남] 광양, 벌교

29) '[talge]'도 나타난다.

30) 덕천은 '[taʎgɯn]'이다.

31) 희천과 강계에서는 드물게 나타난다.

【tarɯn】
[평북] 용암포, 철산, 선천, 정주, 구성(?), 의주
[경북] 대구, 영주, 의성, 청송, 영덕, 흥해, 경주
[경남] 김해, 양산, 밀양, 울산
【talginɯn】
[경기] 개성, 평택
[황해] 태탄, 송화를 제외한 각지
[평남] 중화, 상원, 평양, 용강, 한천, 영유, 개천, 양덕, 순천, 강동
[함북] 경성(?)
[충남] 부여, 홍산, 홍성, 청양, 태안, 예산, 아산
[충북] 진천, 음성
【tωgɯn】
[제주] 제주, 대정, 서귀포, 성산포

4-3 닭이
이 형태에 대해서는 평남, 평북, 전남, 전북, 경남, 경북, 함남, 함북, 제주도에서만 조사를 했다.
【talgi】
[평남] 평양, 용강, 한천, 영유, 개천, 덕천,[32] 맹산, 양덕, 순천, 성천, 강동
[함북] 각지
[함남] 각지
[평북] 희천, 강계를 제외한 각지
[강원] 철원
[경북] 김천, 예천, 영주, 안동, 의성, 청송, 영양, 영덕, 흥해, 경주
[경남] 울산
【tagi】
[평남] 각지
[평북] 박천, 운산, 영변, 희천, 강계, 후창, 자성, 위원, 초산, 벽동
[전남] 광주, 영광, 벌교, 고흥, 보성, 장흥, 강진, 영암, 해남, 완도, 진도, 장성
【tɛgi】
[전북] 전주, 김제, 정읍, 남원
[전남] 곡성, 구례
【talkʰi】
[경북] 상주
[경남] 김해, 양산, 밀양, 울산
【takkʰi】
[전남] 순천, 광양, 벌교, 고흥
[경북] 고령, 김천, 상주
[경남] 합천, 거창, 함양, 진주, 함안, 거제
【tari】
[평북] 용암포, 철산, 선천, 정주, 구성, 창성, 의주
[경북] 대구, 의성, 청송, 영덕, 흥해, 경주
[경남] 김해, 양산, 밀양, 울산
【talgiga】[33]
[평북] 평양, 용강, 한천, 영유, 안주, 양덕, 강계
[함북] 경성

32) 덕천은 '[taʎgi]'이다.

33) 황해도 금천에서도 쓴다.

【tɷgi】
[제주] 제주, 대정, 서귀포, 성산포

4-4 닭의알(鷄卵)
【talgyal】
[경기] 서울, 인천, 강화, 의정부, 가평, 양평, 광주, 장단, 개성
[황해] 연안, 해주, 강령, 옹진, 태탄, 장연, 몽금포, 송화, 은율, 안악, 신천, 재령, 서흥, 토산, 금천
[강원] 이천, 철원[34]
[함남] 안변[35]
[경남] 양산
[충북] 충주
【talgyɔl】
[경기] 수원, 여주
[평남] 영원
[충남] 당진, 예산, 아산
【talgɛl】
[황해] 황주, 수안, 곡산, 신계
[평남] 각지
[함남] 영흥 ; 함흥(한 Ⅵ, 7)
[평북] 각지[36]
[함북] 부거, 온성, 회령, 무산[37]

34) 철원은 '[talgial]'.
35) 안변은 '[talgial]'.
36) 구성·태천·초산에서는 '[talgel]'이다. 자성에서는 '[talgæl]'이다.
37) 함남 영흥과 함북 부거·온성·회령·무산은 모두 '[talgɛ:l]'이다. 그런데 이때의 '[ɛ]'는 입의 벌림이 매우 커서 거의 '[æ]'이다.

【talgɛ:】
[함북] 길주
[함남] 단천, 북청
【talgɛ:ri】
[함북] 부거, 경성
[함남] 단천, 북청
【talgwal】
[전북] 남원
[전남] 곡성, 구례, 순천, 광양, 벌교, 보성, 완도
[경북] 경주
[경남] 울산
【talgal】
[경기] 이천, 장단, 개성
[충남] 각지
[충북] 각지
[전북] 전주, 김제, 정읍
[전남] 광주, 장흥, 강진, 영암, 해남, 완도, 진도
[경북] 경주를 제외한 각지
[경남] 합천, 거창, 함양, 진주, 함안, 김해, 밀양
【tagal】
[충남] 논산, 부여, 홍산, 서천
[전남] 순천, 광양, 벌교, 고흥, 보성, 완도,[38] 진도, 장성
[경남] 거제
[함남] 안변
【taŋgal】
[전북] 정읍

38) 완도에서는 '[tEgal]'이라고 한다.

[전남] 영광, 강진, 해남
【taral】
[경북] 의성, 청송, 영양, 영덕, 흥해, 경주
[경남] 양산, 밀양, 울산
【tœksɛgi】
[제주] 제주, 대정,[39] 서귀포, 성산포[40]
【talksagi】
[제주] 제주, 정의(南)
이상은 순수 고유어 계열의 단어인데 이 외에 '鷄卵'이라는 한자어를 사용하는 경우가 있다.
【kyɔran】
[경기] 서울, 인천, 강화, 의정부, 가평, 양평, 광주, 장단, 개성, 평택
[황해] 연안, 강령, 옹진, 몽금포, 송화, 은율, 안악, 재령, 서흥, 토산, 금천
[강원] 이천
[평남] 양덕
[충남] 천안, 홍산, 홍성, 청양, 예산, 아산
[충북] 음성, 괴산, 충주, 제천
[전북] 김제, 정읍
【keran】
[경기] 가평, 양평, 광주, 수원, 이천
[황해] 안악, 재령, 서흥, 수안, 곡산, 신계
[평택] 평양
[평북] 용암포

39) 제주와 대정은 '[tœksEgi]'이다.
40) 성산포는 '[tœkʃEgi]'이다.

[충남] 조치원, 유성, 공주, 논산, 부여, 홍산, 서천, 감포, 보령, 서산, 태안, 당진, 예산, 아산
[충북] 청주, 진천, 충주, 제천, 단양, 보은, 옥천, 영동
[전북] 전주, 남원
[전남] 각지
[경북] 김천
[경남] 진주, 함안, 거제, 양산, 밀양
【kyɔral】
[황해] 장연, 송화
[충남] 예산
【keral】
[충북] 단양
[경북] 상주, 예천, 영주, 안동, 청송, 영양, 영덕, 흥해, 경주
[경남] 울산[41]
【ʧEral】
[경북] 경주
[경남] 울산
【ʧɔran】
[함북] 경성
'[kyɔral], [keral], [ʧEral]'은 'al'(卵) 또는 'taral'에 감염(contamination)된 것이다.

5-1 달이 밝다(月明)
【tari pakta】
[경기] 각지

41) 평북 용암포, 경북 안동・청송・영양・영덕・흥해・경주, 경남 울산은 '[kEral]'이다.

[황해] 연안, 해주, 강령, 옹진, 태탄, 장연, 몽금포, 송화, 은율, 신천, 토산, 금천
[강원] 이천, 철원
[평남] 평양, 용강, 한천, 영유, 순천, 성천, 강동, 상원
[함북] 각지
[함남] 각지
[충남] 각지
[충북] 각지
[전북] 각지
[전남] 각지
[경남] 합천, 거창, 함양, 거제
[경북] 고령
【tari palta】
[황해] 안악, 재령, 서흥, 황주, 곡산, 신계
[평남] 중화, 안주, 개천, 덕천, 영원, 맹산, 양덕
[평북] 각지
[경북] 대구, 고령, 김천, 상주 등 각지
[경남] 김해, 양산, 밀양, 울산
【tari pokta】
[전북] 남원[42]
[전남] 해남, 영암, 강진, 장흥, 보성, 고흥, 벌교, 광양, 순천, 구례, 곡성, 완도,[43] 진도, 장성
[경남] 진주, 함안
[함북] 온성, 회령

42) 남원 읍내에서는 말하지 않는다.

43) 완도에서는 아이들은 모르고 여자들이 말한다고 한다.

【tari polt̄a】
[경남] 김해,[44] 밀양
【tɯri pɯkta】
[제주] 서귀포, 성산포
제주도의 이 예는 '달'(<돌)의 다른 형태(異形)도 명확히 보여 주는데, 다음 평안북도의 방언형도 문법상 흥미롭다.
【talgi palt̄a】
[평북] 태천, 창성, 의주
이상의 '[pakta], [palt̄a]' 등이 'tari'의 뒤를 이어서 '[bakta]' 등으로 들리는 경우가 있는 것은 한국어의 일반적 특징이다. 물론 이 때의 'b'도 '[b]'는 아니고 '[b̥]'이다.

5-2 밝은 달(明月)

【palgɯn dal】
[경기]·[황해]·[평남]·[평북] 각지
[강원] 이천, 철원
[충북]·[충남]·[경북]·[경남]·[전북]·[전남] 각지
[함북] 각지[45]
[함남] 각지
【polgɯn dal】
[전남] 구례, 순천, 광양, 벌교, 고흥, 보성, 장흥, 강진, 영암, 해남, 진도
[경남] 진주, 함안, 김해,[46] 밀양, 울산

44) 김해에서는 현재 노인들이 드물게 사용한다.

45) 함북에서는 종종 '[palgɯn dari]'라고 말한다.(부거, 온성, 회령, 길주)

[함북] 회령

【pElgɯn dal】

[경남] 김해

【pɷlgɯn dɷl】

[제주] 서귀포, 성산포

6 턱(顎)

【t^hɔk】

[경기] 서울, 의정부, 가평, 양평, 광주, 수원, 여주, 이천, 장단, 개성, 평택

[황해] 연안, 몽금포, 재령, 서흥, 금천

[강원] 이천, 철원

[평남] 상원

[충남] 천안, 조치원, 유성, 공주, 논산, 부여, 홍산, 서천, 감포, 보령, 홍성, 서산, 태안, 당진, 예산, 아산

[충북] 청주, 진천, 음성, 괴산, 제천

【t^hök】

[충북] 충주

[경북] 경주(南)

【t^hak】

[평남] 평양 ; 개천(한 Ⅶ, 5)

[평북] 용암포, 선천, 영변, 위원 ; 의주(한 Ⅶ, 7)

【t^hɛk】

[충북] 황간, 영동, 옥천, 단양

[강원] 강릉(한 Ⅶ, 9)

[전북] 김제, 정읍, 남원 ; 운봉, 장수, 무주, 금산, 전주(M)

[전남] 광주, 영광, 곡성, 구례, 순천, 광양, 벌교, 고흥, 보성, 장흥, 강진, 영암, 해남, 완도, 진도, 장흥, 여수(南)

[경북] 대구, 고령, 김천, 상주, 예천, 영주, 안동, 의성, 청송, 영양, 영덕, 흥해, 경주

[경남] 합천, 거창, 함양, 진주, 함안, 거제, 김해, 양산, 밀양,[47] 울산 ; 마산(南) ; 남해, 하동(M)

[함북] 온성, 무산, 길주 ; 나진(한 Ⅸ, 6)

[함남] 단천, 영흥, 안변

【t^hɛgi】

[함북] 각지

[함남] 단천, 북청 ; 함흥(한 Ⅸ, 7)[48]

일반적으로는 이러한 단순형을 사용하지 않고 '-ari, -ʧugari' 등의 접미사를 덧붙인 형태를 사용한다.

【t^hɔgɔri】

[경기] 개성

[황해] 연안, 해주

[충남] 조치원, 유성, 공주, 부여, 홍산, 서천, 감포, 보령, 홍성, 청양, 서산, 당진, 예산, 아산 ; 강경(M)

[충북] 진천, 음성, 괴산, 충주[49]

[전남] 영광

46) 김해에서는 노인들이 드물게 사용한다.

47) 충북 단양, 전북 남원, 전남 광주・영광・곡성・강진・영암・해남・완도・진도・장흥, 경북 대구・고령・김천・상주・예천・의성・청송・영양・영덕・흥해・경주, 경남 합천・거창・양산・밀양은 '[t^hEk]'이다.

48) 원본은 '[t^hɛi]'로 되어 있는데 '[t^hɛgi]'의 잘못임에 틀림없다.

49) 충주에서는 '[t^högɔri]'이다.

【tʰɔgari】

[경기] 장단

[황해] 옹진, 태탄, 장연, 몽금포, 송화, 은율, 안악, 재령, 서흥, 황주, 수안, 곡산, 토산

[평남] 중화, 상원

[충남] 논산

【tʰɔguri】

[충북] 청주

[평북] 박천

【tʰagari】

[평남] 평양, 용강, 한천, 영유, 순천, 성천, 강동 ; 개천(한 Ⅶ, 5)

[평북] 용암포,[50] 선천, 구성, 태천, 박천, 운산, 영변, 강계, 벽동, 의주

【tʰaguri】

[평북] 철산, 선천, 박천

【tʰɛgari】

[충북] 황간, 영동

[전북] 전주, 김제, 정읍

[전남] 광주, 고흥, 보성, 장흥, 장성

[경북] 대구, 김천, 고령, 흥해

[경남] 합천, 거창, 거제,[51] 김해, 양산[52]

【tʰegari】

[충남] 강경(M)

【tʰɛgɔri】

[충북] 옥천, 보은

[충남] 논산[53]

【tʰɛguri】

[충북] 청주

【tʰEk̄əri】

[경북] 경주

[경남] 울산

【tʰɯgari】

[제주] 제주, 대정, 서귀포

【tʰɔgadʒi】

[충남] 부여, 홍산, 서천, 감포

【tʰEgadʒi】

[전남] 강진, 영암, 해남, 완도, 진도

이상은 '-ari' 또는 '-adʒi' 등이 덧붙은 형태인데, 다음으로 '-ʧugari' 계열의 접미사를 붙인 형태가 꽤 널리 쓰이고 있다.

【tʰɔkʧugari】

[경기] 인천, 의정부, 가평, 양평, 광주, 수원, 여주, 이천, 장단

[충남] 아산

【tʰɔkʧugɔri】

[경기] 평택

[충북] 음성, 영동

[충남] 천안, 조치원, 유성

【tʰEkʧogari】

[전북] 전주, 남원

[전남] 곡성, 구례, 순천, 광양, 벌교, 장흥

[경남] 합천, 거창, 함양, 진주, 함안, 거제

【tʰɔksugari】

[경기] 개성

---

50) 용천군 양시(楊市) 역시 동일하다(한 Ⅵ, 5).

51) 거제는 '[tʰɛgare]'이다.

52) 경북 대구・김천・고령・흥해와 경남 합천・거창・양산은 '[tʰEgari]'이다.

53) 논산은 '[tʰegɯri]'이다.

[황해] 연안, 해주, 태탄, 장연, 몽금포, 송화, 은율, 안악, 신천, 재령, 서흥, 황주, 곡산, 신계, 토산, 금천
[강원] 이천, 철원
[평남] 상원
【tʰɔksugɔri】
[황해] 강령, 옹진
[충북] 제천
【tʰaksugari】
[평남] 평양, 용강, 덕천, 영원, 맹산, 양덕, 순천, 성천, 강동
[평북] 용암포,[54] 철산, 선천, 의주
【tʰaksiguri】
[평남] 한천, 영유
【tʰaksulgari】
[평북] 구성, 박천, 운산, 영변, 희천, 후창
【tʰEksugari】
[평북] 단양
[평북] 안동
[함남] 영흥, 안변
【tʰɛksogari】
[경북] 대구
[경남] 밀양,[55] 함안
【tʰEksugəri】
[경북] 영주, 영양, 영덕
[경남] 울산
【tʰEksagari】
[경남] 울산, 양산
【tʰEksubari】
[경남] 김해
【tʰEksubəri】
[경북] 예천
【tʰEktogari】
[경북] 고령?
【tʰɔksuk】
[황해] 옹진
【tʰɔksugɛi】
[황해] 수안
[강원] 이천
【tʰɔkʧugi】
[충남] 천안
【tʰɔkʧugɛŋi】
[충남] 천안
[충북] 진천
【tʰɔkʧɔguni】
[충남] 조치원
【tʰɔksuŋi】
[충남] 서천
【tʰɛksuŋi】
[함북] 부거, (명천), 길주[56]
【tʰɛkʧugɛŋi】
[전남] 구례[57]
이 외에 '-nɛŋi, -nagari' 등을 붙이는 지방이 있다.
【tʰɔŋnɛŋi】
[평남] 중화, 상원
【tʰaŋneŋi】
[평남] 안주, 개천

54) 용천군 양시(楊市)도 동일하다(한 VI, 5).

55) 경북 대구와 경남 밀양은 '[tʰEksogari]'이다.

56) 명천과 길주는 '[tʰɛkʃüŋi]'이다.

57) 구례에서는 '[tʰEkʧogɛŋi]'도 나타난다.

[평북] 정주, 구성, 태천, 박천, 운산, 영변, 창성, 의주

【tʰaŋnɛgi】

[평북] 희천,[58] 강계, 후창, 자성, 위원, 초산, 벽동

【tʰɔŋnagari】

[황해] 수안, 곡산

【tʰaŋnagari】

[평남] 덕천, 영원, 맹산, 양덕, 성천

[평북] 초산, 벽동

그 밖의 형태로 다음과 같은 것이 있다.

【tʰɔkp̄ɛgi】

[충남] 홍성, 청양, 서산, 태안, 당진, 예산, 아산, 보령, 감포, 홍산, 부여, 공주

【agultʰak】

[제주] 서귀포

【agutʰak】

[제주] 성산포

7-1 흙(土)

【hɯk】

[경기] 각지

[황해] 연안, 해주, 강령, 옹진, 태탄, 장연, 몽금포, 안악, 재령, 서흥, 수안, 곡산, 신계, 토산, 금천

[강원] 이천, 철원

[함남] 북청, 영흥, 안변

[함북] 회령

[평남] 중화, 상원, 평양, 용강, 안주, 개천, 덕천, 영원, 맹산, 양덕, 순천, 성천, 강동

[평북] 운산, 박천, 영변, 희천, 강계, 후창, 자성, 위원, 초산, 벽동

[충남] 각지

[충북] 황간을 제외한 각지

[전북] 각지

[전남] 각지

[제주] 제주, 서귀포, 성산포

[경남] 진주, 함양[59]

【hɔk】

[황해] 송화, 은율, 신천, 재령, 서흥, 황주

[평남] 중화, 영유, 안주, 개천

[충북] 황간

[전남] 장성[60]

[경북] 고령, 김천, 상주

[경남] 합천, 거창, 함양, 진주, 함안, 거제[61]

【hak】

[평남] 용강, 한천, 영유, 양덕

[함북] 회령

【hɷk】

[제주] 대정, 서귀포, 성산포

【hɯl】

[평북] 용암포, 철산, 선천, 정주, 구성,

58) 희천은 '[tʰaŋnegi]'이다.

59) 진주와 함양은 '[hʉk]'이다.

60) 황해도 황주와 전남 장성은 '[hɔk]'보다도 '[hok]'에 가깝다. 장성에는 '[hək]'도 나타난다.

61) 충북 황간, 경북 고령・김천・상주, 경남 합천・거창・함양・진주・함안・거제는 '[hək]'이다.

태천, 박천, 영원, 희천, 창성, 의주
[함북] 경성
[경북] 예천, 영주, 안동, 의성, 청송, 영덕, 흥해, 경주,[62] 영천
[경남] 부산(한 Ⅷ, 1)
【hɔl】
[평북] 용암포
[경북] 대구, 고령, 김천, 상주, 영양, 흥해
[경남] 김해, 양산, 밀양, 울산[63]
【hɯlgi】
[함북] 부거, 무산, 길주
[함남] 단천
【halgi】
[함북] 온성, 회령

7-2 흙이
【hɯlgi】
[경기] 서울, 광주, 가평
[평남] 상원
[함남] 단천, 북청, 영흥
[평북] 강계를 제외한 각지
[함북] 온성, 회령을 제외한 각지
[충남] 조치원, 유성, 홍산
[충북] 음성, 괴산, 충주, 제천, 단양
[경북] 예천, 영주, 안동, 의성, 청송, 영양, 영덕, 흥해, 경주,[64] 영천
【hɔlgi】
[평북] 용암포
[충북] 황간
[경북] 상주
[경남] 울산[65]
【halgi】
[함북] 온성, 회령
【həlk^{h}i】
[경남] 김해, 양산, 밀양
【həkk^{h}i】
[충북] 황간
[경북] 고령, 김천, 상주
[경남] 합천, 거창, 함양, 진주,[66] 함안, 거제
[전남] 광양,[67] 벌교[68]
【hɯgi】
[경기] 서울, 인천, 강화, 의정부, 양평, 여주, 수원, 이천, 장단, 개성, 평택
[황해] 연안, 해주, 강령, 옹진, 태탄, 장연, 몽금포, 안악, 재령, 서흥, 수안, 곡산, 신계, 토산, 금천
[강원] 이천, 철원
[함남] 안변
[평남] 중화, 상원, 평양, 용강, 안주, 개천, 덕천, 영원, 맹산, 양덕, 순천, 성천, 강동
[평북] 박천, 운산, 영변, 희천, 강계, 후창, 자성, 위원, 초산, 벽동
[충남] 각지

62) 경주는 '[hʉl]'이다.
63) 경북과 경남의 제시된 지역은 모두 '[həl]'이다.
64) 경주는 '[hʉlgi]'이다.
65) 충북 황간, 경북 상주, 경남 울산은 '[həlgi]'이다.
66) 경남 함양과 진주는 '[hʉkk^{h}i]'이다.
67) 광양은 '[hikk^{h}i]'이다.
68) 벌교는 '[hɯkk^{h}i]'이다.

[충북] 황간을 제외한 각지
[전북] 각지
[전남] 광양을 제외한 각지
[경남] 함양
【hɔgi】
[황해] 송화, 은율, 신천, 재령, 서흥, 황주
[평남] 중화, 영유, 안주, 개천
[충북] 황간
[전남] 장성
[경북] 김천, 상주
[경남] 거창, 함양[69)]
【hagi】
[평남] 용강, 한천, 영유, 양덕
【hœgi】
[제주] 대정, 서귀포, 성산포
【hɯigi】
[충남] 태안
【higi】
[전남] 곡성, 구례, 순천, 고흥
【hɯri】
[평북] 용암포, 철산, 선천, 정주, 구성, 태천, 박천, 창성, 의주
[경북] 예천, 영주, 안동, 의성, 청송, 영덕, 흥해, 경주,[70)] 영천
【hɔri】
[평북] 용암포
[경북] 대구, 고령
[경남] 김해, 양산, 밀양, 울산[71)]

69) 충북 황간, 경북 김천・상주, 경남 거창・함양은 '[həgi]'이다.
70) 경주는 '[hʉri]'이다.

8-1 물이 맑다(水澄)
【muri makta】
[경기] 각지
[황해] 연안, 해주, 강령, 옹진, 태탄, 장연, 몽금포, 송화, 은율, 신천, 토산, 금천
[강원] 이천, 철원
[평남] 상원, 평양, 용강, 한천, 영유, 순천, 성천, 강동, 중화
[함북] 각지
[함남] 북청을 제외한 각지
[전남]・[충북] 각지
[전북] 전주, 김제, 정읍, 남원 ; 운봉, 장수, 무주(M)
[전남] 곡성, 영암, 해남, 완도, 기타
[경남] 거창, 함양, 함안, 거제
【muri malt͞a】
[황해] 안악, 재령, 서흥, 황주, 곡산, 신계
[평남] 중화, 영유, 안주, 개천, 덕천, 영원, 맹산, 양덕, 순천, 강동
[평북] 각지
[경북] 대구, 고령, 김천 등 각지
[경남] 김해, 양산, 밀양, 울산
【muri malgɯda】
[황해] 연안, 해주, 강령, 옹진, 은율
[전북] 전주, 김제
[전남] 구례, 완도
【muri malgahada】
[전남] 보성, 장흥, 영암, 해남, 완도,

71) 경북과 경남의 제시된 지역은 모두 '[həri]'이다.

진도

【muri mElgəhada】

[전남] 영광

【muri malsug^hada】

[함남] 북청, 영흥, 안변

【muri mokta】

[전북] 남원(M)

[전남] 구례, 순천, 광양, 고흥, 보성 ; 여수(M)

[경남] 진주 ; 남해, 하동(M)

[함북] 온성, 회령

【muri molt͈a】

[경남] 김해[72)]

【muri molgɯda】

[전남] 벌교

【muri molga^hada】

[전남] 강진, 진도

이상은 '맑다' 계통이다. 이 밖에 다음과 같은 형태가 산견된다.

【muri k^halk^hɯlhada】

[경남] 합천, 거창

【muri k^halk^hɯlt͈a】

[경남] 밀양

【muri kopta】

[제주] 대정, 서귀포, 성산포

[경북] 영덕, 흥해, 경주

8-2 맑은 물(澄水)

【malgɯn mul】

[한반도] 각지

【malgan mul】

[전남] 완도

[경남] 합천

【myalgan mul】

[충남] 서산

【mElgɯn mul】

[전남] 영광

【malsug^han mul】

[함북] 길주

[경남] 각지

【molgɯn mul】

[전남] 순천, 광양, 벌교, 고흥, 보성, 강진, 진도

[경남] 진주, 김해

[함북] 온성, 회령

【k^halk^hɯrɯn mul】

[경남] 밀양

【k^halk^haran mul】

[전남] 장흥, 진도

【kobɯn mul】

[경북] 영덕, 흥해, 경주

【koːn mul】

[제주] 대정, 서귀포, 성산포

【ʧoːn mul】

[경남] 함안

[함북] 부거, 온성, 회령

【ʧ^hoːun mul】

[경남] 거제

9-1 마을(村)

'마을'이라는 단어는 아어(雅語)이며 일반적으로 방언에서는 드물게 사용

72) 노인들에게서만 들을 수 있다.

된다. '村'을 뜻하는 단어로는 대부분 '동내, 동네'라는 말을 사용하지만 이것은 방언으로서는 변화가 불충분하기 때문에 여기서 제시하지는 않는다. '마을' 계통의 말을 사용하는 지역을 들면 다음과 같다.

【mawl】

[충남] 당진, 태안, 예산, 아산

[충북] 진천, 음성, 괴산, 충주, 제천, 단양, 영동, 황간

[전북] 전주, 김제

[전남] 영광, 곡성, 구례, 순천, 벌교, 강진, 영암, 해남, 진도, 장성

[경북] 상주, 예천, 영주, 안동, 의성, 청송, 영양, 영덕, 흥해, 경주

[경남] 울산

[함남] 영흥

【maul】

[함북] 나남, 부령, 무산, 회령, 종성, 경원, 경흥, 웅기, 청진, 경성, 길주, 성진(咸)

[함남] 단천, 북청, 홍원(咸)

【ma:l】

[경기] 장단, 평택

[평남] 평양, 안주, 덕천, 맹산,[73] 양덕

[평북] 선천, 정주, 구성, 태천, 박천, 운산, 희천, 강계, 후창, 위원, 창성, 의주[74]

[함남] 단천, 북청 ; 풍산, 갑산(黃)

[충남] 감포

[충북] 괴산, 충주

【mo:l】

[황해] 몽금포

[함남] 풍산, 갑산(黃)

[평북] 철산, 선천, 정주, 구성, 태천, 박천, 운산,[75] 희천, 위원, 창성, 의주,[76] 용천[楊市](한 Ⅵ, 5)

【moul】

[함북] 회령, 종성(咸)

【mɷwl】

[제주] 서귀포

【masil】

[충남] 서산

[충북] 진천, 음성, 괴산, 충주, 제천, 단양, 영동, 황간 ; 청주[77](南)

[전북] 남원

[전남] 광주(한 Ⅵ, 4)

[제주] 대정

[경북] 대구,[78] 고령, 김천, 상주, 예천, 영주, 안동, 청송, 영양, 의성, 영덕,[79] 흥해,[80] 경주, 영천 ; 문경(南)

---

73) 맹산의 경우 단독으로는 말하지는 않고, '[tünmal]'(後村), '[ammal]'(前村)과 같이 말한다.

74) 평북 창성과 의주에서는 '[măl]'(短), '[kɔnnɔnmăl]'(向村)과 같이 말한다.

75) 평북 선천·정주·구성·태천·운산은 '[urimo:l]'(우리 마을)과 같이 쓰인다.

76) 평북 창성과 의주에서는 '근처, 이웃'의 의미이다.

77) 청주는 '[maswl]'도 나타난다.

78) 부내(府內)에서는 이렇게 말하지 않는다.

79) 충남 서산과 경북 영덕은 '이웃 마을(隣村)'의 의미이다.

[경남] 합천, 거창, 진주, 함안, 거제, 양산, 울산 ; 동래(한 VI, 8)

【mosil】

[전남] 곡성, 구례, 순천, 광양 ; 광주(한 VI, 4)

[경남] 양산

【mωsil】

[제주] 서귀포, 성산포[81]

【orɛ】

[함남] 북청, 영흥, (안변)[82]

9-2 마을 간다

'마을'이라는 단어는 위와 같이 방언으로서의 세력은 희박하지만 '마을 간다'라는 관용구로서 현재 더 널리 쓰이고 있다. 이러한 '마을 간다'는 원래의 의미는 아니고, 대부분의 경우 밤(夜) 등에 근처 집으로 놀러 가는 것을 일컫는다.

【maɯl ganda】

[경기] 강화

【maːl ganda】

[경기] 여주, 이천, 장단, 개성

[황해] 연안, 곡산, 신계, 토산, 금천

[강원] 이천, 철원

[평북] 구성, 태천, 박천, 운산, 희천, 강계

【moːl ganda】

[황해] 해주, 강령, 옹진, 태탄, 장연, 몽금포, 송화, 은율, 안악, 신천, 재령, 서흥, 황주, 수안

[평남] 상원, 평양

[평북] 용암포, 철산, 선천, 구성, 박천, 영변, 창성, 의주

【masil ganda】

[경기] 평택

[충남] 천안,[83] 조치원, 유성, 공주, 논산, 부여, 홍산, 서천, 감포, 보령, 홍성, 청양, 서산, 태안, 당진, 예산, 아산

[충북] 각지

[전북] 전주,[84] 남원[85]

[전남] 장성[86]

[경북] 대구, 고령, 김천, 상주,[87] 예천, 영주, 안동,[88] 의성,[89] 영덕, 흥해, 경주, 영천

[경남] 합천, 거창, 밀양, 울산

[제주] 대정

【mosil ganda】

[전북] 김제, 정읍,[90] 남원

80) 충북 음성, 전북 남원, 경북 의성・흥해는 '[masɯl]'이다.

81) 성산포에서는 '[mωsɯl]'이다.

82) 안변에서는 '[orɛt̄ɯl]'이 '근처'의 의미이다.

83) 경기 평택과 충남 천안은 이웃집이나 이웃 마을에 가는 일에 사용한다.

84) 전주에서는 '[masɯl]'이다.

85) 충북 영동과 전북 남원에서는 '[masɯl]'이라고도 한다.

86) 여자의 행실이 나쁜 것을 이른다.

87) 상주에서는 '[masirE ganda]'라고 한다.

88) 경북 영주와 안동에서는 밤에만 한정되지 않고 낮에 이웃에 갈 때에도 쓴다.

89) '[masɯllaganda]'라고 말한다.

[전남] 광주, 영광, 곡성, 구례, 순천, 광양, 벌교,[91] 고흥, 보성, 장흥, 강진, 영암,[92][93] 해남, 완도, 진도[94]
[경남] 함양, 진주, 함안, 거제, 김해, 양산
【mɷsil ganda】
[제주] 제주, 서귀포, 성산포[95]

10 팥(小豆)
【pʰat】
[경기] 각지
[황해] 각지
[강원] 이천, 철원
[평남] 중화, 상원, 평양, 용강
[함남] 안변
[충남] 각지
[충북] 각지
[전북] 전주, 김제, 정읍, 남원 ; 장수, 무주(M)
[전남] 광주
[경북] 각지
[경남] 합천, 거창, 밀양, 울산
[제주] 제주
【pʰot】
[전북] 김제, 정읍, 남원 ; 운봉(M)
[전남] 각지 ; 돌산, 여수, 목포, 함평, 나주, 담양, 옥과(M)
[경남] 함양, 진주, 함안, 거제, 김해, 양산, 울산 ; 동래, 마산, 통영, 남해, 하동(M)
【pʰɷt】
[제주] 대정, 서귀포, 성산포, 제주 ; 정의(M)
【pʰak】
[평남] 평양, 영우, 한천, 안주, 개천, 덕천, 맹산, 영원, 양덕, 순천, 성천, 강동
[평북] 각지
【pʰatki】
[황해] 해주, 강령, 옹진,[96] 태탄, 송화,[97] 안악,[98] 재령[99]
[평남] 상원, 평양, 한천, 영유, 순천[100]
【pʰɛk̄i】
[함북] 경성, 부거, 회령, 무산, 길주
[함남] 단천, 북청, 영흥; 함흥(한 VI, 7)
【pʰatʃʰi】
[함북] 회령, 무산
【pʰotʃʰi】
[함북] 온성, 회령 ; 종성, 경원(M)

---

90) 정읍은 '[mosiri ganda]'라고 말한다.
91) 벌교는 '[mosil laganda]'이다.
92) 전남 광양·고흥·보성·장흥·강진·영암은 '여자가 놀러 나간다'는 의미이다.
93) 전남 강진과 영암은 '[mosɯl ganda]'이다.
94) 전남 광주·영광·곡성·해남·완도·진도는 '[mosirE ganda]'이다.
95) 성산포는 '[mɷsɯl ganda]'이다.
96) 옹진은 '팥밥(小豆飯)'의 의미이다.
97) 송화는 '씻은 팥'의 의미이다.
98) 함경도 태탄·송화·안악은 '[pʰak̄i]'이다.
99) 재령은 '[pʰæk̄i]'이다.
100) 평남 평양·한천·영유·순천은 '[pʰɛk̄i]'이다.

평남과 평북에서는 '팥이(주격형)'라고 하는 경우 다음과 같은 변이형이 있다.

【pʰagi】

[평남] 맹산, 양덕

[평북] 철산, 선천, 박천, 운산, 영변, 희천, 강계, 의주

【pʰak̄i】[101]

[평남] 덕천, 영원

[평북] 용암포, 철산, 선천, 정주, 구성, 태천, 박천, 운산, 영변, 희천, 강계, 후창, 벽동, 창성, 의주

【pʰakʰi】

[평북] 자성, 위원, 초산

【pʰɛk̄i】

[함북] 경성, 부거, 회령, 무산, 길주

[함남] 단천, 북청, 영흥

【pʰatʃʰi】

[함북] 회령, 무산

[함남] 안변

【pʰotʃʰi】

[함북] 온성, 회령

11 파리(蠅)

【pʰari】

[경기] 각지

[황해] 각지

[강원] 이천, 철원

[함남] 각지 ; 풍산, 혜산(黃)

[평남] 각지

[평북] 각지

[함북] 온성을 제외한 각지

[충남] 서천을 제외한 각지

[충북] 각지

[전북] 전주, 김제, 정읍 ; 장수, 무주(M)

[전남] 광주, 영광

[경북] 대구, 고령을 제외한 각지

[경남] 밀양, 울산, 거창

【pʰarEŋi】

[경북] 대구, 고령, 예천, 영주, 안동, 의성, 청송, 영양, 경주

[경남] 합천, 밀양

【pʰɔri】

[충남] 감포, 서천, 홍산

[전북] 김제 ; 장수(M)

[전남] 벌교, 고흥, 강진, 영암, 완도

[경남] 함양, 양산[102]

【pʰərEŋi】

[경남] 양산

【pʰori】

[전북] 전주, 김제, 정읍, 남원 ; 순창, 임실, 운봉(M)

[전남] 광주, 영광, 곡성, 구례, 순천, 벌교, 보성, 장흥, 강진, 남해, 진도[103] ; 돌산, 여수, 광양, 완도, 영암, 함평, 장성, 나주, 옥과, 담양(M)

[경남] 진주, 함안, 거제, 김해, 울산 ; 부산(한 Ⅷ, 1) ; 양산, 동래, 마산, 통영, 남해, 하동, 함양(M)

---

101) 황해도 곡산에서도 '팥이 없다'라고 하는 경우 '[pʰak̄i ʉpta]'라고 말한다.

102) 함양과 양산은 '[pʰəri]'이다.

103) 진도에서는 '[pʰore]'라고도 한다.

[함북] 온성, 회령 ; 종성, 경원(M)
[함남] 풍산, 갑산, 혜산, 장진(M)
【pʰorɛŋi】
[경남] 함안, 거제, 울산[104] ; 마산(한 Ⅷ, 1) ; 양산(M)
【pʰɷri】
[제주] 제주, 대정, 서귀포, 성산포

⑫-1 겨울(冬)
【kyɔul】
[경기] 서울, 인천, 강화, 의정부, 가평, 양평, 여주, 광주, 이천, 수원, 장단, 개성, 평택 ; 연천(M)
[황해] 각지
[강원] 이천, 철원 ; 원주(M)
[함북] 길주
[함남] 단천, 영흥, 안변
[평남] 중화, 안주
[평북] 자성, 위원, 벽동, 용암포, 강계
[충남] 천안
【kyɔɯl】
[경기] 광주, 개성, 장단, 평택
[충남] 조치원, 유성, 공주, 논산, 부여, 서천, 서산, 아산
[충북] 각지
[전북] 전주, 김제, 남원
[전남] 광주, 영광 등 각지
[제주] 제주
[경북] 고령, 영양, 청송,[105] 영천
[함북] 부거, 온성
【keul】
[평남] 각지[106]
[평북] 철산, 선천, 정주, 구성, 태천, 운산, 박천, 영변, 희천, 후창, 자성, 초산, 창성
【keɯl】
[전남] 곡성, 구례, 순천, 광양,[107] 벌교
【kiəl】
[경남] 거창, 함양[108]
【kyɔ:l】
[충남] 조치원, 천안, 보령, 감포
[충북] 음성, 황간
[경북] 대구, 김천 등 각지[109]
[함북] 회령, 무산, 경성
[경남] 거창과 함양을 제외한 각지
【kyʉ:l】
[충북] 청주, 옥천, 영동, 보은
[경북] 대구
【ʧɔul】
[강원] 춘천,[110] 원주(M)
[충남] 천안(M)
【ʧɔɯl】
[충북] 영동, 음성, 괴산, 충주, 단양 ; 청주(南)
[전북] 김제, 정읍

104) 울산은 '[pʰorEŋi]'이다.
105) 전북 김제, 전남 각지, 경북 고령・영양・청송은 '[kyəɯl]'이다.
106) 상원에서는 '[keol]', 중화에서는 '[kyɔul]'이다.
107) 광양은 '[kyeɯl]'이다.
108) 함양은 더 정확히 말하면 '[kɪ:əl]'이다.
109) 충북 황간, 경북 각지는 '[kyə:l]'이다.
110) 춘천은 '[ʧɔdul]'?

[전남] 영광
[함북] 부거
[경북] 상주, 문경, 함창, 예천, 안동, 경주, 김천, 지례, 성주, 영천, 대구(南)
[경남] 대부분(南)
[강원] 고성, 간성, 양양, 주문진, 강릉, 울진, 평해(南)
[제주] 대정

【ʧɔːl】
[충북] 음성, 황간
[경북] 고령, 김천, 상주, 예천, 영주, 안동, 의성, 영덕, 흥해, 경주
[경남] 양산, 밀양, 울산[111)]
[함남] 북청
[함북] 나진(한 Ⅸ, 3)

【ʧʉːl】
[충북] 음성, 영동, 옥천 ; 청주(M)

【ʧʉːk】
[충남] 천안을 제외한 각지 ; 면천, 해미, 광천, 강경, 천안(南)
[충북] 청주, 음성, 괴산

【ʧʉːlgi】
[충남] 홍산, 부여 ; 공주, 강경(M)
[전북] 무주(M)

【ʧɔlgi】[112)]
[전북] 금산(M) ; 김제, 무주(南)?

【ʧɔsil】
[전북] 남원
[전남] 곡성, 구례, 순천, 광양, 벌교, 보성, 고흥, 영광, 완도, 진도
[제주] 정의(南)
[경북] 영덕, 흥해, 경주 ; 포항(南)
[강원] 평해(南)
[경남] 각지[113)]

【ʧɔsɯl】
[전북] 전주(M) ; 임실, 남원, 정읍, 김제(南)
[전남] 보성, 장흥, 강진, 영암, 광주, 해남, 완도, 진도 ; 옥과, 곡성, 구례, 순천, 광양, 여수, 고흥, 벌교, 목포, 함평, 영광, 나주, 장성(南)
[제주] 제주, 대정, 서귀포, 성산포[114)]
[함북] 부거
[강원] 울진(南)

【kyɔsil】
[경북] 흥해, 경주, 영천
[경남] 울산 ; 동래(한 Ⅵ, 8)
[전남] 장성

【kyɔsɯl】
[함북] 회령, 길주
[경북] 영천

【ʧəsilgi】
[전북] 김제, 정읍

이상은 모두 동일 계통의 형태인데 그 외에 한자어로부터 바뀐 것이 있다.

111) 충북 황간과 경북의 고령・김천・상주・예천・영주・안동・의성・영덕・흥해・경주, 경남 양산・밀양・울산은 '[ʧəːl]'이다.

112) '[ʧɔlgi]'? '[ʧʉːlgi]'?

113) 경북 영덕・흥해・경주와 경남 각지는 '[ʧəsil]'이다.

114) 전남 보성・장흥・강진・영암・광주・해남과 제주도 제주・대정・서귀포・성산포는 '[ʧəsɯl]'이다.

【toŋsam】
[평북][115] 후창, 자성[116]
[함북] 각지
[함남] 각지 ; 함흥(한 Ⅵ, 7) ; 나진[117] (한 Ⅸ, 3)
【toŋsɛmi】
[함북] 길주
【samdoŋ】
[전남] 구례, 순천, 광양, 벌교, 고흥, 보성,[118] 강진, 영암,[119] 완도
【ʃeːan】
[전남] 순천, 광양
【ʃiːan】
[전남] 곡성, 구례, 벌교, 고흥, 보성, 장흥, 강진, 영암, 해남, 광주, 영광, 완도, 진도
[전북] 전주, 김제, 정읍
'sam-doŋ'은 '三冬', 'toŋ-sam'은 '三冬'을 반대로 한 것인 듯하다. 'ʃeːan'과 'ʃiːan'은 '歲內'를 '음독-훈독'한 것으로 원래는 '歲暮'를 이르는 것이었던 듯하다. 전주에서는 'ʃiːan'이 '冬'이라기보다 '歲暮'의 뜻이라고 한다.

12-2 겨울에
'-에'가 덧붙은 경우에는 보통 'kyɔure, kyɔɯre'라고 하지만 지방에 따라서 'kyɔulge' 등과 같이 '-g-'가 들어간 형태가 존재한다.
【kyɔulge】
[경기] 서울, 광주, 평택
【kyɔɯlge】
[충남] 아산
[충북] 옥천, 보은, 청주, 진천,[120] 음성, 괴산, 충주, 단양
【kyɔːlge】
[경기] 수원, 이천
[충남] 천안, 조치원, 유성
[충북] 영동, 충주, 음성, 황간
[경북] 상주, 예천, 영주, 안동, 의성, 청송, 영양, 영덕, 흥해, 경주
[경남] 울산[121]
【kyʉːlge】
[충북] 옥천, 보은
【ʧɔɯlge】
[충북] 진천, 음성, 괴산, 충주, 단양
[전북] 김제
【ʧɔːlge】
[충북] 황간
[경북] 안동, 의성, 영덕, 흥해, 경주
[경남] 울산[122]
【ʧʉːlge】
[충남] 유성, 논산, 부여, 서천, 감포,

115) 위원에서는 가장 추운 때를 '[odoŋsam]'이라고 한다.
116) 자성 읍내에서는 쓰지 않고 이평동에서 쓴다.
117) 나진은 '[toŋsaŋ]'이다.
118) 보성에서는 '가장 추운 때'의 의미이다.
119) 영암에서는 유식 계급만 사용한다.
120) 청주와 진천은 '[kyɔɯlgɛ]'이다.
121) 충북 황간, 경북 상주・예천・영주・안동・의성・청송・영양・영덕・흥해・경주, 경남 울산은 '[kyəːlgE]'이다.
122) 충북 황간, 경북 안동・의성・영덕・흥해・경주, 경남 울산은 '[ʧəːlgE]'이다.

보령, 서산, 태안,[123] 당진, 예산, 아산
[충북] 청주, 진천, 음성, 영동, 옥천
【ʧʉːlgi】
[충남] 홍성, 청양, 서산, 태안, 당진, 예산, 아산, 공주, 논산, 부여,[124] 서천, 감포, 보령
【ʧʉːge】
[충남] 홍성, 청양, 서산, 당진, 보령, 서천, 홍산, 부여, 논산, 공주
【ʧʉːgi】
[충남] 당진
【ʧɔsilge】
[전북] 남원, 김제
[전남] 영광, 순천
[경북] 영덕, 흥해, 경주
[경남] 울산[125]
【ʧəsɯlgE】
[전북] 정읍
[전남] 광주
[경북] 영천
조사 '-e'가 '-i'로 된 예가 충남에서 보이는데, 감포에서는 'kyɔɯl'과 같이 표준형을 사용하는 경우에도 'kyɔɯri'(겨울에)라고 한다.

123) 태안은 '[ʧʉːlgɛ]'이다.
124) 부여에서는 또한 '[ʧʉːlgie]'라고도 한다. 이 형태는 홍산에서도 채록할 수 있었다.
125) 전북 김제, 전남 영광, 경북 영덕·흥해·경주, 경남 울산은 '[ʧəsilgE]'이다. 울산에서는 '[kyəsilgE]'라고도 한다.

13 아우(弟)
이 단어는 방언으로서는 상당히 세력을 잃어버린 듯하다. 많은 방언에서는 동생(同生)이라는 한자어를 일반적으로 쓰고 있다. 여기서는 '동생'은 다루지 않고 '아우' 계통의 형태만 제시한다.
【au】
[경기] 광주를 제외한 각지
[황해] 태탄, 장연, 몽금포를 제외한 각지
[강원] 이천, 철원
[평남] 각지
[평북] 용암포, 구성, 박천, 운산, 영변, 후창, 벽동, 창성, 의주
[충남] 조치원, 유성, 아산, 예산, 태안, 보령, 감포, 서천, 홍산, 부여, 논산, 공주
[충북] 제천을 제외한 각지
[전북] 김제
[전남] 순천, 광양, 벌교, 장흥
【ao】
[경기] 광주
[황해] 태탄, 장연, 몽금포
[충남] 청양, 예산
【ai】
[평북] 희천, 강계, 후창, 자성, 위원, 초산, 벽동, 창성, 의주
【ɛi】
[평남] 맹산, 양덕
【asɯ】
[함북] 경성, 부거, 회령, 길주[126]

【asi】
[전북] 남원
[제주] 제주, 대정, 서귀포, 성산포, 정의(南)
【a$\bar{k}$i】
[함북] 온성, 명천(경성)
[함남] 함흥(한 Ⅵ, 7)
【ɛ$\bar{k}$i】
[함북] 회령, 무산, 길주[127]
[함남] 단천, 영흥, 안변

⑭ 무(蘿葍)
【mu:】
[경기] 개성을 제외한 각지 ; 연천(M)
[황해] 금천 ; 황주(M)
[강원] 이천, 철원 ; 통천, 장전, 고성, 간성, 양양, 주문진, 강릉, 울진, 평해, 영월, 평창, 원주, 횡성, 홍천, 춘천, 인제(M)
[평남] 한천, 영유, 안주, 개천, 덕천, 영원, 맹산, 양덕, 순천, 성천, 강동 ; 평양(M)
[평북] 각지
[함남] 영흥, 안변, 신고산, 덕원, 문천, 고원, 정평, 함흥, 신흥(M)
[충남] 서천, 홍성, 천안(M)
[충북] 괴산, 제천(M)
【muyu】
[경기] 장단, 개성

126) 길주에서는 '[ɛ$\bar{k}$i]'라는 형태가 '[asɯ]' 보다도 새로운 형태라고 한다.
127) 바로 위의 각주 참조.

[황해] 해주, 강령, 옹진, 안악, 신천, 재령, 신계, 토산, 금천
[강원] 이천
【mui】
[경기] 강화
[황해] 연안, 해주, 강령, 옹진, 재령, 서흥, 황주, 곡산, 수안, 신계, 토산, 금천
[강원] 이천 ; 주문진(M) ; 강릉(南)
[평남] 중화, 상원, 평양, 용강, 한천, 안주, 맹산, 양덕, 성천, 강동
【miu】
[황해] 강령, 옹진, 태탄, 장연, 몽금포, 송화, 은율, 안악, 신천, 재령 ; 금천, 서흥, 수안(M)
【mü:】
[황해] 강령, 옹진, 태탄, 장연, 몽금포, 송화
【myu:】
[황해] 신천, 재령
【mi:】
[황해] 해주
【musu】
[경기] 이천, 평택
[강원] 평해, 영월, 평창, 원주, 횡성, 인제(M) ; 홍천(江) ; 울진(南)
[함남] 정평(M)
[충남] 각지 ; 강경, 광천, 해미, 면천(M)
[충북] 각지
[전북] 전주, 김제 ; 군산, 임실, 무주, 금산(M)

[전남] 광주, 진도, 강진, 벌교, 구례 ; 해남, 함평, 영광(M) ; 곡성, 목포, 나주(南)
[경북] 상주, 예천, 영주, 영덕 ; 문경, 함창(南)
【musi】
[충남] 예산
[충북] 영동, 황간
[전북] 각지 ; 순창(M)
[전남] 진도를 제외한 각지 ; 돌산, 여수, 목포, 함평, 나주, 담양, 옥과(M) ; 지도(南)
[경북] 대구, 고령, 김천, 상주, 의성, 청송, 영덕, 흥해, 경주, 영천 ; 포항, 함창, 문경(M)
[경남] 각지 ; 동래, 부산, 마산, 통영, 남해, 하동, 창녕(M)
【muk̄u】
[평북] 후창
[함남] 안변
[강원] 횡성, 평창, 영월(江) ; 강릉, 울진, 주문진(南)
[경북] 예천, 영주, 안동, 의성, 청송, 영양, 영덕, 흥해 ; 포항, 상주, 함창, 문경(M) ; 대구, 김천, 지례, 경주, 영천(南)
[충북] 단양 ; 제천(江)
【muk̄i】
[함북] 각지 ; 성진, 나남, 청진, 부령, 종성, 경원, 경흥, 웅기(M)
[함남] 단천, 북청, 영흥 ; 덕원, 홍원, 이원, 풍산, 갑산, 혜산(M) ; 함흥(한 VI, 7)

【mik̄i】
[함북] 나남, 부령(M)
이상은 '무수' 계통인데, 다른 계통의 단어로서 제주도의 'nampʰi' 계통이 있다.
【nampʰi】
[제주] 제주,[128] 대정
【nɷmpʰi】
[제주] 서귀포, 성산포 ; 제주, 대정(M, 모두 '[nɷmpi]')

15 냉이(薺)
【nɛŋi】
[경기] 서울, 인천, 강화, 의정부, 가평, 양평, 광주, 수원, 이천, 개성, 장단, 평택
[황해] 수안, 금천 ; 황주(黃)
[강원] 철원
[평남] 상원, 평양, 용강, 한천, 영유, 안주,[129] 개천, 덕천, 영원, 맹산, 순천, 성천, 강동 ; 숙천(平)
[평북] 용암포, 박천, 운산, 영변, 희천, 강계, 후창, 자성, 벽동, 창성, 초산 ; 선천, 정주(平)
[충남] 천안, (조치원),[130] 예산, 당진, 공주, 홍산
[충북] 진천, 괴산
【nɛi】
[황해] 재령, 황주

128) 제주에는 '[nɐmpʰi]'도 나타난다.
129) 안주에서는 '[tɯlmanɛŋi]'라고도 부른다.
130) 조치원에서는 '달래(野蒜)'의 의미이다.

[평남] 중화

【naŋi】

[평북] 용암포, 선천, 정주, 구성, 태천, 위원, 초산, 벽동

【nai】

[경북] 영양

【nɛŋnɛŋi】

[평북] 차련관(철산)

【naŋnaŋi】

[평북] 철산

【yɛi】

[황해] 연안, 해주, 강령, 옹진, 태탄, 장연, 몽금포, 송화, 은율, 안악, 신천, 재령, 서흥, 황주, 수안, 신계, 토산, 금천

[강원] 이천

【yɛŋi】

[황해] 곡산

【nasi】

[충남] 태안

[강원] 울진, 평해(南)

[전남] 강진, 해남

[경북] 김천, 상주, 안동, 의성, 청송 ; 영덕(南)

[경남] 거제

[함북] 경성, 부거, 길주

[함남] 단천, 영흥, 안변 ; 함흥, 정평, 고원, 혜산, 오로리(M) ; 북청, 풍산, 갑산, 이원, 장진, 홍원, 신흥, 원산, 덕원, 신고산(黃)

【nase】

[전남] 진도

【nasaŋi】

[충북] 진천, 괴산, 충주(南)

【nasɛŋi】

[경기] 여주, 이천, 평택

[강원] 양양(M) ; 간성, 주문진, 강릉, 울진, 평해(南) ; 춘천, 인제, 홍천, 횡성, 원주, 평창, 영월(江)

[충남] 천안, 아산, 예산

[충북] 진천, 음성, 괴산, 충주, 제천

[전남] 영암 ; 고흥, 벌교, 보성(南)

[경북] 대구, 고령, 김천, 상주, 예천, 영주,[131] 안동,[132] 의성, 청송, 영양, 영덕, 흥해, 경주 ; 지례, 함창, 문경, 포항(南)

[경남] 진주, 김해[133] ; 남해

【nasɛi】

[충북] 제천, 단양

[경남] 함안

【nasiŋi】

[충남] 조치원

【nasiŋgɛ】

[충남] 조치원, 공주, 부여, 유성 ; 예산, 서천, 홍산, 강경(南)

[충북] 청주, 진천, 괴산, 보은,[134] 옥천, 영동, 황간

---

131) 경북 상주・예천・영주는 '[nasẼi]'이다.

132) 안동은 '[nasẼi]'이며 '[nassẼi]'도 나타난다.

133) 전남 영암, 경북 대구・고령・김천・청송・영양・영덕・흥해・경주, 경남 김해는 '[nasEŋi]'이다.

134) 충북 청주・진천・보은은 '[nasiŋge]'이다.

[전북] 정읍 ; 무주, 금산(M)
[전남] 완도 ; 돌산(南)
【nasɯŋgɛ】
[충남] 논산, 홍산, 서천, 감포, 보령, 홍성, 청양, 서산, 태안, 당진, 예산, 아산 ; 해미, 갈산, 광천, 부여, 조치원(南)
[충북] 청주[135)]
[경남] 함양(M)
[전남] 구례(M) ; 옥과, 곡성, 목포, 완도, 영광, 함평, 장성(南)
[전북] 운봉, 장수(M) ; 군산, 전주, 임실, 남원, 김제, 정읍, 금산, 무주(南)
【nasiŋgɛŋi】
[충남] 천안
[충북] 진천[136)]
【nasɯŋgɛŋi】
[충남] 천안, 서산, 당진, 예산, 아산
【nasuŋgɛ】
[충남] 강경, 서천(M)
[전북] 전주, 김제, 정읍, 남원
[전남] 광주, 영광,[137)] 곡성, 구례?, 광양? ; 순천(M)
[경남] 함양
【nasaŋgu】
[전남] 보성, 장흥 ; 광양(南)
【nasirEŋi】
[경남] 합천, 거창, 함안, 양산, 밀양
【nasurɛŋi】
[함남] 거창(M)

135) 청주는 '[nasɯŋge]'이다.
136) 진천은 '[nasiŋgeŋi]'이다.
137) 광주와 영광은 '[nasuŋgE]'이다.

【nansi】
[제주] 제주, 서귀포
【nansEŋi】
[경북] 영덕, 흥해, 경주
[경남] 울산
[제주] 성산포[138)]
【nanswEŋi】
[경남] 울산
【naswEŋi】
[경남] 울산
【nalsEŋi】
[경북] 흥해, 경주
【nassẼi】
[경북] 안동
【nanʤi】
[제주] 서귀포
【nanʤeŋi】
[제주] 서귀포, 대정
이상은 '나ㅿ이' 계통의 단어인데 다른 계통의 단어로 다음과 같은 것들이 있다.
【nɛsani】
[경남] 하동(M)
[전남] 여수(M)
【kuriŋi ʧɔt】
[경남] 거제
【sigumʧʰu】
[경남] 양산
【yasigEŋi】
[경남] 밀양
【kʰo͞tadʒi】
[함북] 회령

138) 성산포는 '[nanseŋi]'이다.

16 부엌(廚房)

(A) '부섭' 계통

【puɔk】

[경기] 서울, 인천, 의정부, 가평, 수원, 장단, 개성, 평택

[황해] 연안, 해주, 강령, 신천, 재령, 서흥, 수안, 곡산, 신계, 토산, 금천

[강원] 이천, 철원

[충남] 각지

[충북] 청주, 진천, 음성, 괴산, 충주, 제천, 보은, 옥천, 황간[139] ; 영동(M)

[전북] 김제

[경북] 예천(M)?

【pɔːk】

[경기] 의정부,[140] 여주, 이천

[충북] 영동, 단양 ; 청주, 보은(M)

[경북] 영주(M)?

[전북] 전주

[함남] 안변[141]

【piɔk】

[경기] 개성

[황해] 연안, 해주, 강령, 옹진, 태탄, 몽금포, 송화,[142] 은율, 안악, 신천, 재령, 서흥, 황주, 수안, 곡산, 신계, 금천

[강원] 이천

[평남] 중화, 상원, 용강, 개천, 양덕, 순천, 강동

[평북] 태천, 박천, 후창

【peːk】

[평남] 평양, 한천, 영유, 안주, 개천,[143] 덕천, 영원, 맹산, 양덕, 순천, 성천, 강동

[평북] 각지

[함남] 영흥[144]

【pusɔk】

[충남] 홍성, 당진

[경북] 예천(M)?

(B) '정지' 계통

【ʧɔŋʤi】

[충북] 괴산, 충주, 옥천, 영동, 황간

[강원] 울진(한 Ⅶ, 10)

[전북] 전주, 김제, 정읍

[전남] 광양, 벌교, 고흥, 완도 ; 광주(한 Ⅵ, 4)

[함북] 각지

[경북] 각지

[경남] 각지[145]

[제주] 제주, 서귀포, 성산포

【ʧɔŋʤe】

[전북] 남원

[전남] 광양을 제외한 각지

[경남] 거제, 양산

---

139) 충북 청주・진천・음성・괴산・충주・보은・옥천・황간은 '[pwɔk]'이다.

140) 의정부는 '[pʉːk]'이다.

141) 안변에서는 '[pɔːk̄ɛ]'도 나타난다.

142) 황해도 태탄・몽금포・송화는 '[pyʉk]'이다.

143) 곡용은 'pegi' 또는 'pekʰi' 등(한, Ⅶ, 5)으로 나온다.

144) 영흥은 '[peːk̄ɛ], [peːk̄an]'으로도 나온다.

145) 경북과 경남 각지는 '[ʧəŋʤi]'이다.

【ʧɔŋgE】
[전남] 장성

(C) 기타
【padaŋ】
[함북] 길주
[함남] 단천, 북청[146]

17 아궁이(溫突, 吹口, 竈)
남부에서는 이 뜻으로 '부석' 계통의 단어를 사용하며 '廚房'의 의미로는 위의 '정지' 계통의 단어를 사용하기 때문에 여기서는 일괄하여 적기로 한다.

(A) '아궁이' 계통
【aguŋi】
[경기] 서울, 인천, 수원, 여주, 이천
[평남] 한천
[충남] 각지
[충북] 청주, 진천, 괴산, 충주, 단양, 영동
【aguŋʤi】
[경기] 인천, 의정부, 가평, 양평, 수원, 여주, 이천, 평택, 개성, 장단
[황해] 재령
[평남] 평양
[충남] 천안, 조치원, 유성, 공주, 논산, 부여, 홍산, 감포, 보령, 홍성, 청양, 당진, 예산, 아산
[충북] 진천, 괴산, 충주, 제천, 단양, 옥천, 영동

146) 아궁이(吹口)가 있는 곳을 가리킨다.

【agumʤi】
[충남] 조치원, 유성
[충북] 충주
【aguŋ】
[경기] 장단
[황해] 각지
[강원] 철원, 이천
[평남] 중화, 상원, 평양, 용강
【agukʧɛŋi】
[충남] 홍성
【aguñɔk】
[경기] 개성
[황해] 연안

(B) '부섭' 계통
【puɔk】
[경기] 가평, 양평
[전북] 김제
[경북] 안동, 의성, 영덕[147]
【pɔ:k】
[경북] 예천, 영주, 청송, 영양[148]
【pusɔk】
[충북] 황간
[전북] 전주, 남원 ; 군산, 임실, 김제, 정읍, 금산, 무주(南)
[전남] 곡성, 구례, 광양, 벌교, 장성 ; 광주,[149] 옥과, 순천, 돌산, 여수, 함평(南)

147) 경북 안동·의성·영덕은 '[puək]'이다.
148) 경북 예천·영주·청송·영양은 '[pə:k]'이다.
149) 곡용의 어근은 'pusɔkʰ–'이다(한 VI, 4).

[경북] 영주를 제외한 각지 ; 문경, 함창(南)
[경남] 울산을 제외한 각지 ; 마산(한 Ⅷ, 1)
【pusuk】
[경남] 합천, 함양
【pusak】
[전남] 광주, 순천, 벌교, 광양, 고흥, 보성, 장흥, 강진, 진도 ; 해남(南)
【pusap】
[전남] 영암, 해남, 완도 ; 장흥, 목포, 지도(南)?
【pusɔp】
[전남] 나주, 보성(南)?
【puʤɔk】
[경남] 양산, 울산[150)]
【puʤik】
[경북] 흥해, 경주
이 외에 '부섭' 계통의 단어와 다른 단어가 결합된 것도 있다.
【puɔgaguŋi】
[충남] 공주, 서천
[충북] 충주
【puɔgaguŋʤi】
[충남] 공주, 홍산, 감포
[충북] 단양
【puɔgamʤi】
[충북] 충주
【puɔgaŋʤi】
[충북] 단양
[강원] 강릉(한 Ⅶ, 10)
【pogaŋʤi】
[경기] 이천
【puɔgaguri】
[충남] 천안, 조치원
【pyɔgaguri】
[평북] 용천[楊市](한 Ⅵ, 5), 창성(한 Ⅶ, 3)
【pegaguri】
[평남] 맹산, 순천, 성천, 강동
[평북] 용암포, 철산, 선천, 박천, 운산, 영변, 희천, 강계, 후창, 자성, 위원, 초산, 벽동, 창성, 의주
【pəgaguri】
[함남] 안변
【pegaui】
[평남] 양덕
【puʤɔgaguri】
[경남] 양산[151)]
【pegagari】
[평남] 영유
【pusɔgagari】
[경북] 고령
[경남] 합천, 거창
【puɔgari】
[충남] 청양
[충북] 제천[152)]
【puɔkʧak】
[충남] 논산, 홍산, 서천, 감포

150) 양산과 울산 모두 '[puʤək]'이다.

151) 양산은 '[puʤəgaguri]'이다.
152) 제천은 '[pɔgari]'이다.

[전북] 김제
【pusɔkʧ̄ak】
[전북] 정읍
【puɔk̄ɛ】
[함북] 회령
[함남] 함흥(한 Ⅵ, 7)
【pusɔk̄ɛ】
[전남] 영광[153]
【pusuk̄ɛ】
[함북] 각지
[함남] 단천
【piyɔk̄ɛ, peyɔk̄ɛ】
[함남] 영흥
【pɔːk̄ɛ】
[함남] 단천, 북청
【pegak】
[평남] 양덕
【pyɔgakʧi】
[평북] 창성(한 Ⅶ, 3)
【pegakʧʰɛgi】
[평남] 안주, 개천, 덕천, 영원, 맹산
[평북] 박천, 운산, 영변, 희천, 강계, 후창, 자성, 위원, 초산, 벽동, 창성, 의주
【peakʧʰɛgi】
[평남] 맹산
[평북] 정주, 구성, 태천
【pegakʧʰɛŋi】
[평남] 양덕
【pegakʧʰigi】
[평남] 맹산, 성천
【peakʧʰigari】
[평남] 영유, 한천[154]
【pegakʧʰiri】
[평북] 정주
【pɔk̄ɔrɛ】
[충북] 보은

(C) '굴목' 계통
【kulmok】
[제주] 제주
【kulmuk】
[제주] 대정, 서귀포, 성산포[155]

18 구유(㮷槽)
【kuyuŋ】
[경기] 서울, 양평, 광주, 수원, 여주, 이천, 장단, 평택[156]
[황해] 해주, 강령[157]
[충북] 진천, 음성,[158] 괴산, 충주
[충남] 청양(M)
[강원] 주문진, 철원(M)
【kwiŋ】
[황해] 신계(M)
【küiŋ】
[경기] 가평, 양평
[황해] 금천, 서흥, 황주
【kwi-iŋ】
[경기] 연천(M)

153) 영광은 '[pusɔk̄E]'이다.

154) 영유와 한천은 '[piakʧʰigari]'이다.
155) 성산포는 '[kulmuk-əgɯi]'이다.
156) 경기도 여주 · 평택은 '[kuyoŋ]'이다.
157) 강령은 '[kuyəŋ]'과 '[kuyɔŋtʰoŋ]'이다.
158) 음성에서는 '[kuyɔŋtʰoŋ]'도 나타난다.

【küyuŋ】

[황해] 장연

【kwiyuŋ】

[경기] 장단(M)

[황해] 해주(M)

[강원] 간성, 양양, 영월, 평창, 원주, 횡성, 홍천, 춘천, 인제(M)

【küuŋ】

[강원] 철원

【küoŋ】

[황해] 서흥

【küyɔŋ】

[황해] 연안, 신계

【kwiyɔŋ】

[황해] 금천, 서흥, 재령(M)

【küeŋ】

[경기] 의정부,[159] 광주

[황해] 금천, 수안[160]

【kweŋ】

[경기] 광주 ; 연천(M)

[황해] 연안(M)

【kwɔŋ】

[황해] 해주(南)

【keuŋ】

[경기] 광주

【küŋ】

[경기] 가평

【kyoŋ】

[황해] 황주

【kuŋ】

[경기] 가평

[황해] 토산, 곡산 ; 신계, 수안(M)

[강원] 이천[161]

【kuyu】

[경기] 서울

[충남] 홍성

【kui】

[황해] 태탄, 장연, 몽금포, 송화, 은율, 안악, 신천, 재령[162] ; 옹진(M)

[평남] 용강, 한천

[평북] 용암포[163]

[경북] 영천

【küi】

[황해] 강령, 옹진, 태탄, 장연, 몽금포, 송화,[164] 은율,[165] 안악[166]

【kwei】

[황해] 황주

【kwe】

[황해] 태탄, 장연(M)

---

159) 의정부는 '[küöŋ]'이다.

160) 수안은 '[küweŋ]'이다.

161) 이천에서는 '[pak̄uŋ]'이라고 한다. 이것은 'pap(飯)+kuŋ'이다.

162) 황해도 태탄 · 장연 · 몽금포 · 송화 · 은율 · 안악 · 신천 · 재령에서는 단독으로 말하지 않으며, 돼지에 사용하는 것을 '[twɛʤi-bak̄ui]'라고 부른다.

163) 평남 용강 · 한천과 평북 용암포에서는 '[sogui]'(牛) 또는 '[malgui]'(馬)라고 한다.

164) 태탄 · 장연 · 송화에서는 '[sögüit^{h}oŋ]'이라고도 한다.

165) 옹진 · 태탄 · 장연 · 몽금포 · 송화 · 은율에서는 소에 사용하는 것을 '[sogüi]' 또는 '[sögüi]'라고 한다.

166) 강령과 안악에서는 '[küit^{h}oŋ]'이다.

【kuŋi】
[평남] 안주, 개천, 덕천, 영원, 순천, 성천, 강동
[평북] 각지[167][168]
【küŋi】
[평북] 용암포, 의주, 창성,[169] 벽동
【kwi-i】
[경북] 영천, 경주, 포항, 흥해, 영덕(M)
【kwiŋi】
[평남] 상원
[경북] 흥해, 경주
【kweŋi】
[평남] 상원, 중화, 한천, 영유, 맹산, 성천
[평북] 구성
【kwɛŋi】
[황해] 황주(M)
[평남] 평양(M)
【kwɔŋi】
[황해] 해주(M)
【kusu】
[경기] 평택
[충남] 각지 ; 강경, 광천, 해미, 면천(M)
[충북] 청주, 진천[170]
[전북] 김제 ; 군산, 전주(M) ; 임실(南)

167) 평남 안주·개천·덕천·영원·순천·성천·강동과 평북 각지는 대부분 '[soguŋi]'(牛)라고 한다.
168) 창성에서는 개에게 사용하는 것을 '[kɛguŋi]'라고 부른다.
169) 창성에서는 소의 경우에는 '[sogüŋi]'라고 부른다.
170) 청주와 진천은 '[kusutʰoŋ]'이다.

[전남] 영암?, 진도
【kusi】
[충북] 보은, 옥천, 영동, 황간
[함북] 각지 ; 성진, 명천, 나남, 청진, 부령, 종성, 경원, 경흥, 웅기(M)
[함남] 단천, 북청 ; 정평, 함흥, 오로리, 신흥, 홍원, 이원, 풍산, 갑산, 혜산(M)
[전북] 남원 ; 운봉, 순창, 임실, 장수, 진안, 무주, 금산(M)
[전남] 영광, 진도를 제외한 각지 ; 돌산, 여수, 목포, 함평, 영광, 나주, 담양, 옥과(M)
[경북] 고령, 김천, 상주, 청송, 경주, 문경(南)
[경남] 거제를 제외한 각지 ; 동래, 부산, 마산, 남해, 하동, 창녕(M)
[거제] 서귀포, 성산포
[강원] 평해(南)
【kuse】
[경남] 거제
【kusuŋ】
[함남] 영흥, 안변 ; 신고산, 원산, 문천, 덕원(M)
[강원] 통천, 장전, 고성(M)
【kusoŋ】
[함남] 덕원(M)
【kusuŋi】
[평북] 후창
【kuseŋi】
[평남] 양덕
【kwisuŋ】
[강원] 간성, 평강(M) ; 양양(南)

【kisuŋ】
[강원] 양양(M)
이상은 '구슈' 계통의 단어인데, 이 단어를 사용하지 않는 지방, 가령 경북 북부와 충북 동부에서는 '쇠죽통'이라는 단어를 쓴다. 이것은 '粥桶'이라는 한자어인 듯하다.
【södʒukt^{h}oŋ】
[충북] 충주, 제천, 단양
【swEdʒukt^{h}oŋ】
[경북] 영주, 안동, 의성,171) 청송, 영양, 영덕
【sEdʒukt^{h}oŋ】
[경북] 예천
또한 '죽통'이라고 하는 지방은 다음과 같다.
【tʃukt^{h}oŋ】
[경기] 개성(M)
[경남] 거제(M)
[경북] 포항, 흥해, 대구, 상주, 함창, 문경(M)
또한 다음과 같은 것도 있다.
【söt^{h}oŋ】
[강원] 울진(M)
【swet^{h}oŋ】
[강원] 양양(M)
【papt^{h}oŋ】
[전북] 정읍(M)
또한 전남 영광에서는 특수한 형태가 존재한다.
【pak̄udɔk】
[전남] 영광172)

⑲ 여우(狐)
【yɔho】
이 형태는 표준어 형이지만 지방에서는 거의 발견되지 않는다. 이 형태를 사용하는 주된 지방은 다음과 같다.
[경북] 안동(M) ; 영주, 예천, 청송(靑)
[충남] 천안, 조치원(M)
[전북] 군산
【yɔhu】
[충남] 부여(M)
【yɔu】
[경기] 평택을 제외한 각지
[황해] 연안, 해주, 옹진, 강령, 재령, 서흥, 황주, 수안, 곡산
[강원] 이천 ; 통천, 장전, 고성, 간성, 양양, 영월, 평창, 원주, 횡성, 홍천, 춘천, 인제(M)
[함남] 안변 ; 신고산(M)
[평남] 중화, 상원, 평양, 용강, 개천, 덕천, 양덕, 순천, 강동
[평북] 강계, 후창을 제외한 각지 ; 강계(M)
[충남] 천안, 조치원, 유성, 아산, 예산, 강진, 보령, 감포 ; 해미(M)
[충북] 청주, 진천, 음성, 괴산, 충주, 제천, 단양, 영동
【yɔo】
[경기] 평택

171) 의성에는 '구슈' 계통의 단어도 있음은 전술한 바 있다.

172) 'pap＋kudɔk'이다.

【yɔŋ】
[함남] 정평, 함흥(M)
【iːŋ】
[함남] 영흥(M)
【yɔŋu】
[평남] 한천, 영유,173) 안주, 덕천, 영원, 맹산, 양덕, 순천, 성천 ; 평양(M) ; 개천(한 Ⅶ, 5)
[평북] 강계, 후창 ; 정주(M)
[강원] 간성(M) ; 강릉, 양양(南)
[함남] 안변, 덕원, 문천(M)
【yɔŋi】
[함남] 오로리, 신흥(M) ; 정평(靑)
【yeŋi】
[평남] 숙천(M) ; 개천(한 Ⅶ, 5)
[평북] 강계, 자성(M)
【yɔŋho】
[평남] 용강, 영유 ; 평양, 숙천(M)
[함남] 영흥; 고원, 정평, 함흥, 신흥(M)
【yɔui】
[경기] 가평, 양평, 광주, 장단, 개성 ; 연천(M)
[황해] 해주, 강령, 옹진, 태탄, 몽금포, 송화, 은율, 안악, 재령, 서흥, 황주, 곡산, 신계, 토산, 금천
[평남] 상원
[강원] 철원
【yɔwe】
[황해] 장연, 황주
[평남] 중화

173) 영유에서는 '[yɔŋo]'도 나타난다.

【yɔŋkʰwe】
[황해] 장연, 몽금포, 송화, 은율, 안악, 신천
【yɔkʰwɛi】 174)
[황해] 장연, 은율, 안악
【yɔi】
[제주] 제주, 대정
【yɔhɯi】
[제주] 정의(靑)
【yɔhi】
[제주] 서귀포 ; 제주, 성산포(M)
[경북] 경주, 포항, 흥해, 영덕, 의성, 예천(M) ; 영주(南)
【yɔsu】
[충남] 각지 ; 강경, 광천, 해미, 면천(M) ; 갈산(靑)
[충북] 제천, 단양을 제외한 각지 ; 제천(M)
[전북] 군산, 무주, 금산(M) ; 김제(M)
[전남] 순천, 광양, 벌교, 고흥, 강진 ; 돌산, 여수, 장흥(M) ; 광주(한 Ⅵ, 4) ; 보성(靑)
[경남] 함양175) ; 남해, 하동, 거창(M)
【yɔsi】
[충북] 황간
[전북] 전주, 김제, 정읍, 남원 ; 순창, 임실(M)
[전남] 각지176) : 목포, 함평, 나주, 담양, 옥과(M) ; 지도(南)

174) '[yɔŋkʰwɛi]'?(靑)
175) 함양은 '[yəsu]'이다.
176) 광주와 영광에서는 '[yəsi]'이다.

[제주] 제주(M)
[경북] 고령, 김천 ; 상주(M)
[경남] 합천, 거창, 진주, 함안, 거제[177] ; 통영(M) ; 동래(한 Ⅵ, 8)
【yasi】
[경북] 대구, 김천, 상주, 예천 ; 함창(M)
[경남] 합천, 거창, 진주, 함안, 김해, 양산, 밀양 ; 동래, 부산, 마산, 창녕(M)
【yasu】
[경북] 안동, 청송[178] ; 문경(M)
[강원] 평해(M)
【yɛsu】
[경북] 의성,[179] 영양, 영덕,[180] 흥해,[181] 경주 ; 영천, 안동, 청송(M)
[경남] 울산
[강원] 울진, 평해(南)
【yesu】
[경북] 경주, 포항, 영덕, 흥해, 의성(M)
【yɔk̄ɛŋi】
[충북] 괴산, 충주, 제천, 단양
[경북] 예천[182]
[강원] 강릉, 삼척, 울진, 평해, 영월, 평창, 원주, 홍천, 춘천, 인제(M)

177) 충북 황간, 전북 전주・김제・정읍, 경북 고령・김천, 경남 합천・거창・진주・함안・거제는 '[yəsi]'이다.
178) 안동과 청송은 정확히는 '[ᵉyasu]'라고 말한다.
179) '[yɛsu]'의 '[y]'가 격해서 거의 '[ʲyɛsu]'로 들린다.
180) 영덕은 '[ᵉyæsu]'이다.
181) 흥해는 '[ᵉyɛsu]'이다.
182) 예천은 '[yək̄Eŋi]'이다.

【yak̄Eŋi】
[경북] 상주 ; 함창, 문경(M)
【yək̄ʷEŋi】
[경북] 예천, 영주
【yak̄ʷEŋi】
[경북] 영주, 안동[183]
【yak̄waŋi】
[경북] 예천(M) ; 영주(南)
【yɛk̄i】
[경북] 예천[184] ; 안동(M) ; 청송(靑)
【yek̄i】
[함북] 길주 ; 성진, 명천, 경성, 나남, 부거(M)
[함남] 단천
【yɔk̄i】
[함북] 경성, 부거, 온성, 회령, 무산 ; 청진, 부령, 종성, 경원, 경흥(M) ; 성진(한 Ⅷ, 7) ; 명천(靑)
[함남] 단천 ; 이원, 풍산, 갑산, 혜산(M)
【yək̄üi】
[경북] 안동[185]
【yɔŋk̄i】
[함남] 북청 ; [영기(靑)?[yɔŋk̄i](M)]
【yeŋk̄i】
[함남] 홍원(M)
【yɔŋk̄ɛŋi】
[강원] 강릉(한 Ⅶ, 9)

183) 안동은 '[ᵉyak̄wEŋi]'이다.
184) 예천은 '[yEk̄i]'이다.
185) 안동은 정확히는 '[ᵉyək̄üi]' 또는 '[ᵉyɐk̄üi]'이다.

【yəŋgɛŋi】

[강원] 주문진, 강릉(南)

【kɛyəsi】

[경남] 거제

【kɛyə】

[경남] 거제

【kɛːsi】

[경남] 거제

'kɛyəsi, kɛyə, kɛːsi'와 같은 거제도 방언형은 'kɛ(犬)'와 'yəsi(狐)'의 결합으로 되어 있다.

【yɛk̄ɛŋ】

[강원] 울진, 평해(南)

20 바위(岩)

【pawi】

[경기] 서울, 인천, 강화, 의정부, 가평, 광주, 수원, 이천, 장단, 평택

[황해] 연안,[186] 해주, 강령, 옹진, 태탄, 장연, 몽금포, 송화, 안악, 신천, 재령, 서흥, 황주, 곡산, 신계, 토산, 금천

[강원] 이천, 철원

[평남] 용강

[함북] 부거, 회령

[충남] 천안, 조치원, 유성, 홍성, 청양,[187] 서산, 태안, 당진, 예산, 아산, 공주, 논산, 부여, 홍산, 서천, 감포, 보령[188]

[충북] 진천, 음성, 괴산, 충주,[189] 단양

[전남] 곡성, 벌교, 고흥,[190] 보성

【pawe】

[경기] 의정부

[황해] 은율, 신천, 재령, 황주

[평남] 중화, 상원[191]

【pau】

[경기] 양평, 여주, 이천, 개성

[황해] 연안, 재령, 서흥, 곡산, 신계

[강원] 이천 ; 춘천(한 Ⅶ, 9)

[평남] 평양, 개천, 덕천, 영원, 맹산, 양덕, 강동

[평북] 선천, 박천, 희천, 강계, 후창 ; 창성(한 Ⅶ, 3)

[함북] 온성

[함남] 북청, 영흥, 안변 ; 함흥[192](한 Ⅵ, 9)

[충남] 천안, 조치원, 유성, 공주, 논산, 부여, 예산, 아산

---

186) 연안은 '[pawit̄ɯl]'이다.

187) 홍성과 청양 부근에서 '[pawit̄ol]'은 약간 작은 바위를 가리킨다.

188) 충남 당진・예산・아산・공주・논산・부여・홍산・서천・감포・보령은 '[pawit̄ok]'이라고도 하는 지역이다.

189) 경기도 평택, 황해도 태탄・몽금포・안악・신천・재령・서흥・황주・곡산・신계・토산・금천, 충남 천안・조치원・유성・홍성・청양・서산・태안, 충북 음성・괴산・충주는 '[pawit̄ol]'이라고도 하는 지역이다.

190) 전남 곡성・벌교・고흥은 '[paüi]'이며, 더욱이 의정부에서는 '[pai]'이다.

191) 황해도 은율・신천・재령・황주와 평남 중화・상원은 '[pawet̄ol]'이라고도 한다.

192) 함남 북청과 함흥은 '[paut̄ol]'이라고 부르는 지역이다.

[충북] 청주, 진천, 음성, 괴산, 충주,[193] 제천, 단양, 보은, 옥천, 영동, 황간
[전북] 전주, 김제, 정읍, 남원
[전남] 광주, 영광, 곡성, 구례, 보성, 장흥,[194] 강진, 영암, 해남,[195] 완도, 진도[196]
[경북] 김천, 상주, 예천, 영주[197]
[경남] 거제

【pa:i】
[함북] 경성, 부거,[198] 무산, 길주
[함남] 단천[199]

【paŋu】
[평남] 한천, 순천, 함천, 강동[200]
[경북] 대구,[201] 고령, 안동, 의성, 청송, 영양, 영덕, 흥해, 경주
[경남] 합천, 거창, 함양, 거제, 울산

193) 황해도 서흥·곡산·신계, 강원도 이천, 평남 평양, 함남 영흥, 충남 유성, 충북 음성·괴산·충주·영동은 '[paut̄ol]'이라고도 부른다.
194) 장흥은 '[tokpau]'라고도 한다.
195) 충남 논산·부여, 전북 정읍·남원, 전남 광주·곡성·장흥·강진·영암·해남은 '[paut̄ok]'이라고도 한다.
196) 진도는 '[pao]'라고도 한다.
197) 경북 상주·예천·영주는 '[pa͡u]'(이중모음)이다.
198) 함북 경성·부거는 '[pa:it̄ol]'이라고 하는 지방이다. 경흥에서는 '[paŋit̄ol], [paŋ^{g}wit̄ol]'이다.
199) 단천은 '[pa:it̄ol]'이라고도 한다.
200) 평남 한천·순천·함천·강동은 '[paŋu t̄ol]'이라고도 한다.
201) 대구는 '[paŋɯ]'라고도 한다.

【paŋgu】
[황해] 연안,[202] 신계[203]
[평남] 중화,[204] 상원,[205] 평양, 한천, 영유, 안주, 개천, 덕천, 영원, 맹산, 양덕
[평북] 박천[206]
[충남] 천안, 조치원, 유성,[207] 아산[208]
[충북] 청주, 진천, 음성, 괴산, 충주,[209] 제천, 단양, 보은, 옥천, 영동, 황간
[경북] 상주, 예천, 영주, 안동, 의성, 청송, 영양, 영덕, 흥해, 경주
[경남] 거창, 김해, 양산, 밀양, 울산 ; 동래(한 VI, 8)

【paŋk^{h}ui】
[황해] 해주, 강령, 태탄, 장연, 몽금포, 송화, 은율,[210] 안악,[211] 신천, 재

202) 연안은 '[paŋgut̄ol]'이다.
203) 신계의 경우 읍내에서는 사용하지 않고 고면(古面)에서 '[paŋgu]' 또는 '[paŋgut̄ol]'이라고 한다.
204) 중화에서는 '큰 돌'의 의미이다.
205) 상원에서는 '[paŋgui], [paŋguit̄ol]'이다.
206) 평남 평양·한천·영유·안주·영원·맹산·양덕과 평북 박천에서는 '[tolp̄aŋgu]'라고도 한다.
207) 유성에서는 '[paŋgui]'라고도 한다.
208) 아산에서는 '[paŋgut̄ok]'이라고도 한다.
209) 평남 한천·영유·안주·맹산·양덕, 충남 천안·유성, 충북 진천·음성·괴산·충주는 '[paŋgut̄ol]'이라고도 한다.
210) 은율은 '[tolp̄aŋk^{h}ui]'라고도 한다.
211) 안악은 '[paŋk̄u]' 또는 '[paŋk̄ut̄ol]'이라고 한다.

령,[212] 서흥[213]
[평남] 중화[214]

【pagu】

[전남] 순천,[215] 광양, 벌교, 고흥,[216] 보성,[217] 강진, 해남, 완도,[218] 진도[219]
[경남] 진주, 함안

【pʰau】

[평북] 용암포, 철산, 선천, 정주, 구성, 태천, 운산, 박천,[220] 영변, 후창, 자성, 위원, 초산, 벽동, 창성, 의주 ; 용천[楊市](한 Ⅵ, 5)

【pʰaŋgu】

[평북] 구성, 태천, 박천, 운산, 재령, 희천, 강계, 후창, 자성, 위원, 초산, 벽동, 창성, 의주[221] ; 용천[222][楊市](한 Ⅵ, 5)
[평남] 개천(한 Ⅶ, 5)

【pʰagu】

[평북] 의주(한 Ⅶ, 7)

이상은 '바위' 계통의 단어인데, 이 외에 다른 계통의 말이 있다.

【peraŋ】[223]

[평남] 덕천, 영원,[224] 맹산,[225] 양덕, 순천, 성천, 강동

【əŋdək】[226]

[제주] 제주, 대정, 서귀포

【səldək】[227]

[제주] 성산포[228]

---

212) 황해도 송화・신천・재령은 '-[t̄ol]'을 첨가한 형태도 사용한다.

213) 황해도 해주・강령・신천・재령・서흥은 '[paŋkʰüi]'이다.

214) 중화군 간동면(看東面)에서는 '[paŋkʰüi]'(황주)라고 한다.

215) 순천에서는 '[pagut̄ok]'이라고도 한다.

216) 고흥은 '[t̄olp̄agu]'라고도 한다.

217) 보성은 '[t̄olp̄agu]'이다.

218) 전남 강진・해남・완도는 '[pagut̄eŋi]'라고 한다.

219) 진도는 '[pagut̄ok]'이라고 한다. 진도에서는 큰 바위를 '[əŋbagu]'라고 부른다.

220) 용암포, 철산, 선천, 정주, 구성, 박천은 '[tolpʰau]'라고도 한다.

221) 평북 박천・영변・희천・강계・후창・위원・벽동・창성・의주는 '[tolpʰaŋgu]'라고도 한다.

222) 평북 구성・용천은 '[tolpʰaŋgu]'이다.

223) '[peraŋ]'은 '岸'의 뜻으로 사용되는 곳이 있다. 용암포는 '[peraŋ]'(岸), 철산은 '[peraŋt̄aŋ]'(岸), 선천은 '[tolp̄eraŋ]'(岩岸)이다.

224) 영원은 큰 바위를 가리킨다.

225) 맹산은 절벽을 가리킨다.

226) '[əŋdək]'은 육지에서는 '岡' 또는 '坂' 등의 뜻으로 쓰이고 있다. 제주도 성산포에서는 큰 석굴을 일컫는 듯하다.

227) '[səldək]'은 '설(立)+덕(岩)'의 뜻인 것 같다. '덕'은 옛 지명에서 보이는 고어로서, 현재 아직도 원래의 뜻을 전하고 있다는 점은 흥미롭다. 앞의 '[əŋdək]'도 이와 관련이 있다. 왜냐하면 진도에서 '큰 바위'를 '[əŋbagu]'라고 하고 또한 성산포에서 들은 바에 따르면 여수 지방에서 큰 바위를 '[əŋ]'이라고 하므로, '[əŋdək]'은 'əŋ(大岩)+tək(岩)'의 결합이고 '[əŋbagu]'는 'əŋ+pagu'라는 동일 의미의 합성어이기 때문이다.

228) 성산포에서는 평평하고 큰 바위를 '[pille]'라고 부른다.

21 올챙이(蝌蚪)

【olʧʰɛŋi】

[경기] 각지[229]

[황해] 수안, 곡산

[평남] 중화, 상원 등 각지[230](영원은 제외)

[평북] 용암포, 철산, 선천, 정주, 구성, 태천, 박천, 운산, 영변, 후창, 의주[231]

[충남] 각지[232]

[충북] 각지[233]

[전북] 전주, 김제, 정읍, 남원

[전남] 광주, 곡성, 구례, 순천, 광양, 벌교, 고흥

[경북] 김천, 상주, 예천, 영주, 안동, 영양, 영덕, 흥해,[234] 경주

[경남] 합천, 거창, 함양, 진주, 함안, 거제, 김해, 양산, 울산[235]

[함북] 각지

[함남] 단천, 북청, 영흥[236]

【olʧʰɛi】

[황해] 수안, 곡산을 제외한 각지[237]

[강원] 철원

[충북] 단양

[함남] 안변

【wɔlʧʰɛŋi】

[전남] 보성, 장흥, 강진, 영암,[238] 해남,[239] 영광[240]

【ogolʧʰɛŋi】

[경북] 대구, 고령

[경남] 밀양[241]

【olguʧʰEŋi】

[경남] 거제

【holʧʰɛŋi】

[경북] 안동, 의성, 청송,[242] 영양, 영덕[243]

이상과는 다른 계통의 형태로 다음과 같은 것이 있다.

【mɔguri】

[평북] 희천, 강계, 자성, 위원, 초산, 벽동, 창성

【meguri】

[평북] 후창

---

229) 광주에서는 '[olʧʰeŋi]'라고도 한다.

230) 평양을 제외한 대부분은 '[olʧʰeŋi]'이다.

231) 황해도 수안·곡산, 평북 의주는 '[olʧʰeŋi]'이다.

232) 아산에서는 '[olʧʰiŋi]'라고도 한다.

233) 청주·진천·음성·괴산에서는 '[olʧʰeŋi]'이다.

234) 영덕·흥해는 '[olʧʰiŋi]'이다.

235) 전북 정읍, 전남 광주, 경북 김천·상주·예천·안동·영양·경주, 경남 합천·거창·함양·김해·양산·울산은 '[olʧʰEŋi]'이다.

236) 함북 각지와 함남 단천·북청·영흥은 '[olʧʰɛ̃:]'이다.

237) 연안·해주에서는 '[olʦʰɛy]', 강령·옹진·태탄·장연에서는 '[olʦʰei]', 나머지는 '[olʧʰei]'이다.

238) 강진·영암은 '[əlʧʰeŋi]'이다.

239) 해남은 '[wɔlʧʰeŋi]'이다.

240) 영광은 '[wɔlʧʰEŋi]'이다.

241) 경북 대구·고령, 경남 밀양은 '[ogolʧʰEŋi]'이다.

242) 안동·의성·청송은 '[holʧʰEŋi]'이다.

243) 영양·영덕은 '[holʧʰiŋi]'이다.

【k̄uribammaŋʧʰi】
[전남] 진도[244]
【pokʧʰɛŋi】[245]
[전남] 고흥, 강진, 해남, 완도
【mendʒwɛgi】
[제주] 제주,[246] 대정,[247] 서귀포
【keŋbəri】
[제주] 성산포

㉒ 내(川)

'내(川)'를 의미하는 말은 매우 많은 듯하다. 그 중에서도 한강(漢江)이라든가 대동강(大同江)과 같이 큰 내(大川)는 '강(江)'이라고 부르고, 그 외에 'nɛ, sinɛ, kɛʧʰɔn' 등이 있으며 크기의 차이에 따라 풍부한 변이형이 보이는데, 여기서는 흥미로운 몇몇 종류를 제시하기로 한다.

(A) '내' 계통
【nɛ:】
[경기] 서울, 인천, 강화, 의정부, 가평, 수원, 이천, 장단, 개성, 평택
[황해] 강령, 옹진, 몽금포, 송화, 은율, 신천, 재령
[평남] 평양
[충남] 천안, 조치원, 유성, 공주, 논산, 부여, 홍산, 서천, 감포, 보령 등각지
[충북] 청주, 진천, 음성, 괴산, 충주, 보은, 옥천, 영동, 황간
[전북] 전주,[248] 김제, 남원,
[전남] 광주, 영광, 곡성, 구례, 순천, 광양, 벌교, 보성, 장흥, 영암, 강진, 해남, 완도, 진도
[경북] 고령, 김천, 상주, 안동, 청송, 흥해, 경주
[경남] 합천, 거창, 함양, 함안, 거제, 김해, 양산
[제주] 제주, 대정, 서귀포, 성산포[249]
이 형태는 아어(雅語)로서 생명을 유지하지만, 방언으로서는 그다지 세력을 지니지 않은 듯하다.
【nɛk̄al】
[경기] 이천, 수원, 개성, 평택
[충남] 천안, 조치원, 유성, 부여, 홍산, 서천, 감포, 보령, 홍성, 청양, 서산, 태안, 당진, 예산, 아산
[전북] 남원, 김제, 정읍

244) 진도에서는 '[k̄ulbammaŋʧʰi]'라고도 한다.
245) '[pokʧʰɛŋi]'는 원래 복어(河豚)의 방언(광양, 벌교, 고흥, 보성, 장흥, 강진, 해남, 완도, 진도)이지만 여기에 제시한 지방에서는 올챙이의 뜻에도 사용된다. 형태상의 유사성에 기인한 듯하다.
246) 제주는 '[mEndʒwEgi]'이다.
247) 대정은 '[mendʒwEgi]'이다.
248) 전주는 '[nE:]'라고도 한다.
249) 전남 광주・영광・영암・강진・해남・완도・진도, 경북 고령・김천・상주・안동・청송・흥해・경주, 경남 합천・거창・김해・양산, 제주도 제주・대정・서귀포・성산포에서는 '[nE:]'이다.

[전남] 영광, 강진, 영암, 해남, 완도, 진도[250]

【nɛk̄ɔl】

[충남] 당진,예산

【nɛk̄ol】

[황해] 안악

【nɛk̄araŋ】

[충남] 부여, 홍산, 서천

【nɛk̄at】[251]

[전북] 전주

[전남] 고흥, 보성, 장흥, 광주

【nɛk̄ɛ】

[황해] 강령, 옹진, 재령, 금천

【nɛmul】[252]

[경기] 광주

[충남] 조치원, 청양, 예산, 공주, 논산, 홍산

[충북] 황간, 단양

[경북] 예천, 안동

[경남] 합천,[253] 거창, 함양[254]

[함북] 부거[255]

【nanmul】

[함북] 부거

【nak̄aʧul】

[경기] 개성

【sinɛ】[256]

[경기] 서울, 인천, 강화, 의정부, 가평, 광주, 수원, 이천, 장단, 평택

[황해] 연안, 해주, 태탄, 몽금포, 은율, 안악, 신천, 재령, 수안, 신계, 금천

[강원] 이천

[평남] 평양

[충남] 조치원, 유성, 아산, 부여, 홍산

[충북] 청주, 진천, 음성, 괴산, 충주, 보은, 영동, 황간[257]

[전북] 남원[258]

[전남] 순천, 벌교

(B) '개' 계통

【kɛ】[259]

[황해] 연안, 송화, 신천, 재령

[평남] 평양, 용강, 한천

[평북] 철산, 선천, 정주, 박천[260]

---

250) 영광・강진・영암・해남・완도・진도는 '[nEk̄al]'이다.

251) '[nɛk̄at]'은 원래 강가(川邊)의 뜻이지만 이것을 내(川)의 뜻으로 하는 곳이 곧 이들 지방이다. 전주와 광주에서는 냇물(川水)을 '[nɛmul]'이라고 하는 것 외에 '[nɛk̄anmul]'이라고도 한다.

252) '[nɛmul]'은 냇물(川水)의 의미이지만 내(川)의 뜻으로 사용하고 있다.

253) 합천에서는 '내(川)에 가서'라고 하는 것을 '[nEmure gasə]'라고 말한다.

254) 경북 예천・안동, 경남 합천, 함양은 '[nEmul]'이다.

255) 충남 조치원・예산, 함북 부거는 '[nɛnmul]'이다.

256) '[sinɛ]'는 산의 계천(溪川)이나 소하천(小川)의 뜻이지만 이것도 아어(雅語)에 속한다.

257) 황간은 '[sinɛnmul]'이라고도 한다.

258) 남원은 '[sinɛnmul]'이다.

259) 황해도 강령, 옹진, 재령, 금천에 '[nɛk̄ɛ]'라는 형태가 있다. 이것은 아마도 'nɛ+kɛ'인 듯하다.

260) 박천에서는 드물에 앞내(前川)를 '[apkɛ]', 뒷내(後川)를 '[tüik̄ɛ]'라고

【kɛul】

[경기] 의정부, 가평, 양평, 광주, 여주, 이천, 장단, 개성, 평택

[황해] 연안, 해주, 강령, 옹진, 태탄, 장연, 송화, 안악, 신천, 재령, 신계, 금천

[강원] 이천, 철원

[함남] 안변

[충남] 천안, 조치원, 유성, 홍성, 청양, 태안,[261] 당진, 예산, 아산[262]

[충북][263] 청주, 진천, 음성, 괴산, 충주, 제천, 단양

【kɛgul】

[황해] 몽금포, 송화, 은율, 안악, 신천, 재령, 서흥, 황주, 수안, 곡산, 신계, 토산

[강원] 이천

[평남] 중화, 상원, 평양, 용강, 한천, 영유, 안주, 개천, 맹산, 양덕,[264] 순천, 성천, 강동[265]

[평북] 용암포, 철산, 선천, 정주, 구성, 태천, 박천, 운산, 영변, 초산, 벽동, 창성, 의주

【kɛŋgul】

[경기] 인천

[황해] 해주, 강령, 태탄, 장연, 송화, 안악, 신천, 재령, 서흥, 신계, 토산, 금천

[강원] 이천

[충남] 홍성, 청양, 공주,[266] 논산, 부여, 홍산,[267] 예산, 아산

【kɛŋguri】[268]

[충남] 홍성

【kɛŋgoraŋ】

[충남] 홍성,[269] 청양, 서산, 태안, 당진, 예산, 아산,[270] 서천, 부여

【kɛgoraŋ】

[경남] 함안[271]

'kɛul, kɛgul' 등에 'ʧʰaŋ'을 덧붙인 형태가 있다. 이것은 소하천(小川), 도랑(溝)의 의미를 나타낸다.

【kɛulʧʰaŋ】

[충남] 아산

[황해] 금천

【kɛgulʧʰaŋ】

[경기] 개성, 장단

[황해] 곡산, 토산, 금천

[강원] 이천, 철원[272]

부른다. 'kɛ'는 바로 앞 주석 참조.

261) 태안에서는 밭도랑(畑溝)을 일컫는다.

262) 충남 조치원·유성·당진·예산·아산은 소하천(小川)의 의미이다.

263) 영동과 옥천에서는 웅덩이를 '[kɛul]'이라고 한다.

264) 양덕은 소하천(小川)이다.

265) 평남 평양·맹산·강동은 도랑(溝)이다.

266) 충남 홍성·청양·공주는 소하천(小川), 도랑(溝)의 의미이다.

267) 충남 논산·부여·홍산의 경우 '[kɛŋgol]'이며 의미는 소하천(小川), 도랑(溝)이다.

268) 대개 소하천(小川), 도랑(溝)의 의미이다. 바로 아래의 '[kɛŋgoraŋ]'도 동일하다.

269) 홍성은 '[kɛŋguraŋ]'이다.

270) 아산에서는 강(江)의 의미이다.

271) 소하천(小川)의 의미이다.

[평남] 평양, 용강, 영유, 안주, 개천, 양덕, 순천, 성천, 강동, 상원

[평북] 용암포, 선천, 정주, 구성, 태천, 운산, 박천, 희천, 강계, 초산, 벽동, 의주

[충남] 서산

[전남] 완도,[273] 광주, 영광[274]

【k̄ɛgulʧʰaŋ】

[전북] 전주, 남원, 정읍, 김제[275]

[전남] 곡성, 구례, 순천, 광양, 벌교, 장흥,[276] 강진, 영암, 해남[277]

【kɛŋgulʧʰaŋ】

[황해] 연안, 강령, 옹진, 태탄, 장연,[278] 토산, 금천

[충남] 서산, 태안, 당진, 예산, 아산, 부여, 홍산, 서천,[279] 감포, 보령

【kɛŋgulʧʰɛŋi】

[충남] 서산, 예산

【kɛguʧʰaŋ】

[평남] 덕천, 영원[280]

[평북] 영변, 강계, 자성, 위원, 벽동, 창성

【kɛguʤaŋ】

[평남] 한천, 안주, 덕천, 영원,[281] 맹산, 양덕, 순천, 성천, 강동 ; 개천(한 Ⅶ, 5)

[평북] 운산, 영변, 희천, 후창, 초산, 벽동, 창성, 의주

이 외에 '개' 계통에 속하는 것으로 다음과 같은 형태가 있다.

【kɛʧʰɔn】[282]

[경기] 서울, 인천 등 각지

[황해] 연안, 수안

[평북] 선천, 정주, 구성, 태천, 운산, 박천

【kɛdaŋ】

[황해] 장연, 송화

【kɛtʰaŋ】

[강원] 이천

【kɛʧʰaŋ】

[평북] 철산[283]

【kɛːn】

[함북] 온성, 회령,[284] 길주

[함남] 단천, 북청, 영흥 ; 함흥(한 Ⅵ, 7)

---

272) 하수(下水)의 의미이다.

273) 완도는 '[kEgulʧʰaŋ]'이며 습지를 가리킨다.

274) 광주와 영광은 '[kEgolʧʰaŋ]'이며 하수(下水)를 가리킨다.

275) 김제는 웅덩이의 뜻이다.

276) 전남 순천・광양・벌교・장흥은 '[k̄ɛgolʧʰaŋ]'이다.

277) 전북 정읍, 전남 장흥・해남은 하수(下水)의 뜻이다.

278) 황해도 태탄・장연은 '[kɛŋgulʦʰaŋ]'이다.

279) 충남 부여・홍산・서천은 '[kɛŋgolʧʰaŋ]'이다.

280) 영원에서는 골짜기(谷)의 의미이다.

281) 평남 한천・안주・덕천・영원은 '[kɛgudzaŋ]'이다.

282) 도랑(溝), 소하천(小川)의 의미를 나타낸다. 다만 이 단어의 분포 상태에 대해서는 조사가 불충분하다.

283) 바다로 흘러드는 내(川)를 말한다.

284) 함북 온성・회령은 '[kɛːnmul]'이다.

【kɛŋmɔn】

[함북] 경성

(C) '골' 계통

【koraŋ】[285]

[전남] 광양, 벌교, 고흥, 완도

[경남] 거제, 김해

【k̄oraŋ】

[전북] 전주, 김제, 정읍

[전남] 광주, 영광, 보성, 강진, 영암, 해남, 진도

【k̄oraŋʧʰaŋ】

[전남] 고흥, 보성, 장흥, 강진, 영암

【kolʧʰaŋ】

[제주] 제주[286]

【kolʧʰɛŋi】

[제주] 대정, 서귀포

【koraŋʧʰɛŋi】

[제주] 성산포

【k̄o:lt̄oraŋ】

[경남] 울산

※ 황해도 안악에 '[nɛk̄ol]'이라는 형태가 있다. 이것은 'nɛ+kol'인 듯하다.

(D) '걸' 계통

【kə:l】[287]

[경북] 대구, 김천,[288] 예천, 흥해, 경주

[경남] 울산

【kəraŋ】[289]

[경북] 예천, 청송, 영양,[290] 영덕, 흥해, 경주

[경남] 울산[291]

[충북] 황간

【kərəŋ】

[경북] 영주, 안동, 의성

[경남] 양산, 밀양[292]

【kɔlʧʰaŋ】

[평남] 용강[293]

※ 앞에서 본 '[nɛk̄al]'(nɛ+kal) 역시 여기에 속해야 할지도 모른다.

(E) '돌' 계통

【toraŋ】

[경기] 서울, 의정부, 가평, 양평, 광주, 수원, 여주, 이천, 장단

285) 'koraŋ'은 보통 '[patkoraŋ]'(밭이랑 사이의 도랑[溝])의 의미이지만, 여기 제시된 지방에서는 일반적으로 도랑(溝)을 가리키는 듯하다. 특히 경남 거제에서는 소하천(小川)의 의미로 사용된다. 아래의 'k̄oraŋ'과 'k̄oraŋʧʰaŋ'도 마찬가지이다.

286) 제주는 '[mulkolʧʰaŋ]'으로 하수(下水)의 뜻이다.

287) 충남 당진・예산에 '[nɛk̄ɔl]'이라는 형태가 있다. 'nɛ+kɔl'일까?

288) 도랑(溝)의 뜻이다.

289) 충남 부여・홍산・서천에 '[nɛk̄araŋ]'이라는 형태가 있다. 'nɛ+karaŋ'일까 모르겠다. 이것은 대부분 '川' 또는 소하천(小川)의 의미이다.

290) 영양에서는 '[kɯraŋ]'도 나타난다.

291) 경북 영덕・흥해・경주, 경남 울산은 '[kɯraŋ]'이다.

292) 양산과 밀양은 '[kʉrəŋ]'이다.

293) 도랑(溝)의 의미이다.

[황해] 연안, 해주, 안악, 재령, 수안, 곡산, 토산, 금천
[평남] 용강, 중화, 상원, 덕천, 영원, 맹산, 양덕
[평북] 태천, 박천, 운산, 영변, 희천, 창성
[충남] 조치원
[충북] 황간, 영동, 옥천, 청주, 진천, 음성, 괴산, 충주, 제천, 단양
[경북] 김천, 상주, 예천, 영주, 안동, 의성, 청송, 영양, 영덕, 흥해, 경주
[경남] 합천, 거창, 함양, 진주, 함안, 거제, 김해, 양산, 밀양, 울산
[함북] 경성, 부거,[294] 온성, 회령, 무산[295]
[함남] 북청, 영흥, 안변

【t̄oraŋ】
[충남] 유성, 공주, 논산, 부여, 홍산, 서천, 감포, 보령, 서산, 태안, 당진, 예산, 아산
[충북] 황간, 보은
[전북] 각지
[전남] 진도를 제외한 각지

【t̄ol】
[충남] 서천, 부여, 논산, 공주
[전남] 순천, 광양, 벌교, 강진, 영암, 해남, 완도, 진도

【toraŋi】
[황해] 해주, 강령
[평북] 강계, 자성, 위원, 구성, 태천[296]

【torɛ̃:】
[함북] 길주
[함남] 단천

【t̄olgaŋ】
[충남] 청양, 서산, 당진, 예산, 아산, 부여, 보령, 감포

【tolkʰaŋ】
[경북] 대구, 고령, 김천
[경남] 밀양

【t̄olkʰaŋ】
[충남] 천안, 조치원, 유성, 공주, 논산, 부여, 홍산, 감포, 보령

【t̄olguraŋ】
[충남] 홍성, 보령

【tolʧʰaŋ】
[황해] 몽금포, 송화, 은율, 안악, 신천, 재령
[평남] 영유, 한천, 안주

【t̄olʧʰaŋ】
[충남] 예산, 아산, 부여, 홍산, 서천

【tolʧʰɛŋi】
[평북] 정주, 구성, 박천, 벽동, 창성

【tolʧʰɛgi】
[평북] 용암포, 철산, 선천, 정주, 의주

【tolʧʰɛ】
[황해] 강령
[평남] 상원

294) 부거는 '[toraŋmul]'로도 나타난다.
295) 함북 온성, 회령, 무산은 '[toraŋmul]'이다.
296) 평북 강계・자성・위원・구성・태천은 '[torɛŋi]'이다.

【toraŋʧʰaŋ】

[황해] 강령, 옹진, 장연, 서흥, 황주, 수안, 곡산, 신계, 토산, 금천

[강원] 이천

[평남] 중화, 상원, 순천, 성천, 강동

【toraŋʧʰɛŋi】

[평북] 후창, 자성, 위원, 초산

【toraŋʧʰɛgi】

[평남] 영원,[297] 맹산, 양덕

[평북] 운산, 영원, 희천, 강계, 창성, 위원

【ʧaktol】

[평북] 철산, 선천, 구성

【pottoraŋ】

[경북] 의성, 청송, 영양, 영덕, 흥해, 경주

[경남] 양산

이러한 말들은 많은 경우 '논에 물을 대는 도랑(溝)'의 의미로 쓰이지만, 또한 일반적으로 도랑(溝) 또는 심지어 소하천(小川)의 의미로도 사용된다. 이 외에 이러한 계통에 속한다고 생각되는 말에 'to:gu'라는 것이 있다.

【to:gu】

[경북] 김천, 상주, 예천, 영주, 안동, 청송, 영양, 영덕, 경주

[경남] 양산, 밀양

(F) 제주도에서는 도랑(溝)의 의미로 쓰이는 말로서 다른 계통의 말이 존재한다.

297) 영원은 '[toraŋʦʰɛgi]'이다.

【mulhom】

[제주] 제주, 대정,[298] 서귀포

(G) 함북에서는 '물(水)'을 내(川)의 의미로 사용하는 지역이 있다.

【mul】

[함북] 부거, 회령, 무산

【hammul】[299]

[함북] 온성, 회령, 무산

※ 'kɛ' 부기

내(川)의 물을 '[kɛnmul]'이라고 하는 지역이 있다.

【kɛnmul】

[황해] 신천, 재령, 황주, 수안, 곡산, 신계

[강원] 이천

[평남] 중화, 상원, 평양

[충남] 천안

또한 강바닥(川底)을 '[kɛp̄adak]'이라고 하는 곳이 있다.

【kɛp̄adak】

[평남] 한천, 영유

[평북] 정주, 구성, 박천, 운산

【kɛp̄adaŋ】

[황해] 재령, 서흥, 황주

[평남] 중화, 상원

또한 강가(川原)를 '[kɛŋbyɔn]'이라고 부르는 곳이 있다.

298) 대정에서는 웅덩이의 뜻이다.

299) '[hammul]'은 'han mul'로서 '큰 물'이라는 뜻이다.

【kɛŋbyɔn】
[충남] 보령, 감포, 홍산, 부여, 논산, 공주, 예산, 청양, 유성
[충북] 각지
또한 충남 조치원에서는 강가(川原)를 '[nɛk̄ɛŋbyɔn]'이라고 부르며 홍성에서는 '[nɛk̄alkɛŋbyɔn]'이라고 부른다. '[kɛŋbyɔn]'은 조치원과 홍성 모두 해안(海岸)을 의미한다.

23 시다(酸)
【sida】
[경기] 의정부, 가평, 양평, 여주, 장단, 개성
[황해] 연안, 해주, 수안, 곡산, 토산, 금천
[강원] 이천, 철원
[평남] 중화, 상원, 용강
[충남] 조치원, 유성, 공주, 논산, 부여, 홍산, 서천, 감포, 보령, 홍성
[충북] 청주, 진천, 음성, 괴산, 충주, 단양, 영동, 황간
【ʃida】
[경기] 서울, 인천, 광주, 수원, 이천, 장단, 개성, 평택
[황해] 연안, 해주, 강령, 옹진, 태탄, 장연, 몽금포, 송화, 은율, 안악, 신천, 재령, 서흥, 황주, 신계
[평남] 평양, 안주, 양덕, 순천, 성천,[300] 강동
[평북] 각지[301]

300) 성천은 '[ʃ]'를 강하게 유기음화한다.

[충남] 천안, 청양, 서산, 태안, 당진, 예산, 아산
[전북] 각지
[전남] 광주, 영광, 곡성, 구례, 순천, 광양, 장흥, 강진, 영암, 해남, 완도, 진도
[제주] 제주, 서귀포, 성산포
[경북] 고령, 김천, 상주
[경남] 합천, 거창, 함양, 진주, 함안, 거제, 김해
【s̄ida】
[평남] 한천, 영유, 개천, 덕천, 영변, 맹산
[전남] 벌교, 고흥, 보성
[경북] 청송[302]
【seda】
[평남] 안주
【s̄ipta】
[경북] 청송
【siupta】
[충남] 홍산, 예산
【sigupta】
[충남] 조치원, 유성, 예산, 아산
[충북] 각지[303]
[경북] 예천, 영주
【siguda】
[함북] 경성, 부거, 무산, 길주

301) 용암포・철산・초산 등에서는 '[ʃ]'를 강하게 유기음화한다.
302) 평남 맹산, 전남 벌교・고흥・보성, 경북 청송은 '[ʃida]'이다.
303) 영동에서는 '[sigɔpta]'라고도 한다.

[함남] 단천, 북청, 영흥

【ʃigɯrɔpta】

[경기] 가평

[충북] 황간

[경북] 김천,[304] 영주, 안동, 의성, 영양, 상주[305]

[경남] 양산,[306] 밀양

[함남] 안변

【segɯrɔpta】

[경북] 대구, 고령, 영양, 영덕,[307] 흥해,[308] 경주[309]

[경남] 밀양

【segɯrapta】

[경북] 예천, 영주, 안동, 의성, 청송

[경남] 울산[310]

【sigulda】

[평북] 후창

【segurɛra】

[경북] 흥해, 경주[311]

【sik̄ʰuda】

[함북] 온성, 회령

304) 김천에서는 '[ʃigərəpta]'라고도 한다.

305) 상주에서는 '[ʃigɯrapta]'이다.

306) 경북 영주・안동, 경남 양산에서는 '[ʃigɯrɯpta]'이다.

307) 영덕은 '[sEguropta]' 또는 '[sEgoropta]'이다.

308) 흥해는 '[sEgurupta]'이다.

309) 경주는 '[sEgurəpta]'이다.

310) 울산은 '[sEgurapta]'이다.

311) 흥해와 경주는 '[sEgurEra]'이다. 이것은 '[aigŭ sEgurEra!]'와 같은 경우에 사용한다.

24-1 냅다(煙)

【nɛpta】

[경기] 서울, 강화, 의정부, 가평, 양평, 개성

[황해] 황주, 수안, 곡산을 제외한 각지

[강원] 이천, 철원

[충남] 홍성, 청양, 서산, 당진, 예산, 공주, 보령, 감포, 홍산

[충북] 청주, 음성, 괴산, 제천

[전북] 전주, 김제

【nɛupta】

[경기] 광주

[황해] 토산

[충남] 조치원 등 각지(천안, 아산, 부여는 제외)

[충북] 음성, 괴산

[전북] 전주, 김제, 정읍, 남원

[전남] 곡성, 당진, 진도, 영광

【mɛpta】

[경기] 양평, 광주, 수원, 여주, 평택

[충남] 천안, 조치원, 유성, 예산, 아산, 공주

[충북] 진천, 음성, 괴산

[전남] 구례, 순천, 광양, 벌교, 고흥, 보성, 완도

【mɛupta】

[경기] 인천, 광주, 장단, 개성

[황해] 토산, 금천

[충남] 천안, 조치원, 유성, 예산, 아산, 부여

[충북] 음성, 괴산

[전북] 전주, 김제, 남원

[전남] 곡성, 순천, 장흥, 영암, 해남, 광주

【nɛgupta】

[황해] 곡산, 수안, 신계, 토산

[강원] 이천[312)]

[충남] 조치원, 유성

[충북] 진천을 제외한 각지

[경북] 예천, 영주

【mɛgupta】

[충남] 영동, 음성, 괴산

【nɛguda】

[함북] 각지

[함남] 단천

【nɛgulda】

[평북] 후창

[함북] 나진(한 Ⅸ, 6)

【nɛgurɔpta】

[경북] 영덕, 흥해, 경주

[경남] 울산

[함북] 북청, 영흥

【nɛgɯrɔpta】

[경기] 이천

[경남] 밀양

[함남] 안변

[함북] 나진(한 Ⅸ, 6)

【nɛgɯrapta】

[경북] 대구, 고령, 김천, 상주, 예천, 영주, 안동, 청송, 의성, 영양

【nɛ:da】

[경남] 각지

[황해] 신계

312) 이천은 '[nɛgopta]'이다.

㉔-2 내(煙)

'煙'에는 보통 '[yɔngi]'(煙氣)라는 말을 사용하지만 여기서는 순수 고유어 '내' 계통만 제시한다.

【nɛ:】

[경기] 서울, 인천, 강화, 의정부, 가평, 광주, 장단, 개성

[황해] 각지

[강원] 이천

[평남] 평양, 중화, 상원, 용강, 한천, 영유, 영원, 순천, 성천, 강동

[평북] 용암포, 철산, 선천, 정주, 구성, 박천, 운산, 의주

[충남] 각지

[충북] 황간, 음성[313)]

[전북] 각지

[전남] 영광, 광주를 제외한 각지

[제주] 각지

【nɛnnɛ】

[황해] 은율, 안악, 신천, 재령, 서흥, 황주, 수안, 곡산

[평남] 영유, 안주, 개천, 덕천, 순천, 성천, 강동, 중화, 상원

[평북] 용암포, 초산, 벽동, 창성

【nɛgul】

[평남] 영원, 맹산 ; 개천(한 Ⅶ, 5)

[평북] 후창 ; 강계(한 Ⅵ, 4)

[함북] 경성, 온성, 무산 ; 나진(한, Ⅸ, 9)

[함남] 영흥 ; 함흥(한 Ⅵ, 7)

313) 음성에서는 또한 '香'의 의미로도 쓰인다.

【nɛguri】
[평남] 덕천, 양덕
[평북] 강계, 후창, 자성, 위원, 초산
[함북] 경성, 부거, 회령, 길주
[함남] 단천, 북청, 안변
【nɛŋgul】
[함남] 안변
【nɛŋguri】
[평북] 희천
【nɛŋgal】
[전남] 광주, 영광, 구례, 순천, 벌교, 보성, 장흥, 강진, 영암, 해남, 완도
【nɛŋgɔri】
[평북] 선천(山地)
【nɛŋgwal】
[평북] 운산, 영변 ; 강계(한 Ⅵ, 4)
[평남] 개천(한 Ⅶ, 5)
【nɛŋgwari】
[평북] 정주, 구성, 태천, 박천, 운산, 희천, 강계, 후창, 자성, 초산, 벽동, 창성
【nɛgurɛgi】
[경북] 경주
[경남] 울산
【mɛː】
[전남] 벌교

25 모래(砂)

【morɛ】
이 형태는 표준어형으로 거의 대부분의 지역에서 들을 수 있다. 이 표준어형은 다음 지역에서는 'morɛ'라기보다도 오히려 '[morE]'와 같이 들렸다.
[전북] 정읍
[전남] 광주, 영광, 강진, 영암, 해남, 완도, 진도
[경북] 김천, 상주, 예천, 영주, 안동, 의성, 청송, 영양, 영덕, 흥해, 경주
[경남] 거창, 함양, 거제, 김해, 양산, 밀양
또한 제주도에서는 'morɛ'라고는 하지 않고 다음과 같은 형태를 사용하고 있다.
【mollE】
[제주] 제주, 대정, 서귀포,[314] 성산포
【molgɛ】
[경기] 가평
[황해] 수안, 황주,[315] 토산[316]
[강원] 이천 ; 강릉(한 Ⅶ, 9)
[함북]·[함남] 각지 ; 고원(한 Ⅵ, 11)[317]
[평남] 중화, 상원, 평양, 용강, 한천, 개천, 덕천, 영원, 맹산, 양덕, 순천, 성천, 강동
[평북] 용암포, 철산, 선천, 정주, 구성, 박천, 희천, 강계, 후창, 자성, 위원, 초산, 벽동, 창성, 의주 ; 용천[楊市](한 Ⅷ, 1)

314) 서귀포에서는 '[mollɛ]'이다.
315) 황주의 경우 '砂'는 '[molgɛ]'라고 하지 않지만, '砂地'를 '[molgɛbatʰaŋ]'이라고 부른다.
316) 토산 남부의 숙인면(宿仁面) 결운리(結雲里)에서 사용한다.
317) '[molgɛpʰan]' 또는 '[morɛpʰan]'이라고 하며 모래 벌판(砂原)을 의미한다.

[충북] 보은
[전남] 벌교
[경북] 대구, 고령, 김천, 상주, 예천, 영주, 의성, 청송, 영덕, 흥해, 경주 ; 안동(한 Ⅷ, 1)
[경남] 합천, 거창, 밀양,[318] 울산
【molgEmi】
[경북] 청송, 영덕, 흥해
【moŋgɛ】
[충북] 제천[319]
【mosɛ】
[경기] 광주, 수원, 이천, 평택
[황해] 강령, 옹진, 태탄, 토산[320]
[강원] 이천[321]
[평남] 영유, 안주, 개천, 덕천, 영원, 맹산, 양덕, 순천
[평북] 철산, 선천, 정주, 구성, 태천, 운산, 박천, 영변, 희천, 강계, 후창, 위원, 벽동, 창성, 의주
[충남] 각지
[충북] 각지
[전북]・[전남] 각지[322]
[경북] 김천, 상주[323]
[경남] 함양
[함북] 각지
[함남] 함흥(한 Ⅵ, 7)
【moksɛ】[324]
[전북] 정읍
[전남] 영광, 영암[325]
[함남] 단천, 북청
【mosal】
[전남] 벌교, 고흥, 보성, 장흥, 강진, 해남, 완도, 진도
[제주] 제주, 대정, 서귀포, 성산포

26 머루(山葡萄)
【mɔru】
[경기] 각지 : 연천(M)
[황해] 서흥
[강원] 철원
[평북] 창성
[충남] 각지 ; 강경(M)
[충북] 각지
[전북] 전주, 정읍 ; 김제, 이리(M)
[전남] 영광, 벌교 ; 나주, 장성(M)
[경북] 김천, 상주[326]

318) 경북 김천・상주・예천・영주・의성・청송・영덕・흥해・경주, 경남 합천・거창・밀양은 '[molgE]'이다.
319) 내(川)에 있는 가는 모래를 가리킨다.
320) 토산은 숙인면(宿仁面) 결운리(結雲里)에서 사용한다.
321) 황해도 태탄과 강원도 이천은 '砂地'를 '[mosɛbatʰaŋ]'이라고 한다.
322) 전북 전주・김제는 '[mosɛ]', 전북 정읍, 전남 광주・영광은 '[mosE]', 전북 남원, 전남 구례・곡성・순천・광양・벌교・고흥・보성・장흥은 '[moʃɛ]', 전남 영암・해남・강진・완도・진도는 '[moʃE]'이다.
323) 김천과 상주는 '[mosE]'이다.
324) 전남 남부에서는 '土砂'를 '[poksE]' 또는 '[pokʃE]'라고 한다. '[moksE]'는 '[mosE]'와 '[poksE]'의 감염(contamination)인 듯하다.
325) 영광과 영암은 '[moksE]'이다.

【mɔrwi】
[제주] 제주(M)
【mɔlgu】
[황해] 서흥, 황주, 수안, 곡산, 신계, 토산
[경기] 개성(M)
[강원] 이천, 철원 ; 양양, 강릉, 울진, 평해(M)
[함남] 안변 ; 신고산, 덕원(M)
[함북] 청진(M)
[평남] 중화, 상원, 평양, 한천, 영유, 안주, 개천, 덕천, 영원, 맹산, 양덕, 순천, 성천, 강동
[평북] 각지 ; 용천[楊市](한 VI, 5)
[충북] 진천, 음성, 단양
[전북] 김제
[전남] 광주, 순천, 광양, 벌교, 고흥, 완도, 진도[327] ; 여수, 담양(M)
[경북] 예천, 영주, 안동, 의성, 청송, 영양, 영덕, 흥해, 경주 ; 영천, 포항, 대구(M)
[경남] 울산[328] ; 마산, 하동, 함양(M)
【myɔlgu】
[전북] 남원
[전남] 곡성, 벌교 ; 영암, 목포(M)
【melgu】
[전남] 곡성, 구례, 보성, 장흥, 강진, 영암, 해남
[전북] 남원, 순창(M)
【milgu】
[전남] 구례
【mɔri】
[평남] 용강
[충북] 진천, 괴산
[경남] 합천, 거창[329] ; 부산, 창녕(M)
[경북] 고령[330]
【mɔlgi】
[황해] 신계
[강원] 이천
[함북] 경성, 부거, 온성, 무산, 길주 ; 성진, 나남, 부령, 회령(M)
[함남] 단천, 북청, 영흥 ; 함흥, 오로리, 신흥, 홍원, 이원, 풍산, 갑산, 혜산(M)
【mɔlli】
[제주] 제주, 대정, 서귀포, 성산포[331]
【mɔllwi】
[제주] 성산포[332]
【mɔrɛ】
[황해] 연안, 장연, 몽금포, 송화, 은율, 안악, 금천
[경남] 거창, 함양, 함안, 거제,[333] 김해, 양산[334]

---

326) 김천과 상주는 '[məru]'이다.
327) 진도는 '[molgu]'라고도 한다.
328) 전북 김제, 전남 광주, 경북 예천・영주・안동・의성・청송・영양・영덕・흥해・경주, 경남 울산은 '[məlgu]'이다.
329) 합천과 거창은 '[məri]'이다.
330) 고령은 '[sanməri]'이다.
331) 모두 '[məlli]'이다.
332) 성산포는 '[məllwi]'이다.
333) 경남 함양・함안・거제는 '[mərɛ]'라고도 한다.

【morɛ】

[경남] 밀양[335] ; 양산, 김해, 거제, 진주(M)

【mɔre】

[황해] 해주, 강령, 옹진, 태탄, 신천, 재령 ; 연안, 금천(M)

【mɔlgwi】

[함북] 회령, 무산 ; 경성, 종성, 경원, 경흥, 웅기(M)

[함남] 단천[336] ; 문천, 고원, 영흥, 정평(M)

[황해] 신계(M)

27 벌레(蟲)

【pɔlle】

[경기] 서울, 인천, 가평, 양평, 광주, 수원, 여주, 이천, 장단, 개성, 평택 ; 연천(M)

[황해] 은율을 제외한 각지 ; 은율(M)

[강원] 이천, 철원

[평남] 중화, 상원, 평양

[충남] 천안, 조치원, 홍성, 청양, 서산, 태안, 당진, 예산, 아산, 공주, 감포, 보령 ; 서천(M)

[충북] 청주, 진천, 음성, 충주,[337] 옥천

[전남] 광주, 영광[338]

【pɔre】

[충남] 유성, 공주, 논산, 부여, 홍산, 서천, 감포, 보령, 청양[339]

[충북] 진천, 제천, 영동

[전북] 김제, 남원

[전남] 순천, 벌교, 고흥, 강진, 영암, 해남

[경북] 청송[340]

【pɔlge】

[평북] 용암포, 철산

[충남] 조치원, 유성, 공주, 논산, 부여, 홍산, 서천, 감포, 보령, 홍성, 예산, 아산

[충북] 청주

[전남] 완도, 진도

【pɔlgi】

[황해] 황주, 수안

[평남] 중화,[341] 상원 ; 개천(한 Ⅶ, 5)

[함북] 회령, 무산[342]

[함남] 단천, 영흥, 안변 ; 신고산, 덕원, 함흥(M)

[평북] 선천, 태천, 박천, 운산, 영변, 후창, 의주

[전남] 순천, 고흥, 강진, 해남

---

334) 경남 거창・김해・양산은 '[mərE]'이다.

335) 밀양은 '[morE]'이다.

336) 단천은 '[mɔlgüi]'이다.

337) 경기도 여주, 강원도 철원, 충남 청양・서산・당진・예산・아산・공주・보령, 충북 음성・충주는 '[pɔllɛ]'이다.

338) 광주와 영광은 '[pɔllE]'이다.

339) 충남 공주・논산・홍산・보령・청양은 '[pɔrɛ]'이다.

340) 청송은 '[pə:rE]'이다.

341) 중화에서는 의복에 벌레가 끼는 것을 '[pɔlgi nanda]'라고 한다.

342) 무산에서는 '벌레가'(주격)의 의미로 '[pɔlgi mɔŋnɯnda]'와 같이 쓴다.

[충북] 황간
[경북] 예천, 영주, 안동, 의성, 청송, 영양, 영덕, 흥해, 경주 ; 포항(M)
[경남] 합천, 거창, 함양, 진주, 함안, 거제, 양산, 밀양, 울산[343] ; 동래(한 Ⅵ, 8)

【pɔrɔʤi】
[경기] 서울, 인천, 의정부, 양평, 광주, 장단, 개성, 평택
[황해] 연안, 옹진,[344] 서흥, 수안, 토산, 금천
[강원] 철원 ; 영월, 평창, 원주, 횡성, 홍천, 인제(M)
[평북] 용암포, 초산
[함남] 안변
[충남] 천안, 조치원 등 각지 ; 강경(M)
[충북] 각지
[전북] 각지
[전남] 광양, 진도, 완도를 제외한 각지[345]
[제주] 제주[346]

【pɔraʤi】
[전남] 영암, 해남, 진도

【pɔllɔʤi】
[경기] 가평, 수원, 여주, 이천, 장단, 평택
[황해] 강령, 서흥, 신계, 토산
[충남] 천안, 조치원, 서산, 태안, 당진, 예산, 아산
[충북] 음성

【pɔlgɔʤi】
[경기] 양평, 이천 ; 개성(M)
[황해] 서흥, 황주, 수안, 곡산 ; 신계(M)
[강원] 이천, 철원 ; 양양, 강릉, 삼척, 울진, 평해, 영월, 평창, 원주, 횡성, 홍천, 춘천, 인제(M)
[평남] 중화, 상원, 평양, 용강, 한천, 영유, 안주, 개천, 덕천, 영원, 맹산, 양덕, 순천, 성천, 강동
[평북] 각지 ; 용천[法興](한 Ⅷ, 6)
[함남] 안변, 영흥, 북청, 단천 ; 신고산, 덕원, 문천, 고원, 정평, 함흥, 오로리, 신흥, 홍원, 이원, 풍산, 갑산, 혜산(M)
[함북] 경성, 부거, 온성, 회령, 무산, 길주 ; 성진, 나남, 청진, 부령, 종성, 경원, 경흥, 웅기(M)
[충남] 천안, 조치원, 유성 등 각지(아산, 태안은 제외)
[충북] 각지
[전북] 전주, 김제, 정읍, 남원 ; 순창(M)
[전남] 광주, 곡성, 구례, 순천, 광양, 벌교, 고흥, 보성, 완도, 진도 ; 여수,

---

343) 충북 황간, 경북 예천・영주・안동・의성・청송・영양・영덕・흥해・경주, 경남 합천・거창・함양・진주・함안・거제・양산・밀양・울산은 '[pəlgi]'이다.
344) 옹진은 '[pʉrʉʤi]'이다.
345) 구례에서는 방울벌레(鈴蟲), 귀뚜라미(蟋蟀) 부류를 일컫는다.
346) 제주는 '[pərəʤi]'이다.

나주, 장성, 담양(M) ; 장흥(南)
[경북] 흥해를 제외한 각지 ; 영천, 함창, 문경(M)
[경남] 각지[347][348] ; 동래, 부산, 마산, 통영, 남해, 하동, 창녕(M)
[제주] 제주

【pɔlgaʤi】
[전남] 영암, 해남, 진도, 완도, 강진, 장흥 ; 목포(M)

【pɔrɔkʧi】
[황해] 은율, 재령 ; 장연, 안악(M)
[충남] 공주, 논산, 부여, 홍산, 서천, 감포 ; 강경(M)
[전북] 전주, 김제, 정읍
[전남] 광주, 영광

【pɔllɔkʧi】
[황해] 옹진, 장연, 몽금포, 송화, 은율, 안악, 신천, 재령
[충남] 서산, 태안, 당진

【pɔlgɔkʧi】
[평남] 상원, 용강, 한천, 영유, 안주, 개천, 맹산, 순천, 성천, 강동
[함남] 신고산, 안변(M)
[전북] 남원
[전남] 곡성, 보성

【pɔreŋi】
[제주] 제주, 대정, 서귀포, 성산포[349]
[pɔrɛŋi](M)

【pereŋi】
[제주] 서귀포, 성산포

【pɔlgɛŋi】
[전북] 전주
[전남] 구례
[경북] 고령, 김천, 의성, 청송, 경주 ; 포항, 영덕, 대구(M)
[경남] 거창, 합천, 함양,[350] 김해, 양산,[351] 밀양[352]

【pɔlgɛi】
[전북] 남원
[전남] 곡성

【pɔlgɔŋi】
[경남] 진주, 함안[353] ; 마산(M)

【pɔlgɛŋ】
[경북] 김천(M)

【pɔregi】
[전북] 김제(M)

28 도라지(桔梗)

【toraʤi】
[경기] 각지
[황해] 각지
[강원] 이천, 철원
[평남] 각지
[평북] 철산을 제외한 각지

---

347) 경북 각지와 경남 각지는 '[pəlgəʤi]'이다.
348) 밀양에서는 '[pɯlgəʤi]'이다.
349) 이 지역들은 모두 '[pəreŋy]'이다.
350) 함양은 '[pəlgɛŋi]'이다.
351) 경북 고령·김천·의성·청송·경주, 경남 거창·합천·김해·양산은 '[pəlgEŋi]'이다.
352) 밀양은 '[pʉlgEŋi]'이다.
353) 모두 '[pəlgəŋi]'이다.

[충남] 각지
[충북] 각지
[함남]·[함북] 각지
[전북] 전주, 김제, 정읍, 남원
[전남] 광주, 영광, 곡성, 구례, 순천, 벌교, 고흥, 영암, 해남
[경북] 대구, 김천, 예천, 의성, 청송, 영양, 영덕, 흥해, 경주
[경남] 거창, 함양, 함안, 양산, 울산
[제주] 제주, 대정, 서귀포
【tolgaʤi】
[평북] 철산, 선천, 정주, 구성, 태천, 박천, 의주
[전북] 정읍, 남원
[전남] 곡성, 구례, 순천, 광양, 벌교, 고흥
[경북] 예천, 영주, 청송, 영양, 영덕, 흥해, 경주
[경남] 진주, 함안, 거제, 김해, 양산
【torat】
[전남] 영광, 진도
【tolgat】
[전북] 남원
[전남] 벌교, 고흥, 보성, 장흥, 강진, 영암, 해남, 완도
【torɛ】
[충북] 황간, 영동[354)]
[경북] 김천, 상주, 예천, 안동, 청송, 영양, 영덕, 흥해, 경주, 고령
[경남] 합천, 거창,[355)356)] 함양[357)]

354) 영동의 경우 '[toraʤi]'와 '[torɛ]'는 종류가 다른 듯하다.

【tolgɛ】
[경북] 안동, 의성, 청송, 영덕, 흥해, 경주[358)]
[경남] 울산[359)]

29 가루(粉)
【karu】
[경기] 각지
[황해] 연안을 제외한 각지
[강원] 이천
[평남]·[평북] 각지
[충남]·[충북] 각지
[전북] 전주, 김제, 남원
[전남] 진도
[경북] 김천, 상주, 예천, 영주, 영덕
[함남] 안변
【kallu】
[경기] 광주
[황해] 연안, 해주, 강령, 옹진, 태탄, 신계, 토산, 금천
[강원] 이천, 철원
【kalgu】
[평남] 영원, 맹산, 양덕, 성천

355) 경북 김천·상주·예천·안동·청송·영양·영덕·흥해·경주·고령과 경남 합천, 거창은 '[torE]'이다.
356) 거창에서는 도라지 뿌리를 '[torE]'라고 한다.
357) 함양은 '[torE]'라고도 한다.
358) 경북 안동·의성·청송·영덕·흥해·경주에서는 '[tolgE]'이다.
359) 울산에서는 야생 도라지를 '[toraʤi]'라고 하고 집에서 재배하는 것은 '[tolgɛ]'라고 부른다.

[평북] 강계, 후창
【kalgɯ】
[함남] 안변
【kari】
[전북] 김제, 정읍, 남원
[전남] 각지
[경북] 고령, 김천, 상주를 제외한 각지
[경남] 각지
【kalli】
[경북] 고령
【kalgi】
[함북] 각지
[함남] 단천, 북청, 영흥
【kɷru】
[제주] 서귀포
【kɷrɯ】
[제주] 성산포
【karɯ】
[제주] 대정
【kɷrɯl】
[제주] 제주, 대정
또한 함경남북도와 평안북도 대부분에서는 '가루가'(주격)라고 하는 경우에 '[kalgi]'라고 한다. 가령 '[kalgi mantʰa]'와 같다. 평안북도 용암포·철산·선천·위원·초산·벽동·창성·의주에서는 '[karure]'라고 한다. 어법상 주목해야 할 점이다. 또한 함남 안변에서는 '[kalgi]' 외에 '[kalgɯga]'라고도 한다.

30 노루(獐)
【noru】
[경기] 서울, 인천, 의정부, 장단, 개성, 평택
[황해] 각지
[강원] 이천, 철원
[함남] 안변
[평남] 중화, 상원, 평양, 용강, 한천, 영유, 안주, 개천, 강동
[평북] 용암포와 강계를 제외한 각지
[충남] 각지
[충북] 각지
[전북] 전주, 김제
[전남] 진도
[경북] 상주, 예천, 영주, 안동, 영양, 흥해
[경남] 거창, 울산
【nori】
[전북] 정읍,[360] 남원
[전남] 진도를 제외한 각지
[제주] 제주, 대정, 서귀포, 성산포
[경북] 대구, 고령, 김천, 의성, 청송, 영양, 영덕, 흥해, 경주[361]
[경남] 합천 등 각지(거창은 제외)
【nolgi】
[평남] 안주, 개천, 덕천, 영원, 순천, 성천, 강동
[평북] 구성, 태천, 박천, 운산, 영변, 희천, 강계, 후창, 자성, 위원, 초산, 벽동, 창성, 의주

360) 정읍에서는 '[nöri]'라고도 한다.
361) 경주에서는 사슴(鹿)의 뜻이다.

[함남] 영흥, 안변

【nolgaʤi】

[황해] 수안, 곡산

[평남] 상원, 양덕

[함북] 각지

[함남] 단천, 북청, 영흥

【nolgɛŋi】

[충북] 제천

[경북] 예천, 영주, 청송, 영양, 영덕, 흥해, 경주[362)]

[경남] 울산[363)]

【nolgɛi】

[충북] 단양[364)]

[경북] 안동, 의성[365)]

31-1 돌(石)

【to:l】

[경기] 서울, 인천, 강화, 의정부, 가평, 양평, 광주, 수원, 이천, 여주, 장단, 개성, 평택

[황해] 각지

[강원] 이천

[평남]·[평북] 각지

[함남]·[함북] 각지

[충남]·[충북] 각지

[전북] 전주, 남원

[전남] 곡성, 구례, 순천, 광양, 벌교, 고흥, 완도, 진도

[경북] 고령을 제외한 각지

[경남] 각지

[제주] 각지

【to:ri】

[함북] 길주

【tu:l】

[충남] 태안

【to:k】

[충남] 각지

[충북] 청주, 영동, 황간

[전남]·[전북] 각지

[경북] 고령, 김천, 상주

[경남] 합천, 거창, 함양, 진주, 함안, 거제

【tu:k】

[충남] 서천, 감포, 보령

31-2 돌멩이(小石)

이 단어에도 여러 명칭이 있다. 가령 'tol-meŋi, tolpʰak, tolpeŋi' 등이 있으며 그 중 'tolmeŋi'의 분포 상황을 보면 다음과 같다.

【tolmeŋi】

[경기] 서울, 이천, 장단, 개성, 평택

[황해] 연안, 해주, 강령, 옹진, 태탄, 장연, 몽금포, 송화, 은율, 안악, 신천, 재령, 서흥, 황주,[366)] 수안, 곡산, 신계, 토산

[강원] 이천

362) 경주에서는 노루(獐)의 의미로는 이 형태를 쓴다.

363) 경북 예천·영주·청송·영양·영덕·경주, 경남 울산은 '[nolgEŋi]'이다.

364) 단양에서는 '[nolgei]'이다.

365) 안동과 의성은 '[nolgEi]'이다.

366) 황해도 연안·해주·강령·옹진·서흥·황주는 '[tolmɛi]'이다.

[평남] 각지
[평북] 각지
[함북] 경성367)
[충남] 천안, 조치원, 유성, 홍성, 청양, 서산, 태안, 당진, 예산, 아산, 공주, 논산, 부여, 서천,368) 감포, 보령
[충북] 청주, 진천, 음성, 괴산, 충주, 제천, 단양,369) 옥천, 보은, 영동, 황간370)
[전북] 김제, 정읍, 남원
[전남] 순천, 광양, 벌교, 고흥, 보성, 장흥, 강진, 영암, 해남
[경북] 예천, 영주
[경남] 김해, 양산371)
【tolmiŋi】
[경북] 김천, 상주, 안동, 의성, 청송, 영덕, 흥해, 경주
[경남] 거창, 함양, 진주, 함안, 거제, 밀양, 울산

367) 평북 벽동과 함북 경성에서는 '[tolmɛi]'이다.

368) 경기도 장단, 충남 서천은 '[tolmɛŋi]'라고도 한다.

369) 황해도 태탄・장연・몽금포・송화・은율・안악・신천・재령・수안・곡산・신계・토산, 강원도 이천, 충북 단양은 '[tolmei]'이다. 다만 신천・재령・곡산 등에서는 '[tolme:]'이다.

370) 경기도 이천, 함북 경성, 충남 조치원・유성・홍성・청양・서산・태안・당진・예산・아산, 충북 충주・제천・영동・황간은 '[tolmɛŋi]'이다.

371) 전북 김제, 경북 영주, 경남 양산은 '[tolmEŋi]'이다.

【toŋmeŋi】
[경기] 광주, 수원, 장단, 개성
[황해] 토산, 금천
[강원] 이천
[전남] 광주, 영암, 남해, 완도, 진도

32 심다(植)

(A) 심는다(현재)
【simnɯnda】
[경기] 각지
[황해] 각지
[강원] 이천, 철원
[평남] 평양, 중화, 상원, 한천, 영유, 안주, 덕천, 영원, 맹산
[평북] 구성, 태천, 박천, 강계, 초산372)
[충남] 각지
[충북] 각지
[전북] 전주, 김제, 정읍
[전남] 순천, 벌교, 고흥
[제주] 대정
[함북] 온성
[함남] 안변
【simɯnda】
[황해] 수안
[평남] 상원, 평양, 용강, 개천, 순천, 강동
[평북] 용암포, 선천, 정주, 운산, 영

372) 평남 덕천・영원・맹산, 평북 구성・태천・박천・강계・초산은 '播種'의 의미이다. '植'의 경우에는 '[öŋginda]'(평남) 또는 '[oŋginda]'(평북)라고 말한다.

변, 희천, 후창, 창성[373)]
[충남] 예산
[전남] 곡성, 구례
[제주] 제주
[함북] 경성, 부거, 회령, 무산, 길주
[함남] 단천
【sumnɯnda】
[경기] 개성
[충남] 공주
[함남] 안변
【sumunda】
[경북] 안동, 영양, 영덕, 흥해
【simgunda】
[충북] 황간, 단양
【simgɯnda】
[충남] 홍산
【simginda】
[충남] 홍산
【siŋnɯnda】
[경기] 강화, 가평
【siŋgɯnda】
[경기] 양평, 이천, 장단, 개성, 평택
[황해] 해주(?)와 태탄을 제외한 각지
[평남] 평양, 중화, 상원, 용강, 한천, 영유, 안주, 개천
[평북] 용암포, 철산, 선천, 정주,[374)] 구성, 태천, 박천, 영변, 희천[375)]
[충남] 아산, 태안, 보령, 감포, 서천, 홍산을 제외한 각지
[충북] 영동
[전북] 김제, 정읍
[제주] 제주, 대정
【siŋginda】
[평북] 운산,[376)] 의주[377)]
[충남] 홍성, 서산, 태안, 예산, 보령, 감포, 서천
[전남] 장흥, 강진, 영암, 해남, 완도, 진도
【siŋgunda】
[평남] 덕천, 영원, 맹산, 양덕, 순천, 성천, 강동
[평북] 강계, 후창, 자성, 위원, 초산, 벽동, 창성
[충북] 옥천, 보은, 진천, 음성, 괴산, 충주, 제천
[함남] 단천
[강원] 철원
【süŋginda】
[전남] 고흥, 보성
【suŋgunda】
[전북] 남원
[전남] 완도, 진도를 제외한 각지

373) 평남 순천, 평북 용암포・선천・정주・운산・영변・희천・후창・창성은 '播種'의 뜻이다. '植'은 '[öŋginda]'(평남) 또는 '[oŋginda]'(평북)라고 한다.

374) 정주는 '播種'의 뜻이다. '植'은 '[oŋginda]'라고도 한다.

375) 평북 철산・구성・태천・박천・영변・희천은 '播種'의 뜻이다. '植'은 '[oŋginda]'라고 한다.

376) 운산은 '播種'의 뜻이다. '植'은 '[oŋginda]'라고 한다.(이하 동일)

377) 의주는 '播種'의 뜻이다. '植'은 '[oŋginda]'라고도 한다.

[경북] 청송, 경주를 제외한 각지
[경남] 각지
[함남] 북청, 영흥, 안변
【suŋgunnɯnda】
[경북] 청송, 경주
【siŋgɔ】
[제주] 성산포

(B) 심었다(과거)[378)]
【simɔt̄a】
[경기] 각지
[황해] 각지
[강원] 이천, 철원
[평남] 영원, 맹산, 양덕을 제외한 각지
[평북] 자성, 위원을 제외한 각지
[충남] 각지
[충북] 각지
[전북] 전주, 김제, 정읍
[전남] 곡성, 순천, 벌교
[제주] 제주
[함북] 경성, 부거, 온성
[함남] 단천, 안변
【sumɔt̄a】
[경기] 개성
[충남] 공주
[전북] 남원
[전남] 구례
[함남] 안변

378) 평남과 평북의 각지에서 '播種'과 '植'의 구별은 앞서 서술한 바와 같다. 평북에서는 '[oŋginda]'의 과거형이 '[oŋget̄a]'로 된다.

[경북] 안동, 영양, 영덕
【sumwat̄a】
[경북] 흥해, 경주
【simgɔt̄a】
[충남] 홍산
[함북] 회령, 무산, 길주
【simgyɔt̄a】
[충남] 홍산
【simgwɔt̄a】
[충북] 단양
【siŋgɔt̄a】
[경기] 강화, 의정부, 가평, 양평, 광주, 이천, 장단, 개성, 평택
[황해] 해주(?)와 태탄을 제외한 각지
[강원] 이천, 철원
[평남] 평양, 중화, 상원, 용강, 한천, 영유, 안주, 개천
[평북] 용암포, 철산, 선천, 정주, 구성, 태천, 박천, 운산, 영변, 희천, 의주
[충남] 청양, 당진, 예산, 아산, 부여, 공주, 천안, 조치원, 유성
[충북] 영동
[전북] 김제, 정읍
[전남] 영암
[제주] 제주, 대정
[함북] 길주
【siŋgyɔt̄a】
[충남] 홍성, 태천, 예산, 보령, 감포, 서천
【siŋget̄a】
[전남] 장흥, 강진, 영암, 해남, 완도, 진도

【siŋgwɔt̄a】

[평북] 덕천, 영원, 맹산, 양덕, 순천, 성천, 강동

[평북] 강계, 후창, 자성, 위원, 초산, 벽동, 창성

[충북] 옥천, 보은, 진천, 음성, 괴산, 충주, 제천

[함남] 단천

【suŋgɔt̄a】

[전북] 남원

[전남] 완도, 진도, 광주를 제외한 각지

[경북] 대구, 고령, 예천, 영주, 안동, 청송, 영양, 영덕

[경남] 합천, 함양, 진주, 함안, 거제, 김해

[함남] 북청, 영흥, 안변

【suŋgwɔt̄a】

[전북] 남원

[전남] 광주

[함남] 단천

【suŋgwat̄a】

[경북] 흥해, 경주

[경남] 울산, 양산[379]

【suŋgat̄a】

[경북] 대구, 김천, 상주, 의성

[경남] 거창, 밀양

【suŋget̄a】

[전남] 완도

【siŋgɔʧ͞ɔ】

[제주] 서귀포, 성산포

379) 양산은 '[suŋgoat̄a]'이다.

33 나무(樹)

(A) 단독형

【namu】

제주도와 함경도 일부를 제외하면 '[namu]'라고 하지 않는 지역은 거의 없다.

【naŋgu】

[경기] 의정부, 가평, 양평, 이천, 장단, 개성, 평택

[황해] 옹진, 장연, 몽금포, 재령, 서흥, 황주, 신계, 금천

[강원] 이천, 철원

[평남] 각지

[평북] 철산

[충남] 아산을 제외한 각지

[충북] 황간, 옥천, 제천[380]을 제외한 각지

[전북] 각지

[전남] 광주를 제외한 각지[381]

【naŋgɯ】

[평북] 운산, 박천, 희천, 강계, 후창, 자성, 위원

[함남] 안변

【naŋgi】

[평남] 개천

[평북] 각지[382]

380) 제천에서는 '樹'를 '[namu]'라고 하고 '장작(薪)'을 '[naŋgu]'라고 하여 구별이 존재한다.

381) 강진의 경우 '[naŋgu]'는 '나뭇가지'의 의미라고 하며 영광에서는 '줄기'를 의미한다고 하는데 아직 확실치는 않다.

382) 평북에서는 대체로 '[namu](樹)'에 대해, '[naŋgi]'는 '장작(薪)'을 의미한다.

[충남] 서산, 당진, 태안, 예산
[함북] 온성, 무산
[함남] 북청, 단천, 영흥
【nɛŋgi】
[평남] 한천, 영유
[함북] 경성, 부거, 회령, 길주
[함남] 단천
【nam】
[제주] 제주, 대정, 성산포
【naŋ】
[제주] 제주, 대정, 서귀포, 성산포

(B) 나무가(주격)
【namuga】
일반적으로 사용된다. 단 제주도, 함경도 일부는 제외한다.
【naŋguga】
[경기] 가평, 양평, 이천, 장단, 개성, 평택
[황해] 옹진, 장연, 몽금포, 재령, 서흥, 금천
[강원] 이천, 철원
[평남] 중화, 상원
[충남] 서산, 태안, 아산을 제외한 각지
[충북] 황간, 영동, 옥천, 보은을 제외한 각지
[전북] 김제, 남원
[전남] 곡성, 구례, 순천, 광양, 벌교, 장흥
【naŋgiga】
[충남] 서산, 당진
【namure】
[평북] 후창, 강계를 제외한 각지
[평남] 개천
【naŋgire】
[평북] 용암포, 철산
【naŋgi】
[경기] 장단
[황해] 곡산
[평남] 상원, 개천, 덕천, 영원, 맹산, 양덕, 순천, 성천, 강동
[평북] 각지
[충남] 조치원, 유성, 공주
[충북] 청주, 보은, 음성을 제외한 각지
[전남] 벌교, 해남, 완도
[경북] 영주, 안동, 청송, 의성, 영양, 영덕, 흥해, 경주
[경남] 울산
[함북] 온성, 무산
[함남] 북청, 영흥, 안변
【nɛŋgi】
[평남] 한천
[경북] 경성, 부거, 회령, 길주
[함남] 단천
【nami】
[제주] 제주, 성산포
【naŋi】
[제주] 제주, 대정, 서귀포, 성산포

(C) 나무를(대격)
【namurɯl】
일반적으로 쓰이는 형태이다.
【naŋgurɯl】
[경기] 가평, 양평, 광주, 이천, 장단,

개성, 평택
[황해] 옹진, 장단, 몽금포, 재령, 서흥, 신계, 금천
[강원] 이천, 철원
[평남] 평양, 용강, 한천, 안주, 중화, 상원
[충남] 태안, 당진, 예산,383) 서천을 제외한 각지
[충북] 황간, 영동, 옥천, 보은을 제외한 각지
[전북] 전주, 김제, 정읍
[전남] 보성, 영암, 해남, 완도, 진도, 광주, 영광384)
【namuro】
[경남] 진주, 함안, 거제, 김해, 양산, 밀양
【naŋgɯl】
[경기] 장단
[황해] 곡산, 토산
[평남] 용강, 중화, 영변, 맹산, 양덕, 순천을 제외한 각지
[평북] 용암포를 제외한 각지
[충남] 유성, 공주
[충북] 황간, 진천, 음성, 괴산, 충주, 제천, 단양
[경북] 대구, 고령을 제외한 각지
[경남] 울산

383) 평남 중화, 충남 당진과 예산에서는 보통 '[-rɯl]'을 사용하지 않는다. 가령 '[naŋgu pinda](나무를 베다)'와 같다.
384) 이들 지역에서도 '[-rɯl]'을 사용하지 않고 단순히 '[namu pi:nda](나무를 베다)'라고 말한다.

[함남] 영흥, 안변
【naŋgɯ】
[평남] 영원, 맹산, 양덕, 순천
[함북] 각지
[함남] 단천, 북청
【naŋgil】
[평북] 용암포, 철산
【namul】
[평남] 안주, 개천, 덕천, 맹산
[평북] 철산, 선천, 초산, 벽동, 창성, 의주
【namɯl】
[제주] 제주
【naŋɯl】385)
[제주] 제주, 대정, 서귀포

34 구멍(穴)
【kuñɔŋ】
[경기] 서울, 의정부, 가평, 광주, 수원, 평택
[황해] 해주, 강령, 옹진,386) 태탄, 장연, 몽금포, 송화, 은율, 안악,387) 신천, 재령, 서흥, 황주, 수안, 곡산, 신계, 토산
[강원] 이천, 철원
[평남] 상원
[함남] 안변
[충남] 천안, 조치원, 유성, 논산, 부

385) 서귀포에서는 '[-ɯl]'을 쓰지 않고 다만 '[nam], [naŋ]'이라고 한다.
386) 옹진에서는 '[kuñʉŋ]'이라고도 한다.
387) 안악에서는 '[kuñoŋ]'과 비슷하다.

여, 홍산, 서천, 감포, 보령, 태안, 서산, 당진, 청양, 홍성, 예산, 아산
[충북] 진천, 괴산, 충주, 제천, 단양, 영동, 황간
[전남] 광양
[경북] 김천, 영양
[경남] 거창, 함양, 진주, 거제, 함안, 김해, 양산, 밀양[388)]
[함북] 무산
【kunɔŋ】
[평남] 중화, 상원, 평양, 용강,[389)] 안주, 개천, 덕천, 영원, 맹산, 양덕, 순천, 성천, 강동
[평북] 용암포, 철산, 선천, 구성, 태천, 박천, 운산, 영변, 희천, 강계, 후창, 자성, 위원, 초산, 벽동, 창성, 의주[390)]
【kunuŋ】
[평남] 한천, 영유
【koñɔŋ】
[경남] 함안
【koñaŋ】
[제주] 제주, 대정, 서귀포
【kuñaŋ】
[함북] 회령
【kuñɛː】
[함북] 온성

388) 경북 김천 · 영양, 경남 거창 · 함양 · 진주 · 거제 · 함안 · 김해 · 양산 · 밀양은 '[kuñəŋ]'이다.
389) 용강은 '[kunöŋ]'이라고도 한다.
390) 평남 개천, 평북 희천 · 자성 · 위원 · 초산 · 벽동 · 창성 · 의주는 '[kunəŋ]'이다.

【kuñɔk】
[경기] 서울, 양평, 수원, 이천, 여주, 장단, 개성, 평택
[황해] 연안, 해주, 토산, 금천
[충남] 천안, 조치원, 유성, 공주, 논산, 부여, 홍산, 서천, 청양, 아산
[충북] 청주, 진천, 음성, 괴산, 충주, 보은, 옥천, 영동, 황간
[전북] 전주, 김제
[전남] 광주, 영광, 곡성, 구례, 순천, 벌교, 고흥, 보성, 장흥, 강진, 영암, 해남, 완도, 진도
[경남] 함양[391)]
【kunɔk】
[전북] 남원, 정읍
【kuyəŋ】
[경북] 대구, 고령, 상주, 예천, 영주, 안동, 의성, 청송, 영덕, 흥해, 경주
[경남] 울산, 합천
[함남] 영흥, 안변
【kuyaŋ】
[경남] 흥해
【kumɔŋ】
[경기] 서울, 인천, 광주, 수원, 이천, 평택
[황해] 연안, 해주, 강령, 옹진, 태탄, 장연, 몽금포, 송화, 은율, 안악,[392)] 신천, 재령, 서흥, 황주, 수안, 곡산, 신계, 토산

391) 전남 광주 · 영광, 경남 함양은 '[kuñək]'이다.
392) 안악은 '[kumoŋ]'과 비슷하다.

[강원] 이천, 철원
[함북] 회령
[평남] 평양, 용강, 상원
[충남] 각지
[충북] 청주, 진천, 음성, 충주, 제천, 단양, 보은, 옥천, 영동
[전북] 남원
[전남] 광양
[경북] 김천, 상주, 영주, 안동, 영덕, 경주[393)]

【komaŋ】
[제주] 제주, 대정, 서귀포, 성산포

【kumɔk】
[경기] 서울, 강화, 의정부, 광주, 수원, 이천, 장단, 개성, 평택
[황해] 연안, 해주, 토산, 금천
[강원] 철원
[충남] 천안, 조치원, 유성, 논산, 부여, 홍산, 서천, 아산
[충북] 청주, 진천, 음성, 괴산, 충주, 영동
[전북] 전주, 김제, 정읍, 남원
[전남] 광양을 제외한 각지
[경남] 김해

【kumuk】
[경남] 김해

【kumu】
[경북] 김천, 상주, 예천, 영주, 안동, 의성, 청송, 영양, 영덕, 흥해, 경주
[경남] 김해, 양산, 밀양, 울산[394)]

【kuŋgi】
[제주] 제주, 대정, 서귀포
[함북] 회령, 길주
[함남] 영흥

【kuŋgu】
[전북] 김제

【kuŋgEŋi】
[경북] 청송, 흥해, 경주
[경남] 양산

【kuŋgɛ̃:】
[함북] 회령

【kuŋɛ̃:】
[함남] 단천

【kuŋgɛ:】
[함북] 경성, 부거, 무산, 길주
[함남] 단천, 북청

---

393) 경북 김천・상주・영주・안동・영덕・경주는 '[kuməŋ]'이다.

394) '[kumu]'로 나타나는 지역 중 경북 김천・상주・예천・영주・안동・의성・청송・영양・영덕・흥해・경주와 경남 울산에서는 다음과 같이 격 변화를 보인다.

(1) 구멍이(주격형)
【kuŋgi】 김천, 상주, 영주, 안동, 의성, 청송, 영양, 영덕, 흥해, 경주

(2) 구멍에(처격형)
【kuŋgE】 각지

(3) 구멍을(대격형)
【kuŋgɯl】 영주, 안동, 의성, 청송, 영양, 영덕

다만 울산에서는 '[kuŋgE]'라고 하는데도 불구하고, '[kuŋgi]'(주격)라든가 '[kuŋgɯl]'(대격)이라고 하지 않고 '[kumuga], [kuyəŋɯl]'이라고 말하는 경향이 있는 듯하다.

【kuŋgaŋ】
[함남] 단천, 북청
【kuŋgã:】
[함남] 영흥
【kuŋgɔn】
[함남] 안변
【kuŋ】
[함북] 부거

※ 부기
함경남북도에서 '구멍'의 곡용은 다음과 같다.
(A) 주격(구멍이 있다)
【kuñɔŋi】
[함남] 안변
【kuyɔŋi】
[함남] 안변, 영흥
【kuñɛ̃:】
[함북] 무산
【kunɛ(æ):】
[함북] 온성
【kuyã:i】
[함북] 무산
【kuŋgi】
[함남] 영흥, 북청, 단천
[함북] 길주, 부거, 회령
【kuŋgaŋi】
[함남] 영흥
【kuŋgã:i】
[함북] 무산
【kuŋgɛŋi】
[함북] 경성
【kuŋgɛ̃:i】
[함북] 길주
【kuŋgɛ̃:】
[함북] 회령
【kuŋgɛ】
[함남] 북청
【kuŋɛ̃:i】
[함남] 단천395)
【kuŋgɔŋi】
[함남] 안변

(B) 대격(구멍을 팠다)
【kuñɔŋɯl】
[함남] 안변
【kuyɔŋɯl】
[함남] 안변, 영흥
【kuñã:a】
[함북] 온성, 회령
【kuña:】
[함북] 무산
【kuŋgɯl】
[함남] 영흥
[함북] 부거?
【kuŋgɯ】
[함남] 북청
[함북] 길주, 회령
【kuŋgaɯl】
[함북] 경성
【kuŋgã:l】
[함남] 영흥
【kuŋgã:】
[함북] 길주, 무산

395) '[kuŋɛ̃:ga]'라고도 한다.

【kuŋga:】
[함남] 북청, 단천
【kuŋya:】
[함남] 단천
【kuŋgɔŋɯl】
[함남] 안변

(C) 처격(구멍에)
【kuñɔŋe】
[함남] 안변
【kuyɔŋe】
[함남] 안변, 영흥
【kuñã:e】
[함북] 무산
【kuñae】
[함북] 온성, 회령
【kuŋge】
[함남] 단천
[함북] 길주, 무산, 회령, 부거
【kuŋgi】
[함남] 단천
【kuŋgãe】
[함남] 영흥, 북청
[함북] 길주
【kuŋgãi】
[함남] 북청, 단천
【kuŋgɔŋe】
[함남] 안변

35 새(鳥)
【sɛ:】
[경기] 각지
[황해] 장연, 몽금포를 제외한 각지
[강원] 이천, 철원
[평남] 각지
[평북] 철산을 제외한 각지
[충남] 각지
[충북] 각지
[전북] 각지[396]
[전남] 각지[397]
[함북] 온성을 제외한 각지
[함남] 각지
[경북] 각지[398]
[경남] 각지[399]
[제주] 대정, 서귀포, 제주[400]
【sai】
[황해] 해주, 강령, 옹진, 태탄, 장연, 송화, 은율, 안악, 신천, 재령, 서흥, 황주, 수안, 곡산

---

396) 남원에서는 '[ʃɛ:]'이다.
397) 곡성・구례・장흥・강진에서는 '[ʃɛ:]', 광주・영광・영암・해남・완도・진도 등에서는 '[ɛ]'가 '[E]'이다. 아마도 전남 전지역에 걸친 것인 듯하다.
398) 경북 지방에서는 대개 '[sE:]'이지만 그 중에는 '[sɛ:]'와 '[sE:]'가 함께 병존하는 곳도 있다. 가령 영주・안동・의성 등이 그러하다. 이러한 병존은 전반에 걸친 것이라고 생각된다. 대구에서는 '[sE:]' 또는 '[ʃE:]'이다.
399) 경남 지방도 경북 지방과 동일하다. 대체로 '[sE:]'이다. 다만 진주・함안 지방에서는 '[sɛ:]'이다. 또한 밀양・울산에서는 '[ʃE:]'이다. 밀양에서는 '[sE:]'라고도 한다.
400) 대정과 제주는 '[sE:]'이다.

[평남] 상원, 중화, 평양, 용강, 한천, 영유, 순천
[평북] 용암포, 철산, 선천, 정주, 구성, 태천, 박천, 운산, 자성, 초산, 벽동, 창성, 의주401)
[충남] 조치원, 유성, 홍성, 서산, 태안, 당진, 예산, 보령, 감포
[충북] 진천

【sɛŋi】

[제주] 제주, 대정,402) 서귀포, 성산포403)

【sɛsɛk̄i】

[함북] 온성

36 개(犬)

【kɛ】

[경기] 각지
[황해] 해주, 태탄, 장연을 제외한 각지
[강원] 이천, 철원
[평남] 각지
[평북] 각지
[충남] 각지
[충북] 각지
[전북] 각지404)
[전남] 각지405)
[경북] 각지406)
[경남] 각지407)
[함북] 각지
[함남] 각지
[제주] 각지408)

【kai】

[황해] 해주, 강령, 옹진, 태탄, 장연, 몽금포, 송화, 은율, 안악, 신천, 재령, 서흥, 황주, 수안, 곡산, 신계, 토산, 금천
[평남] 중화, 상원, 평양, 용강, 한천, 영유, 개천, 덕천, 양덕, 순천, 성천, 강동
[평북] 용암포, 철산, 정주, 선천, 구성, 태천, 박천, 운산, 영변, 강계, 후창, 자성, 위원, 초산, 벽동, 창성, 의주
[충남] 천안, 조치원 등 각지409)

---

401) 평남 용강·한천·영유, 평북 철산·선천·정주·구성·태천·박천·운산·의주는 '[sa:i]'이다.

402) 제주와 대정은 '[sEŋi]'이다.

403) 성산포는 '[seŋi]'이다.

404) 정읍에서는 '[kɛ:]'라고도 하고 '[kE:]'라고도 한다.

405) 광주·영광·강진·영암·해남·완도·진도 등에서는 '[kE:]', 완도에서는 거의 '[ke:]'라고 한다.

406) 경북에서는 일반적으로 '[kE:]'이지만 '[kɛ:]'라고 하는 곳(경주·흥해·영덕·청송·안동 등)도 있다. 대구에서는 '[kE:]' 이외에 또한 '[kʲE:]'라고 발음한다.

407) 대개 '[kE:]'이다. 다만 진주·함안 지방에서는 '[kɛ:]', 밀양에서는 또한 '[kEɛ]'라고 한다.

408) 제주·대정에서는 '[kE:]', 서귀포·성산포에서는 '[kɛ:]'이다.

409) 황해도 수안, 평남 평양·용강·한천·영유·개천·덕천·양덕·순천·성천·강동, 평북 용암포·철산·정주·선천·구성·태천·박천·운산·영변·강계·후창·자성·위원·

[충북] 청주, 진천, 음성

37 게(蟹)

【ke:】

[경기] 서울, 의정부, 평택

[충남] 조치원, 유성, 아산

[충북] 황간

[전북] 전주,[410] 김제, 정읍, 남원

[전남] 광주, 곡성, 구례, 순천, 광양, 벌교

[경남] 함양, 진주, 함안, 거제

[함북] 각지

[함남] 단천, 영흥

【kie】

[경기] 의정부, 광주

[경남] 거창[411]

【ki:】

[충북] 괴산, 충주, 제천, 단양, 보은, 옥천, 영동, 황간

[전북] 전주, 김제, 정읍

[전남] 곡성, 구례를 제외한 각지

[경북] 각지[412]

[경남] 합천, 거창, 김해, 양산, 밀양, 울산

[함남] 북청

【keŋi】

[제주] 서귀포, 성산포

【kiŋi】

[제주] 제주, 대정, 서귀포

【kɔ:i】

[경기] 인천, 의정부

[황해] 해주, 장연, 송화, 은율, 안악, 신천, 재령, 서흥, 황주, 수안, 곡산, 신계

[강원] 이천

[평남] 상원, 평양, 용강, 안주, 개천, 덕천, 영원, 맹산, 양덕, 순천, 성천, 강동

[평북] 구성, 태천, 운산, 강계, 위원, 초산, 벽동, 창성, 의주

[함남] 안변

【ko:i】

[평남] 한천, 영유

[평북] 영변, 개천

【kʉ:i】

[경기] 의정부, 가평, 양평, 광주, 수원, 여주, 이천, 장단, 개성, 평택

[황해] 강령, 옹진, 태탄, 몽금포, 토산, 금천

[강원] 철원

[충남] 각지

[충북] 청주, 진천, 음성, 괴산, 보은

【kɔŋi】

[평북] 벽동, 창성

【kwe:】

[경기] 서울, 인천, 장단

[황해] 연안

[평남] 상원[413]

[충남] 홍산

초산, 충남 천안·조치원에서는 '[ka:i]'이다.

410) 전주는 '[kE:]'이다.

411) 거창은 '[kiE]'이다.

412) 영덕, 흥해에서는 '[kɪ:]'이다.

[경북] 안동[414]

【küe:】

[황해] 연안

[충남] 서천

【küi:】

[충북] 황간

【kwɔi】

[평북] 용암포, 철산, 선천, 정주, 박천, 의주

【kwɔŋi】

[평북] 창성

38 고양이(猫)

【koyaŋi】

이 형태는 표준어 형태[415]로서 각지의 방언형과 병존하고 있는 모습인데, 그다지 세력이 강하지 않다. 몇몇 지역을 제시하면 다음과 같다.

[경기] 인천, 가평, 여주, 평택, 장단, 개성

[충남] 조치원, 유성, 공주, 청양, 아산

[충북] 청주, 진천, 음성,[416] 괴산, 충주, 단양, 보은, 옥천, 영동, 황간[417][418]

413) 상원에서는 이장(區長)으로 근무하고 있는 노인에게 들었다. 다만 이 사람은 표준어에 대한 의식이 농후했다.

414) 안동은 '[kwE:]'이다.

415) 표준어 형태라기보다 교과서 형태라고 말하는 편이 좋을지 모르겠다.

416) 충남 청양, 충북 청주·음성은 '[koyɛŋi]'라고도 한다.

417) 경기도 평택과 충북 황간은 '[koyɛŋi]'이다.

[경북] 김천, 예천, 영주,[419][420] 의성, 청송

【kwɛŋi】

[경기] 인천, 의정부, 가평, 양평, 광주, 수원, 여주, 이천, 개성, 평택

[황해] 재령, 서흥, 곡산, 신계

[강원] 철원

[평남] 중화, 상원, 평양, 용강, 한천, 강동

[충남] 각지

[충북] 청주, 진천, 괴산, 보은, 옥천, 황간

[경북] 김천

【küɛŋi】

[평남] 성천

[충남] 서천, 부여, 논산, 공주, 서산

[충북] 영동

[전북] 전주,[421] 김제, 정읍,[422] 남원

[전남] 곡성, 구례, 순천, 벌교, 광양, 보성, 장흥, 강진[423]

【küöŋi】

[전북] 정읍[424]

[전남] 광주, 영광

【köŋi】

[전남] 영암

418) 충북 황간은 '[koyɛi]'라고도 한다.

419) 경북 김천·영주는 '[koyEŋi]'이다.

420) 경북 예천·영주는 '[ko:Eŋi]' 또는 '[ko:Ei]'라고도 한다.

421) 전주는 '[köɛŋi]'이다.

422) 정읍은 '[küeŋŋi]'이다.

423) 벌교와 강진은 '[küeŋi]'이다.

424) 정읍은 '[küəŋi]'이다.

【kɛŋi】

[경북] 고령[425)]

[경남] 울산을 제외한 각지[426)]

【kwɛi】

[경기] 강화, 의정부, 장단

[황해] 연안, 강령, 몽금포, 송화, 은율, 안악, 신천, 재령, 서흥, 황주, 신계, 수안, 토산, 금천

【küɛi】

[황해] 해주, 옹진, 서흥

【kwaŋi】

[평남] 영유, 안주, 개천, 덕천, 영원, 맹산, 순천

[평북] 용암포 등 각지[427)](희천은 제외)

[경북] 안동[428)]

【kö:】

[충남] 서천

[전남] 순천, 광양, 벌교, 고흥, 보성, 장흥, 영암, 완도, 진도

【kü:】

[전남] 완도

【kwE:】

[전남] 해남

[경북] 안동

【kwi:】

[경북] 영양

【ko:i】

[경기] 여주, 평택

[황해] 강령, 옹진, 태탄

[충남] 천안, 조치원, 유성, 공주, 논산, 부여, 홍산, 서천, 보령, 홍성, 청양, 서산, 당진, 예산

[충북] 진천

【ku:i】

[충남] 태안, 당진, 보령, 감포

【koñaŋi】

[황해] 수안

[함남] 안변

【koñɛŋi】

[경기] 가평

[충북] 충주, 제천, 단양[429)]

【konɛŋi】

[황해] 곡산

[평남] 덕천, 영원, 맹산, 양덕, 성천

[평북] 박천, 운산, 영변, 희천, 강계, 후창, 자성, 위원, 초산

[함남] 안변

[충북] 충주

[경북] 상주, 영주

[제주] 제주, 대정, 서귀포, 성산포[430)]

【konɛi】

[황해] 수안

---

425) 고령은 '[kEŋi]'이다.

426) 대체로 '[kEŋi]'이다. 다만 진주・함안 지방에서는 '[kɛŋi]'이다.

427) 평북 용암포・위원에서는 '[ko̯aŋi]'라고 부른다.

428) 평남 영유・안주・개천・순천, 경북 안동은 '[ko̯aŋi]'이다.

429) 제천과 단양은 '[koñeŋi]'이다. 제천에서는 '[koñe]'라고도 한다.

430) 경북 상주・영주, 제주도 제주・대정・서귀포・성산포는 '[konEŋi]'이다.

[강원] 이천
[평남] 순천
【ko:nEgi】
[경북] 대구, 의성, 흥해, 경주, 고령, 청송, 영덕
[경남] 김해
【kwE:nEgi】
[경북] 청송, 영양, 영덕
【kwa:nEgi】
[경북] 안동,[431] 청송
【küE:nEgi】
[경남] 울산
【ke:nEgi】
[경북] 대구
[경남] 양산[432]
【kE:nE:ŋi】
[경남] 밀양
【kö:dEgi】
[전남] 장흥,[433] 강진, 영암, 해남,[434] 완도, 진도
【kõɛ】
[경북] 각지
[함남] 각지[435]
이 외에 다음과 같은 형태가 있다.
【ɛ:ŋgu】
[경남] 김해, 거제[436]
【ɛoŋgu】
[경남] 거제
【ɛoŋgi】
[경남] 거제
【aŋgwEŋi】
[경북] 의성
【salʧiŋi】
[경북] 대구, 고령, 김천,[437] 의성, 청송, 영양, 영덕, 흥해, 경주
[경남] 울산[438]
'ɛ:ŋ, ɛoŋ, aŋ'은 고양이 울음 소리의 의성어인 듯하다. 'salʧiŋi'는 '살찐 것'의 의미이다.

39 산(山)
(A) '山'의 의미
【san】
'山'을 지시하는 데는 전국이 거의 한자어에서 온 'san'을 사용하지만 고형인 '뫼'에서 변화한 형태를 쓰는 지역이 드물게 존재한다.
【me:】
[황해] 재령, 황주, 수안, 신계, 토산[439]
[강원] 이천[440]
[평남] 중화, 평양, 양덕, 성천

431) 안동은 '[koa:nEgi]'이다.
432) 양산은 '[kE:nEgi]'이다.
433) 장흥은 '[kö:dɛgi]([-dEgi]?)'이다.
434) 해남은 '[kwEdEgi]'라고도 한다.
435) 북청에서는 '[kõE]'이다.
436) 거제는 '[ɛɛŋgu]'이다.
437) 김천은 '살찐 고양이'를 말한다.
438) 경북 영양과 경남 울산은 고양이 이름이다.
439) 토산에서는 산등성이(岡)를 의미한다.
440) 황해도 신계와 강원도 이천은 '산에 있는 경지(耕地)'를 말한다.

[평북] 초산, 창성, 벽동, 위원, 후창, 강계,[441] 희천,[442] 박천, 정주[443]
[함북] 온성, 회령, 무산, 길주
[함남] 단천, 북청[444]

【mɔ:】
[평북] 창성[445]

【mö】
[함북] 부거[446]
[함남] 영흥[447]

이 외에 제주도에는 다음과 같은 형태가 존재한다.

【o:rom】
[제주] 제주, 대정, 서귀포,[448] 성산포

441) 강계에서는 산에 밭이 있는 경우, 산에 가는 것을 '[me:e ganda]'라고 한다.

442) 평남 평양・양덕・성천, 평북 창성・벽동・위원・후창・희천에서는 '산에 가다'라고 할 때 '[me:e ganda]'라고 한다.

443) 초산에서는 '땔감을 캐러 간다'를 '[me:e ganda]'라고 한다. 정주에서는 이런 의미로 '[mek̄atʰe ganda]'라고 하며 박천에서는 '[mek̄at̄ʃʰe ganda]' 또는 '[mennɔpʰe ganda]'라고 한다. 'k̄at̄ʃʰe, k̄atʰe, nɔpʰe'는 모두 '곁에(傍)'의 뜻이다.

444) 함북 온성・회령・무산・길주, 함남 단천・북청에서는 '산에 있는 밭'을 '[mep̄at]' 또는 '[mep̄attʰi]'라고 한다.

445) 창성에서는 '[mɔ:e ganda]'라고 한다.

446) 산에 있는 밭을 '[möp̄at]', 산 정상을 '[möp̄ul]'이라고 한다.

447) 산에 있는 밭을 '[möp̄at]', 산지대를 '[möp̄al]'이라고 한다.

448) 제주・대정・성산포에서는 '작은 산'의 의미이다.

(B) '墓'의 의미

'山'의 고어인 '뫼'는 현재 '墓'의 의미로 쓰이고 있다.

【mö:】
[경기] 서울, 인천
[황해] 옹진, 금천
[함남] 영흥, 안변
[충남] 홍산, 부여
[충북] 보은, 진천, 충주, 괴산, 제천
[전북] 전주, 김제, 정읍, 남원
[전남] 순천, 고흥, 광주

【mo:i】
[경기] 의정부, 가평, 양평, 여주, 광주, 수원, 이천,[449] 장단, 평택
[황해] 토산
[강원] 철원
[충남] 천안, 조치원, 유성, 공주, 논산, 부여, 홍산, 서천, 감포, 보령, 홍성, 청양, 서산, 당진, 예산, 아산
[충북] 청주, 진천, 음성, 괴산, 충주, 제천, 보은, 옥천

【mɔ:i】
[평북] 용암포, 철산, 선천, 정주, 구성, 박천, 창성, 의주

【me:】
[경기] 강화
[황해] 연안, 장연, 몽금포, 송화, 은율, 안악, 신천, 재령, 서흥, 황주, 수안, 곡산, 신계
[강원] 이천

449) 이천에서는 '[möi]'라고도 한다.

[평남] 각지
[평북] 구성, 태천, 박천, 운산, 영변, 희천, 강계, 후창, 자성, 위원, 초산, 벽동, 창성, 의주
[함남] 안변
[함북] 길주[450]
[충북] 옥천, 영동
[전북] 김제, 남원
[전남] 곡성, 구례, 순천, 광양, 벌교, 고흥
[경남] 합천, 거창, 함양, 진주, 함안,[451] 거제, 김해[452]

【mi:】
[황해] 강령, 옹진, 태탄
[충북] 황간, 단양
[경북] 각지
[경남] 합천, 거창, 양산, 밀양, 울산

【mu:i】
[충남] 태안, 보령, 감포, 서천

【mo:】
[함북] 각지
[경남] 단천, 북청[453]

이 외에 '-t̄uŋ' 또는 '-t̄oŋ'이 덧붙는 형태가 있다.

【möt̄oŋ】
[전북] 전주, 김제, 정읍
[전남] 광양[454]

【met̄uŋ】
[전남] 광주, 영광,[455] 구례, 순천, 광양, 벌교, 고흥, 보성, 장흥, 강진, 영암, 해남,[456] 완도, 진도
[경남] 진주,[457] 함안,[458] 거제[459]

【mit̄uŋ】
[전남] 영광

【met】
[전남] 광주, 영광,[460] 보성, 장흥, 강진, 해남, 영암, 완도, 진도

제주도는 다음과 같다.

【san】
[제주] 대정, 서귀포, 성산포

【mudɔm】
[제주] 대정,[461] 서귀포, 제주

즉 제주도에서는 'san'이 더 나아가 '墓'의 의미로까지 쓰이고 있으며, 'mö' 계열의 단어는 완전히 몰아냄으로써 어휘의 신장 및 소멸에 있어 흥미로운 모형을 선보이고 있다. 'mudɔm'은 한반도 내에서도 '연고가 없는 묘'의 뜻으로 쓰이고 있는 단어이다.

---

450) 길주의 경우 '[me:]'는 고어에 속한다.
451) 경남 진주와 함안은 '[mɛ:]'이다.
452) 전북 김제, 경남 합천·거제·김해는 '[mE:]'이다.
453) 함북 각지, 함남 단천·북청은 '묘가 있다'고 하는 경우 '[mo:i it̄a]'라고 한다.
454) 광양은 '[möt̄uŋ]'이다.
455) 광주와 영광은 '[mEt̄uŋ]'이다.
456) 해남은 '[met̄oŋ]'이다.
457) 진주는 '[mɛt̄oŋ]'이다.
458) 함안은 '[mɛt̄ɯŋ]'이다.
459) 거제는 '[mEt̄ɯŋ]'이다.
460) 광주와 영광은 '[mEt]'이다.
461) 대정의 경우 노인들은 '[san]'이라고 하고 젊은 사람들은 '[mudɔm]'이라고 한다.

40 오이(胡瓜)

(A) '외' 계열[462]

【ö:】

[경기] 서울, 의정부, 가평, 장단

[평남] 양덕

[충남] 조치원, 유성, 예산, 공주, 논산, 홍산, 감포

[충북] 영동, 옥천, 보은, 진천, 음성, 괴산, 충주,[463] 제천

[전북] 김제, 정읍, 남원, 전주

[전남] 곡성, 구례, 순천, 광양, 벌교, 고흥, 보성, 영암, 완도,[464] 영광, 강진[465]

[함남] 단천, 북청, 영흥[466]

【we:】

[경기] 강화, 광주, 수원

[함북] 경성, 부거, 온성, 회령, 무산, 길주

[충남] 예산

[충북] 청주, 황간

[전남] 광주, 보성, 장흥, 해남, 진도

[경북] 흥해, 경주

[경남] 거창, 함안,[467] 김해, 양산, 울산

[제주] 제주, 대정, 서귀포, 성산포

【wi:】

[경북] 김천, 상주, 안동, 의성, 청송, 영양, 영덕, 흥해, 대구[468]

[경남] 합천, 밀양

【e:】

[경남] 함양, 진주, 거제

[함북] 길주[469]

【i:】

[경남] 합천, 거창, 밀양

【ö:i】

[경기] 이천[470]

[평남] 양덕

【o:i】

[경기] 각지

[황해] 각지

[강원] 이천, 철원

[평남] 각지

---

462) 아래의 지역 중 충북 옥천·괴산·충주·제천·황간, 전북 김제·정읍·남원·전주, 전남 곡성·구례·순천·광양·벌교·고흥·보성·영암·영광·강진·광주·장흥·해남·진도, 함남 단천·북청·영흥, 함북 경성·부거·회령·무산·길주, 경북 흥해·경주·상주·안동·의성·청송·영양·영덕·흥해·대구, 경남 거창·함안·김해·양산·울산·합천·밀양·함양·진주·거제, 제주도 제주·대정·서귀포·성산포의 경우 '[ö:]'(또는 그와 비슷한 형태)는 '박(瓜)'의 총칭에 쓰이고, '오이'에는 '[murö]'(또는 그와 비슷한 형태)라는 용어를 사용한다. '[murö]'는 'mul(水)+ö:(瓜)'이다.

463) 충주는 '[wö:]'이다.

464) 영동과 완도에서는 참외(眞桑瓜)의 뜻이다.

465) 강진은 '[öe:]'이다.

466) 북청과 영흥은 '[œ:]'이다.

467) 함북 온성·회령, 충북 청주, 경남 함안은 '[wɛ:]'이다.

468) 대구는 '[wüi]'이다.

469) 학생의 경우.

470) 이천은 '[wei]'라고도 한다.

[평북] 각지
[함남] 안변
[충남] 태안을 제외한 각지
[충북] 청주, 진천, 음성, 괴산, 충주, 옥천

【u:i】
[충남] 태안, 당진, 예산, 보령, 감포

(B) '물외' 계열

【murö】
[충남] 서천, 홍산,[471] 부여, 논산
[충북] 괴산, 충주, 제천, 황간, 영동, 옥천[472]
[전북] 전주, 김제, 정읍, 남원
[전남] 곡성, 구례, 순천, 광양, 벌교, 고흥, 장흥, 보성,[473] 강진, 영암, 진도, 영광
[함남] 단천, 영흥[474]

【mure】
[전남] 광주, 해남, 완도
[경남] 거창, 함양, 진주, 함안, 거제, 김해, 양산, 밀양

【murwe】
[경북] 흥해, 경주
[경남] 울산
[함북] 경성, 부거, 회령, 무산,[475] 길주

【murwi】
[충북] 황간
[경북] 김천, 예천, 영주, 안동, 의성, 영양,[476] 영덕, 흥해[477]

【muroi】
[함남] 안변

【muri】
[충북] 단양
[경북] 대구, 고령, 김천, 상주, 예천, 청송, 흥해
[경남] 합천

【mullwe】
[제주] 제주, 대정, 서귀포, 성산포

41 쇠(鐵)

【sö:】
[경기] 서울, 인천[478] 등 각지
[황해] 각지
[강원] 이천
[평남] 각지[479]
[평북] 용암포
[충남] 각지
[충북] 각지
[전북] 각지
[전남] 각지[480]

471) 홍산은 박(瓜)의 뜻이다.
472) 충남 논산과 충북 옥천은 백과(白瓜)의 의미이다.
473) 보성은 '[muröe]'이다.
474) 단천과 영흥은 '[murœ]'이다.
475) 회령과 무산은 '[murwɛ]'이다.
476) 영양은 '[murüi]'라고도 한다.
477) 경북 영주·영덕·흥해는 '[murüi]'이다.
478) 인천에서는 '[söe]'처럼 들린다.
479) 평남에서는 곳곳에서 '[sö]'라고 하지만, 한천과 개천에서는 '[suö]'와 같이 원순성이 두드러지며, 안주에서는 '[söɛ]'와 같이 이중모음화하고 있다.
480) 전북 남원과 전남 곡성에서는 '[ʃö]'라

【swe】

[경기] 인천

[평남] 중화[481]

[충북] 황간

[제주] 제주, 대정, 서귀포, 성산포[482]

【swɛ】

[평남] 용강

[평북] 용암포, 철산, 선천, 구성, 영변, 후창, 자성, 위원,[483] 벽동, 창성, 의주

【ʃüɛ】

[평북] 선천, 정주, 태천, 운산, 박천, 희천, 강계, 초산

【se:】

[황해] 연안

[충남] 홍성, 예산, 보령, 감포

[경남] 거창, 진주,[484] 함안, 거제, 양산, 밀양[485]

【si:】

[경북] 대구, 고령

[경남] 합천, 거창,[486] 밀양[487]

【s̄wE】

[경북] 상주, 안동, 의성, 청송, 영양, 영덕, 흥해, 경주

[경남] 울산[488]

【s̄E:】

[경북] 예천, 안동

[경남] 함양,[489] 김해

【ʃüi】

[경북] 김천

【s̄i:】

[경북] 상주

【s̄Ek̄ot】

[경북] 예천, 영주, 영덕[490]

【musö】

[평북] 용암포

【muswɛ】

[평북] 철산, 선천,[491] 정주, 구성, 태천, 운산,[492] 박천[493][494]

42 길(道)

【kil】

[경기] 서울, 인천, 가평, 양평, 수원, 이천, 광주, 여주, 평택, 장단, 개성 ; 연천(M)

[황해] 연안, 해주, 강령, 옹진, 태탄, 장연, 몽금포, 송화, 은율, 안악, 신천, 재령, 서흥, 황주, 수안, 곡산, 신계, 토산, 금천

고 한다.

481) 중화에서는 '[ʃüe]'라고도 한다.

482) 제주・대정・서귀포・성산포는 '[swE]'이다.

483) 위원에서는 '[so̧ɛ]'와 같이 들린다.

484) 진주는 '[ʃe:]'라고도 한다.

485) 양산과 밀양은 '[sE:]'이다.

486) 경북 대구・고령, 경남 거창은 '[ʃi:]'이다.

487) 밀양은 '[ʃi:]'라고도 한다.

488) 경북 경주와 경남 울산은 '[ʃ̄wE]'이다.

489) 함양은 '[s̄e:]' 또는 '[ʃ̄e:]'이다.

490) 영덕은 '[s̄ʷEk̄at]'이다.

491) 선천은 '[muʃüɛ]'라고도 한다.

492) 운산은 철 덩어리(鐵塊)의 뜻이다.

493) 정주・운산・박천은 '[muʃüɛ]'이다.

494) 박천은 철의 종류이다.

[강원] 이천, 철원
[평남] 중화, 상원, 평양, 용강, 한천, 영유, 안주, 개천, 덕천, 영원, 맹산, 양덕, 순천, 성천, 강동
[평북] 용암포, 철산, 선천, 정주, 구성, 태천, 박천, 운산, 영변, 희천, 강계, 후창, 자성, 위원, 초산, 벽동, 창성, 의주
[충남] 천안, 조치원, 홍성
[충북] 청주, 진천, 음성, 괴산, 충주, 단양, 제천, 황간, 영동, 옥천, 보은
[경북] 예천, 영양
[함북] 온성, 회령, 무산
【ʧil】
[충남] 유성, 홍성, 청양, 서산, 당진, 태안, 예산, 아산, 보령, 감포, 서천, 홍산, 부여, 논산, 공주 ; 천안(M)
[충북] 청주, 진천, 음성, 괴산, 충주, 제천, 단양, 황간, 영동, 옥천, 보은
[전북] 전주, 김제, 정읍, 남원
[전남] 광주, 영광, 곡성, 구례, 순천, 광양, 벌교, 고흥, 보성, 장흥, 강진, 영암, 해남, 완도, 진도
[제주] 제주, 대정, 서귀포, 성산포
[경북] 김천, 상주, 영주, 안동, 의성, 청송, 영덕, 흥해, 경주, 대구, 고령
[경남] 합천, 거창, 함양, 진주, 함안, 거제, 김해, 양산, 밀양, 울산
[강원] 춘천, 원주(M)
[함남] 안변, 영흥, 북청, 단천 ; 오로리, 정평, 혜산(M)
[함북] 경성, 부거, 길주

43 기와(瓦)
【kiwa】
[경기] 서울, 인천, 의정부, 가평, 장단
[황해] 연안, 해주 등 각지(강령, 옹진, 금천은 제외)
[강원] 이천
[평남] 평양, 중화, 상원, 영원, 맹산, 양덕, 순천, 성천, 강동
[평북] 정주, 구성, 박천, 운산, 영변, 의주
[충남] 조치원, 유성, 청양, 태안, 당진, 예산, 홍산
[충북] 영동, 제천
[경북] 안동, 의성, 영양
[함남] 단천, 영흥, 안변
【kihwa】
[경북] 의성
【kiwɛ】
[평북] 태천, 강계, 자성, 위원
[함북] 회령, 무산
【kiwe】
[평남] 덕천
【kia】
[황해] 은율, 안악, 서흥, 황주, 수안, 토산
[평남] 한천, 순천
[평북] 용암포
[충남] 당진, 아산
[충북] 괴산, 충주
【kiya】
[경기] 이천
[황해] 연안

[충남] 천안
[전북] 김제
【kya:】
[경기] 여주, 평택[495]
[황해] 연안, 태탄, 신계, 금천
[강원] 철원
【kiɛ】
[평남] 영원, 맹산
[평북] 정주, 구성, 희천, 강계, 후창, 초산, 벽동, 창성
【kie】
[평남] 안주, 개천, 덕천
【kihɛ】
[평남] 영원
【kɛ:】
[함북] 온성, 회령
【kɛwa】
[경기] 수원, 이천, 장단, 개성
[황해] 연안, 강령, 옹진, 황주
[평남] 평양
[평북] 정주, 구성, 박천, 영변
[충남] 예산
[경북] 영양, 흥해, 경주
【kewa】
[경기] 양평
[평북] 철산, 선천
[평남] 영유
[충북] 청주, 괴산, 충주
【kɛhwa】
[경북] 청송, 영덕

495) 평택은 '[kya:ʤip]'(瓦家)이다.

【kɛya】
[경북] 영주
【keya】
[평북] 용암포
【tiwa】
[평남] 용강
【ʧiwa】
[충남] 조치원, 유성, 청양, 보령, 홍산, 서천
[충북] 청주
[전북] 전주, 김제
[전남] 광주, 영광, 순천, 광양, 벌교, 장흥, 강진
【ʧwɛ:】
[함북] 무산
【ʧia】
[충남] 감포, 부여, 공주
[충북] 청주, 진천, 괴산, 충주, 황간
[전북] 김제, 정읍, 남원
[전남] 광주, 영광, 곡성, 구례, 벌교, 고흥, 해남, 완도, 진도
【ʧiya】
[전북] 남원
[전남] 보성, 장흥
【ʧiɛ】
[제주] 제주, 대정
[경북] 안동, 의성
[경남] 거제
[함남] 영흥, 안변
【ʧie】
[제주] 서귀포, 성산포

【ʧɛː】

[충남] 논산

[충북] 보은, 음성

[경북] 영주, 안동, 의성, 청송, 영양을 제외한 각지

[경남] 각지

[함북] 경성, 부거, 길주

[함남] 단천

【ʧaː】

[함남] 북청[496)]

【ʧɛya】

[전남] 보성

【ʧɛa】

[경북] 예천

[경남] 김해

【ʧise】

[제주] 성산포

44 겨(糠)

【kyɔ】

[경기] 서울, 인천, 의정부, 광주, 수원, 이천, 평택, 개성, 장단

[황해] 해주, 강령, 옹진, 태탄, 장연, 몽금포,[497)] 송화, 은율, 안악,[498)] 신천, 재령, 서흥, 토산, 금천

[강원] 이천

[평남] 상원

[충남] 천안, 조치원, 유성

[경북] 영주, 영양, 영천[499)]

【kye】

[경기] 서울, 양평

【ke】

[경기] 의정부, 가평, 광주, 수원, 이천, 여주, 개성

[황해] 연안, 강령, 옹진, 안악, 신천, 재령, 서흥, 황주, 수안, 곡산, 신계, 토산, 금천

[강원] 이천, 철원

[평남] 중화, 상원, 평양, 용강, 한천, 영유, 안주, 개천, 덕천, 영원, 맹산, 양덕, 순천, 성천, 강동

[평북] 용암포, 철산, 선천, 정주, 구성, 태천, 박천, 운산, 영변, 희천, 강계, 후창, 자성, 위원, 초산, 벽동, 창성, 의주[500)][501)]

[충북] 청주, 음성, 괴산

[함북] 온성, 회령, 무산

【ʧɔ】

[충남] 천안, 조치원, 유성, 홍성, 청양, 서산, 태안, 당진, 예산, 아산, 보령, 감포, 홍산, 서천, 부여, 논산, 공주

[충북] 진천

[경북] 영주, 안동, 청송

[전북] 김제, 정읍

[전남] 영광, 장성[502)]

---

496) 북청은 '瓦屋'을 '[ʧaːʤibi]'라고 한다.

497) 몽금포는 '[kyʉ]'이다.

498) 안악은 '[kyo]'이다.

499) 영주 · 영양 · 영천은 '[kyə]'이다.

500) 평남 순천 · 성천 · 강동, 평북 초산 · 벽동 · 창성 · 의주는 '[pe-k̄e]'이다.

501) 평북 용암포와 의주는 '[maŋ-k̄e]'이다.

502) 경북 영주 · 안동 · 청송, 전남 장성은 '[ʧə]'이다.

【ʧe】
[충북] 진천, 음성, 괴산
[전북] 남원
[전남] 광주, 곡성, 구례, 순천, 광양, 벌교, 고흥, 보성
[함북] 경성, 길주, 부거
[함남] 단천, 북청, 영흥, 안변
【ʧʰe】
[제주] 제주, 대정, 서귀포, 성산포

45 키(箕)
【kʰi】
[경기] 서울, 인천, 의정부, 양평, 광주, 수원, 여주, 이천, 장단, 개성, 평택
[강원] 이천, 철원
[황해] 각지
[평남] 각지
[평북] 각지
[함북] 온성, 회령
[충남] 천안, 유성, 아산
[충북] 영동, 옥천, 괴산
[경북] 영주
【ʧʰi】
[경기] 가평
[함북] 경성, 부거, 무산, 길주
[함남] 단천, 북청, 영흥, 안변
[충남] 각지
[충북] 옥천, 청주, 진천, 음성, 괴산, 충주, 제천, 단양
[전북] 김제, 정읍
[전남] 광주, 영광, 영암, 해남, 강진, 진도
[경북] 예천, 안동
【ʧʰɛ】
[전북] 전주, 정읍
[충북] 옥천
[전남] 장흥, 완도
[제주] 제주,[503] 대정, 서귀포, 성산포[504]
【ʧʰiŋi】
[경북] 대구, 고령, 김천, 상주
[충북] 황간
[경남] 합천, 거창, 밀양
【ʧʰɛŋi】
[경북] 대구, 안동, 의성, 청송, 영양, 영덕, 흥해, 경주
[경남] 울산, 김해, 양산, 거제, 함안, 진주, 함양
[전북] 남원
[전남] 곡성, 구례, 광양, 순천, 벌교, 고흥, 보성
[충북] 영동, 옥천, 보은

46 기러기(雁)
【kirɔgi】
[경기] 각지
[황해] 강령, 옹진, 장연, 몽금포, 재령, 서흥, 황주, 수안, 토산, 금천

503) 제주는 '[purun ʧʰE]'이다.
504) 대정·서귀포·성산포는 '[pʰurun ʧʰE]'이다. 제주도에서는 전북 전주·정읍과 함께 체(篩)도 '[ʧʰE:]'라고 부른다. 그런데 전주와 정읍에서는 자주 혼동을 하지만 제주도에서는 위와 같이 구별을 두고 있다.

[강원] 이천, 철원
[평남] 용강, 중화, 상원, 영유, 안주, 덕천, 맹산, 양덕, 강동
[평북] 용암포, 선천, 정주, 구성, 박천, 영변, 강계, 후창, 의주
[충남] 홍성, 청양, 서산, 서천을 제외한 각지
[충북] 각지
[전북] 김제, 정읍
[전남] 광주, 벌교, 보성, 장흥, 완도, 진도
[제주] 제주, 서귀포
[경북] 영덕, 경주를 제외한 각지
[경남] 함양, 함안, 거제, 양산, 울산
[함북] 회령
[함남] 안변
【kiregi】
[경기] 강화, 가평, 양평, 광주, 수원, 여주
[황해] 연안, 해주, 태탄, 장연, 송화, 곡산, 신계, 토산
[평남] 평양, 상원, 용강, 개천, 덕천, 영원, 맹산, 양덕, 순천, 성천, 강동
[평북] 철산, 구성, 태천, 박천, 운산, 희천, 강계, 후창, 자성, 위원, 의주
[충남] 서산, 부여, 논산, 아산을 제외한 각지
[충북] 진천, 괴산, 충주, 제천, 황간, 영동, 보은
[전북] 전주, 김제, 남원
[전남] 고흥, 광주, 진도를 제외한 각지
[함북] 경성, 부거, 온성, 회령, 무산
[함남] 단천, 북청, 영흥, 안변
【kiryɔgi】
[전남] 영광
[경북] 청송, 영덕, 흥해
【kirɯgi】
[황해] 몽금포, 은율, 안악, 신천, 재령
【kirigi】
[충남] 부여, 아산
[경북] 고령, 경주
[경남] 합천, 거창, 함양, 진주, 함안, 거제, 양산, 김해, 밀양[505]
【k̄irɔgi】
[평북] 초산, 벽동, 창성
【kɯrɔgi】
[제주] 대정, 서귀포, 성산포
【kɯregi】
[전남] 고흥
[제주] 성산포
[함북] 길주
[함남] 단천, 북청
【kerigi】
[평남] 한천
【keregi】
[평남] 영유
【ʧirɔgi】
[황해] 토산
【ʧiregi】
[황해] 토산
[충남] 청양, 보령, 서천

505) 경북 경주와 경남 밀양은 '[kirɪgi]'이다.

47 혀(舌)

【hyɔ】

[경기] 서울, 인천, 의정부, 장단

[황해] 연안, 재령

[충남] 예산

[충북] 진천

[경북] 안동506)

【he】

[경기] 장단

[황해] 서흥, 황주, 수안, 곡산507)

[함북] 회령

[평남] 각지508)

[평북] 초산을 제외한 각지509)

[충북] 영동, 제천

【hɛ】

[평북] 초산

[경북] 영주, 안동, 의성, 청송, 영양, 영덕, 흥해

【hi】

[충북] 황간510)

【sɔ】

[황해] 연안, 강령, 옹진, 태탄, 장연, 몽금포, 송화, 은율, 안악, 신천, 재령, 서흥

[충남] 각지

[전북] 전주, 김제

[경북] 안동

506) 안동은 '[hyə]'이다.

507) 곡산은 '[het̄ɛgi]'이다.

508) 순천은 '[het̄eɛgi]'이다.

509) 창성은 '[het̄ɛgi]'이다.

510) 황간은 '[hip̄adak]'이다.

[전남] 광주, 영광, 영암

【sö】

[경기] 광주, 개성

【se】

[경기] 인천, 의정부, 가평, 양평, 여주, 이천, 수원, 평택, 장단, 개성

[황해] 해주, 서흥, 곡산, 신계, 토산, 금천

[강원] 이천, 철원

[함북] 각지

[함남] 각지

[충남] 예산, 아산

[충북] 황간을 제외한 각지

[전북] 정읍, 남원511)

[전남] 곡성, 구례, 광양, 순천, 벌교, 고흥, 보성

[제주] 제주,512) 대정, 서귀포,513) 성산포514)

【sɛ】

[경북] 대구,515) 고령, 김천, 예천, 의성, 경주

[경남] 거창, 양산,516) 밀양,517) 울산518)

【si】

[충북] 황간, 단양

511) 남원은 '[ʃE]'이다.

512) 제주는 '[sE]'이다.

513) 서귀포는 '[se]' 또는 '[ʃe]'이다.

514) 성산포는 '[sE]' 또는 '[ʃE]'이다.

515) 대구는 '[ʃE]'이다.

516) 경북 고령・김천・예천・의성・경주, 경남 거창・양산은 '[sE]'이다.

517) 밀양은 '[sE]' 또는 '[ʃE]'이다.

518) 울산은 '[ʃE]'이다.

[경북] 상주, 예천
[경남] 합천, 거창
【s̄e】
[전남] 장흥, 강진, 해남, 완도
【s̄ɛ】
[경북] 청송, 영양, 영덕, 흥해[519)]
[경남] 김해[520)]

48 세다(數)
【henda】
[황해] 서흥, 황주
[평남] 중화, 상원, 평양, 용강, 한천, 영유, 안주, 개천, 덕천, 영변, 맹산, 양덕, 순천, 성천, 강동
[평북] 용암포, 철산, 선천, 정주, 구성, 태천, 박천, 운산, 영변, 희천, 강계, 후창, 자성, 위원, 초산, 벽동, 창성, 의주
[함북] 경성
【hiːnda】
[경북] 영주, 안동
【seːnda】
[경기] 서울
[황해] 연안, 해주, 몽금포, 송화, 은율, 안악, 신천, 재령, 서흥, 황주, 곡산, 수안
[충남] 홍성, 청양, 서산, 태안, 당진, 예산, 아산, 보령, 감포, 공주
[전북] 전주, 김제
[전남] 광주, 구례, 광양
[제주] 제주, 대정, 서귀포, 성산포[521)]
[경남] 거창, 함양, 진주, 함안, 거제, 김해[522)]
[함북] 경성, 부거, 온성, 회령, 무산, 길주
[함남] 단천, 영흥
【ʃeːnda】
[전북] 남원
【siːnda】
[경기] 인천, 의정부, 가평, 양평, 광주, 수원, 여주, 이천, 평택, 장단, 개성
[황해] 해주, 강령, 옹진, 태탄, 신천, 서흥, 신계, 토산, 금천
[강원] 이천, 철원
[충남] 천안, 조치원, 유성, 홍산, 서천, 부여, 논산, 공주
[충북] 청주, 음성, 진천, 괴산, 충주, 제천, 단양, 황간, 영동, 옥천, 보은
[전북] 전주, 김제, 정읍
[전남] 곡성, 순천, 벌교, 고흥, 보성, 장흥, 강진, 영암, 남해, 광주, 영광, 완도, 진도
[경남] 거창
[경북] 예천, 의성, 영양
[함남] 북청, 안변
【siarinda】
[충북] 황간

519) 경북 청송・영양・영덕・흥해는 '[s̄E]'이다.
520) 김해는 '[s̄E]' 또는 '[ʃ̄E]'이다.
521) 제주도에서는 '[seːmʧ̄ɔ]' 또는 '[seyɔm ʧ̄ɔ]'이다.
522) 전북 전주・김제, 전남 광주, 제주도 제주, 경남 거창・김해는 '[sEːnda]'이다.

[경북] 상주,[523] 안동, 의성, 영양, 흥해, 경주, 대구, 고령
[경남] 울산, 합천,[524] 거창,[525] 함양, 김해,[526] 양산, 밀양
【searinda】
[경북] 청송
[경남] 함안
【seːrinda】
[경북] 김천, 영덕

49 켜다(抽出)

이 단어에는 보통 두 가지 의미가 있다. 하나는 '누에에서 실을 뽑다'라는 것이고 다른 하나는 '붙을 붙이다'라는 것이다. 모두 '抽'를 원뜻으로 한다.

(A) '실을 뽑다'의 의미
【henda】
[평남] 상원, 한천, 영유, 안주, 개천, 덕천, 영원,[527] 맹산, 양덕, 순천, 성천, 강동
[평북] 용암포, 철산, 선천, 정주, 구성, 태천, 박천, 운산, 영변, 희천, 강계, 후창, 위원, 초산, 벽동, 창성, 의주
【hinda】
[경기] 인천[528]
【kʰyɔnda】
[경기] 가평, 양평, 수원, 평택
[황해] 곡산
[강원] 이천
[함북] 회령, 무산
【kʰenda】
[경기] 광주, 수원, 여주, 이천, 장단
[충남] 조치원, 홍성, 예산, 아산
[충북] 충주, 제천
[함남] 영흥, 안변
[강원] 철원
【kʰinda】
[경기] 광주
[황해] 토산
[충남] 천안, 조치원, 유성, 청양, 서산, 태안, 당진, 보령, 감포, 홍산, 서천, 논산, 공주
[충북] 영동, 청주, 진천, 음성, 괴산, 충주, 단양
[강원] 철원
【ʧʰinda】
[충북] 옥천
【s̄ɔnda】
[경남] 양산, 김해[529]
[함북] 온성, 회령, 무산, 길주
[함남] 단천, 북청, 영흥, 안변
【s̄ɯnda】
[황해] 서흥, 곡산, 신계, 금천
[평남] 양덕[530]

523) 상주에서는 '[ʃiɛrinda]'라고도 한다.
524) 충북 황간, 경남 합천은 '[ʃaːrinda]'이다.
525) 거창은 '[ʃiarɯnda]'이다.
526) 김해는 '[ʃiarɯnda]'라고도 한다.
527) 영원에서는 기계를 사용하여 뽑아 내는 경우 '[henda]'라고 하고 손으로 뽑아 내는 경우 '[senda]'라고 한다.
528) '줄다리기' 등에서 '줄'을 끄는 것을 말한다.
529) 양산과 김해 모두 '[s̄ənda]'이다.

[충남] 유성, 홍성, 청양, 서산, 태안, 당진, 예산, 아산, 보령, 감포, 홍산, 서천, 부여, 공주
[충북] 황간, 보은, 청주, 진천, 음성, 괴산, 충주
[전북] 전주, 김제, 남원
[전남] 영광, 곡성, 구례, 순천, 광양, 벌교, 고흥, 보성, 장흥, 강진, 영암, 해남,[531] 진도
[경남] 합천, 거창, 함양, 진주
[경북] 김천, 상주
[함남] 안변
[함북] 경성

【s̄enda】
[평남] 영원,[532] 맹산
[평북] 선천, 희천, 후창, 자성
[함북] 부거

【s̄inda】
[황해] 재령
[충남] 조치원, 유성
[충북] 황간
[전북] 정읍
[전남] 순천
[경남] 함안, 거제

(B) '불을 붙이다'의 의미

【hyɔnda】
[경북] 영주, 영양, 영덕, 흥해, 경주[533]

【henda】
[황해] 옹진, 황주
[평남] 중화, 상원, 평양, 용강, 한천, 영유, 안주, 개천, 덕천, 영원, 맹산, 양덕, 순천, 성천, 강동
[평북] 용암포, 철산, 선천, 정주, 구성, 태천, 박천, 운산, 영변, 희천, 강계, 후창, 자성, 위원, 초산, 벽동, 창성, 의주

【kʰyɔnda】
[경기] 서울, 가평, 수원, 장단, 개성
[황해] 곡산, 토산, 금천
[평남] 양덕[534]
[충북] 충주
[함북] 경성, 부거, 회령
[경북] 상주, 청송
[경남] 거창

【kʰenda】
[경기] 수원, 여주, 이천[535]
[평남] 평양
[평북] 운산, 영변,[536] 강계, 후창, 의주
[충남] 천안, 유성, 홍성, 서산, 예산, 아산
[충북] 충주
[경남] 함안, 김해, 양산, 밀양[537]
[함북] 부거, 온성, 무산, 길주

530) 양덕은 '[s̄ʉnda]'이다.
531) 충북 진천, 전남 영암·해남은 '[ʦ̄ɯnda]'이다.
532) 앞의 각주 526) 참조.
533) 이 지역들은 모두 '[hyənda]'이다.
534) 양덕은 '[kʰyɔn-nɯn-da]'라고 한다.
535) 이천은 '[kʰienda]'이다.
536) 영원은 '[kʰenɔnda]'
537) 경남 김해 · 양산 · 밀양은 '[kʰEnda]'이다.

[함남] 단천, 북청, 영흥, 안변

【k^{h}inda】

[경기] 인천, 강화, 의정부, 가평, 양평, 광주, 수원, 이천, 여주, 평택, 장단, 개성

[황해] 연안, 해주, 강령, 옹진, 태탄, 장연, 몽금포, 송화, 은율, 안악, 신천,[538] 재령, 서흥, 수안, 신계, 토산, 금천

[강원] 이천, 철원

[충남] 천안, 조치원, 유성, 청양, 서산, 태안, 당진, 예산, 아산, 보령, 감포, 홍산, 서천, 부여, 논산, 공주

[충북] 황간, 영동, 옥천, 보은, 청주, 진천, 음성, 괴산, 제천, 단양

[전북] 전주, 김제

[전남] 광주, 영광[539]

[경남] 함양

【⌈sɔnda】

[평남] 양덕

[전남] 광양

[전북] 김제

[경북] 김천, 흥해, 경주

[경남] 울산, 밀양

[함북] 경성, 온성,[540] 회령, 무산, 길주

[함남] 단천, 북청, 안악

【⌈sɯnda】

[충남] 홍성, 청양, 서산, 태안, 당진, 예산, 아산, 보령, 감포, 홍산, 서천, 부여, 논산, 공주

[충북] 황간, 영동, 옥천, 청주, 덕천, 음성, 괴산, 충주

[전북] 전주, 정읍

[전남] 광주, 영광, 곡성, 벌교, 고흥, 보성, 장흥, 강진, 영암, 해남, 완도,[541] 진도

[경북] 고령, 상주, 예천, 영주, 안동, 의성, 청송, 영양, 영덕

[경남] 합천, 거창, 함양, 진주, 함안, 김해, 양산

[함남] 영흥[542]

【⌈senda】

[평남] 영원, 맹산

[평북] 용암포, 철산, 선천, 정주, 구성, 태천, 박천, 운산, 영변, 희천, 강계, 후창, 자성, 위원, 초산, 벽동, 창성, 의주

[함북] 부거

【⌈sinda】

[황해] 장단, 송화, 은율, 안악, 신천

[전북] 남원

[전남] 곡성

[경남] 함양

【sinda】

[경북] 대구

---

538) 신천의 경우 전등은 '[k^{h}inda]'라고 하고 램프는 '[⌈sinda]'라고 한다.

539) 영광에서는 램프의 밝기를 밝히는 것을 '[k^{h}inda]'라고 한다.

540) 경북 김천·흥해·경주, 경남 울산·밀양, 함북 온성은 '[⌈sənda]'이다.

541) 전남 강진·영암·해남·완도는 '[⌈ʦɯnda]'이다.

542) 영흥의 경우 전등은 '[k^{h}enda]', 램프는 '[⌈sɯnda]'라고 한다.

50 사내아이(男兒)

(A) 사내아이 계열

【sanɛai】

[경기] 서울, 의정부, 가평, 광주, 장단, 개성

[황해] 토산

[강원] 철원

[충남] 아산, 예산, 당진, 홍성, 보령

【sanɛɛ】

[경기] 가평, 광주, 수원, 장단, 개성

【sanɛː】

[경기] 여주, 이천, 평택

【sanaai】

[경기] 양평

【sanaɛ】

[경기] 양평

[강원] 이천

【sanaŋai】

[황해] 신계, 금천

【sanai】

[평남] 평양, 용강

[제주] 제주, 대정

【sananai】

[황해] 연안, 해주, 강령, 옹진, 태탄, 장연, 몽금포, 송화, 은율, 안악, 신천, 재령, 서흥

【senai】

[평남] 용강

【senɛ】

[황해] 황주

【sinai】

[평남] 한천

【sinɛ】

[평남] 중화

【sinaŋai】

[황해] 신계

【sinanai】

[황해] 황주, 수안, 곡산

[평남] 상원

【sɯnanai】

[평남] 중화

【sɔnai】

[평남] 한천

【sɔna, sɯna】

[평북] 정주

[함북] 경성, 길주543)

[함남] 함흥544)(한 VI, 7)

【sɷnai】

[제주] 성산포

【sɷnaɯ】

[제주] 서귀포

【sɔnsɯna】

[평북] 용암포,545) 철산, 선천, 강계, 후창, 자성, 위원, 초산, 창성, 의주546)

[함북] 부거, 온성, 회령, 무산 ; 청진547)(한 IX, 9)

---

543) 경성과 길주 모두 '[sɯːnaː]'이다.

544) 함흥은 '[sɯnaː]'이다.

545) 용천군・법흥에서는 '男'을 'sɔ-na'라고 한다.(한 VIII, 6)

546) 의주에서는 '男'이 '[sɔna]'이다.(한 VII, 7)

547) 청진에서는 '[sɔŋsɯna]'이다. '男'은 '[sɯna]'이다.

[함남] 단천,[548] 북청, 영흥
【sɔnalmi】
[평남] 영유, 안주, 개천,[549] 덕천, 영원, 맹산, 순천, 성천, 강동
[평북] 박천, 운산, 영변, 희천, 후창, 초산, 벽동, 창성
【sɔnahalmi】
[평북] 구성, 태천, 위원
【sinanmi】
[평남] 한천
【sanaʤɯŋi】
[평남] 양덕
【sanaʤüi】
[함남] 영흥
【sanaʤuŋai】
[함남] 안변

(B) 머슴아이 계열
【mɔsɯmɛ】
[충남] 천안, 조치원, 공주, 논산, 부여, 홍산, 서천, 감포, 보령, 홍성, 청양, 서산, 당진,[550] 예산, 아산
[충북] 청주, 진천, 음성, 괴산,[551] 충주, 보은, 영동
[전남] 장흥, 강진[552]
[경북] 경주, 함창(南)[553]
【mɔsimɛː】
[충남] 유성
[충북] 충주
[전북] 정읍
[전남] 광주, 영광, 곡성, 구례, 순천, 벌교, 광양, 고흥, 보성, 영암, 해남, 완도, 장성[554]
【mɔsɯmaː】
[충북] 제천, 단양, 보은, 옥천, 영동, 황간
[강원] 강릉(한 Ⅶ, 10)
[전북] 김제
[전남] 보성, 장흥
[경북] 고령, 김천, 상주,[555] 안동, 영주, 흥해, 경주
[경남] 합천,[556] 거창, 함양, 진주, 함안, 거제, 김해, 양산, 밀양[557] ; 부산(한 Ⅷ, 1)
【mɔsimaː】
[전북] 전주, 김제, 정읍, 남원 ; 임실(南)

548) 평북 초산・창성・의주, 함북 온성・회령・무산, 함남 단천은 '[sɔnsɔna]'이다.
549) 개천은 '[sɔnsɔnalmi]'라고도 한다. '男'의 경우 '[sɔna]' 또는 '[sɔnsɔna]'이다.(한 Ⅶ, 5)
550) 당진은 '[mɔsɔmɛ]'라고도 한다.
551) 괴산은 '[mɔsɯme]'이다.
552) 강진은 '[mɔsɯmE]'이다.
553) 경주와 함창은 '[məsəmE]?'이다.
554) 전북 정읍, 전남 영암・해남・완도・장성은 '[məʃimE]'이다.
555) 충북 황간과 경북 상주는 '[məsəma]'이다.
556) 합천은 '[mɯsɯma]'이다.
557) 전북 김제, 경북 고령・김천・안동・영주・흥해・경주, 경남 함양・진주・함안・거제・김해・양산・밀양은 '[məsɯma]'이다.

[전남] 광주, 곡성, 순천, 광양, 벌교, 고흥, 진도
[경북] 예천, 의성, 청송, 영양, 영덕, 흥해, 경주, 대구
[경남] 함양, 거제, 울산[558] ; 동래(한 VI, 8)
【mɔsɯmagɯ】
[전남] 장흥, 강진
【mɔsimagɯ】
[전남] 영암, 해남
【mɔimɛː】
[전남] 구례, 순천, 광양, 벌교, 고흥, 보성, 강진
【mɔimaː】
[전남] 곡성, 순천, 광양, 벌교, 고흥, 완도, 진도

(C) [附] 머슴(雇男)
【mɔɯm】
[경기] 서울
【mɔːm】
[충남] 아산, 예산, 당진, 보령, 감포, 서천, 홍산, 부여, 논산, 공주
[평북] 선천,[559] 구성, 태천[560]
【muɔm】
[황해] 신계,[561] 금천[562]
【moːm】
[경기] 개성[563]
[황해] 재령, 곡산[564]
[충남] 조치원, 유성
[충북] 영동, 옥천, 진천, 괴산, 충주
【muːm】
[충남] 보령, 감포, 태안
【mʉːm】
[충남] 홍산
【moːŋ-】
[황해] 연안[565]
【moːn-】
[황해] 강령, 태천, 몽금포, 송화, 신천, 서흥, 황주, 수안, 토산
[평남] 상원[566]
【moːl-】
[황해] 옹진, 안악
【mɔsɯm】
[경기] 각지
[황해] 연안, 토산, 금천
[강원] 이천, 철원
[평남] 평양
[충남] 조치원, 유성, 예산, 아산, 보령, 감포, 서천, 홍산, 부여, 논산, 공주

---

558) 전남 광주, 경북 예천・의성・청송・영양・영덕・흥해・경주・대구, 경남 함양・거제・울산은 '[məsima]'이다.
559) 선천은 '[mɔːmduŋi]'라고도 한다.
560) 구성과 태천은 '[mɔːmsari]'이다.
561) 신계는 '[muɔmk̄un]'이다.
562) 금천은 '[muɔŋk̄un]' 또는 '[mɔŋk̄un]'이다.
563) 개성은 '[moːmsarik̄un]'이다.
564) 재령과 곡산은 '[moːmk̄un]'이다. 재령에서는 '[moːmsari]'라고도 한다.
565) 연안은 '[moːŋk̄un]'이다.
566) 황해와 평남의 해당 지역들은 모두 '[moːnk̄un]'이다.

[충북] 옥천, 청주, 진천, 음성, 괴산, 충주, 제천, 단양
[전남] 순천, 벌교, 고흥, 보성, 장흥, 강진, 영암, 해남
[제주] 제주, 대정
[경북] 영주
【mɔsɔm】
[충남] 서산, 태안, 당진
[충북] 황간, 영동, 보은
[경북] 영주, 청송을 제외한 각지
[경남] 거제를 제외한 각지
【mɔsim】
[충남] 논산
[전북] 각지
[전남] 각지
[제주] 제주
[경북] 청송
[경남] 거제

51 계집아이(女兒)
(A) 계집아이 계열
【keːʤibai】
[경기] 서울, 장단, 개성[567]
[황해] 옹진,[568] 곡산, 수안
[강원] 철원
[평남] 평양, 용강, 한천, 영유, 상원
【keːʤibɛː】
[경기] 서울
[충남] 조치원, 유성
[함북] 부거
[함남] 영흥
[충북] 괴산, 보은, 옥천, 영동
[전남] 곡성, 광양, 벌교, 영광[569]
【keːʤibaː】
[평북] 용암포
[함북] 안변
[전북] 김제, 정읍
[전남] 곡성, 순천, 광주[570]
【keːʤibaɛ】
[전남] 구례
【keːʤibaya】
[전남] 구례
【kEːʤibiː】
[전남] 광주
【kiːʤibai】
[경기] 광주, 장단, 개성
[황해] 연안, 해주, 강령, 옹진, 태탄, 장연, 몽금포, 송화,[571] 은율,[572] 안악, 신천, 재령, 서흥, 황주, 금천
[제주] 제주[573]
【kiːʤiːbɛː】
[경기] 인천, 광주, 수원, 여주, 이천, 평택

567) 장단과 개성은 '[kɛːʤibai]'이다.
568) 옹진은 '[keːdzibai]'이다.
569) 영광은 '[kEːʤibEː]'이다.
570) 전북 정읍과 전남 광주는 '[kEːʤibaː]'이다.
571) 황해도 강령·몽금포·송화는 '[kiːdzibai]'이다.
572) 은율은 '[kiʤɔbai]'이다.
573) 황해도 해주·장연·안악·신천·재령·서흥·광주, 제주도 제주는 '[kiːdzɯbai]'이다.

[황해] 신계, 토산
[강원] 이천
[충남] 천안, 홍성
[충북] 청주, 진천, 음성, 제천
【kiːʤibaː】
[경북] 상주,[574] 영주, 안동, 흥해, 고령
【kiːʤibɛai】
[경기] 의정부, 장단
【ʧiːʤipai】
[제주] 서귀포, 성산포
【ʧiːʤibɛː】
[경기] 이천
[함남] 북청
[충남] 각지
[충북] 청주, 진천, 음성, 괴산, 충주, 보은, 황간
[전남] 영광[575]
【ʧiːʤibaː】
[충북] 황간, 영동, 옥천, 제천, 단양
[전북] 전주, 김제, 정읍
[경북] 김천, 상주, 예천, 영주, 안동, 의성, 영양, 흥해, 경주
[경남] 울산
【ʧeːʤibaː】
[전북] 남원
【ʧiːʤibiː】
[충북] 영동

574) 상주는 '[kiːʧəbaː]'이다.
575) 영광은 '[ʧiːʤibEː]'이다.

(B) 에미나이 계열
【eminai】
[황해] 강령, 옹진, 태탄, 장연, 서흥, 황주,[576] 신계
[강원] 이천
[평남] 평양, 용강, 영유
【emɯnai】
[황해] 몽금포, 송화, 은율,[577] 안악, 신천, 재령, 황주, 수안, 곡산[578]
[평남] 중화, 상원, 한천
【eminaː】
[평남] 안주, 한천, 영원, 개천, 양덕, 순천, 성천, 강동
[함북] 경성,[579] 회령, 길주
[함남] 단천, 안변
[평북] 각지
【iminaː】
[함남] 영흥

(C) 가시나이 계열
【kasinɛː】
[전북] 전주, 김제, 정읍
[전남] 구례, 순천, 광양, 벌교, 고흥, 보성, 장흥,[580] 강진, 영암, 해남, 완도, 진도, 광주, 영광[581]

576) 황주는 '[emenai]'이다.
577) 은율은 '[emɔnai]'이다.
578) 수안 · 곡산은 '[emunai]'이다.
579) 경성은 '[emnaː]'라고도 한다.
580) 장흥은 '[kasɯnEː]'라고도 한다.
581) 전북 정읍, 전남 강진 · 영암 · 해남 · 완도 · 진도 · 광주 · 영광은 '[kasinEː]'이다.

[경남] 거제[582]

【kasina:】

[전북] 남원

[전남] 곡성, 진도

[경북] 각지[583]

[경남] 거제를 제외한 각지[584]

【kasinagɯ】

[전남] 장흥, 강진,[585] 영암, 해남, 완도

【kainɛ:】

[전남] 구례, 광양, 벌교, 순천, 고흥, 보성, 강진, 완도[586]

【kaina:】

[전남] 곡성, 진도

【kannɛ:】

[전남] 고흥? [587]

【kanna:】

[함북] 온성, 회령, 무산, 길주

[함남] 단천, 영흥, 안변

【kallɛ:】

[전남] 고흥?

【kalla:】

[함남] 북청

582) 거제는 '[kasɯnE:]'이다.

583) 청송에서는 '[kasɯna:]'이다.

584) 진주・김해・양산에서는 '[kasɯna:]', 합천・거창・밀양에서는 '[kasina:]'와 '[kasɯna:]'를 모두 말한다.

585) 장흥과 강진은 '[kasɯnagɯ]'이다.

586) 강진과 완도는 '[kainE:]'이다.

587) 고흥에서는 이런 답변을 접하지 못했지만 순천에서 들은 바로는 이런 형태도 있는 듯하다. 아래의 '[kallɛ:]'도 마찬가지이다.

이상의 말은 대체로 여아(女兒)에 대한 비칭(卑稱)이다. 이에 대응하는 상품(上品)의 말에 대해서는 전반적으로 조사를 하지 못했는데 두세 예를 제시하면 다음과 같다.

[경기] 수원에서는 '[ki:ʤbɛ:]'라는 말은 비칭이고 이에 대해 보통은 '[yɔʤa-ai]' 또는 '[yɔʤa-ɛ:]'라고 부른다. 이것은 의정부・가평・여주 등 경기도 방언의 상황이다. 서울에서도 '[ke:ʤibɛ:]' 내지 '[ke:ʤibai]'에는 비천한 느낌이 동반되는 모습이다.

[평북] 용암포에서는 '[emina:]'가 비칭이며 그에 대해 보통은 '[ke:ʤiba:]'라는 말을 사용한다. 후자는 경기도에서 차용된 것으로서, 종래의 형태가 비칭으로 경시되는 것은 흥미로운 사실이다.

[황해] 재령・신천・안악・은율・송화 또는 황주 등에서는 '[eminai]' 내지 '[emɯnai]'라는 방언형을 보통으로 사용하고 '[ke:ʤibai]'에서 변한 '[kidzibai]', '[kidzɯbai]'가 비칭이 되어 있는데 이것은 평북의 경우와 정확히 반대 모습이다.

[전북] 남원에서는 '[kasina:]'가 비칭이고 '[ʧe:ʤiba:]'가 보통의 명칭이라는 점이 용암포의 경우와 동일하다.

[경북] 예천에서는 '[kasina:]'를 비칭으로 하고, '[ʧi:ʤiba:]'를 보통의 명칭으로 한다는 점이 앞서와 동일하지만, 경주에서는 상품(上品)의 말로서

'[yəsiga:]'(<女息+a:), '[t̄ara:]'(<t̄al[娘]+a:), '[yE:na:]'(<女人+a:) 등의 표현이 더 있다. 덧붙여서 '[yəsiga:]'와 '[t̄ara:]'의 분포 일반을 보이면 다음과 같다.

【yəsiga:】

[경북] 김천, 상주, 안동, 의주, 청송, 영양, 영덕,[588] 흥해,[589] 경주

[경남] 김해, 양산, 밀양, 울산

【yəsik】

[경남] 거창, 거제,[590] 김해

【yəsigahE】

[경남] 거창

【t̄ara:】

[경북] 흥해, 경주

[경남] 울산

588) 청송과 영덕은 '[yEsiga:]'라고도 한다.
589) 흥해는 '[yɛsɯga:]'이다.

590) 거제는 '[yesik]'이라고도 한다.

해설 논문

河野六郎의 한국어 방언 연구에 대하여

河野六郎의 한국어 방언 연구에 대하여*

이진호

1. 머리말

河野六郎(1912~1998)은 그의 스승인 小倉進平(1882~1944)과 더불어 한국어를 연구한 대표적인 일본인 학자로 알려져 있다. 그러나 小倉進平에 비해 河野六郎의 한국어 연구에 대해서는 본격적인 검토가 이루어지지 않았다.[1] 방언학사나 국어 음운론 연구사를 전체적으로 조망하는 과정에서 간략한 지적이 있었을 뿐이다. 河野六郎의 연구 성과는 한국어를 연구한 외국인 중 그 누구에게도 뒤지지 않을 만큼 뛰어나다는 점에서 그에 대한 국어학사적 접근이 필요하다는 것은 부인할 수가 없다.

河野六郎의 한국어 연구에 대한 본격적 검토 작업이 이루어지지는 않았지만 단편적으로는 그의 업적에 대한 평가가 있어 왔다. 전반적으로 볼 때 小倉進平에 비해서는 상당히 좋은 편이라고 할 수 있다. 정승철(2010: 156)의 지적처럼 小倉進平의 경우는 그 평가가 극명하게 둘로 갈리고 있다. 반면 河野六郎에 대해서는 긍정적이고 우호적인 평가가 대부분이다.

이러한 상황에는 여러 가지 이유가 작용하고 있을 터이다. 우선 학문적인 성과 측면에서 보자면 河野六郎의 연구는 小倉進平과 비교해 여러 가

* 이 논문은 2011년 12월에 간행된 『방언학』(한국방언학회 간행) 14호에 수록되었다.

1) 小倉進平에 대해서는 이전부터 간간이 논의가 이어지다가 최근 들어 활발하게 논의되기 시작했다. 대표적으로 이병근(2005), 이진호(2008), 정승철(2010) 등을 들 수 있다.

지 발전된 모습을 보여 준다.[2] 연구 방법론상으로 볼 때 개체사적 연구를 뛰어넘어 소위 체계를 고려한 연구로 나아간 것은 물론이고, 개별 주제에 대한 해석에 있어서도 훨씬 높은 수준에 다다랐다. 학문 외적인 측면에서도 河野六郎은 小倉進平과 다른 상황에 있었다.[3] 한국어 연구의 동기가 순수했고 조선총독부 근무 경력도 없다.[4] 또한 河野六郎은 그 스스로 또는 그의 제자들을 통해 한국의 국어학자들과 교류하고 있었다는 점도 빼놓을 수 없다.[5]

그러나 河野六郎에 대한 평가는 아직도 피상적인 차원에 머물러 있어서 좀 더 철저하게 그의 연구 성과를 고찰할 필요가 있다. 이 글에서는 한국어 방언 연구의 측면에서 河野六郎을 살펴보기로 한다. 사실 河野六郎이 한국어 방언과 관련하여 남긴 연구물은 『朝鮮方言學試攷-「鋏」語考-』 밖에 없어서 한국어 방언 연구자로서의 河野六郎을 검토하기에는 부족함이 많다. 그렇지만 한국어 방언은 河野六郎의 한국어 연구에 있어 출발점에 해당하며, 방언 조사나 책의 집필 과정에서 그의 이후 연구에 영향을

---

2) 이병근(1979: 18～19)에서는 네 가지 측면에서 河野六郎의 연구가 小倉進平보다 이론적으로 진전되었다는 지적을 한 바 있다.

3) 河野六郎에 대한 평가가 小倉進平보다 더 좋은 것은 학문 외적인 측면이 더 강하게 작용했을지 모른다. 한국어 연구 초창기에 거의 혼자서 모든 분야를 개척해야 했던 小倉進平과 어느 정도의 성과가 축적된 시기에 연구를 시작한 河野六郎을 학문적인 잣대만으로 비교하는 것은 무리이기 때문이다.

4) 小倉進平이 한국어를 연구한 동기가 시대적 상황과 결부되면서 일본어의 정체성 확립과 관련을 맺는다는 것은 安田敏朗(1999)의 2장에서 다룬 것처럼 간접적인 증언들을 통해 확인할 수 있다. 게다가 小倉進平이 처음 방언 조사를 한 곳이 제주도(1912년)와 대마도(1914년)였는데, 그 목적이 제주도나 대마도의 방언이 일본어 및 한국어와 어떤 관계에 있는지 살피기 위해서라는 점도 이와 무관하지 않을 것이다.

5) 河野六郎은 故 안병희 서울대 교수와 특별한 관계에 있었다. 안병희 교수는 河野六郎이 애지중지하다가 잃어버린 대학 졸업논문(「玉篇に現れたる反切の音韻的研究」)을 서울의 헌책방에서 찾아내어 돌려주었을 뿐만 아니라, 河野六郎이 1955년 『世界言語概說』에 집필한 「朝鮮語」를 『河野六郎著作集』(1979년)에 다시 수록하면서 수정 작업을 할 때 도움을 준 인연이 있다.

준 바도 적지 않다. 또한 비록 한 권의 책이라고는 하지만 이 책이 한국어 방언학사에서 차지하는 비중이 결코 작지 않다. 그런 점에서 河野六郎의 한국어 방언 연구를 검토하는 것도 의미가 있으리라 본다.

이 글은 크게 세 부분으로 나뉜다. 2장에서는 河野六郎의 생애와 학문에 대해 조망한다. 河野六郎의 각종 연구물을 기본 자료로 하고, 여기에 『河野六郎著作集』(平凡社 간행)의 서문에 실린 저자 자신과 그 주변인들의 증언은 물론이고 그의 사후에 제자들이 스승을 회고하며 쓴 글들을 보조 자료로 하여 그의 삶과 학문 세계를 고찰한다. 3장에서는 방언 조사와 연구에 대한 내용을 다룬다. 방언 조사 계기와 과정, 방법론, 방언에 대한 인식, 조사된 방언 자료의 해석 등 그가 행한 한국어 방언 연구의 전반을 살피기로 한다. 4장에서는 河野六郎의 방언 연구 결과를 담은 『朝鮮方言學試攷』에 대해 상세히 고찰한다.

2. 생애와 학문

2.1. 河野六郎의 생애[6]

河野六郎은 1912년 12월 16일 일본 고베(神戶)에서 출생했다. 그의 집안은 학자를 많이 배출했는데 철학, 문학, 수학, 물리학 등 그 분야도 매우 다양했다. 그의 큰형인 河野與一 또한 여러 언어에 능통하여 河野六郎은 소학교 시절 큰형으로부터 프랑스어를 배우기 시작했다. 東京의 府立第一中學校에 진학해서는 러시아어와 산스크리트어를 익혔다. 第一高等學校 시절에는 라틴어와 그리스어도 상당한 수준에 다다랐다. 이 시기에 B. Karlgren의 『Étude sur la phonologie chinoise』를 통독하고 감명을 받아 언

6) 2.1.의 내용은 『河野六郎著作集』에 수록된 글들과 古屋昭弘(1999), 中村完(1999), 千野榮一(1999), 그리고 河野六郎 자신의 증언 등을 종합하여 재구성한 것이다. 구체적인 출처 제시는 생략한다.

어학을 전공하기로 마음을 먹게 된다. 그는 그 당시 이미 Karlgren과 교신을 주고받고 있었으며, 이러한 인연을 바탕으로 Karlgren의 추천을 받아 당시 동양학의 중심이었던 동양문고(東洋文庫)의 열람 허가를 받게 된 것은 잘 알려진 일이다.[7] 이후 河野六郎은 타계하기 전까지 동양문고와 밀접한 관계를 유지한다.

일찍부터 Karlgren의 저서를 통해 한자음에 대한 지식을 습득했고 한문에도 상당한 실력을 가졌던 河野六郎은 동경제국대학 언어학과에 입학하기도 전에 중국의 한 방언인 아모이어를 전공하기로 결심하게 된다. 대학 입학 초기에는 라틴어를 비롯한 각종 외국어의 원전 강독 수업을 들었으며 대학 졸업논문은 중국의 顧野王(519~581)이 지은 『玉篇』의 반절을 음운론적으로 분석한 것(「玉篇に現れたる反切の音韻的研究」, 1937년)이었다. 원래 생각했던 졸업논문은 중국 서주(西周)와 동주(東周)의 금문(金文)에 나타난 인칭 대명사에 대한 것이었지만 금문의 해독 자체가 완전하지 않아서 시간 관계상 『玉篇』에 대한 연구로 바꾸었다. 졸업논문을 준비하면서는 천재적 언어학자라 불리던 有坂秀世(1908~1952)의 영향을 많이 받았다.[8] 이후 有坂秀世는 河野六郎의 한자음 연구 업적에서 자주 등장하게 된다.

이처럼 河野六郎이 원래 하고자 한 전공은 중국 한자음 방면이었다. 그러나 河野六郎이 대학에 재학할 때 언어학과 주임교수를 맡고 있던 小倉進平이 그의 재능을 간파하고 한국어 전공을 권유함으로써 그의 전공은

7) 당시만 하더라도 동양문고의 열람 허가를 받는 데는 엄격한 제약이 있었다고 한다. 고등학교 학생이 동양학의 거장인 Karlgren의 추천을 받아 열람 허가를 얻었다는 것은 대단한 일이라고 할 수 있다.

8) 有坂秀世는 그의 스승이자 東京帝國大學 언어학과 교수였던 金田一京助가 '혜성처럼 나타났다 사라진 불세출의 위인'이라고 평가했던 인물이다. 이미 고등학생 때 고대 일본어 모음 변화의 법칙에 대한 획기적인 논문을 쓸 정도였다고 한다. 일찌감치 뛰어난 재능을 보이며 언어학 전공으로 진로를 결정했다는 점에서 河野六郎과 통하는 바가 있다.

방향을 전환하게 된다.[9] 河野六郎이 중국어에서 한국어로 전공을 바꾼 것은 대학을 졸업할 무렵 갑작스레 결정된 것으로 보인다. 졸업논문의 주제가 한국어가 아닌 중국어라는 점, 『朝鮮方言學試攷』의 서문에서 대학을 졸업한 시점에도 아직 본격적으로 한국어에 뜻을 둔 지 얼마 되지 않았다고 말한 점을 볼 때 그러하다.

1937년 대학을 졸업한 河野六郎은 서울로 와서 경성제국대학의 부수(副手, 1937년), 조수(助手, 1940년), 강사(講師, 1941년)를 거쳐 1942년에는 小倉進平의 후임으로 조선어학·조선문학 제2강좌를 담당하는 조교수가 되었다.[10] 특히 1937년 10월부터 1940년 9월에 이르는 3년 동안 한국어 방언 조사에 종사하게 된다.[11] 河野六郎 스스로는 이 때의 방언 조사에 대해 일종의 예비적인 조사였고 그 후 본격적으로 방언 조사를 하고자 마음 먹었으나 끝내 그 꿈을 이루지 못했다고 회상한 바 있다.[12] 河野六郎이 한국어 방언을 본격적으로 조사할 수 없었던 이유는 말할 것도 없이 일본의 패전 때문이다.

1945년 11월 온갖 고초를 겪으며 겨우 일본으로 귀국한 그는 그 해 12월부터 연합군최고사령부(General Headquarters)의 민사검열부에서 번역관으로 근무했다. 이후 第一高等學校 강사, 일본의과대학 예과 교수 등을 맡다가 1949년 東京文理科大學(이후 東京教育大學으로 변경) 한문학과 조교수로 근무하게 된다. 여기에는 그의 은사이자 당시 東京文理科大學

9) 中村完(1999: 221)는 이것에 대해 河野六郎의 큰형인 河野與一에게는 불만이었으나 한국어학을 위해서는 크나큰 경사였다고 말하고 있다.

10) 小倉進平이 1933년 東京帝國大學 언어학과로 자리를 옮긴 이후 경성제국대학 조선어학·조선문학 전공의 제2강좌 담당 교수는 새로 뽑지 않고 小倉進平이 겸임교수의 신분으로 1년에 한 번씩 잠시 서울에 와서 강의를 계속 했다.

11) 여기에 대한 구체적인 내용은 3장에서 따로 다루기로 한다.

12) 그는 한국어의 개별 방언을 상세히 기술하기 전에 우선 전체 방언에 대한 개관을 먼저 할 필요가 있다고 보았기 때문에 당시의 조사를 1차적인 것으로 보고 후일의 본격적인 조사를 염두에 두었다.

한문학 전공 주임교수였던 竹田復(1891～1986)의 힘이 컸다. 1949년에는 天理大學 교수도 겸임했는데 이것은 17년 동안 지속되었다. 그는 1950년 10월에 창립된 朝鮮學會의 간사와 편집위원을 맡아 활동하기도 했다.

1958년 東京教育大學 한문학과에서 언어학과로 소속이 바뀐 후 1974년에 정년퇴임을 하게 된다. 그 후에는 大東文化大學의 중국문학과 교수로 근무하다가 1983년 퇴직했다. 말년에는 주로 동양문고의 조선연구실에 나와 『言語學大辭典』의 편집과 집필에 몰두했고 1998년 10월 7일 86세를 일기로 세상을 떠났다.

河野六郎은 학자로서의 기쁨과 영광을 많이 누렸다. 그는 생전에 우수한 제자들을 많이 양성했다. 梅田博之, 大江孝南, 中村完, 菅野裕臣, 志部昭平 등 일본의 대표적인 한국어 연구자들이 河野六郎의 지도를 받았으며 그들의 제자들이 현재 일본의 한국어 연구를 주도하고 있다.[13] 또한 1993년 일본 학사원 회원에 선출된 것을 비롯하여 여러 종류의 포상을 받았고 사후에는 그를 추모하는 글들이 여러 학술지에 발표되기도 했다.

2.2. 河野六郎의 학문

河野六郎은 한국어 이외에도 여러 분야에 걸쳐 연구 업적을 남겼다. 그의 연구 분야는 크게 한국어학, 중국어학, 문자학, 언어 유형론의 네 가지로 나눌 수 있을 듯하다. 이 중 양적으로나 질적으로나 그 중심은 역시 한국어학이라고 할 수 있다.

河野六郎의 한국어 연구는 역사적 연구에 집중되어 있다. 그 스스로도 한국어와 관련하여 궁극적으로 해 보고 싶었던 것이 중세 한국어의 체계 및 역사적 전개라고 밝히고 있을 정도로 역사적 연구가 핵심을 이룬다. 이러한 배경에는 말할 것도 없이 小倉進平의 영향이 컸다.[14] 역사적 연구

13) 일본인 한국어 연구자들의 계보는 菅野裕臣(1988: 318)을 참고할 수 있다.

중에서는 특히 음운사 방면으로 많은 업적을 남겼다. 일본인에 의해 이루어진 한국어 음운사 연구의 상당수는 河野六郎의 연구를 토대로 본격화되고 있다는 점에서 그의 한국어 음운사 연구는 일본 내에서는 독보적이라고 해도 과언이 아니다.

河野六郎의 음운사 연구 주제는 한자음, 음운의 변화, 성조로 크게 나눌 수 있다. 그가 대학 졸업논문 이후 처음으로 낸 연구가 한자음에 대한 것(「朝鮮漢字音の一特質」, 1939년)이었고, 본격적인 학술논문으로 거의 마지막 시기에 발표한 연구물도 한자음에 대한 것(「朝鮮漢字音と日本呉音」, 1979년)이었으며, 박사학위논문 또한 한자음에 대한 것(「朝鮮漢字音の研究」, 1962년)이었을 정도로 한국 한자음 분야는 그에게 있어 매우 중요한 의미를 지닌다. 애초에 그가 전공하고자 결심했던 분야가 중국 음운학이었다는 점을 고려하면 이것은 충분히 이해할 수 있다.

개별 음운의 변화에 대한 논의는 방언 조사의 결과물인 『朝鮮方言學試攷』에서 주로 이루어졌다. 이 책에서 다룬 'ㆍ, ㅿ, 어중의 ㄱ, 하향이중모음'이라는 네 가지 음운사적 주제는 이후 다른 연구자들에 의해 계속 보완·발전하게 된다. 이 외에 모음 사이에서 일어난 'ㄷ>ㄹ'의 변화를 다룬 논의(「古代朝鮮語に於ける母音間のㄷの變化」, 1961년)도 빼놓을 수 없다.

성조에 대한 논의는 두 편이 있는데 각각 체언에 대한 것(「諺文古文獻の聲點に就いて」, 1951년)과 용언에 대한 것(「中期朝鮮語用言語幹の聲調に就いて」, 1953년)으로 구분된다. 성조에 대한 그의 관심은 상당히 일찍부터 있어 왔다. 두 편의 본격적인 논문을 발표하기에 앞서 이미 『朝鮮方言學試攷』의 뒷부분에서 중세국어의 성조는 기본적으로 평성과 거성의

14) 小倉進平이 한국어의 역사적 연구를 위해 방언을 조사하고 문헌학 중심의 국어학사 연구를 진행했다는 것은 잘 알려진 바이다. 이러한 태도는 河野六郎에게서도 그대로 찾아 볼 수 있다.

이원적 체계이며 상성은 '평성+거성'의 복합형이라는 사실을 몇 가지 근거에 기반하여 간략히 서술하기도 했다. 그렇지만 정작 『朝鮮方言學試攷』에 실린 방언 자료에서 성조가 무시된 것에 대해서는 이후에 후회를 하고 있다.[15)]

음운사 이외에는 『訓民正音』, 『東國正韻』, 『洪武正韻譯訓』 등의 문헌에 대한 연구, 문법에 대한 연구 등을 들 수 있다. 이 중 문헌에 대한 연구는 문헌 자체에 대한 탐구라기보다는 오히려 한자음 또는 다른 음운사적 주제를 위한 보조적인 성격을 지닌다. 문법에 대한 연구는 주로 시제를 중심으로 이루어졌다. 음운사 연구와 비교하면 그 중요도가 떨어진다는 느낌을 지우기 어렵다.[16)]

한편 중국어학에 대한 연구는 주로 음운학 중심으로 전개되었다. 음운학은 河野六郎이 언어학을 전공하기로 마음 먹게 한 분야이기도 하다. 河野六郎은 중국 음운학에 대한 지식이 한국 한자음을 연구하는 데 도움이 되었을 뿐만 아니라 직장을 구하는 데도 적지 않은 도움을 받았다고 회고했다. 중국 음운학에 대한 논문 중 상당수는 그가 東京文理科大學 한문학과 교수로 재직 중일 때 발표했다.

문자학과 언어 유형론은 그로서는 관심을 가지지 않을 수 없는 분야이기도 하다. 이미 중고등학교 학생 시절부터 다양한 언어를 익혔고 한자를 비롯하여 여러 문자에 대한 지식도 갖고 있었으므로 문자학이나 언어 유

15) 『河野六郎著作集1』(1979)에서 이런 아쉬움을 토로했다. 『朝鮮方言學試攷』의 방언 자료를 조사하던 시기(1937~1940)에는 중세국어의 성조나 현대국어 방언의 성조에 대해 별다른 지식을 지니지 못했기 때문에 성조 조사를 빠뜨린 듯하다. 그 당시에는 성조에 대한 연구가 거의 이루어지지 않았기에 河野六郎으로서도 어쩔 수 없는 일이었다.

16) 그렇지만 河野六郎 스스로는 오히려 문법의 역사에 더 큰 흥미를 느낀 듯하다. 그는 문법 분야에서 무엇인가를 고찰하는 것이 본명(本命)임에도 불구하고 그것을 해낼 만한 시각을 갖지 못해 끝내 염원을 이루지 못한 데 대해 안타까움을 표한 적이 있다.

형론에 대해서는 자연스럽게 눈길이 갔으리라 본다. 문자학의 경우 한자에 대한 내용이 절대적인 비중을 차지하며 이 한자를 다른 상형 문자나 설형 문자와 대비시켜 일반화하기에 이른다. 언어 유형론은 주로 통사론의 측면에서 검토하고 있는데, 좀 더 구체적으로는 굴절 여부나 방식을 기준으로 거시적인 유형 분류를 시도했다.

河野六郎의 연구 성과를 연대순으로 보면 연구의 흐름에 있어 명확한 구분이 보이지는 않는다. 한자음 또는 그와 관련된 연구물이 시종일관 계속 이어진다는 점을 제외하면 시기별로 어떤 뚜렷한 연구 경향성이 드러나지는 않는다. 다만 한국어 연구에 미친 영향의 측면에서 본다면 박사학위논문이 나온 시기(1962년)가 중요한 기준이 된다고 할 수 있다. 이 시기를 포함하여 이보다 앞서 나온 업적들의 영향력이 그 이후의 업적보다 크다는 것은 부인하기 어렵다. 연구 주제의 다양성 측면에서 보더라도 그 이전에는 한자음을 비롯하여 매우 넓은 분야에 걸쳐 있었지만 그 이후에는 그렇지 못하다.

河野六郎의 연구 방법론은 小倉進平과 비교해서 살펴보는 것이 유용하다. 河野六郎이나 小倉進平 모두 기본적으로 실증적인 연구 태도를 지니고 있었다. 그들은 한국어 자료를 해석할 때 한국, 일본, 중국의 고문헌 자료는 물론이고, 방언 자료, 한국어와 계통론적으로 관련을 맺고 있는 주변 언어에서 그 근거를 끌어 오고 있다. 추상적 이론에 힘을 빌리기보다는 구체적인 자료에 바탕을 두어 연구를 진행했다.

그렇지만 小倉進平과 달리 河野六郎은 소위 '체계(system)'에 대한 인식을 항상 중시했다.17) 小倉進平의 연구가 지닌 가장 큰 한계가 바로 체계를 무시한 개체적 연구에 있는 반면 河野六郎은 개체들이 이루는 체계를 염두에 두었기에 小倉進平보다 더 높은 단계에 이를 수 있었다. '·'나 'ㅿ',

---

17) 河野六郎는 '체계' 또는 'system'이라는 용어를 여러 차례 언급하며 그 중요성을 강조한 바 있다.

중세국어 하향이중모음과 같이 동일한 주제를 다루더라도 小倉進平은 단순한 음가나 방언에 반영된 양상만을 고찰하는 데 그쳤다면 河野六郎은 다른 음들과의 관계 속에서 대상을 바라보고자 했다. 한국 한자음의 수용 양상으로부터 한국어 모음 추이의 가능성을 추론해 낸 것 역시 체계에 대한 고려가 없었다면 불가능했을 것이다.

3. 방언의 조사와 연구

3.1. 방언 조사의 과정과 방법론

잘 알려진 바와 같이 河野六郎이 한국어 방언을 조사하고 연구하게 된 계기는 小倉進平의 권유에 따른 것이다. 小倉進平은 1937년부터 1940년까지 3년 동안 일본학술진흥회로부터 '朝鮮語方言ノ採集及ビ整理'라는 제목으로 총 4,500엔의 연구비를 지원 받게 되었다. 河野六郎은 이 연구 사업에 공동 연구자의 자격으로 참여했는데, 小倉進平은 연구비 전액을 河野六郎에게 주어 조사와 정리를 전담케 했다.[18] 일본학술진흥회는 그 무렵 아시아 각지의 여러 언어에 대한 연구 보조를 하고 있었는데 小倉進平의 연구도 그러한 일환이라고 할 수 있다.[19]

河野六郎은 1937년 10월부터 1940년 9월까지 한반도의 각지로 방언 조사를 다녔다.[20] 원래의 계획은 13개 도의 각 군별로 최소한 하나의 조사 지점을 선정하는 것이었다. 그러나 실제 조사 지점을 보면 그 스스로도 인

18) 연구비 신청은 小倉進平의 이름으로 했지만 실제 연구 과제 신청에서부터 결과 정리에 이르기까지 모든 일은 河野六郎이 맡았던 듯하다. 河野六郎은 연구비를 신청하는 과정에서 京都大 교수를 지낸 新村出(1876~1967)의 도움을 받았다고 회고했다.

19) 이러한 연구 지원은 정치적으로 보자면 식민지 통치와 어느 정도 관련을 맺고 있다.

20) 방언 조사는 주로 봄, 가을에 다녔다고 한다. 小倉進平과 마찬가지로 河野六郎 역시 여행을 좋아하지 않기 때문에 방언 조사를 다니는 데에 애로가 많았다고 고백한 점이 흥미롭다.

정하고 있듯이 지역별로 조밀도에 편차가 상당히 심하다.

> 경기(12개 지점), 황해(19개 지점), 평남(14개 지점), 평북(18개 지점), 충남(17개 지점), 충북(11개 지점), 전북(4개 지점), 전남(15개 지점), 제주(4개 지점), 경남(11개 지점), 경북(13개 지점), 강원(2개 지점), 함남(4개 지점), 함북(6개 지점)

다른 지역에 비해 전북, 강원, 함남, 함북의 조사가 매우 적게 이루어졌다. 이 중 강원도와 함경남북도는 원래 예정에 있었는데 어떤 사정으로 조사할 수 없었다고 밝혀 두었지만 전북의 조사 지점이 왜 적은지는 아무런 언급이 없다. 조사가 미비한 지역은 小倉進平이 이전에 발표한 조사 보고로 보완했으며 그 외에 자신의 친구나 학생들로부터 일부 지역의 방언 자료를 보충했다.

河野六郎이 생각한 방언 조사 방법의 이상과 실제는 상당한 괴리가 있다. 그가 생각한 방언 조사 방법론은 기본적으로 다음과 같았다.

- ○ 음성 전사 : 음성 전사는 규범적 전사와 음운적 전사를 추구해야 한다. 규범적 전사란 규범적 발음을 전사하는 것이고 음운적 전사는 음운이라는 단위를 전사하는 것이다.[21)]
- ○ 조사 항목 : 자연스럽게 이루어지는 대화 중의 구체적 문장을 관찰함으로써 조사가 이루어져야 한다. 체언이나 용언은 문장 안에서의 곡용 또는 활용을 보이는 형태를 관찰할 필요성이 있다.
- ○ 제보자 : 토박이 화자이어야 하며, 다른 방언의 영향을 받지 않아야

---

21) 그는 음운을 '형태 구성의 기능상 구별해야 하는 음성'의 의미로 사용하고 있다. 이것은 현재의 음운 개념과 잘 부합한다. 이병근(1979: 19)에서는 이러한 인식이 小倉進平과 차이 나는 점 중 하나라고 지적했다.

한다. 노인, 그 중에서도 여성이 유리하다. 그러나 지역 사정에 밝으며 방언 조사를 진심으로 이해해야 한다는 조건도 필요하다.

이상의 세 가지 조건은 모두 장기간 조사 지역에 들어가 생활하면서 자연스럽게 관찰해야만 충족될 수 있다. 河野六郎의 경우처럼 제한된 시간 속에서 한반도 전역을 대상으로 조사해야 하는 경우에는 도저히 따를 수가 없다. 결과적으로 이러한 이상적 방법론을 인식했음에도 불구하고 실제 조사는 小倉進平이 이전에 했던 것과 크게 다르지 않게 되었다. 즉 국민학교 아동들을 조사 대상으로 삼아 미리 준비한 단어 중심의 질문지를 가지고 빠르게 조사해 나가는 것이다.[22] 그는 이러한 방법에 대해, 매우 경제적이며 아이들은 규범 의식이 약하고 다른 방언에 대한 지식이 없어서 유리한 측면도 있다고 했다.

한편 河野六郎은 한국어 방언 조사는 아니었지만 또 한 차례의 방언 조사를 다닌 경험이 있다. 그는 이전부터 한국어와 만주어의 유사점에 관심을 갖고 1941년부터 5년 동안 對滿事務局(이후 大東亞省)에서 '朝鮮語及び滿洲語の比較研究'라는 제목의 연구 보조를 받게 되었다. 이 연구를 위해 1941년부터 조금씩 준비하다가, 경성제국대학 인류학 조사단의 일행으로 1943년 여름에 만주 黑河省으로 조사를 떠났다. 구체적인 지역은 璦琿의 남쪽에 위치한 大五家子와 藍旗溝로 조사 기간은 단 6일에 불과했다. 따라서 조사 결과가 양적으로 풍부하다고는 할 수 없으며 그마저도 일부 자료를 제외하면 모두 소실되어 버렸다.[23] 조사 항목도 주로 음운에 관련되었다.

22) 질문지의 조사 항목을 선정할 때에는 어떤 단어가 단독형으로는 사라졌지만 복합어 속에 그 흔적을 남긴다는 사실을 이용하기도 했다. '男, 女'에 해당하는 고유어가 '男兒, 女兒'라는 복합어 속에 남아 있다는 점을 간파하고 그 방언형들을 조사한 것이 대표적이다.

23) 현재 남아 있는 자료는 河野六郎(1944)에 수록된 것이 전부이다.

그런데 조사 방법은 한국어의 경우와는 약간 달랐다. 우선 제보자를 모두 노인으로 삼았다. 특히 흥미로운 것은 한국어 방언 조사 때와 마찬가지로 국민학교에서도 조사를 약간 했는데 별반 효과가 없었다고 한 점이다. 이것은 국민학교 학생들을 조사 대상으로 삼는 것이 부적당하기 때문이 아니고, 해당 지역에서 이미 상당수 사람들이 만주어를 구사하지 못하기 때문이라고 할 수 있다. 또한 질문지와 상관 없이 자연 발화를 일부 채록한 듯하다. 많은 지역을 한정된 시간 안에 조사하는 상황이 아니었기에 이러한 조사 방법이 가능했을 것이다.

3.2. 방언에 대한 인식

河野六郎에게 있어 방언이란 역사적 연구에서 문헌의 결함을 보충하는 존재였다. 이러한 인식은 河野六郎 스스로도 인정하고 있듯이 小倉進平으로부터 물려받았다.[24] 河野六郎은 방언에 대한 공시적 연구가 필요하다는 점을 인정했지만 그 스스로는 방언을 역사적 자료로 다룬다고 했다. 그리하여 방언 자료를 문헌 자료와 대비시키면서 변화 과정을 고찰했던 것이다.

이러한 인식은 자칫 모든 방언이 문헌에서 확인되는 형태로부터 발달한 것이라고 볼 위험이 존재한다. 한국의 경우 문헌의 언어는 곧 중앙어에 다름 아니므로 중앙어로부터 방언이 변화했다고 해석할 가능성이 없지 않은 것이다. 河野六郎은 이 점을 경계하며 모든 방언이 중앙어를 반영한 문헌 자료에서 변화한 것은 아님을 분명히 했다.[25] 지금은 이것이 너무나 자명

---

24) 그러나 河野六郎은 방언을 통한 역사적 연구에 있어 小倉進平보다는 좀 더 거시적인 그림을 그리고 있었다. 즉 한국어 자체의 방언 분화 과정에 대한 논의는 물론이고 이것을 한국어 계통론과도 연결시켰던 것이다.

25) 『朝鮮方言學試攷』의 뒷부분에는 다음과 같은 언급이 나온다.
"그러나 조선 초기의 각 문헌에 적혀 있는 언어는 당시 중앙부의 한 방언에 지나지

한 사실이지만, 국어 연구에서 이와 관련된 오류가 보이는 경우도 적지 않았음을 부인할 수 없다.

방언을 역사적 연구의 수단으로 보고 있다는 점에서는 河野六郎이 小倉進平과 차이가 없지만 방언에 대한 개념에 있어서는 근본적으로 다른 입장을 지니고 있었다. 이병근(2005: 51)의 지적처럼 小倉進平이 보여 준 방언의 개념은 매우 막연하며 표준어와 대비되는 것 정도에 불과하다. 표준어와 차이 나는 것이 방언이라는 것이다. 반면 河野六郎은 다른 입장을 가지고 있었다. 이것은 다음 한 문장에서 명확히 드러난다.

> "일반적으로 말하는 방언이란 표준이 되는 중앙어와 비교하여 그 지방의 특징(악센트의 차이일 수도 있고 어휘 또는 어법의 특색일 수도 있다)을 이르지만, 저자는 그것을 확대하여 각 지방의 모든 언어 현상을 전부 방언적인 것으로 해석하는 것이다." (『朝鮮方言學試攷』의 서론)

만약 표준어와 차이 나는 것만을 방언이라고 한다면 그러한 방언은 독자적인 체계를 지니는 대상이 될 수 없다. 오로지 표준어와 비교하여 다른 점만을 모아 놓은 집합에 불과하며 항상 표준어를 배경에 두어야만 성립할 수 있는 의존적인 대상이다. 그러나 河野六郎과 같이 각 지방의 모든 언어 현상을 방언으로 해석한다면 방언은 표준어와 대등한 존재로서 독자적인 가치를 지닌다.

않는다. (중략) 이 언어가 중앙부의 한 방언인 이상 현재 중부 방언의 선조라는 것은 틀림없다고 하더라도, 이 방언으로부터 현재의 방언들이 파생되었다는 투로 생각하는 것은 허용되지 않는다. 조선 시대 오백 년 동안 서울 방언의 세력은 시간과 더불어 강해졌지만, 그러나 지방에는 서울 방언이 미치지 않은 이전 시기의 옛 방언이 존재하고 있었다는 것을 당연히 고려할 수 있다. (중략) 아무튼 현재 각 지방의 방언이 조선 초기의 중앙 방언에서부터 생겨난 것은 아니며, 경우에 따라서는 먼 과거의 언어 상황을 단편적으로 보존하고 있다고 하는 점도 이론상 생각할 수 있고 실제로 본고에서도 보아 왔던 바이다."

이러한 태도의 차이가 극명하게 드러나는 것은 어떤 지방에서 표준어 형태(또는 그와 비슷한 형태)와 방언 특유의 형태가 공존하는 경우이다. 小倉進平과 같은 입장에서는 표준어 형태는 방언이 되지 못하고 오직 그 지방 특유의 형태만이 방언에 속할 뿐이다. 반면 河野六郎와 같은 입장에서는 두 형태 모두가 방언으로 인정 받는다. 河野六郎은 여기에 대해 다음과 같이 말한 바 있다.

> "예를 들어 경상북도 방언에서는 '여아(女兒)'를 '[ki:ʤiba:]'라고도 하고 '[kasina:]'라고도 한다. 이 중 '[kasina:]'는 원래 경상도의 토박이말(patois)이지만 '[ki:ʤiba:]'는 중앙어에서 차용해 온 것이다. 만약 토박이말만을 문제 삼는다면 경상북도 방언은 '[kasina:]'라고 하는 것만으로도 충분하다. 그러나 이것은 분명히 불완전한 서술이다. 왜냐하면 '[ki:ʤiba:]'도 역시 경상북도 말일 뿐만 아니라 또한 '[kasina:]'가 '[ki:ʤiba:]'와 대립하는 것이야말로 '[kasina:]'의 공시론적 의미를 명확하게 해 주기 때문이다." (『朝鮮方言學試攷』의 서론)

이러한 입장은 방언을 온전한 언어 체계로 이해하는 데서 비롯되었다고 할 수 있다. 여기서 다시 한 번 河野六郎의 연구 방법론이 체계를 충분히 고려한 것임을 알게 된다. 이러한 방언 개념의 차이는, 小倉進平에 대해 독립된 언어학의 한 분야로서 방언학을 확립한 것은 아니지만 河野六郎은 방언학에 다가가고 있다고 본 이병근(2005:56)의 평가와도 무관하지 않다.

3.3. 방언의 연구 방법론

河野六郎의 방언 연구 방법은 한 마디로 방언지리학에 기반을 두고 있다고 해도 과언이 아니다. 표제항별로 각 방언형들의 지역별 분포를 정리한 후 이 방언형들의 관계를 역사적으로 해석하는 것이다. 이러한 연구 태도는 小倉進平에게서 물려받았다고 할 수 있다. 방법론의 치밀함에 있어 차이는 있을지언정 小倉進平이 취하던 연구 방법과 근본적인 차이는 없다. 그가 한국어를 전공하기로 결심하고 한국어 방언 조사를 떠나기에 앞서 방언학에 대한 기본 소양을 스스로 갖출 만한 기회가 많지 않았다는 점, 그럼에도 불구하고 수집한 방언 자료를 지도에 투영했을 때 비로소 방언지리학의 참맛을 알게 되었다고 고백한 점을 고려하면 아마도 방언 조사에 임하기 전 小倉進平에게서 방언지리학에 대한 기본 지식을 배웠다고 보는 편이 타당할 것이다.

河野六郎의 방언 연구 방법을 좀 더 구체적으로 검토하면 방언주권론과 방언구획론의 두 가지로 나눌 수 있다. 이 두 가지 방법론은 이미 이 시기 일본에서는 방언 연구에 널리 활용될 정도로 보편화된 것이었다.[26] 小倉進平의 연구에서도 두 가지 연구 방법론이 드러나지만 河野六郎의 경우 더 적극적으로 활용하고 있다.

우선 방언주권론은 파동설(wave theory)과 직접적인 관련이 있다. 중앙에서 일어난 변화가 점차 변경으로 확대되는데, 그 과정에서 변경까지 변화가 미치지 못할 수 있으므로 변경에는 항상 고형이 존재한다는 인식이 방언주권론의 핵심을 이룬다. 한반도의 남북으로 동떨어진 동북 방언과 남부 방언이 보이는 여러 가지 공통점은 이러한 방언주권론적 해석의 타당성을 뒷받침하기에 충분하다.

그러나 河野六郎은 방언주권론을 기계적으로 수용하지는 않았다. 이것은 여러 가지 측면에서 확인할 수 있다. 첫째, 동북 방언과 남부 방언의 공통점을 모두 중앙 방언의 옛 모습이 흔적으로 남은 것이라고 해석하지는 않는다는 점이다. 오히려 河野六郎은 두 방언의 유사점을 인문적인 원

26) 이 두 가지 방법론이 일본의 방언 연구에서 지니는 의미에 대해서는 安田敏朗(1999)의 7장을 참고할 수 있다.

인과 결부시키고 있다. 둘째, ㄱ-구개음화와 같이 중앙 방언에서는 잘 일어나지 않고 오히려 변경에 위치한 방언에서 잘 일어나는 변화에 대해서는 파동설이 적용되지 않음을 명확히 지적하고 있다는 점이다. 3.2.에서 본 것처럼 모든 방언이 중앙어로부터 변화한 결과라고 해석해서는 안 된다고 생각한 河野六郎에게 있어 이러한 태도는 어쩌면 당연한 것일지도 모른다.

다음으로 방언구획론은 말 그대로 개별 방언들을 공통점과 차이점에 의거해 분류하는 것이다. 河野六郎의 한국어 방언 구획은 결과적으로만 본다면 小倉進平의 구획 결과를 일부 수정한 것에 지나지 않는다. 小倉進平이 구분한 전라도 방언과 경상도 방언을 하나의 방언으로 묶은 것을 제외하면 나머지는 별다른 차이가 없다.[27] 결국 河野六郎은 한반도의 방언을 크게 5개로 구획한 셈이다.[28]

河野六郎은 이러한 구획 결과를 잠정적인 것이라고 보았다. 'ᄀᆞ시개'와 관련된 네 가지 음운사적 주제 외에 일부 특징만을 바탕으로 한 방언 구획일 뿐이라서 다른 기준을 가지고 구획을 시도한다면 결과가 달라질 수 있다고 인정한 것이다. 그 스스로는 제한된 특징에 기반한 방언 구획의 한계를 인식하고 있었지만 오히려 후대의 학자들은 이런 방언 구획을 고정적이고 확정적인 것으로 수용하는 경향이 적지 않게 나타났다.[29]

비록 방언 구획의 결과는 小倉進平과 크게 다르지 않지만 河野六郎은

27) 小倉進平도 경상도 방언과 전라도 방언이 예전에는 하나의 방언권을 이루었지만 조선시대 들어서 한강과 낙동강의 교통로 발달로 인해 경기 방언이 진출함으로써 경상도 방언과 전라도 방언이 대립하게 되었다는 견해를 선보인 적이 있다.

28) 5개 방언에 대한 명칭은 약간의 수정을 겪게 된다. 1945년에 나온 『朝鮮方言學試攷』에서는 '中鮮方言, 西鮮方言, 北鮮方言, 南鮮方言, 濟州道方言'이라고 불렀지만 1979년에 나온 『河野六郎著作集1』에 재수록할 때는 '中部方言, 西北方言, 東北方言, 南部方言, 濟州道方言'으로 바꾸었다.

29) 물론 河野六郎은 잠정적 구획이라고 하면서도 정작 이러한 구획을 한국어 형성사와 관련을 짓고 있어서 약간은 모순되는 일면을 보이기도 한다.

小倉進平과 달리 방언 상호간의 관계를 자세히 고찰하고 이를 바탕으로 더 큰 주제인 한국어 형성사의 문제로 나아간다. 방언 구획의 결과는 'ㄱ 시개'와 관련된 네 가지 음운사 주제와 어중 'ㅂ'의 양상이라는 다섯 가지 측면에서 상호 관련성을 고찰하게 된다. 그리하여 동북 방언과 남부 방언, 중부와 서북 방언이 서로 비슷한 모습을 보이고 제주도 방언이 그 중간에 놓인다고 하여 세 부류로 구분하고서 그 원인을 언어 외적인 인문학적 요인에서 찾고 있다. 즉 동북 방언과 남부 방언, 중부 방언과 서북 방언이 비슷한 것은 이전 시대에 있었던 이민(移民)의 역사와 관계된다고 보았으며, 제주도 방언은 지리적 단절이라는 지리적 요인과 관련이 있다고 본 것이다.

여기서 한 걸음 더 나아가 今西龍의 『朝鮮史の栞』에 실려 있는 「朝鮮史槪說」과 津田左右吉의 『朝鮮歷史地理』를 기초로 하여 한국어의 형성사까지 논의를 확장한다. 한국어의 계통을 북방계와 남방계로 크게 나누었는데 단편적인 사료에만 의존함으로써 불확실한 측면이 매우 많다.[30)]특히 북방의 부여어 계통에 대한 내용이 그러하다. 그렇지만 '男兒'와 '女兒'의 방언형에 남아 있는 '男'과 '女'의 고유어 분포를 해석할 때에는 이러한 한국어 형성사에 토대를 두고 있어서 단순히 추상적 차원에서만 논의를 진행한 것은 아니다.

4. 『朝鮮方言學試攷－「鋏」語考』의 검토

『朝鮮方言學試攷－「鋏」語考』는 3.1.에서 살핀 바와 같이 河野六郎이 小倉進平을 대신해 1937년부터 1940년까지 진행한 한국어 방언 조사의 연구

30) 이러한 이원적 분류 자체에 대해서는 河野六郎이 이후 어떤 생각을 지녔는지가 명확하지 않지만, 『朝鮮方言學試攷』의 뒷부분에 다소 복잡하게 제시한 계통도에 대해서는 없는 것이 나을 뻔했다는 후회를 한 바 있다.

결과를 1945년에 책으로 간행한 것이다. 조사 결과 보고는 이미 1941년 1월에 '朝鮮語方言の採集及び整理'라는 제목으로 이루어졌으며, 보고서도 현재 남아 있는데 그 내용은 1945년에 나온 책과 동일하다고 한다. 또한 책의 서문이 1942년 7월에 쓰인 것이나 1944년에 나온 다른 논문에서 '拙著'라는 표현으로 이미 인용된 것을 볼 때 실제 원고는 상당히 이른 시기에 완성되었음에 틀림없다. 그러나 1945년 4월이 되어서야 '京城帝國大學文學會論纂第十一輯'로 東都書籍株式會社 京城支店에서 간행되었으니 매우 오랜 기간에 걸쳐 출판 작업이 진행된 셈이다. 전쟁이 막바지로 치닫던 1940년대에는 원고를 받아 기획 중이던 책이 출판되지 못하는 경우도 적지 않았으므로 어쩌면 책이 간행된 것만도 다행이라고 해야 할지 모른다.[31)]

잘 알려진 것처럼 이 책은 '鋏'을 뜻하는 단어로 『鷄林類事』에 나오는 '割子蓋'를 'ᄀᆞ시개[kʌ-si-gai]'로 해독하고서 여기서부터 현대의 여러 방언형으로 변화하는 데 관여한 네 가지 음운사적 주제를 차례대로 검토하는 방식으로 되어 있다. 또한 네 주제 이외에 부록으로 세 가지 내용이 덧붙어 있는데 그 중 둘은 각각 ㄱ-구개음화와 ㅎ-구개음화이며 나머지 하나는 '男'과 '女'의 고유어에 대한 것이다. 부록에서 다루어진 세 주제는 표면상 본문의 주제와는 무관한 듯 보이지만 결론에서 제시한 한국어 방언들의 상호 관계를 뒷받침하는 데 쓰이고 있기도 하다.

이 책의 핵심인 네 주제의 중심 내용을 요약적으로 제시하면 다음과 같다.

제1주제는 'ㆍ'이다. 그는 'ㆍ'의 음가가 예전에 후설 평순 반개모음인 '[ʌ]'였다고 본다.[32)] 'ㆍ'는 『四聲通攷』의 범례 내용을 고려할 때 후설모음

31) 東京帝國大學 교수였던 小倉進平이나 金田一京助의 회갑기념논문집이 간행되지 못한 것이 대표적인 사례이다.

32) 河野六郎은 현대 제주도 방언의 'ㆍ' 음가를 '[ɒ]'로 보고 있다. 따라서 제주도 방언은 비록 'ㆍ'가 남아 있기는 하지만 원래 음가를 그대로 유지하는 것은 아니고 약간

또는 중설모음으로 추정되며 '[ʌ]'로 볼 때 'o, ə, ɯ, a' 등으로 변화하는 과정을 유리하게 설명할 수 있고 『訓民正音』의 기술 내용과도 부합한다는 것이다. '·'에 대한 河野六郎의 논의는 당시 이미 '·'에 대한 연구 결과를 내놓은 심악 이숭녕과 비교할 때 더 낫다고 보기는 어려울 듯하다. 다만 '·'의 구체적인 음가를 규정하고 여기서부터 다른 모음으로 변화하는 과정을 음성학적으로 규명하고자 했다는 점은 눈 여겨 볼 만하다.

제2주제는 'ㅿ'이다. 'ㅿ'의 음가를 '[z]'로 보았는데 이것은 小倉進平의 견해를 그대로 따른 것이다. 'ㅿ'은 어중의 모음 사이 또는 유성음 사이에 있는 'ㅅ'으로부터 변화했으며 이러한 변화는 같은 환경에 놓인 'ㅂ'이나 'ㄱ'의 약화와 같은 성격의 것이라고 파악하여 체계에 바탕을 둔 사고를 하고 있다. 또한 'ㅿ'의 변화 과정에 대해서는 小倉進平과 다른 새로운 견해를 선보이기도 했다. 河野六郎은 'ㅿ'이 처음에는 '[z]'이었지만 소실될 무렵에는 '[z], [ʒ], [ʒʮ]'의 세 가지로 동요를 보였다고 해석하고 있다. 이러한 태도를 취한 이유는 'ㅿ'이 소실된 방언형에서 'ㅿ'의 자리에 'y'나 'w'가 나타나는 것을 설명하기 위해서이다.

제3주제는 어중의 'ㄱ'으로 유성음 사이의 'g'는 약화하여 결국 탈락한다는 입장을 취하고 있다.[33] 탈락에 이르는 중간에 'ɣ, h, ʰ(유성의 h)' 등의 단계를 거치는데 그 양상은 단어에 따라 차이가 난다고 보았다. 그러나 ㄱ-곡용에 대한 해석, 어간말 자음군 'ㄺ'에 자음군 단순화가 적용되어 'ㄱ'이 탈락하는 것을 'ㄹ' 뒤의 ㄱ-약화와 관련시킨 것 등은 수긍하기 쉽지 않다. 小倉進平의 논의도 그렇지만 河野六郎의 논의 역시 어중 'ㄱ'의 문제에 있어서는 정확성이 다소 떨어진다고 하겠다.

제4주제는 소위 복합모음에 관한 것으로 'ㅐ, ㅔ, ㅚ' 등이 예전에는 이

의 변화를 겪은 셈이 된다.

33) 이러한 견해는 小倉進平과는 다른 모습이다. 小倉進平은 어중의 'ㄱ'에 관해 수긍하기 어려운 논리를 전개하고 있는데 여기에 대해서는 이진호(2008)을 참고할 수 있다.

중모음이었다는 것이다. 이 주장 역시 이미 小倉進平에 의해 암시가 되었는데, 河野六郎은 문헌 표기와 방언형을 통해 좀 더 자세히 다루었다. 또한 현대 방언에서 이중모음 형태를 보존하는 것은 성조(현재는 장단)와 관련된다는 지적도 덧붙였다.[34]

이병근(1979: 19)에서 지적했듯이 이러한 네 가지 주제는 당시에도 이미 새로운 것이라고 할 수는 없었다. 小倉進平이 즐겨 다루던 주제가 좀 더 발전된 논의 형태로 나온 것에 불과하다. 이처럼 이 책의 중심 내용을 이루는 주제 자체는 이전과 다르지 않지만 그 주제들을 다루는 방식이나 도출한 결론은 이전과 비교해 크게 나아졌으며 실제로 이후의 한국어 연구에 매우 중요한 영향을 끼치게 된다.

河野六郎은 이 책이 나온 이후 여기서 다룬 주제들에 대해 다시 다룬 적이 거의 없다. 부수적으로 다루었던 성조에 대해 두 편의 본격적인 논문을 발표한 것을 제외하면 다른 주제에 대해서는 더 이상 언급하지 않았다. 다만 한 가지는 수정이 필요하다는 지적을 한 바 있다. 만주어의 유성음화를 다룬 河野六郎(1944)에서는, 아직 출판되지 않은 책(『朝鮮方言學試攷』)에서 서울 방언의 '웃-(笑)'이나 '[kasɛ]'(鋏)와 같이 예전의 'ㅿ'이 '[s]'로 남아 있는 것을 방언 차용이라고 한 것은 바로잡을 필요가 있다고 하면서 그 당시 서울 방언에서도 'ㅿ'과 'ㅅ' 사이에서 동요를 보였으며 이 중 'ㅅ' 형태가 남은 결과라고 했다.

이 책의 뒤에는 방언 조사 결과가 수록되어 있다. 총 50개의 단어에 대해 지역별로 방언형을 제시했는데 모두 본문에서 다룬 것들이다. 이것을 제외한 나머지 조사 자료는 전쟁 중에 소실되었다고 한다. 없어진 자료가 얼마나 되는지 알 수는 없지만 매우 애석한 일이 아닐 수 없다. 자료의 배열은 대체로 본문에서 논의되는 순서를 따르고 있다. 내용별로 구분하여

34) 가령 상성을 지녔던 '새' 등은 이중모음 형태를 보존하지만 거성을 지녔던 '쇠' 등은 그렇지 않다고 했다.

방언 항목을 배열하는 일반적인 방언 자료집과는 성격이 전혀 다르다.

방언 자료의 음성 전사를 보면 대체로 전사가 정밀하게 이루어진 편이다. 가령 '[s]'와 '[ʃ]'를 구별하여 사용하고 있으며 모음의 경우 '[ə], [ɔ]'(ㅓ), '[ʉ], [ɯ]'(ㅡ)를 구분한다. 'ㅐ'와 'ㅔ'는 변별 여부에 따라 '[e], [ɛ], [æ], [E]'의 네 가지 표기를 사용하기도 한다. 그러나 경음화와 관련해서는 정확도가 떨어진다. 어두의 경음화, 어중에서 앞에 모음이나 공명성 자음이 올 때는 경음화 표기가 제대로 이루어지지만 장애음 뒤에서 규칙적으로 일어나는 경음화는 매우 불완전하게만 반영할 뿐이다. 가령 '밝다'의 경우 자음군 단순화가 적용되어 'ㄹ'이 탈락하는 방언형은 모두 둘째 음절의 초성을 경음이 아닌 평음 '[t]'로만 전사할 뿐이다.[35] 장애음 뒤의 경음화를 제대로 반영하지 못하는 것은 小倉進平의 방언 전사에서도 고스란히 나타난다.[36] 이것이 장애음 뒤의 경음화가 지닌 음성적 특징과 관련되는지는 알 수 없지만 한국어와 자음 체계가 다른 일본어 화자들에게 이런 환경의 경음화가 잘 인식되지 못하기 때문이 아닐까 한다.

수록된 방언 자료는 모두 체언이나 용언인데 곡용형이나 활용형에 대한 배려를 어느 정도 하고 있다는 점은 주목을 요한다. 이익섭(1979: 136~137)의 지적처럼 어간말 자음이 방언별로 다양한 모습을 보이는 경우 곡용형이나 활용형에 대한 정보가 매우 중요하지만 초기 방언 자료집에서는 이 부분에 대한 배려가 거의 없어서 명사는 단독형, 활용형은 '-다' 또는 '-은다/는다'와의 결합형만 조사하는 경우가 많았다. 그에 비하면 이 책의 방언 자료는 상당한 곡용형과 활용형을 수록하고 있다.

가령 자음으로 끝나는 단어 중 '닭, 흙, 나무, 구멍, 밝-, 맑-, 심-' 등은 최소한 둘 이상의 문법 형태와 결합할 때의 형태들이 제시되어 있다. 또한

35) 반면 'ㄱ'이 탈락하는 방언형은 둘째 음절 초성을 평음 '[t]'로도 적고 경음 '[t̄]'로도 적는다.

36) 이익섭(1979: 134)에서도 小倉進平의 자료집에서 된소리의 변별력이 약하다는 점을 지적한 바 있다.

'가을, 겨울'이나 '가(邊)'와 같이 예전에 'ㆆ'이나 'ㅿ'을 더 가지던 단어들은 '-에'와 결합할 때의 방언형을 제시하여 이 단어들의 역사와 관련된 흔적을 확인할 수도 있게 되어 있다. 물론 '팥, 부엌, 가루, 노루'나 '냅-, 시-' 등과 같이 곡용형이나 활용형 정보가 중요한데도 빠뜨린 경우 역시 존재한다. 그러나 전체적으로 볼 때 곡용형이나 활용형의 제시 비율이 결코 낮지 않다.[37] 3.1.에서 보았듯이 河野六郎은 단어에 있어 곡용형이나 활용형의 조사가 필요하다는 점을 잘 알고 있었다.

방언 자료에 반영해야 할 정보 중에는 방언형의 의미 차이도 있다. 형태의 동일성 여부와 상관 없이 방언별로 지시 대상의 범위에 차이가 날 수 있다는 것은 잘 알려진 사실이다. 河野六郎은 이 사실을 방언 자료 속에 반영하고자 한 흔적이 곳곳에서 드러난다. 예를 들어 '부엌, 정지, 아궁이'의 세 계열이 지역에 따라 지시 대상이 다르다고 지적하기도 했고, '川'을 지시하는 단어들이 방언에 따라 그 의미가 조금씩 다르다는 점을 주석에 일부 반영하기도 했다. 이 외에도 단어별로 지역에 따른 의미 차이를 부분적으로 밝힌 것이 적지 않다. 그러나 수록하고 있는 단어 중에 방언별로 의미 차이가 잘 드러나는 단어가 그리 많지 않아서 그 스스로가 방언 조사 과정에서 이 부분을 얼마나 철저하게 고려했는지는 확인하기 어렵다.

5. 맺음말

지금까지 河野六郎의 업적은 한국어 연구에서 적지 않은 주목을 받았다. 그러나 河野六郎의 연구 전반에 대한 고찰은 제대로 이루어진 적이 없다. 이 글에서는 한국어 방언 연구의 측면을 중심으로 河野六郎의 연구

37) 이 책에 수록된 자료 중에는 곡용형 정보가 필요하지 않은, 개음절로 끝나는 명사가 상당수를 차지한다. 그런 점을 감안하면 이 책에 제시된 곡용형과 활용형의 비율이 낮다고 할 수 없다.

에 대해 살펴보았다. 물론 논의 과정에서 방언 연구 이외의 측면에 대해서도 검토한 부분이 없지 않지만 부족한 것은 사실이다. 그의 연구 분야가 상당히 폭넓은 편이어서 한 개인이 전체를 아우르는 논의를 하기에는 어려움이 있다.

河野六郎은 小倉進平의 뒤를 이어 한국어 연구에 몰두하였다. 그러나 어려서부터 습득한 외국어 및 한자음에 대한 지식을 바탕으로 그의 스승을 능가하는 연구물들을 많이 남겼다. 무엇보다도 '체계'에 바탕을 둔 사고를 보여 주었다는 점이 그를 이전의 일본인 한국어 연구자들과는 구분 짓게 만들어 준다. 河野六郎은 스스로에 대해 일본에서의 한국어 연구사 흐름 중 前間恭作, 小倉進平 등 개척기에 활약한 학자들의 말미에 놓인다고 보았지만, 그의 연구 결과는 이들과는 다른 새로운 시기의 선두로 자리매김 하게 한다.

河野六郎은 자신의 연구 대부분이 준비 단계에 그치고 중간 보고를 하는 것으로 끝이 났다고 고백한 적이 있다. 이것이 겸손의 말인지 실제로도 그런 것인지 알 수는 없다. 다만 그는 일본인으로서 한국어를 연구한 학자들 중 가장 높은 수준에 다다랐다고 해도 틀리지 않을 것이다. 그런 만큼 그의 업적에 대한 객관적인 평가가 좀 더 활발하게 이루어질 필요가 있다.

■ 참고 문헌

곽충구(2002), 방언 연구사, ≪국어국문학회 50년≫, 태학사, 423～480.

김민수(1967), 한국어학사(하), ≪한국문화사대계Ⅴ-언어・문학사(上)-≫, 고려대 민족문화연구소, 571～636.

박병채(1992), 小倉進平, ≪주시경학보≫ 10, 탑출판사, 127～144.

방언연구회 편(2001), ≪방언학 사전≫, 태학사.

신창순(2004), 고노 로쿠로(河野六郎) 선생과 나, ≪새국어생활≫ 제14권 3호, 국립국어연구원, 135～142.

이기갑(1992ㄱ), 방언분화, ≪국어학연구백년사[Ⅲ]≫, 일조각, 624～638.
이기갑(1992ㄴ), 광복 이전의 방언 연구-小倉과 河野를 중심으로-, ≪훈민정음과 국어학≫, 전남대 출판부, 195～215.
이병근(1979), 방언 연구의 흐름과 반성, ≪방언≫ 1, 한국정신문화연구원, 12～31.
이병근(1985), 방언, ≪국어국문학연구사≫, 우석, 213～252.
이병근(2005), 1910～20년대 일본인에 의한 한국어 연구의 과제와 방향-小倉進平의 방언연구를 중심으로-, ≪방언학≫ 2, 한국방언학회, 23～61.
이숭녕(1976), ≪혁신 국어학사≫, 박영사.
이승재(1992), 방언 음운론의 동향, ≪국어학연구백년사[Ⅲ]≫, 일조각, 639～646.
이익섭(1979), 두 방언자료집, ≪방언≫ 2, 한국정신문화연구원, 129～152.
이진호(2008), 小倉進平의 국어 음운론 연구, ≪우리말연구≫ 23, 우리말학회, 87～111.
정승철(2010), 小倉進平의 생애와 학문, ≪방언학≫ 11, 한국방언학회, 155～184.
최명옥(1990), 방언, ≪국어연구 어디까지 왔나≫, 동아출판사, 667～675.
菅野裕臣(1988), 일본에서의 한국어 교육 및 연구 현황, ≪한글≫ 201・202, 한글학회, 291～318.
古屋昭弘(1999), 朝鮮研究室での河野六郎博士の思い出, ≪東洋學報≫ 81-2, 東洋文庫, 101～104.
藤本幸夫(1997), 일본에서의 한국어 연구 현황, ≪교육한글≫ 10, 한글학회, 13～26.
梅田博之(2006), 일본에서의 한국어 음운 연구, ≪국어사 연구 어디까지 와 있는가≫, 태학사, 743～779.
小倉進平(1944), ≪朝鮮語方言の研究≫, 岩波書店. [李珍昊 譯註(2009), ≪한국어 방언 연구≫, 전남대 출판부]
安田敏朗(1999), ≪言語の構築-小倉進平と植民地朝鮮-≫, 三元社. [李珍昊・飯田綾織 譯註(2009), ≪「言語」의 構築-小倉進平과 植民地 朝鮮≫, 제이앤씨]
野間秀樹(1996), 1980년대 이후 일본에서의 현대한국어 문법론・어휘론 연구-언어사실주의의 전개-, ≪한국문화≫ 18, 서울대 한국문화연구소, 73～109.

中村完(1999), 恩師河野六郎先生のこと, ≪朝鮮學報≫ 170, 朝鮮學會, 221～222.

志部昭平(1992), 日本における朝鮮語研究 1945～1991, ≪千葉大學人文研究≫ 21, 千葉大學 文學部, 291～333.

千野榮一(1999), 嗚呼, 河野六郎先生, ≪言語研究≫ 115, 日本言語學會, 1～5.

河野六郎(1944), 滿洲國黑河地方に於ける滿洲語の一特色-朝鮮語及び滿洲語の比較研究の一報告-, ≪學叢≫ 3, 京城帝國大學文學會. [≪河野六郎著作集1≫(1979, 平凡社)에 재수록, 537～556]

河野六郎(1945), ≪朝鮮方言學試攷-「鋏」語考≫, 東都書籍.

찾아보기

ㄱ

ㄴ

ㄷ

ㅈ

ㅊ

ㅋ

ㅌ

ㅍ

ㅎ

■ 저자소개

고노 로쿠로(河野六郎)

東京帝國大學 언어학과를 졸업한 후 경성제국대학 조수와 조교수를 역임했으며 일본에서는 東京教育大學(현 筑波大學), 天理大學, 大東文化大學에서 교수로 근무했다. 일본 학사원 회원, 東洋文庫 이사 등으로도 활동했다. 한국어와 중국어에 대해 연구했는데 특히 한국어 음운사 방면에서 중요 업적을 많이 냈다. ≪朝鮮方言學試攷-'鋏'語考-≫, ≪朝鮮漢字音の研究≫를 비롯한 다수의 논저가 있다.

■ 역자소개

이진호(李珍昊)

서울대학교 국어국문학과에서 문학사, 문학석사, 문학박사 학위를 받았다. 국어 음운론을 전공하며 전남대학교 국어국문학과 교수로 재직 중이다. 저서로는 ≪국어 음운론 강의≫, ≪통시적 음운 변화의 공시적 기술≫, ≪국어 음운 교육 변천사≫, ≪한국어의 표준 발음과 현실 발음≫, ≪한국어 방언 연구≫(역), ≪한국 한자음의 연구≫(역), ≪한국 한자음 연구-본문편-≫(역), ≪小倉進平과 국어 음운론≫(공역), ≪「언어」의 구축-小倉進平과 식민지 조선-≫(공역) 등이 있다.

한국어 방언학 시론

인쇄 | 2012년 9월 15일
발행 | 2012년 9월 25일

역자 | 이진호
발행인 | 송경안
발행처 | 전남대학교출판부

등록 | 1981. 5. 21. 제53호
주소 | 500-757 광주광역시 북구 용봉로 77
전화 | (062) 530-0571~2, **마케팅부** 530-0573
팩스 | (062) 530-0579
홈페이지 | http://www.cnup.co.kr

값 20,000원

ISBN 978-89-97620-54-8 (93710)

이 도서의 국립중앙도서관 출판시도서목록(CIP)은 e-CIP홈페이지(http://www.nl.go.kr/ecip)와 국가자료공동목록시스템(http://www.nl.go.kr/kolisnet)에서 이용하실 수 있습니다.
(CIP제어번호 : CIP2012004289)